Lebens-Versicherungsbedingungen

und

Prämien

1959

Vergleichende Zusammenstellung der Versicherungsbedingungen und Prämien der in der Bundesrepublik Deutschland und in Westberlin arbeitenden Lebensversicherungsgesellschaften

46. Jahrgang

Herausgegeben von

Ernst Kahlo

Berlin 1959

ERNST KAHLO VERLAG · BERLIN-DAHLEM

Auslieferung für den Buchhandel bei Walter de Gruyter & Co. / Berlin

(Printed in Germany)
Satz: Walter de Gruyter & Co., Berlin W 35
Druck: Otto von Holten GmbH., Berlin W 35

Vorwort

Der vorliegende 46. Jahrgang der

Lebens-
Versicherungsbedingungen und Prämien

berücksichtigt alle bis Ende Juni 1959 bekanntgewordenen Änderungen in den Allgemeinen Versicherungsbedingungen, den Prämien, den Rechnungsgrundlagen und dem Status der Großlebensversicherungs-Unternehmen.

Die Angaben sind wieder erheblich erweitert; die Geschäftszahlen sind schon für die Jahre 1958 und 1957 und die Sätze für die Gewinnbeteiligung der Versicherten vielfach schon für 1960 und 1959 angegeben.

Dem neuen Jahrgang wird im Anhang wieder eine tabellarische Übersicht der Versicherungsbestände Ende der Geschäftsjahre 1958 und 1957 eingefügt — aufgeteilt nach Großleben, Kleinleben, Gruppen, Pension und Renten. Der Gesamtbestand wird in dieser Übersicht einschließlich der kapitalisierten Pensions- und Rentenversicherung angegeben.

Neu aufgenommen wurde

Lebensversicherung **Merkur** Nürnberg V. V. a. G.

Fortgefallen ist

„Frieden" Deutscher Bestattungs- und Versicherungsverein a. G. in Berlin wegen Übergangs auf die Universa Lebensversicherungsanstalt auf Gegenseitigkeit in Nürnberg.

Berlin-Dahlem, Ende Juni 1959
Patschkauer Weg 58

Ernst Kahlo

Verzeichnis der Gesellschaften

(V = Vorsitzer des Vorstandes; o = ordentliches Vorstandsmitglied; st = stellvertretendes Vorstandsmitglied)

Seite

Aachener und Münchener Lebensversicherungs-Aktiengesellschaft, Karlsruhe i. B., Bahnhofplatz 12, Ruf 32611, Drahtwort: Lebenschutz, P.Sch. Karlsruhe 52995. Geschäftsstelle Berlin: Berlin-Schöneberg, Badensche Straße 2, Ruf 71 47 53
Aufsichtsrat: Vors. Dr. Carl Arthur Pastor.
Vorstand: Eugen Hirt (V), Konrad Seifferth (o).
Chefmathematiker: Rolf Schaffhirt. 1

Agrippina Lebensversicherungs-Aktiengesellschaft, Berlin W 30, Rankestraße 5-6, Ruf 91 03 46, Drahtwort: Agrippinaleben, P.Sch. Berlin West 857. Fernschreiber 018 4412, Köln, Worringer Straße 11 u. 13, Ruf 74747, P.Sch. Köln 153422
Aufsichtsrat: Vors. Konsul Herbert W. Momm.
Vorstand: Carl Bernheim (o), Dr. Gustav Kettler (o).
Chefmathematiker: Carl Bernheim. 2

Albingia Lebensversicherungs-Aktiengesellschaft, Hamburg 1, Ballindamm 39, Ruf 321002, Drahtwort: Albingia, Fernschreiber 021 1774, P.Sch. Hamburg 106200. Bezirksdirektion Berlin: Berlin-Schöneberg, Wexstr. 1, Ruf 71 62 95
Aufsichtsrat: Vors. Dr. Harald Mandt.
Vorstand: Herbert v. Moller (V), Joh. Wolff (o).
Chefmathematiker: Hans-Joachim Großmann. 3

Allgemeine Assekuranz (Assicurazioni Generali), Triest. Direktion für Deutschland: Frankfurt a. M., Kaiserstr. 56, Ruf 3 22 11 u. 3 59 96, Drahtwort: Assigenerali, Fernschreiber 041 1350, Niederlassung Berlin: Berlin-Charlottenburg, Kaiserdamm 32, Ruf 92 47 81 u. 92 32 18
Aufsichtsrat: Präs. RA. Dr. Camillo Giussani.
Vorstand: Gino Baroncini, Dr. Giuseppe Bufano, Dr. Alberto Melchiori.
Chefmathematiker: Dr. Vittorio Longo.
Hauptbevollmächtigter für Deutschland: Carl Rieck in Hamburg. 4

Allgemeine Rentenanstalt Lebens- und Rentenversicherungs-AG., Stuttgart S, Tübinger Straße 28, Ruf 77351/52/53, Drahtwort: Rentenanstalt, Fernschreiber ara Stuttgart 7-23 799, P.Sch. Stuttgart 580. Bezirksdirektion Berlin: Berlin-Schöneberg, Fritz-Elsaß-Straße 9/10, Ruf 71 55 13
Aufsichtsrat: Vors. Präsident i. R. Dr. Rudolf Widmann.
Vorstand: Dr. Wilhelm Paulus (V), Dr. Fritz Rueff (o), Dr. Paul Kremmler (st).
Chefmathematiker: Dr. Fritz Rueff. 5

Seite

Allianz Lebensversicherungs-AG., Hauptverwaltung: Stuttgart W, Reinsburgstr. 19, Ruf 64291, Drahtwort: Allianzleben, Fernschreiber 0723571, P.Sch. Stuttgart 3414. Direktion Berlin: Berlin W 15, Joachimstaler Straße 10—12, Ruf 910411, Fernschreiber 0183810, Drahtwort: Allianzleben

Aufsichtsrat: Vors. Dr. Hans Goudefroy.
Vorstand: Dr. Gerd Müller (V), Dr. Ismar v. Behr (o),
Dr. Wolf Meister (o), Dr. Walter Mercker (o),
Gerhardt Brühl (o). 6

Alte Leipziger Lebensversicherungsgesellschaft auf Gegenseitigkeit, Frankfurt a. M., Bockenheimer Landstraße 42, Ruf 721351 u. 721959, Drahtwort: Alteleip, P.Sch. Frankfurt 61557. Organisationsleitung Berlin: Berlin W 30, Hardenbergstraße 29c, Ruf 131219

Aufsichtsrat: Vors. Notar Dr. Friedrich Wessendorff.
Vorstand: Dr. Heinz Gehrhardt (V), Rudolf Schütz (o),
Dr. Werner Zerbst (o). 7

Alte Vaterländische Lebensversicherung a. G., Berlin SW 61, Gneisenaustraße 41, Ruf 664467/68, Drahtwort: Sterbeschutz, P.Sch. Berlin West 2365

Aufsichtsrat: Vors. Dr. Reinhold Lange.
Vorstand: Karl Reuter (o).
Chefmathematiker: Karl Reuter. 8

Alte Volksfürsorge Gewerkschaftlich-Genossenschaftliche Lebensversicherungsaktiengesellschaft, Hamburg 1, An der Alster 57/61, Ruf 248051, Drahtwort: alvovers, Fernschreiber 0211300. Geschäftsstelle Berlin: Berlin-Wilmersdorf, Hohenzollerndamm 174/177, Ruf 874782

Aufsichtsrat: Vors. Willi Richter.
Vorstand: Geschäftsführende Mitglieder: Hans Weißhaar (o),
Dr. Heinz Fischer (o), Ernst Mai (o),
Ehrenamtliche Mitglieder: Dr.h.c. Henry Everling (V),
Wilhelm Petersen (o), Wilhelm Walter (o),
Carl Wiederkehr (o).
Chefmathematiker: Hermann Haack. 9

Basler Lebens-Versicherungs-Gesellschaft, Basel, Aeschenplatz 7, Ruf (061) 221830. Drahtwort: BALVIE, Direktion für die Bundesrepublik Deutschland: Frankfurt a. M., Große Bockenheimer Straße 45, Ruf 23644, Drahtwort: Baslerleben, P.Sch. Frankfurt 138589. Zweigniederlassung: Berlin W 15, Kurfürstendamm 52 (Haus Basel), Ruf 912844

Verwaltungsrat: Präsident: Dr. Felix Iselin.
Vorstand: Dr. Felix Vischer (V), Prof. Dr. Ernst Zwinggi (o),
Dr. Jon Pinösch (o), Dr. Emilio Peduzzi (o),
Hans Rosser (st),
Friedrich Dinner, Dr. Peter Leepin,
Dr. Jon Peder Mohr,
Alfred Nabholz, Friedrich Schmid,
Ernst Suter Subdirektoren.
Verantwortl. Mathematiker: Dr. Peter Leepin.
Hauptbevollmächtigter für Deutschland:
Alwin Behrens in Frankfurt a. M. 10

Bayerische Beamtenversicherungsanstalt, Allgemeiner Lebensversicherungsverein auf Gegenseitigkeit, München 2, Lenbachplatz 4, Ruf 552441 und 592977, Drahtwort: Beamtenleben, P.Sch. München 10100. — Bezirksdirektion Berlin: Berlin-Charlottenburg, Dernburgstraße 51, Ruf 926042

Aufsichtsrat: Vors. Dr. Hans Aub.
Vorstand: Dr. Wilhelm Henner (o), Adolf Maatsch (o), Michael Schnappauf (o).
Chefmathematiker: Franz Oelberger. 11

Berlinische Lebensversicherung Aktiengesellschaft, Berlin SW68, Markgrafenstraße 11, Ruf 61 04 71, Fernschreiber 0183542, P.Sch. Berlin West 449. Hauptverwaltung: Wiesbaden, Schillerplatz, Ruf 59816, Drahtwort: Berlinische, Fernschreiber 0416850, P.Sch. Frankfurt 148592

Aufsichtsrat: Vors. Dr. Alois Alzheimer.
Vorstand: Hans Reichold (V), Otto-Heinrich Goltz (o), Heinrich Först (o).
Chefmathematiker: Fritz Windrath. 12

Bonner Lebensversicherung Aktiengesellschaft, Sitz Bonn, Verwaltung Köln, Hansaring 40-46, Ruf 232642, P.Sch. Köln 1201, Bezirksdirektion Berlin: Berlin-Charlottenburg 5, Kaiserdamm 15, Ruf 920161

Aufsichtsrat: Vors. Konsul Herbert W. Momm.
Vorstand: Hans Ludwig Stelges (V), Dr. Anneliesel Bertsche (o).
Chefmathematiker: Dr. Anneliesel Bertsche. 13

Braunschweigische Lebensversicherung A. G., Braunschweig, Jasperallee 86/87, Ruf 25451/52/53, Drahtwort: Braunleben, P.Sch. Hannover 1406. Bezirksdirektion Berlin: Berlin-Schöneberg, Innsbrucker Straße 28, Ruf 711365

Aufsichtsrat: Vors. Dr. Gottfried Matthes.
Vorstand: Dr. Hans-Heinrich Mohr (o), Dr. Willi Reiche (o).
Chefmathematiker: Dr. Willi Reiche. 14

Concordia Lebensversicherungs-Aktiengesellschaft, Köln, Maria-Ablaß-Platz, Ruf 2901, Drahtwort: Concordialeben, Fernschreiber 8882666, P.Sch. Köln 35600. Zweigniederlassung Berlin: Deutsche Ärzteversicherung, Zweigniederlassung der Concordia Lebensvers. A.G., Berlin-Zehlendorf, Potsdamer Straße 47/48, Ruf 843021, Verwaltung Großberlin: Berlin W30, Tauentzienstraße 6, Ruf 246145/46

Aufsichtsrat: Vors. Dr. h. c. Robert Pferdmenges.
Vorstand: Otto Garde (V), Dr. Hellmuth Nöbel (o), Fritz Heusing (o)., Dr. Kurt Binding (st.)
Chefmathematiker: Josef M. Seitz und Jakob Müller.. . . . 15

Condor Lebensversicherungs-Aktiengesellschaft, Hamburg 1, Raboisen 6, Ruf 321521, Drahtwort: Condorvers, Fernschreiber über 021 1904 Banksültz hmb P.Sch. Hamburg 54135

Aufsichtsrat: Vors. Rudolf-August Oetker.
Vorstand: Dr. Reinhard Remé (V), Peter Kakies (o), Willi Pütz (o).
Chefmathematiker: Peter Kakies. 16

Seite

Debeka Sterbegeld- und Lebensversicherungsverein auf Gegenseitigkeit, Sitz Koblenz a. Rh., Koblenz, Südallee 15-19, Ruf 2375, Drahtwort: Debeka, P. Sch. Köln 26939, Geschäftsstelle Berlin: Berlin-Wilmersdorf, Berliner Straße 36, Ruf 872472
Aufsichtsrat: Vors. Wilhelm Hütte.
Vorstand: Hermann Lange(V), Paul Jung(o), Matthias Gangolf(o), Dr. Clemens Schroeder (o).
Chefmathematiker: Dr. Clemens Schroeder. 17

Der Anker Allgemeine Versicherungs-Aktiengesellschaft, Wien I, Hoher Markt 12, Direktion für Deutschland: Frankfurt a. M., Wiesenhüttenplatz 30, Ruf 332140, 332155, P. Sch. Frankfurt 10062. Filialdirektion Berlin: Berlin W 15, Meinekestraße 5, Ruf 91 27 79
Vorstand: Öffentl. Verwalter Rudolf Karras.
Chefmathematiker: Walter Boye.
Hauptbevollmächtigter für Deutschland: Franz Herrmann in Frankfurt a. M. 18

Deutsche Anwalt- und Notar-Versicherung, siehe unter Hamburg-Mannheimer Versicherungs-Aktien-Gesellschaft 32a

Deutsche Ärzteversicherung auf Gegenseitigkeit, siehe unter Concordia Lebensversicherungs-Aktiengesellschaft, Köln 15

Deutsche Beamten-Versicherung Öffentlichrechtliche Lebens- und Renten-Versicherungsanstalt, Berlin W 15, Knesebeckstraße 59/60, Ruf 910281, Drahtwort: Beamtenleben, P.Sch. Berlin West 117
Verwaltungsrat: Vors. Matthäus Herrmann.
Vorstand: Dr. Friedrich Bartelt (o), Bruno von Mirbach (o), Friedrich Bode (o).
Chefmathematiker: Hans Zimmer. 19

Deutsche Eisenbahn-Versicherungskasse Lebensversicherungsverein a. G., Sitz Berlin, Hauptleitung Köln, An der Münze 12-18, Dienstfernruf 2285/11, Postfernruf 72858, P.Sch. Köln 29241, Bezirksleitung Berlin: Berlin W 35, Kluckstraße 25, Ruf 244788, P.Sch. Berlin West 6461
Aufsichtsrat: Vors. Heinrich Stinner.
Vorstand: Paul Beuche (V), Dr. Kurt Schaefer (stellv. V), Karl Brand (o), Theodor Martens (o) in Köln, Georg Mietz (o) in Berlin.
Chefmathematiker: Dr. Kurt Klingner. 20

Deutscher Herold Volks- und Lebensversicherungs-AG., Bonn, Poppelsdorfer Allee 31/33, Ruf 31851, Fernschreiber 0886/653, Drahtwort: Heroldleben, P.Sch. Köln 31846. — Berlin SW 61, Friedrichstraße 219/220, Ruf 249051, P. Sch. Berlin West 2976
Aufsichtsrat: Vors. Dr. Rudolf Dolezel.
Vorstand: Dr. Herbert Worch (V), Dr. Willy Günther (o), Walter Hartung (o).
Chefmathematiker: Dr. Hans Steinbuch. 21

Deutscher Lloyd Lebensversicherung Aktiengesellschaft, München 2, Karlstraße 10, Ruf 557021, Drahtwort: Lloydleben, P.Sch. München 766, Geschäftsstelle Berlin: Berlin-Friedenau, Bornstraße 1, Ecke Bundesallee (Lloydhaus), Ruf 839561
Aufsichtsrat: Vors. Paul Spethmann.
Vorstand: Johannes Friedrich Schippmann(V), Erich Pallasch (st).
Chefmathematiker: Dr. Albert Selow. 22

Seite

Deutscher Ring Lebensversicherungs-Aktiengesellschaft, Hamburg 36, Karl-Muck-Platz 1, Ruf 341441, Drahtwort: Ringsicherung, P.Sch. Hamburg 19022. Filialdirektion Berlin: Berlin W 30, Tauentzienstraße 18a, Ruf 242551, 241767
Aufsichtsrat: Vors. Fritz Rettig.
Vorstand: Herbert Dau (V), Max Raloff (o),
Dr. Henry Mählmann (o).
Chefmathematiker: Gerhard Söchting. 23

Eos Volks- und Lebensversicherungs-Aktiengesellschaft, Düsseldorf, Grafenberger Allee 30, Ruf 681011/12/13, Drahtwort: Eos, P.Sch. Köln 43644. Bezirksdirektion Berlin: Berlin W 30, Geisbergstraße 11, Ruf 245253
Aufsichtsrat: Vors. Werner Freiherr von Rheinbaben.
Vorstand: Rudolf Baller (V), Erich A. Meyer (st),
Dr. Rudolf Pernice (st).
Chefmathematiker: Erich A. Meyer. 24

Evangelische Familienfürsorge Lebensversicherung auf Gegenseitigkeit, Detmold, Bandelstraße 25, Ruf 5277/78, P.Sch. Dortmund 64630
Aufsichtsrat: Vors. Paul Bernecker.
Vorstand: Lothar Zapfe (o), Albert Müller (o).
Dr. Martin Weiß (o).
Chefmathematiker: Albert Müller. 25

Frieden Deutscher Bestattungs- und Versicherungsverein a. G., Siehe unter Vorwort und Universa Lebensversicherungsanstalt auf Gegenseitigkeit 53

Friedrich Wilhelm Lebensversicherungs-Aktiengesellschaft Köln, Gereonshof 21—43, Ruf 233931, Drahtwort: Friedhelmleben, Fernschreiber 08881459, P.Sch. Köln 151310. — Berlin-Wilmersdorf, Hohenzollerndamm 196, Ruf 870346
Aufsichtsrat: Vors. Dr. Joseph Horatz.
Vorstand: Konsul Dr. Hans Gerling (V),
Konsul Walter Gerling (stellv. V),
Prof. Dr.-Ing. Helmut Kracke (o),
Rudolf Kratochwill (o),
Dr. Karl August Schmidt (o).
Chefmathematiker: Prof. Dr.-Ing. Helmut Kracke. 26

Gerling-Konzern Lebensversicherungs-Aktiengesellschaft, Köln, Gerling-Hochhaus, Ruf 2861, Drahtwort: Gerlingleben, Fernschreiber 08881313, P.Sch. Köln 655
Aufsichtsrat: Vors. Dr. Hanns Deuss.
Vorstand: Konsul Dr. Hans Gerling (V),
Konsul Walter Gerling (stellv. V.), Dr. Kurt Fischer (o),
Joseph P. Franken (o), Edgar Prang (o).
Dr. Karl August Schmidt (o),
Chefmathematiker: Dr. Kurt Fischer. 27

Gilde Deutsche Versicherungs-Aktiengesellschaft, Düsseldorf, Graf-Recke-Straße 82, Ruf 66101, P.Sch. Essen 1330 u. 2560 und Köln 109421. Bezirksdirektion Berlin: Berlin W 15, Kurfürstendamm 184, Ruf 913771, 915261
Aufsichtsrat: Vors. Fritz Berchem.
Vorstand: Hermann Behrens (o), Karl Schrödter (o),
Karl Donderer (o).
Chefmathematiker: Karl Schrödter. 28

Seite

Gisela Allgemeine Lebens- und Aussteuer-Versicherungs-Aktiengesellschaft, München 8, Prinzregentenplatz 7—11, Ruf 449061, Drahtwort: Giselaversicherung, P.Sch. München 1095. — Filialdirektion Berlin: Berlin-Charlottenburg 4, Leibnizstraße 58, Ruf 327867

Aufsichtsrat: Vors. Fritz Reinhold.
Vorstand: Richard Stellwag (o), Wilhelm Kern (st).
Chefmathematiker: Dr. Vinzenz Tutter. 29

Gladbacher Lebensversicherung Aktien-Gesellschaft, Mönchen-Gladbach, Hohenzollernstraße 155, Ruf 24551, Drahtwort: Gladbachleben, P.Sch. Köln 3527. — Bezirksdirektion Berlin: Berlin W 15, Lietzenburger Straße 36, Ruf 915126

Aufsichtsrat: Vors. Konsul Karl Haus.
Vorstand: Dr. Heinrich Feuerhake (o), Paul Kesselhut (o), Friedrich Henning (o).
Chefmathematiker: Friedrich Henning. 30

Gothaer Lebensversicherung auf Gegenseitigkeit, Göttingen, Gothaer Platz 8, Ruf 59221, Drahtwort: Gothaleben, Fernschreiber 096876, P.Sch. Hannover 93761. Hauptbevollmächtigter für Berlin: Berlin-Halensee, Kurfürstendamm 103/104, Ruf 975050

Aufsichtsrat: Vors. Oberstadtdirektor i. R. Erich Schmidt.
Vorstand: Dr. Gerhard Frels (V), Dr. Herbert Haasen (o), Dr. Julius Winter (o), Alex Scherf (st), Dr. Hans Samwer (st), Willi Wulf (st).
Chefmathematiker: Dr. Walter Schwarzburg. 31

Hamburg-Mannheimer Versicherungs-Aktien-Gesellschaft, Hamburg 36, Alsterufer 1, Ruf 441101, Drahtwort: Hamavag, Fernschreiber 0213232, P.Sch. Hamburg 5555. — Filialdirektion Berlin: Berlin W 15, Kurfürstendamm 32, Ruf 917106

Aufsichtsrat: Vors. Dr. Hans Goudefroy.
Vorstand: Dr. Hermann Hitzler (V), Armin Fink (o), Dr. Herbert Reincke (o). Walter Hitzler (o)
Chefmathematiker: Dr. C. Raabe. 32

Hamburg-Mannheimer (Sonderabteilung: Deutsche Anwalt- und Notar-Versicherung) Hamburg 1, Mönckebergstraße 11, Ruf 338958, Drahtwort: Anwaltpension; P. Sch. Hamburg 35070 und Berlin West 4635

Leitung und Chefmathematiker: Dr. Wilhelm Bischoff. . . . 32a

Hannoversche Lebensversicherung auf Gegenseitigkeit zu Hannover, vorm. Preußischer Beamten-Verein, Hannover, Aegidientorplatz 2A, Ruf 86141, Drahtwort: Hannoverleben, P.Sch. Hannover 1100. Büro Berlin: Berlin-Charlottenburg 2, Kantstraße 162, Ruf 914859

Aufsichtsrat: Vors. Paul Philippi.
Vorstand: Dr. Rudolf Kaewel (o), Dr. Werner Semmler (o), Rudi Queißer (o).
Chefmathematiker: Karl Arndt. 33

Isar Lebensversicherungs-Aktiengesellschaft, München, Giselastraße 21/23, Ruf 360811, Drahtwort: Isarag, P.Sch. München 5885. Zweigstelle Berlin: Berlin W 30, Geisbergstraße 11, Ruf 244272

Aufsichtsrat: Vors. Dr. Erich R. Prölss.
Vorstand: Dr. Eckart Weinreich (o)., Dr. Kurt Anft (o)
Chefmathematiker: Georg Stitzl. 34

Seite

Karlsruher Lebensversicherung A.-G., Karlsruhe i. B., Friedrich-Scholl-Platz, Ruf 25971, Drahtwort: Karlsruherleben, Fernschreiber 0782846, P.Sch. Karlsruhe 89. Bezirksdirektion Groß-Berlin: Berlin-Charlottenburg, Hardenbergstr. 15, Ruf 322282
Aufsichtsrat: Vors. Dr. Alois Alzheimer.
Vorstand: Dr. h. c. Dr.-Ing. e. h. Alex Möller (V), Ernst Grevemeyer (o), Dr. Heinz Closs (o), Dr. Georg Wettich (o).
Chefmathematiker: Dr. Paula Schweiger. 35

Kölnische Lebensversicherung a. G., Köln, Clever Straße 36, Ruf 73 49 48, 734949, 734940, 733674 und 733689, Fernschreiber 08-882566, P.Sch. Köln 9938, Bezirksdirektion Berlin: Berlin SW 61, Tempelhofer Ufer 14, Ruf 665511, Fernschreiber 01-83475
Aufsichtsrat: Vors. Minister a. D. Johannes Ernst.
Vorstand: Dr. Joseph Franz Hecking (V), Dr. Josef Burauen (o), Theodor Barten (st), Karl Offermann (st).
Chefmathematiker: Dr. Josef Burauen. 36

Lebensversicherung Merkur Nürnberg V.V.a.G., Nürnberg, Weinmarkt 10, Ruf 25090, P. Sch. Nürnberg 6222, Verwaltungsstelle Berlin: Berlin W 30, Bamberger Str. 44, Ruf 245537
Aufsichtsrat: Vors. RA Ludwig Franz.
Vorstand: Hans Hirschmann (o), Dr. Eugen Moser (o). . . . 37

Leipziger Verein-Barmenia Lebensversicherung auf Gegenseitigkeit, Hamburg-Volksdorf I, Halenreie 40-44, Ruf 624441, Drahtwort: Elvaubeleben, P.Sch. Hamburg 7878. Bezirksdirektion Berlin: Berlin-Charlottenburg, Bismarckstr. 45, Ruf 346014/15
Aufsichtsrat: Vors. Friedrich Wieland.
Vorstand: Horst Kadatz (o), Max Alberto Lurati (o).
Chefmathematiker: Ilse Turley. 38

Magdeburger Allgemeine Lebens- u. Rentenversicherungs-Aktiengesellschaft, Hannover, Aegidientorplatz 1, Ruf 27101, Drahtwort: Allgema, Fernschreiber 922580, P.Sch. Hannover 70833. Niederlassung Berlin: Berlin W 30, Bamberger Straße 44, Ruf 244019
Aufsichtsrat: Vors. Dr. Gustav Harting.
Vorstand: Dr. Rudolf Rebsamen (V), Dr. Ludwig Bentfeldt (st).
Chefmathematiker: Dr. Ludwig Bentfeldt. 39

Mannheimer Lebensversicherungs-Gesellschaft A.-G., Mannheim, E 5, Technisches Rathaus, Ruf 21816, P.Sch. Ludwigshafen 28380. Geschäftsstelle Berlin: Berlin W 30, Rankestraße 23, Ruf 242414/15
Aufsichtsrat: Vors. Dr. Freiherr von Gemmingen-Hornberg.
Vorstand: Martin Bothe (V), Arthur Braune (o), Dr. Siegfried Schmidt (o), Dr. Hermann Flath (st).
Chefmathematiker: Hildegard Westhoff. 40

Münchener Lebensversicherungsanstalt AG, München 23, Leopoldstraße 6, Ruf 338965, Drahtwort: Münchenerleben, Fernschreiber 0523192, P.Sch. München 48158. Bezirksdirektion Berlin: Berlin W 15, Brandenburgische Straße 27, Ruf 912879
Aufsichtsrat: Vors. RA. Dr. h. c. Reinhard Freiherr von Godin.
Vorstand: Johannes Schardin (o), Hans Georg Siefken (o).
Chefmathematiker: Karl Kirchhof. 41

Seite

Münchener Verein Lebens- und Altersversicherungsanstalt a. G., München 3, Pettenkoferstraße 19, Ruf 530061, P.Sch. München 3052
Aufsichtsrat: Vors. Joseph Wild.
Vorstand: Hans G. Lust (V), Dr. Hans Hieber (o), Wilhelm Laddey (st), Dr. Franz Stutz (st).
Chefmathematiker: Dr. Franz Stutz. 42

National Lebensversicherungs-Aktien-Gesellschaft, Lübeck, Travemünder Allee 9, Ruf 2 53 21, Drahtwort: National, Fernschreiber 026850, P.Sch. Hamburg 4664. Direktion für Groß-Berlin: Berlin W 30, Rankestr. 17, Ruf 249931
Aufsichtsrat: Vors. Bruno Stieringer.
Vorstand: Dr. Werner Plath (V), Dr. Ernst Kircher (o), Dr. Erich Carus (o).
Chefmathematiker: Dr. Hermann Schlee. 43

Nord-Deutsche Lebensversicherungs-Aktiengesellschaft, Hamburg 11, Alterwall 12, Ruf 34 13 01/06, Drahtwort: Nordleben, P.Sch. Hamburg 77360. Hauptverwaltungsstelle Berlin: Bln.-Charlottenburg, Württembergallee 1, Ruf 940736
Aufsichtsrat: Vors. Erich Bechtolf.
Vorstand: Walter G. Schües (o), Walther Käding (o).
Chefmathematiker: Karl Todt. 44

Nordstern Lebensversicherungs-Aktiengesellschaft, Köln, Kaiser-Friedrich-Ufer 23, Ruf 70831, Fernschreiber 08882714, P.Sch. Köln 2245. — Berlin-Schöneberg, Nordsternplatz, Ruf 710331, Fernschreiber 0183511, Drahtwort: Nordsternleben
Aufsichtsrat: Vors. Dr. C. A. Pastor.
Vorstand: Edgar Schnell (V), Dr. Karl Bechstedt (o), Hans-Georg Brög (o).
Chefmathematiker: Hans Stoebe. 45

Nürnberger Lebensversicherung AG, Nürnberg, Rathenauplatz 16-18, Ruf 5 14 41, Drahtwort: Lebensbank, Fernschreiber 062163, P.Sch. Nürnberg 2900. Direktionsgeschäftsstelle Berlin: Bln.-Charlottenburg 9, Reichskanzlerplatz 4, Ruf 924997
Aufsichtsrat: Vors. Konsul Achill Scheuerle.
Vorstand: Dr. Hermann Benken (V), Adolf Goltermann (st), H. Theodor Müller (st).
Chefmathematiker: Adolf Goltermann. 46

Oeffentlich-rechtliche Lebensversicherungsanstalten 64-70

Pensionsverein Deutscher Pensionszuschuß- und Lebensversicherungsverein a. G. München, München 15, Beethovenplatz 4, Ruf 530011, P.Sch. München 5860
Aufsichtsrat: Vors. Heinrich Karl.
Vorstand: Kurt Neumaier (o), Joseph Mayr (o).
Chefmathematiker: Herbert Woywod. 47

Prima Lebensversicherungsverein a. G., Nürnberg 2, Frauentorgraben 11/13, Ruf 27554, Drahtwort: Prima, P.Sch. Nürnberg 13688
Aufsichtsrat: Vors. Hans Riegel.
Vorstand: Alfred Wabnegg (V), Dr. Herbert Wicherek (o).
Chefmathematiker: Prof. Dr. Georg Nöbeling, Erlangen. . . 48

Seite

Raiffeisen- und Volksbanken-Versicherung, Lebensversicherungs-Gesellschaft a. G., Berlin-Charlottenburg 2, Schillerstraße 3, Ruf 323811. — Wiesbaden, Sonnenberger Straße 2, Ruf 59331, Fernschreiber 0416803, P.Sch. Frankfurt 17030
Aufsichtsrat: Vors. Reichsminister a. D. Dr. Dr. h. c. Andreas Hermes.
Vorstand: Gottfried Meulenbergh (V), Reinhold Baurs-Krey (o), Dr. Gerhard Knüfermann (o), Benno Kalms (o).
Chefmathematiker: Ludwig Schuster. 49

Rheinisch-Westfälische Lebensversicherung a. G., Wuppertal-Barmen, Carnaper Straße 73-75, Ruf 5 6667/68/69, Drahtwort: Rheinwestleben, P.Sch. Essen 6856. Direktionsgeschäftsstelle Berlin: Berlin-Friedenau, Ringstraße 61/62, Ruf 836694
Aufsichtsrat: Vors. Georg Wiegmink.
Vorstand: Hermann Engemann (o).
Chefmathematiker: Dr. Eberhard Bente.. 50

Schweizerische Lebensversicherungs- und Rentenanstalt, Zürich, Alpenquai 40. Niederlassung für Deutschland: München 23, Leopoldstraße 8, Ruf 334251/53, Drahtwort: Schweizerische München, P.Sch. München 3192. Bezirksdirektion Berlin: Berlin W 30, Lutherstraße 30, Ruf 247350
Aufsichtsrat: Ehrenpräsident: Dr. Ernst Wetter, a. Bundesrat.
Präsident: Dr. Franz Meyer.
Vorstand: Generaldirektoren: Dr. Riccardo J. Jagmetti
Prof. Dr. Hans Wyss.
Direktoren: Dr. Max Karrer, Josef Meyer,
Dr. Ernst Reber,
Vizedirektor: Charles Zacher.
Subdirektoren: Dr. Hans Burckhardt,
Frédéric Honegger
I. Mathematiker: Hans Ammeter
Hauptbevollmächtigter für Deutschland:
Direktor Dr. Hans Adamy in München. 51

Sparkassen-Versicherung AG., Stuttgart-N, Kriegsbergstr. 15, Ruf 95641, P.Sch. Stuttgart 36819
Aufsichtsrat: Vors. Präsident Dr. Hans Häcker.
Vorstand: Gustav Ernst (V), Henning Meier (st)
Chefmathematiker: Henning Meier 52

Universa Lebensversicherungsanstalt auf Gegenseitigkeit, Nürnberg, Sulzbacher Straße 1-7, Ruf 53451/53, P.Sch. Nürnberg 2343. Filialdirektion Berlin: Berlin-Wilmersdorf, Berliner Straße 154, Ruf 878800
Aufsichtsrat: Vors. Joseph Gebhard.
Vorstand: Christian Rabus (V), Willi Graf (o) in Berlin. Heinrich Müller (o), Friedrich Glätzl (st).
Chefmathematiker: Rudolf Sandbach. 53

Vereinigte Lebensversicherungsanstalt a. G. für Handwerk, Handel und Gewerbe, Hamburg 36, Neue Rabenstr. 15—19, Ruf 441141, Drahtwort: Vereinigteleben, Fernschreiber 021 1397, P.Sch. Hamburg 10230. Zweigniederlassung Iduna-Germania, Berlin SW 68, Charlottenstraße 13, Ruf 610236, Fernschreiber 0183806
Aufsichtsrat: Vors. Anton Seidenspinner.
Vorstand: Dr. Wilhelm Hartmann (V), Gunther Albers (o), Dr. Rudolf Hönack (o).
Chefmathematiker: Horst Becker 54

Seite

Victoria Lebens-Versicherungs-Aktien-Gesellschaft, Berlin SW 68, Lindenstraße 20-25, Ruf 61 01 01, Drahtwort: Victoriabank, Fernschreiber 018/3477, P.Sch. Berlin West 2305, Hauptverwaltung für den Westen: Düsseldorf, Bahnstraße 2-8, Ecke Königsallee, Ruf 8281, Fernschreiber 0858/2984, P.Sch. Essen 62341

Aufsichtsrat: Vors. RA. und Notar Wilhelm Scholz.
Vorstand: Dr. Kurt Hamann (V), Dr. Edmund Haffmans (o), Dr. Erich Kiehnscherf (o), Alfred Overhamm (o), Gerhard Rabich (o), Dr. Wolfgang Sachs (o), Heinz Schmöle (o),
Chefmathematiker: Dr. Wolfgang Sachs. 55

Vita Lebensversicherungs-Aktiengesellschaft in Zürich, Zürich, Mythenquai 10, Ruf (051) 274810, Drahtwort: Vita. Direktion für Deutschland: Frankfurt a. M., Kaiserstraße 3-5, Ruf 20601—20609. Drahtwort: Vita. P.Sch. Frankfurt 305. Zweigniederlassung Berlin: Berlin-Charlottenburg 9, Rognitzstr. 8, Ruf 920176

Verwaltungsrat: Präsident Dr. h. c. C. J. Abegg.
Delegierter des Verwaltungsrats: Dr. W. Linsmayer.
Direktor: P. Brechtbühl.
Stellvertretende Direktoren: Dr. H. Daeniker, E. Haferl, Dr. G. Ad. Lehmann.
Subdirektoren: J.-D. Lavanchy, Dr. H. Meyer, Dr. G. Nonella.
Chefmathematiker: Stellv. Direktor E. Haferl.
Hauptbevollmächtigter für Deutschland:
Direktor Dr. Alfred Märkl in Frankfurt a. M. 56

Vohk Lebensversicherungsanstalt ostdeutscher Handwerkskammern, V. a. G. zu Berlin, Berlin W 35, Potsdamer Straße 76, Ruf 131537/38, P.Sch. Berlin West 2362. Zweigniederlassung: Hamburg 13, Johnsallee 53-55, Ruf 448566/67

Aufsichtsrat: Vors. Präsident Hermann Schlüter.
Vorstand: Hermann Hellmann (o), Erich Labitzke (o).
Chefmathematiker: Max Engel.. 57

Volkshilfe Lebensversicherungs-Aktiengesellschaft, Berlin W 30, Rankestraße 20, Ruf 249911, Fernschreiber 0183588, P.Sch. Berlin West 3026. — Köln, Sachsenring 91-99, Ruf 34361/65, Fernschreiber 08882862, P.Sch. Köln 153595

Aufsichtsrat: Vors. Walter Schmidt.
Vorstand: Dr. Leo Robert Assmann (o) in Köln, Otto Heinzel (o) in Berlin, Herbert Hoffmann (st) in Köln.
Chefmathematiker: Max Pilz in Berlin. 58

Volkswohl-Bund Lebensversicherung a. G., Berlin-Charlottenburg, Kantstraße 13, Ruf 324421, P.Sch. Berlin West 2952. Hauptverwaltung West: Dortmund, Südwall 37-39, Ruf 22441/43, P.Sch. Dortmund 14994

Aufsichtsrat: Vors. RA. Dr. Theodor Bauer.
Vorstand: Eberhardt Baath (o) in Berlin, Paul Hoffmann (o) in Dortmund.
Chefmathematiker: Dr. Alfred Rosenzweig in Berlin. 59

Seite

Vorsorge Lebensversicherungs-A.-G., Berlin-Wilmersdorf, Rüdesheimer Straße 42—50, Ruf 830181, Drahtwort: Vorsorge Berlin, Fernschreiber 0183359, P.Sch. Berlin West 2793. — Düsseldorf, Immermannstr. 23, Ruf 84041, Drahtwort: Vorsorge Düsseldorf, Fernschreiber 08582340
Aufsichtsrat: Vors. Dr. Kurt Hamann.
Vorstand: Dr. Chr. Albert Franke(o), Gerhard Rabich(o) in Düsseldorf, Dr. Robert Reuter (o), Harry Jenson (st) in Berlin.
Chefmathematiker: Karl-Heinrich Quast. 60

Winterthur Lebensversicherungs-Gesellschaft in Winterthur (Schweiz), Direktion für die Bundesrepublik Deutschland: München 23, Leopoldstraße 34-36, Ruf 360721, Fernschreiber 052/3145, P.Sch. München 4825. Bezirksdirektion Berlin: Bln.-Charlottenburg 9, Bayernallee 48, Ruf 940242
Verwaltungsratspräsident: Dr. Georg Hasler.
Vizepräsident u. Delegierter d. Verwaltungsrats: Dr. Paul Thorin.
Vorstand: Generaldirektor: Roger Breguet
Direktoren: Dr. Alfons Baumberger
Dr. Peter Binswanger, Dr. Hans Braunschweiler
Dr. Willy Gruss.
Chefmathematiker: Dr. Alfons Baumberger
Hauptbevollmächtigter für Deutschland:
Ass. Werner R. Schmitt in München.
Geschäftsführender Direktor:
Philipp Theodor Wieland in München. 61

Witwen- und Waisenkasse des Reichs- und Staatsdienstpersonals Allgemeine Lebensversicherungsanstalt a. G., München 2, Marsstraße 36-40, Ruf 558491, P.Sch. München 700. Bezirksdirektion Berlin: Berlin-Charlottenburg, Hardenbergstraße 7, Ruf 32 47 30
Aufsichtsrat: Vors. Ministerialdirektor a. D. Wilhelm Gaenshirt
Vorstand: Friedrich Glätzl (V), Dr. Günther Höllring (o), Christian Rabus (st).
Chefmathematiker: Albrecht Krupp. 62

Württembergischer Versicherungsverein a. G. Stuttgart, Stuttgart S, Mörikestraße 5, Ruf 76236/38, Drahtwort: Württleben, P.Sch. Stuttgart 2777. Geschäftsstelle Berlin: Berlin SW, Tempelhofer Ufer 23/24
Aufsichtsrat: Vors. RA. Dr. Dr. Eberhard Thurner.
Vorstand: Dr. Dr. Max Koppe (o), Otto Schöpl (o).
Chefmathematiker: Dr. Dr. Max Koppe. 63

Bundesaufsichtsamt für das Versicherungs- und Bausparwesen
Berlin W 15, Ludwigkirchplatz 3-4, Ruf 910461,
Drahtwort: Bundesvers, Fernschreiber 0183554
Präsident: Dr. Ernst Fritz.
Vizepräsident: Ulrich Kuhn.

Verband der Lebensversicherungsunternehmen e. V.
Bonn, Eduard-Pflüger-Straße 55, Ruf 25985/86,
Fernschreiber 0886417,
Drahtwort: Lebensverband.
Verbandsdirektor: Dr. Waldemar Adler.

Erster Teil

Versicherungsbedingungen

Vorbemerkungen

In der Gegenüberstellung der Versicherungsbedingungen ist nach Möglichkeit dem Wortlaut der Allgemeinen Versicherungsbedingungen (AVB) der einzelnen Gesellschaften Rechnung getragen. Wird z. B. in den AVB einer Gesellschaft von Prämien gesprochen, so wird auch im vorliegenden Handbuch das Wort Prämie verwendet, ist bei einer Gesellschaft statt dessen das Wort Beitrag üblich, so wird dieses Wort verwendet. Das gleiche gilt für Dividenden oder Gewinnanteile, Darlehen oder Vorauszahlungen, Deckungskapital, Deckungsrücklage oder Prämienreserve, Zuschlag oder Aufschlag usw. Die Schlagwörter lauten natürlich für alle Gesellschaften einheitlich.

Die Angaben über die Allgemeinen Versicherungsbedingungen beziehen sich auf die in der Prämienzusammenstellung (Zweiter Teil) aufgeführten Tarife der Großlebensversicherung. Die Prämienzusammenstellung enthält die für Neuabschlüsse geltenden gebräuchlichsten Tarife der Großlebensversicherung. Sondertarife, wie z. B. Töchteraussteuer-, Studiengeld-, Familienversorgungs- und Gruppentarife sind nicht aufgeführt.

Geschäftszahlen:

Neuzugang — neu selbstabgeschlossene Kapital- und Rentenversicherungen einschließlich Erhöhungen —, aber ohne Erhöhungen aus Gewinnanteilen und ausschließlich Wiederinkraftsetzungen und Umwandlungen.

Bestand — Versicherungsbestand einschließlich übernommener Rückversicherungen.

Im Neuzugang und dem Bestand sind enthalten: Großlebens-, Kleinlebens-, Kollektiv- und die Abonnentenversicherung mit Deckungsrückstellung.

Prämieneinnahme — für den gesamten Versicherungsbestand einschl. Pensions-, Renten- und Unfallzusatzversicherung.

---

1. **Ausfertigungsgebühr:** Die in () stehenden Beträge sind Mindest- und Höchstbeträge.
2. **Geschäftsgebühr:** Die Bindung des Antragstellers an den Antrag rechnet bei der Versicherung mit ärztlicher Untersuchung (m. U.) vom Tage der vertrauensärztlichen Untersuchung, bei der Versicherung ohne ärztliche Untersuchung (o. U.) vom Tage der Antragstellung an.

   Rücktritt wegen Nichteinlösung — Es gilt als Rücktritt, wenn eine Gesellschaft ihren Anspruch nicht innerhalb von drei Monaten vom Fälligkeitstage der Einlösungsprämie an gerichtlich geltend macht.

3. **Gesundheitsdienst:** Untersuchung und Beratung in bestimmten Zeitabständen durch Ärzte nach freier Wahl auf Kosten der Gesellschaft. Das Ergebnis der Untersuchung wird den Gesellschaften nicht bekanntgegeben.

4. **Gewinnbeteiligung:**

Plan A: Der Gewinnanteil wird von einer Jahresprämie oder der Versicherungssumme berechnet („gleichbleibender" Gewinnanteil).

Plan B: Der Gewinnanteil wird von der Summe der eingezahlten Prämien berechnet („steigender" Gewinnanteil).

Plan C: Der Gewinnanteil wird von dem angesammelten Deckungskapital berechnet („steigender" Gewinnanteil).

Plan D: (natürlicher Gewinnverteilungsplan). Der Anteil der Versicherten am Überschuß der Gesellschaft wird nach den drei hauptsächlichen Überschußquellen (Zinsen, Sterblichkeit, Verwaltungskosten) festgestellt. Die über die rechnungsmäßig erforderlichen Zinsen hinaus erzielten Zinsen (Mehrzinsen) werden in der Regel nach Verhältnis zum Deckungskapital, der Sterblichkeitsgewinn und die Verwaltungskostenersparnis in der Regel nach Verhältnis zur Versicherungssumme oder zur Jahresprämie verteilt.

Bonus: Als Gewinnanteile werden alljährlich Zusatzversicherungen in Höhe des Bonus gewährt.

Bei manchen Gesellschaften werden die Gewinnanteile gegen Zinsvergütung angesammelt. Den Versicherungsnehmern steht in der Regel das Recht zu, über ihr Guthaben in gewissen Zeitabständen zu verfügen.

Gewinnpläne sind nur für die Tarife angeführt, nach denen Versicherungen auf Grund der im zweiten Teil (Jährliche Prämien) angegebenen Tarife neu abgeschlossen werden. Von diesem Grundsatz ist bei den Gesellschaften abgewichen, die nach einem neu eingeführten Gewinnplan einen Gewinnanteil noch nicht erklärt haben. Bei diesen Gesellschaften sind die Gewinnsätze der Gewinnpläne, die für den Neuzugang geschlossen sind, noch angeführt.

5. **Invalidität:** Unter „Invalidität" finden sich Angaben darüber, ob und unter welchen Bedingungen Invaliditäts-Zusatzversicherungen abgeschlossen werden. Die Zusatzversicherung kann umfassen: Befreiung von der Prämienzahlung, Zahlung einer Invalidenrente bis zum Ablauf der Prämienzahlungsdauer oder Auszahlung der Versicherungssumme bei Vollinvalidität oder einem bestimmten Invaliditätsgrad. Die Invaliditäts-Zusatzversicherung wird im allgemeinen nur bei Versicherungen mit ärztlicher Untersuchung eingeschlossen, und zwar in der Regel bei Männern bis zum 65., bei Frauen bis zum 55. Lebensjahre.

6. **Kollektivversicherung:** Bei den Angaben über Kollektivversicherung (Gruppenversicherung) wird unterschieden zwischen „Firmen-Gruppenversicherungen" (Gruppenversicherungsverträge von Arbeitgebern zur Versorgung ihrer Arbeitnehmer und deren Angehörigen sowie die den Firmen-Gruppenversicherungsverträgen unter gewissen Voraussetzungen gleichgestellten Gruppenversiche-

rungsverträge mit Berufsverbänden, die eigene Rechtspersönlichkeit haben und die überwiegend die wirtschaftlichen Interessen ihrer Angehörigen vertreten) und „Kollektiv-Sterbegeldversicherungen" von Vereinen und sonstigen Vereinigungen.

Sammelversicherungen — für Arbeitnehmer, deren Prämien durch den Arbeitgeber eingezogen werden.

„Zulässige" Vergünstigungen sind die in den Rundschreiben der Aufsichtsbehörden vorgesehenen Vergünstigungen.

8. **Prämienfreie Versicherung:** „Mindestsumme" — Wird die angegebene Mindestsumme nicht erreicht, so wird die Rückvergütung gezahlt.

10. **Reisen, Verkehr und Sport:** Die Gesellschaften behalten sich vor, für bei Antragstellung bekannte erhöhte Gefahren (z. B. Auslandsreisen) Sonderprämien zu fordern oder besondere Vereinbarungen zu treffen.

Reisen in Flugzeugen und Rundflüge gelten im allgemeinen nur über Gebieten mit organisiertem Flugverkehr innerhalb Europas.

12. **Rückvergütung und Darlehen:** Ein Darlehen oder eine Vorauszahlung kann im allgemeinen bis zur Höhe des Rückvergütungswertes gewährt werden. Abweichende Bestimmungen sind bei den betreffenden Gesellschaften angegeben.
Ein Rechtsanspruch auf Darlehen besteht nicht.

13. **Selbstmord:** Der Selbstmord ist in „Unzurechnungsfähigkeit" begangen, wenn die Tat in einem die freie Willensbestimmung ausschließenden Zustande krankhafter Störung der Geistestätigkeit begangen ist. Falls wegen der Wartezeit oder wegen der Summenbeschränkung nicht die volle Versicherungssumme zu leisten ist, kommt nur das Deckungskapital zur Auszahlung.

14. **Unfallzusatzversicherung:**

„Ausschlußfrist" — Frist, innerhalb der ein Unfall zum Ableben führen muß, damit die Doppelsumme zur Auszahlung gelangt.

„Grenzalter" — Alter, bis zu dem die Unfallzusatzversicherung eingeschlossen wird.

„Beschränkung auf Verkehrsmittelunfälle" — Einschluß der Unfälle, die der Versicherte nach Erreichung des „Grenzalters" (nach dem 65. oder 70. Lebensjahre) erleidet, wenn dem benutzten Verkehrsmittel selbst ein Unfall zustößt.

Nicht in die Versicherung eingeschlossen sind in der Regel tödliche Unfälle bei Teilnahme an Wett- und Trainingsfahrten und Wettkämpfen aller Art, Unfälle infolge von Schlag-, Krampf-, Ohnmachts- usw. Anfällen usw.

Die Zusatzprämien, die nach Beruf oder Sondergefahren abgestuft werden, sind im allgemeinen nicht gewinnberechtigt.

Die Unfallzusatzversicherung ist in der Regel mit 100 000 DM Versicherungssumme begrenzt.

Die Fluggefahr ist im allgemeinen nur für Flüge im öffentlichen Luftverkehr innerhalb Europas eingeschlossen.

15. **Zahlungsfrist für die Prämie:** Die Setzung der Nachfrist, mit der die Kündigung verbunden werden kann, erfolgt in der Regel durch Einschreibebrief, der die Angabe der Rechtsfolgen weiterer Säumnis enthalten muß. Wenn die Nachfrist verstrichen ist und gemäß Pos. 8 (Prämienfreie Versicherung) noch kein Anspruch auf prämienfreie Versicherung besteht, ist die Gesellschaft im Versicherungsfalle von der Leistung frei.

„Versicherungsverlängerung" — Bei einigen Gesellschaften kann auf Antrag statt der prämienfreien Versicherung mit herabgesetzter Versicherungssumme die „Versicherungsverlängerung" in voller Höhe gewährt werden. In diesem Falle wird das vorhandene Deckungskapital als Einmalprämie für eine reine Todesfallversicherung (Risikoversicherung) verwendet. Ist das Deckungskapital höher als die erforderliche Einmalprämie, so wird der überschießende Betrag als einmalige Prämie für eine beim ursprünglich vorgesehenen Ablauf der Versicherung fällige Erlebensfallversicherung verwendet.

Aachener und Münchener Lebensversicherungs-Aktiengesellschaft

(Aachener und Münchener Gruppe)

KARLSRUHE i. B. (früher Potsdam)

Grundkapital: 1 000 000 DM Volleinzahlung. **Gegr. 1923. Ursprung 1868.**

Geschäftsgebiet: Bundesrepublik Deutschland und Westberlin.

Geschäftszweige: Großleben, Kleinleben, Töchter, Gruppen, Renten.

Kapitalvers.: Neuzugang 1958: 58,4 (**1957:** 69,8) Mill. DM Vers.-Se.

Bestand Ende 1958: 376,3 (**1957:** 337,0) Mill. DM Vers.-Se.[1])

Rentenvers.: Neuzugang 1958: 0,02 (**1957:** 0,017) Mill. DM Jahresrente.

Bestand Ende 1958: 0,196 (**1957:** 0,178) Mill. DM Jahresrente.

Prämieneinnahme 1958: 18,8 (**1957:** 17,2) Mill. DM.[2])

Die Allgemeinen Versicherungsbedingungen gelten vom 1. November 1958 an.

1. **Ausfertigungsgebühr:** Keine. Bei Vers. über mindestens 3000 DM trägt die Ges. die Kosten der ärztlichen Untersuchung.
2. **Geschäftsgebühr:** Anspruch auf den ersten Jahresbeitrag oder bei Rücktritt wegen Nichteinlösung neben Ersatz der Arztkosten auf eine Gebühr von 10°/₀ des Jahresbeitrages. Bindefrist 6 Wochen. Erfolgt die ärztliche Untersuchung nicht binnen 14 Tagen, gilt Antrag für Vers. o. U. (vgl. 7).
3. **Gesundheitsdienst:** Keine Einrichtungen.
4. **Gewinnbeteiligung:** Für die 1958 eingeführten z-Tarife: Nach 3 Jahren. Jährlicher Gewinnanteil und Schlußgewinnanteil.
   Für die geschlossenen w-Tarife: Nach 3 Jahren. In Prozenten des gewinnberechtigten Beitrages, jährlicher Steigerungssatz für jedes weitere Versicherungsjahr. Schlußgewinnanteil in Promille der Vers.-Se. bei Ablauf oder bei Tod nach vollendetem 70. Lebensjahr; in verminderter Höhe auch bei Tod in den letzten beiden Vers.-Jahren. — 1960 und 1959: 10°/₀ Anfangssatz, 2½°/₀ Steigerungssatz, im 4. Jahre also 10°/₀, im 5. Jahre 12½°/₀ usw. Schlußgewinnanteil: 4°/₀₀, bei Tod im letzten Vers.-Jahr 3°/₀₀, im vorletzten 1°/₀₀ für jedes volle Vers.-Jahr seit Beginn.
   Ohne Gewinnbeteiligung nur Risikovers.
5. **Invalidität:** Beitragsbefreiung und 12°/₀ der Vers.-Se. jährliche Rente bei voraussichtlich dauernder Erwerbsunfähigkeit. Mindestgrad der Invalidität 50°/₀, volle Leistung. Zusatzbeiträge nicht gewinnberechtigt. Die Gewinnanteile der Stammvers. werden im Invaliditätsfalle weitergewährt.
6. **Kollektivversicherung:** Firmen- und Vereins-Gruppenvers. nach den Tarifen G (42). Sammelvers. nach Tarif GS. Für Tarife G (42) und GS besonderer Gewinnverband. Plan A, erste Dividende nach 5 Jahren; 1960 und 1959: 25°/₀ des Beitrages.
7. **Ohne ärztliche Untersuchung:** Beiträge bis Eintrittsalter 39 wie bei m. U., vom Alter 40 an um 1°/₀₀ (bei Tarif 4z um 0,5°/₀₀), vom Alter 50 an um 2°/₀₀ (1,5°/₀₀) höher als bei m. U. — Kein besonderer Gewinnverband. — Keine Wartezeit. — Höchstzulässige Vers.-Se. 15000 DM (Tarif 4z — auf festen Auszahlungszeitpunkt — 25000 DM). — Höchsteintrittsalter 55.
8. **Prämienfr. Vers.:** Nach Zahlung der Beiträge für mindestens 3 Jahre oder für mindestens ein Zehntel der Beitragszahlungsdauer unter Verrechnung des Rückkaufswertes als einmaliger Beitrag. Gewinnberechtigt (Schlußgewinnanteil). Mindestsumme 200 DM.
9. **Ratenzahlung der Prämie:** ½-, ¼-, 1/12jährliche Zahlung 2, 3½, 6°/₀ Aufgeld (gewinnberechtigt). Im Todesfalle werden noch nicht fällige Beitragsraten nicht erhoben.
10. **Reisen, Verkehr u. Sport:** Reisen, auch als Fahrgast im öffentl. Flugverkehr, sowie gewöhnl. Sportbetätigung eingeschlossen. Erweitertes Flugrisiko u. Wett- usw. Fahrten in Land- und Wasserkraftfahrzeugen nach Vereinbarung.
11. **Rücktritt vom Vertrage:** Ausgeschlossen nach 3 Jahren seit Abschluß, Änderung oder Wiederherstellung der Vers.
12. **Rückvergütung und Darlehn (Vorauszahlung):** Nach Zahlung der Beiträge wie unter 8 Deckungsrücklage abzüglich 1°/₀ der Risikosumme. Zusatzbeitrag für Vorauszahlungen einschließlich Verwaltungsgebühr 6°/₀, halbjährlich nachträglich.
13. **Selbstmord:** Nach 3 Jahren seit Einlösung des Vers.-Scheins oder Wiederherstellung der Vers. volle Vers.-Se.; bei „Unzurechnungsfähigkeit" auch vorher.
14. **Unfallzusatzversicherung:** Doppelsumme bei Unfalltod, auch als Fluggast einer behördl. genehmigten Luftverkehrsgesellschaft, gegen jährl. 1,5 oder 3°/₀₀ der Vers.-Se. Wett- usw. Fahrten in Kraftfahrzeugen aller Art ausgeschlossen. Ausschlußfrist 1 Jahr. Grenzalter 70.
15. **Zahlungsfrist für die Prämie:** 1 Monat, bei monatlicher Zahlung 2 Wochen. Nachfrist 2 Wochen (1 DM Gebühr und Verzugszuschlag von ½°/₀ für jeden vollen Monat). Bei Versäumnis der Nachfrist von selbst Verlust des Vers.-Schutzes oder Minderung auf beitragsfreie Vers.-Se. (vgl. 8).

---

[1]) Ohne 257,2 (1957: 246,4) Mill. DM in Rückdeckung, überwiegend aus einem Quotenvertrag auf Risikobasis, übernommene Vers.

[2]) Nur selbstabgeschlossene Versicherungen.

Agrippina
Lebensversicherungs-Aktiengesellschaft (Agrippina-Gruppe) BERLIN und KÖLN

Grundkapital: 2000000 DM mit 1000000 DM Einzahlung.

Gegründet 1923.

Geschäftsgebiet: Bundesrepublik Deutschland und Westberlin.
Geschäftszweige: Großleben, Töchter-Aussteuer, Familien-Versorgung, Gruppen.

Kapitalvers.: Neuzugang 1958: 74,3 (**1957:** 80,9) Mill. DM Vers.-Se.
Bestand Ende 1958: 373,8 (**1957:** 326,4) Mill. DM Vers.-Se.
Prämieneinnahme 1958: 17,7 (**1957:** 15,7) Mill. DM.

Die Allgemeinen Versicherungsbedingungen gelten vom 1. Dezember 1956 an.

1. **Ausfertigungsgebühr:** 1‰ der Vers.-Se., höchstens 10 DM.
2. **Geschäftsgebühr:** Anspruch auf die erste Jahresprämie und Ausfertigungsgebühr oder bei Rücktritt wegen Nichteinlösung neben Ersatz der Arztkosten auf 1‰ der Vers.-Se., höchstens 15 DM, Gebühr. **Bindefrist 6 Wochen.**
3. **Gesundheitsdienst:** Keine Einrichtungen.
4. **Gewinnbeteiligung:** Nach 3 Jahren. Plan D (Gewinnverband Bn der Ges.). Summendividende nach Verhältnis der Vers.-Se. und Zinsdividende nach Verhältnis des in Prozenten der vollen Prämie ausgedrückten gewinnberechtigten Deckungskapitals. Bei Ablauf der Prämienzahlungsdauer und ein Jahr später je eine Zins-Schlußdividende.
   1960: 5‰ (1959: 5‰) Summendividende und 2,5—35% (2,5—28,5%) der Prämie als Zinsdividende, abgestuft nach Jahrgängen des Vers.-Beginns.
   Ohne Gewinnbeteiligung nur Risikovers. und Einmalprämien-Vers. mit kurzer Dauer.
5. **Invalidität:** Prämienbefreiung und bis zu 10% der Vers.-Se. jährliche Rente bei voraussichtlich lebenslänglicher Erwerbsunfähigkeit. Von 33⅓% Inv. an ⅓, von 50% an ½ der Inv.-Leistung, von 66⅔% an volle Leistung. Zusatzprämie gewinnberechtigt. Gewinnbeteiligung der Stammvers. wird im Invaliditätsfalle in voller Höhe weitergewährt.
6. **Kollektivversicherung:** Firmen-Gruppenvers. nach den Einzeltarifen mit den zulässigen Vergünstigungen oder nach Sondertarifen W XI und W XIII im Gewinnverband W; Plan D, nach 3 Jahren; 1960: 2,5‰ (1959: 2,5‰) der Vers.-Se. und 1—36% (1—30%) der Prämie, je nach Beginnjahrgang. Sammelvers. nach Sondertarifen S XI und S XIII im Gewinnverband Bn, vgl. 4.
7. **Ohne ärztliche Untersuchung:** Prämien wie bei m. U. — Kein besonderer Gewinnverband. — Keine Wartezeit. — Höchstzulässige Vers.-Se. 10000 DM. — Höchsteintrittsalter 55; höchstes Endalter 70.
8. **Prämienfreie Versicherung:** Nach Zahlung der Prämien für mindestens den 10. Teil der Prämienzahlungsdauer oder 2 Jahre unter Anrechnung des Rückvergütungswertes als einmalige Bruttoprämie. Zinsgewinnberechtigt. Mindestsumme 100 DM.
9. **Ratenzahlung der Prämie:** ½-, ¼-, 1/12jährliche Zahlung 2, 3, 5% Aufgeld (gewinnberechtigt).
10. **Reisen, Verkehr und Sport:** Reisen, auch als Fluggast im öffentlichen Flugverkehr, sowie gewöhnliche Sportbetätigung eingeschlossen.
11. **Rücktritt vom Vertrage:** Ausgeschlossen nach 2 Jahren seit Abschluß, Änderung oder Wiederherstellung der Vers.
12. **Rückvergütung und Darlehn:** Nach Zahlung der Prämien für mindestens den 10. Teil der Prämienzahlungsdauer oder 2 Jahre 95% des Deckungskapitals. Darlehnszinsen 6%; zur Deckung von Prämien 5%, im voraus.
13. **Selbstmord:** Nach 2 Jahren seit Beginn der Leistungspflicht, Wiederherstellung oder Änderung der Vers. volle Vers.-Se., bei „Unzurechnungsfähigkeit" oder unter dem Druck schwerer körperlicher Leiden auch vorher.
14. **Unfallzusatzversicherung:** Doppelsumme bei Unfalltod, auch als Fluggast im öffentlichen Luftverkehr innerhalb Europas und bei Fahrten in einem Kraftwagen, außer Wett- usw. Fahrten, gegen im allgemeinen jährlich 1,5‰ (gewinnberechtigt) der Vers.-Se. Ausschlußfrist 1 Jahr. Grenzalter 70.
15. **Zahlungsfrist für die Prämie:** 1 Monat. Nachfrist 2 Wochen (6% Verzugszinsen, 1 DM Kosten). **Bei Versäumnis der Nachfrist von selbst Herabsetzung der Leistungspflicht auf prämienfreie Vers.-Se. (vgl. 8).**

„Albingia“

Lebensversicherungs-Aktiengesellschaft

HAMBURG **Gegründet 1923.**

Grundkapital: 1000000 DM mit 500000 DM Einzahlung.

Geschäftsgebiet: Bundesrepublik Deutschland und Westberlin.

Zweige: Großleben, Kleinleben, Töchteraussteuer, Gruppen, Renten.

Kapitalvers.: Neuzugang 1958: 70,5 (**1957:** 75,2) Mill. DM Vers.-Se.
Bestand Ende 1958: 254,1 (**1957:** 206,9) Mill. DM Vers.-Se.
Prämieneinnahme 1958: 11,3 (**1957:** 9,6) Mill. DM.

Die Allgemeinen Versicherungsbedingungen gelten vom 1. Januar 1958 an.

1. **Ausfertigungsgebühr:** 1‰ der Vers.-Se., höchstens 10 DM. Die Kosten der ärztlichen Untersuchung trägt die Gesellschaft bei Vers. von mindestens 5000 DM.
2. **Geschäftsgebühr:** Anspruch auf die erste Jahresprämie und Ausfertigungsgebühr oder bei Rücktritt wegen Nichteinlösung neben Ersatz der Arztkosten auf 2‰ der Vers.-Se., höchstens 15 DM, Gebühr. Bindefrist 6 Wochen. Erfolgt ärztliche Untersuchung nicht innerhalb 4 Wochen, gilt Antrag für Vers. o. U. (vgl. 7).
3. **Gesundheitsdienst:** Keine Einrichtungen.
4. **Gewinnbeteiligung:** Plan D. Zinsdividende im Verhältnis des dividendenberechtigten Deckungskapitals und Summendividende im Verhältnis der Vers.-Se. auf alle Vers., die sich am Bilanzstichtag mindestens im 3. Vers.-Jahr befinden. Verzinsliche Gutschrift. Schlußgewinnanteil bei Ablauf der Vers.-Dauer im Verhältnis der Vers.-Se.; erhöhter Schlußgewinnanteil bei Ablauf der Prämienzahlungsdauer vor Ablauf der Vers.-Dauer.
   Für 1958 und 1957: 3% Zinsdividende und 6‰ Summendividende; 60‰ Schlußdividende bei Ablauf der Vers.-Dauer in 1959 und 1958.
   Ohne Gewinnbeteiligung nur Risikoversicherungen.
5. **Invalidität:** Tarif II ir: Prämienbefreiung und 10% der Vers.-Se. jährliche Rente bei voraussichtlich dauernder oder mindestens einjähriger Erwerbsunfähigkeit. Mindestgrad der Invalidität 25%, Vollinvalidität ab 75%. Auf Antrag bei mehr als 50% Erwerbsunfähigkeit volle Leistung gegen Verzicht bei geringerem Invaliditätsgrad. Zusatzprämien nicht gewinnberechtigt. Im Inv.-Falle nimmt die Hauptvers. weiter am Gewinn teil. — Vers. o. U. bis zu 5000 DM.
   Tarif X: Bei voraussichtlich mindestens 1 jähriger Erwerbsunfähigkeit von mehr als 50% Auszahlung der Vers.-Se. im Anschluß an eine längstens 6 jährige Rente von jährlich 10% der Vers.-Se.
6. **Kollektivversicherung:** Firmengruppen- (FG-Tarife), Vereinsgruppen- (S-Tarife) und Sammelvers. (SG-Tarife) in besonderem Gewinnverband (Plan A, nach 3 Jahren) Gewinnansammlung. Dividende für Gruppenvers. für 1958 und 1957: 15% der Prämie.
7. **Ohne ärztliche Untersuchung:** Prämien 1‰ höher als bei m.U. — Kein besonderer Gewinnverband. — Keine Wartezeit. — Höchstzulässige Vers.-Se. 20000 DM.
8. **Prämienfreie Versicherung:** Nach Zahlung der Prämie für mindestens 1/10 der Prämienzahlungsdauer, längstens für 3 Jahre unter Anrechnung des Deckungskapitals als einmalige Bruttoprämie. Gewinnberechtigt. Mindestsumme 100 DM.
9. **Ratenzahlung der Prämie:** 1/2-, 1/4-, 1/12 jährliche Zahlung 2, 3, 5% Aufgeld.
10. **Reisen, Verkehr und Sport:** Reisen, auch Benutzung von Luftfahrzeugen für Fluggäste und Flugdienstpersonal im öffentlich. Flugverkehr sowie allgemeine Sportbetätigung mit Ausnahme von Auto- u. Motorradrennen eingeschlossen.
11. **Rücktritt vom Vertrage:** Ausgeschlossen nach 3 Jahren seit Abschluß, Änderung oder Wiederherstellung der Vers.
12. **Rückvergütung und Darlehn (Vorauszahlung):** Nach Zahlung der Prämien für mindestens 1/10 der Prämienzahlungsdauer oder 3 Jahre 95% des Deckungskapitals. Vorauszahlungen bis zu gleicher Höhe abzüglich eines Jahreszinses und der Gefahrprämie des folgenden Vers.-Jahres. Zinsen z. Z. 6½%, im voraus.
13. **Selbstmord:** Nach 2 Jahren seit Einlösung des Vers.-Scheines oder Wiederherstellung volle Vers.-Se., bei „Unzurechnungsfähigkeit“ oder unter dem Druck schwerer körperlicher Leiden auch vorher.
14. **Unfallzusatzversicherung:** Doppelsumme bei Unfalltod, auch als Fluggast einer behördlich zugelassenen Luftverkehrsgesellschaft gegen im allgemeinen jährlich 1,5‰ der Vers.-Se. Fahrten in einem Kraftfahrzeug außer Wett- usw. Fahrten eingeschlossen. Ausschlußfrist 1 Jahr. Grenzalter 70.
15. **Zahlungsfrist f. d. Prämie:** 1 Monat, bei monatl. Zahlung 2 Wochen. Nachfrist 2 Wochen (3% Aufschlag, 1 DM Gebühr). Bei Versäumnis der Nachfrist von selbst Herabsetzung der Leistungspflicht auf prämienfr. Vers.-Se. (vgl. 8).

Allgemeine Assekuranz (Assicurazioni Generali)

TRIEST

Gegründet 1831. In Deutschland tätig seit 1845.
Aktienkapital: 12000000000 Lit. Volleinzahlung.
Direktion für Deutschland: Frankfurt a. M.

Geschäftsgebiet: Italien, Bundesrepublik Deutschland und Westberlin, Ägypten, Algerien, Argentinien, Belgien, Brasilien, Columbien, Cypern, Dänemark, Erythräa, Frankreich, Griechenland, Großbritannien, Guatemala, Holland, Irak, Libanon, Lybien, Malta, Marokko, Mozambique, Österreich, Pakistan, Portugal, Somaliland, Spanien, Sudan, Syrien, Tunis, Türkei, Vereinigte Staaten von Amerika.

Geschäftszweige in Deutschland: Großleben, Aussteuer, Pension, Renten, Feuer, E.-D., Glas, Transport.

Kapitalvers.: Bestand Ende 1958: 553,8 (**1957:** 505,1) Mrd. Lit. Vers.-Se.
Rentenvers.: Bestand Ende 1958: 1,584 (**1957:** 1,428) Mrd. Lit. Jahresrente.

Deutsches Geschäft:

Kapitalvers.: Neuzugang 1958: 13,4 (**1957:** 9,1) Mill. DM Vers.-Se.
Bestand Ende 1958: 37,7 (**1957:** 28,3) Mill. DM Vers.-Se.
Rentenvers.: Neuzugang 1958: 0, (**1957:** 0,048) Mill. DM Jahresrente.
Bestand Ende 1958: 0,566 (**1957:** 0,670) Mill. DM Jahresrente.

Die Allgemeinen Versicherungsbedingungen gelten vom 1. Januar 1941 an.

1. **Ausfertigungsgebühr:** 1‰ der Vers.-Se. (2 bis 10 DM).
2. **Geschäftsgebühr:** Anspruch auf den ersten Jahresbeitrag und Ausfertigungsgebühr oder bei Rücktritt wegen Nichteinlösung neben Ersatz der Arztkosten auf 2‰ der Vers.-Se. (2 bis 20 DM) Gebühr. Bindefrist 6 Wochen.
3. **Gesundheitsdienst:** Nach 3jährigem Bestehen bei chirurgischer Operation zinsfreie Vorauszahlung bis zur Höhe der beitragsfreien Vers. (vgl. 8).
4. **Gewinnbeteiligung:** Nach 3 Jahren. Plan A, in Promille der Vers.-Se. Jährliche Grunddiv. und eine Schlußdiv. im Todes- und Erlebensfalle. Verzinsliche Gewinnansammlung.
5. **Invalidität:** Beitragsbefreiung gegen Zuschlag von 1% des Beitrages für Vollinvalidität und 2% des Beitrages für Voll- und Teilinvalidität, falls Beitragszahlungsdauer mit 60. Lebensjahre endet; darüber hinaus höhere Zuschläge. Für Mitvers. von Voll- bzw. Voll- und Teilinvaliditätsrenten besondere Tarife. Mindestgrad der Teilinvalidität ein Drittel. Die Gewinnanteile aus der Stammvers. werden im Invaliditätsfalle weitergewährt.
6. **Kollektivversicherung:** Gefolgschaftsvers. nach den Tarifen für Einzelvers. mit den zulässigen Vergünstigungen. Kein besonderer Gewinnverband.
7. **Ohne ärztliche Untersuchung:** Beiträge um 1½‰ der Vers.-Se. höher als bei m. U. — Kein besonderer Gewinnverband. — Keine Wartezeit. — Höchstzulässige Vers.-Se. 10000 DM, vom Eintrittsalter 56 an 5000 DM.
8. **Prämienfreie Versicherung:** Nach Zahlung der Beiträge für $^1/_{10}$ der Beitragszahlungsdauer oder mindestens 3 Jahre unter Zugrundelegung des Rückkaufswertes (vgl. 12) als einmaliger Nettobeitrag. Nicht gewinnberechtigt. Mindestsumme 200 DM.
9. **Ratenzahlung der Prämie:** $^1/_2$-, $^1/_4$-, $^1/_{12}$jährliche Zahlung 2, 3, 5% Aufgeld.
10. **Reisen, Verkehr und Sport:** Reisen, auch als Fahrgast oder nicht beruflich tätiger Führer in zugelassenen Luftfahrzeugen, sowie Sportbetätigung mit Ausnahme von Wett- usw. Fahrten eingeschlossen.
11. **Rücktritt vom Vertrage:** Ausgeschlossen nach 3 Jahren seit Abschluß, Änderung oder Wiederherstellung der Vers.
12. **Rückvergütung und Darlehn** (Vorauszahlung): Nach Zahlung der Beiträge für $^1/_{10}$ der Beitragszahlungsdauer oder 3 Jahre 90% des Deckungskapitals, steigend nach dem 3. Vers.-Jahre alljährlich um ½% bis 98%. Zusatzbeitrag für Vorauszahlungen z. Z. 5½%, im voraus.
13. **Selbstmord:** Nach 2 Jahren seit Ausstellung des Vers.-Scheines oder Wiederherstellung volle Vers.-Se., bei „Unzurechnungsfähigkeit" oder unter dem Drucke schwerer körperlicher Leiden auch vorher.
14. **Unfallzusatzversicherung:** Doppelsumme bei Unfalltod, auch als Fahrgast oder nicht beruflich tätiger Führer in zugelassenen Luftfahrzeugen und Fahrten in einem Land- oder Wasserkraftfahrzeug außer Wett- usw. Fahrten, in der Regel gegen jährlich 1,5‰ der Vers.-Se. Ausschlußfrist 1 Jahr. Grenzalter 70.
15. **Zahlungsfrist f. d. Prämie:** 1 Monat, bei monatl. Zahlung 2 Wochen. Nachfrist 2 Wochen (3% Aufschlag, 1 DM Gebühr). Bei Versäumnis der Nachfrist von selbst Herabsetzung der Leistungspflicht auf beitragsfreie Vers.-Se. (vgl. 8).

Allgemeine Rentenanstalt

Lebens- und Rentenversicherungs-AG. Stuttgart (Interessengemeinschaft mit Württembergische Feuer).

STUTTGART

Grundkapital: 1 052 800 DM Volleinzahlung.

Gegründet als Gegenseitigkeitsanstalt **1833**, umgewandelt **1923**.

Geschäftsgebiet: Bundesrepublik Deutschland und Westberlin.

Geschäftszweige: Großleben, Kleinleben, Töchter, Erlebensfall, Gruppen, Pension, Renten.

Kapitalvers.: Neuzugang 1958: 216,7 (**1957:** 218,2) Mill. DM Vers.-Se.
Bestand Ende 1958: 891,2 (**1957:** 732,0) Mill. DM Vers.-Se.
Rentenvers.: Neuzugang 1958: 0,305 (**1957:** 0,244) Mill. DM Jahresrente.
Bestand Ende 1958: 2,852 (**1957:** 2,744) Mill. DM Jahresrente.
Prämieneinnahme 1958: 37,7 (**1957:** 31,6) Mill. DM.

Die Allgemeinen Versicherungsbedingungen gelten vom 1. November 1954 an.

1. **Ausfertigungsgebühr:** Keine.
2. **Geschäftsgebühr:** Anspruch auf den ersten Jahresbeitrag oder bei Rücktritt wegen Nichteinlösung neben Ersatz der Arztkosten auf 2‰ der Vers.-Se., höchstens 15 DM, Gebühr. Bindefrist 6 Wochen.
3. **Gesundheitsdienst:** Ruht zur Zeit.
4. **Gewinnbeteiligung:** Nach 3 Jahren. Plan D (Gewinngruppe A m II [57]). Summengewinnanteil in Tausendstein der Vers.-Se., Zinsgewinnanteil in Hundertstein der Deckungsrückstellung am Ende des drittvorhergehenden Vers.-Jahres. Im Erlebensfall Barwert von 3 weiteren Jahresgewinnanteilen. Die Gewinnanteile werden als Einmalprämien zur Erhöhung der Vers.-Se. verwendet. Auf Antrag verzinsliche Gutschrift der Gewinnanteile oder Anrechnung auf Beiträge.
   1960 und 1959: 6‰ Summengewinnanteil und 3% Zinsgewinnanteil.
   Ohne Gewinnbeteiligung nur Risikovers.
5. **Invalidität:** Beitragsbefreiung und 10% der Vers.-Se. jährl. Rente bei voraussichtl. dauernder oder wenigstens einjährig. Erwerbsunfähigkeit. Mindestgrad der Invalidität 50%, volle Vers.-Leistung. Zusatzvers. nicht gewinnberechtigt. Gewinnbeteiligung der Stammvers. läuft im Invaliditätsfalle weiter.
6. **Kollektivversicherung:** Firmengruppenvers. nach den Einzeltarifen mit zulässigem Nachlaß und nach Sondertarifen III (51), III/65 (51) und IIIg (51); Vereinsgruppenvers. nach Tarif I (51) und I/65 (51). Sondertarife in besonderem Gewinnverband (Plan A, nach 3 Jahren; 1960: 17% [1959: 16%] des Beitrages). Sammelvers. nach den Einzeltarifen mit 3% Nachlaß.
7. **Ohne ärztliche Untersuchung:** Beiträge wie bei m. U. — Besonderer Gewinnverband A o II (57) auf gleicher Grundlage wie unter 4; Gewinnanteile 1960 und 1959 wie bei m. U. — Keine Wartezeit. — Höchstzulässige Vers.-Se. 20 000 DM. — Höchsteintrittsalter 50. — Höchstendalter 65.
8. **Prämienfreie Versicherung:** Nach Zahlung von mindestens 3 Jahresbeiträgen unter Anrechnung der Rückvergütung (vgl. 12) als einmaliger Nettobeitrag. Nicht gewinnberechtigt. Mindestsumme 100 DM.
9. **Ratenzahlung der Prämie:** 1/2-, 1/4-, 1/12jährliche Zahlung 2, 3, 5% Aufgeld. Gebühr für Abholung des Beitrags höchstens 0,30 DM.
10. **Reisen, Verkehr und Sport:** Reisen auch als Fluggast oder nicht beruflich tätiger Flugzeugführer in zugelassenen Luftfahrzeugen und gewöhnliche Sportbetätigung, außer Wett- usw. Fahrten in Kraftfahrzeugen, eingeschlossen. Berufsflieger, Flugpersonal nach Vereinbarung. Probe-, Werkstatt-, Kunst- usw. Flüge ausgeschlossen.
11. **Rücktritt vom Vertrage:** Ausgeschlossen nach 3 Jahren seit Abschluß, Änderung oder Wiederherstellung der Vers.
12. **Rückvergütung und Darlehn** (Vorauszahlung): Nach Zahlung von mindestens 3 Jahresbeiträgen 95% des Deckungskapitals. Zusatzbeitrag für Vorauszahlungen 6%, vorschüssig zahlbar.
13. **Selbstmord:** Nach 5 Jahren seit Einlösung des Vers.-Scheines oder Wiederherstellung volle Vers.-Se., bei „Unzurechnungsfähigkeit" auch vorher.
14. **Unfallzusatzversicherung:** Doppelsumme (bei gewissen Berufsunfällen nur die 1 ½fache Vers.-Se.) bei Unfalltod ohne Zuschlag. Fluggefahr als Fluggast im behördlich zugelassenen europäischen Luftverkehr, Fahrten in Kraftwagen, außer Wett- usw. Fahrten und, nach vollendetem 30. Lebensjahr, Fahrten auf Krafträdern außer Wett- usw. Fahrten eingeschlossen. Ausschlußfrist 1 Jahr. Grenzalter 65.
15. **Zahlungsfrist für die Prämie:** 1 Monat, bei monatl. Zahlung 2 Wochen. Nachfrist 2 Wochen (3% Aufschlag, 1 DM Gebühr). Bei Versäumnis der Nachfrist von selbst Herabsetzung der Leistungspflicht auf beitragsfr. Vers.-Se. (vgl. 8).

Allianz Lebensversicherungs-AG.

BERLIN und MÜNCHEN

Grundkapital: 12250000 DM Volleinzahlung. **Gegründet 1889.**
Geschäftsgebiet: Bundesrepublik Deutschland und Westberlin.
Geschäftszweige: Großleben, Kleinleben, Kinderversorgung, Sterbegeld, Gruppen, Pension, Renten.
Kapitalvers.: Neuzugang 1958: 1144,7 (**1957:** 1298,9) Mill. DM Vers.-Se.
Bestand Ende 1958: 6892,4 (**1957:** 6054,1) Mill. DM Vers.-Se.
Rentenvers.: Neuzugang 1958: 1,506 (**1957:** 0,852) Mill. DM Jahresrente.
Bestand Ende 1958: 12,642 (**1957:** 11,819) Mill. DM Jahresrente.
Prämieneinnahme 1958: 330,0 (**1957:** 303,2) Mill. DM.

Die Allgemeinen Versicherungsbedingungen gelten vom Januar 1958 an.

1. **Ausfertigungsgebühr:** 1°/₀₀ der Vers.-Se. (2 bis 10 DM).
2. **Geschäftsgebühr:** Anspruch auf den ersten Jahresbeitrag und Ausfertigungsgebühr oder bei Rücktritt wegen Nichteinlösung neben Ersatz der Arztkosten auf 2°/₀₀ der Vers.-Se., höchstens 15 DM, Gebühr. Bindefrist 6 Wochen.
3. **Gesundheitsdienst:** Ruht z. Z. noch.
4. **Gewinnbeteiligung:** Nach 2 Jahren, bei Dauern über 25 Jahre nach 3 Jahren, bei Dauern unter 10 Jahren nach 1 Jahr. Plan D (Gewinnverband Z der Ges.). Zinsgewinnanteil in Hundertsteln der Div.-Grundziffern in Anlehnung an das Deckungskapital während der Vers.-Dauer; Zusatzgewinnanteil in Tausendsteln der Vers.-Se. während der Beitragszahlung. Schlußgewinnanteil in Tausendsteln der Vers.-Se. beim Erleben des Ablaufs der Vers.-Dauer oder bei Ableben im letzten Vers.-Jahr; in verminderter Höhe bei Ableben im vorletzten Vers.-Jahr oder nach vollendetem 70. Lebensjahr. Bei Vers. bis 5000 DM und bei Beitragsraten unter 20 DM Gewinnansammlung.
   1960 und 1959: 3°/₀ Zinsgewinnanteil, 6°/₀₀ Zusatzgewinnanteil, Schlußgewinnanteil: 4°/₀₀ für jedes Versicherungsjahr.
   Ohne Gewinnbeteiligung nur Risiko-(Umtausch-)Vers. (Tafel IV OM).
5. **Invalidität:** Beitragsfreiheit und 10°/₀ der Vers.-Se. jährliche Rente bei voraussichtlich dauernder oder nach ununterbrochener einjähriger Erwerbsunfähigkeit. Mindestgrad der Invalidität 25°/₀, Vollinvalidität ab 75°/₀. Im Invaliditätsfalle wird Zins- u. Schlußgewinnanteil auf die Stammvers. voll, der Zusatzgewinnanteil entsprechend den weiterzuzahlenden Beiträgen gutgebracht.
6. **Kollektivversicherung:** Firmen-Gruppenvers. nach den Kollektivtafeln ZMk im Gewinnverband Z (vgl. 4) u. St (51) kf im Gewinnverband St. Vereins-Gruppenvers. nach den Kollektivtafeln St (51) kv im Gewinnverband St. Sammelvers. nach besonderen Tarifen im Gewinnverband St. Plan A, nach 3 Jahren. Gewinnanteile 1960: Tafel St (51) kf und St (51) kv: 15°/₀ (1959: 14°/₀), Sammelvers.: 20°/₀ (20°/₀) des Beitrags.
7. **Ohne ärztl. Untersuchung:** Beiträge bis Eintrittsalter 45 wie bei m. U., vom Alter 46 an 1,5°/₀₀ (bei Tafel III ZM 1°/₀₀), vom Alter 51 an 2,5°/₀₀ (2°/₀₀) höher als bei m. U. — Kein besonderer Gewinnverband. — Keine Wartezeit. — Höchstzulässige Vers.-Se. 20000 DM. — Höchsteintrittsalter 60.
8. **Prämienfreie Versicherung:** Nach Zahlung der Beiträge für mindestens 2 Jahre oder mindestens für 1/10 der Beitragszahlungsdauer unter Anrechnung der Rückvergütung als einmaliger Nettobeitrag. Gewinnberechtigt (nur Zins- und Schlußgewinnanteil). Mindestsumme 100 DM.
9. **Ratenzahlung der Prämie:** ½-, ¼-, 1/12jährliche Zahlung 2, 3, 5°/₀ Aufgeld, mindestens 0,90 DM je Rate. Gebühr für die Beitragsrechnung 0,30 DM.
10. **Reisen, Verkehr und Sport:** Reisen, auch als Fahrgast oder nicht beruflich tätiger Führer in zugelassenen Luftfahrzeugen über Gebieten mit organisiertem Luftverkehr sowie gewöhnl. Sportbetätigung mit Ausnahme von Wett- usw. Fahrten in einem Land-, Luft- oder Wasserkraftfahrzeug eingeschlossen.
11. **Rücktritt vom Vertrage:** Ausgeschlossen nach 3 Jahren seit Abschluß, Änderung oder Wiederherstellung der Vers.
12. **Rückvergütung u. Darlehn** (Vorausz.): Nach Zahlung der Beiträge wie unter 8 90°/₀ des Deckungskap., steigend nach dem 3. Vers.-Jahr alljährlich um ½°/₀ bis 98°/₀; Abzug vom Deckungskapital jedoch höchstens 40°/₀₀ der Vers.-Se. Zusatzbeitrag (Zins) für Vorauszahlungen z. Z. 6¼°/₀, im voraus mit den Beiträgen.
13. **Selbstmord:** Bei „Unzurechnungsfähigkeit" oder unter dem Drucke schwerer körperlicher Leiden volle Vers.-Se.
14. **Unfallzusatzversicherung:** Doppelsumme bei Unfalltod, auch als Fluggast eines Luftfahrzeugs im Dienste eines behördlich genehmigten Luftverkehrsunternehmens und bei Fahrten in einem Kraftfahrzeug, außer Wett- usw. Fahrten, gegen jährl. 1,5 oder 3°/₀₀ der Vers.-Se. Ausschlußfrist 1 Jahr. Nach Vollendung des 70. Lebensjahres Beschränkung auf Verkehrsmittelunfälle.
15. **Zahlungsfrist f. d. Prämie:** 1 Monat, bei monatl. Zahlung 2 Wochen. Nachfrist 2 Wochen (5°/₀ Zinsen, 1 DM Gebühr). Bei Versäumnis der Nachfrist von selbst Herabsetzung der Leistungspflicht auf beitragsfreie Vers.-Se. (vgl. 8).

Alte Leipziger

Lebensversicherungsgesellschaft auf Gegenseitigkeit

FRANKFURT a. M. (früher Leipzig)

Arbeitsgemeinschaft mit
„Leipziger Feuer" und „Leipziger Allgemeine, Transport und Rück"
Auf Gegenseitigkeit (ohne Nachschußpflicht). Gegründet 1830.

Geschäftsgebiet: Bundesrepublik Deutschland und Westberlin.
Geschäftszweige: Großleben, Aufbau, Doppelschutz, Töchteraussteuer, Sterbegeld, Erlebensfall, Gruppen, Renten, Pensionsrenten.

Kapitalvers.:	**Neuzugang 1958:**	127,3	(**1957:** 169,9)	Mill. DM Vers.-Se.
	Bestand Ende 1958:	897,9	(**1957:** 800,7)	Mill. DM Vers.-Se.
Rentenvers.:	**Neuzugang 1958:**	6,1	(**1957:** 5,0)	Mill. DM Jahresrente.
	Bestand Ende 1958:	31,3	(**1957:** 26,1)	Mill. DM Jahresrente.
	Prämieneinnahme 1958:	45,7	(**1957:** 43,5)	Mill. DM.

Die Allgemeinen Versicherungsbedingungen gelten vom 11. Juli 1955 an.

1. **Ausfertigungsgebühr:** Versicherungsschein kostenfrei.
2. **Geschäftsgebühr:** Anspruch auf den ersten Jahresbeitrag oder bei Rücktritt wegen Nichteinlösung neben Ersatz der Arztkosten auf 1‰ der Vers.-Se., höchstens 15 DM, Gebühr. Bindefrist 6 Wochen.
3. **Gesundheitsdienst:** Z. Z. keine Einrichtungen.
4. **Gewinnbeteiligung:** Nach 3 Jahren. Plan D. Jährlicher Anteil am Zinsgewinn in Prozenten des Deckungskapitals, am Sterblichkeitsgewinn in Prozenten des Risikobeitrages, Zusatzdividende in Promille der Vers.-Se., Schlußdividende bei Erleben des Ablaufs in Promille der Vers.-Se.
   Für Vers. m. U. und o. U.: 1960 und 1959: Gewinnanteil aus Zins 3%, aus Mindersterblichkeit 40% im Bestandsdurchschnitt, Zusatzdividende 3‰. Schlußdividende 3‰ für jedes Vers.-Jahr ab 1956 zuzüglich 33‰.
   Vers. ohne Gewinnbeteiligung werden nicht abgeschlossen.
5. **Invalidität:** Beitragsfreiheit und bis zu 15% der Vers.-Se. jährliche Rente bei voraussichtlich dauernder oder mindestens einjähriger Erwerbsunfähigkeit. Mindestgrad der Invalidität 33⅓%; Vollinvalidität ab 75%. Auf Antrag von 50% Erwerbsunfähigkeit an volle Leistungen gegen Verzicht bei geringerem Invaliditätsgrad. Zusatzbeiträge gewinnberechtigt, 1960 und 1959: 50% des Zusatzbeitrags; Schlußdividende: 500% des Zusatzbeitrags. Gewinnanteile auf die Stammvers. werden im Invaliditätsfall voll weitergewährt.
6. **Kollektivversicherung:** Firmengruppenvers. nach Tabelle F, Vereinsgruppenvers. nach Tabelle V, Sammelvers. nach Tabelle FZ; besonderer Gewinnverband: erster Gewinnanteil nach einem Vers.-Jahr; 1960 und 1959: Gewinnanteil aus Zins 3%, aus Mindersterblichkeit 25% im Bestandsdurchschnitt, Zusatzdividende 2‰. Firmengruppen- und Sammelvers. auch nach den Einzeltarifen mit den zulässigen Vergünstigungen.
7. **Ohne ärztliche Untersuchung:** Beiträge wie bei m. U. — Besondere Abrechnung des Sterblichkeitsgewinnes (vgl. 4). — Keine Wartezeit. — Höchstzulässige Vers.-Se. 15000 DM; Höchsteintrittsalter 55.
8. **Prämienfreie Versicherung:** Nach Zahlung der Beiträge für mindestens ein Vers.-Jahr zum Schluß des laufenden Zeitabschnittes unter Anrechnung des Deckungskapitals als einmaliger Nettobeitrag. Gewinnberechtigt wie prämienpflichtige Vers. Mindestsumme 100 DM.
9. **Ratenzahlung der Prämie:** ½-, ¼-, 1/12 jährliche Zahlung 2, 3, 5% Aufgeld. Mindestbeitragsrate 5 DM.
10. **Reisen, Verkehr und Sport:** Reisen, auch als Fahrgast im öffentlichen Luftverkehr und als Herren- oder Sportflieger in behördlich zugelassenen Privat- und Sportflugzeugen sowie gewöhnliche Sportbetätigung eingeschlossen.
11. **Rücktritt vom Vertrage:** Ausgeschlossen nach 2 Jahren seit Abschluß, Änderung oder Wiederherstellung der Vers.
12. **Rückvergütung und Darlehn** (Vorauszahlung): Nach Zahlung der Beiträge für mindestens ein Vers.-Jahr volles geschäftsplanmäßiges Deckungskapital. Vorauszahlungszinsen z. Z. 6%, im voraus mit den Vers.-Beiträgen.
13. **Selbstmord:** Nach 2 Jahren seit Ausstellung des Vers.-Scheins oder des Nachtrages über Wiederherstellung oder Erhöhung volle Vers.-Se.; bei „Unzurechnungsfähigkeit" auch vorher.
14. **Unfallzusatzversicherung:** Doppelsumme bei Unfalltod, auch bei Fahrten in einem Kraftfahrzeug (ausgenommen bei Rekordversuchen u. dgl.), als Fluggast einer behördlich zugelassenen Luftverkehrsgesellschaft gegen in der Regel jährlich 1,5‰ der Vers.-Se. Ausschlußfrist 1 Jahr. Grenzalter 70 Gewinnberechtigt.
15. **Zahlungsfrist für die Prämie:** 1 Monat, bei monatlicher Zahlung 2 Wochen Nachfrist 2 Wochen (z. Z. 6% Zinsen, Porto und 1 DM Kosten). Bei Versäumnis der Nachfrist von selbst Umwandlung in beitragsfreie Vers. (vgl. 8)

Alte Vaterländische Lebensversicherung a. G.

(vormals Freie Volksversicherung, Versicherungsverein a. G.)

BERLIN

Auf Gegenseitigkeit (ohne Nachschußpflicht).

Gegründet 1934.

Geschäftsgebiet: Bundesrepublik Deutschland und Westberlin.
Geschäftszweige: Großleben (seit 1957), Kleinleben, Gruppen.
Kapitalvers.: Neuzugang 1958: 11,5 (**1957:** 12,1) Mill. DM Vers.-Se.
Bestand Ende 1958: 65,7 (**1957:** 60,7) Mill. DM Vers.-Se.
Prämieneinnahme 1958: 3,4 (**1957:** 3,0) Mill. DM.

Die Allgemeinen Versicherungsbedingungen gelten vom 30. Juli 1957 an.

1. **Ausfertigungsgebühr:** Keine.

2. **Geschäftsgebühr:** Anspruch auf einen Jahresbeitrag oder bei Rücktritt wegen Nichteinlösung neben Ersatz der Arztkosten auf eine Gebühr von 10 % des Jahresbeitrages. Bindefrist 6 Wochen.

3. **Gesundheitsdienst:** Keine Einrichtungen.

4. **Gewinnbeteiligung:** Nach 3 Jahren. Jährliche rückkaufsfähige Summenerhöhung in Promille der Vers.-Se. (Bonus). Schlußdividende bei Tod oder Ablauf nach mindestens 10jährigem Bestehen.
   Vers. ohne Gewinnbeteiligung werden nicht abgeschlossen.

5. **Invalidität:** Keine Tarife.

6. **Kollektivversicherung:** Tarife K II, K IV, K V für Firmengruppen- und Vereinsgruppenvers. Gewinnbeteiligung nach den Grundsätzen der Kleinlebensversicherung.

7. **Ohne ärztliche Untersuchung:** Beiträge bis Eintrittsalter 49 wie bei m. U., vom Eintrittsalter 50 an 1,5‰ höher als bei m. U. — Kein besonderer Gewinnverband. — Keine Wartezeit. — Höchstzulässige Vers.-Se. 15000 DM.

8. **Prämienfreie Versicherung:** Nach Zahlung der Beiträge für mindestens 3 Jahre oder für mindestens $^1/_{10}$ der Beitragszahlungsdauer zum Schluß des laufenden Vers.-Jahres unter Anrechnung des Rückkaufswertes als einmaliger Beitrag (Nettobeitrag zuzüglich 1‰ der Vers.-Se. Verwaltungskosten für die beitragsfreie Zeit). Gewinnberechtigt. Mindestsumme 100 DM.

9. **Ratenzahlung der Prämie:** $^1/_2$-, $^1/_4$-, $^1/_{12}$jährliche Zahlung 2, 3, 5 % Aufgeld. Mindestrate 10 DM. Mindestsumme bei monatlicher Zahlung 5001 DM.

10. **Reisen, Verkehr und Sport:** Keine Einschränkungen.

11. **Rücktritt vom Vertrage:** Ausgeschlossen nach 3 Jahren seit Abschluß, Änderung oder Wiederherstellung der Vers.

12. **Rückvergütung und Darlehn** (Vorauszahlung)**:** Nach Zahlung der Beiträge wie unter 8: 95 % des geschäftsplanmäßigen Deckungskapitals. Vorauszahlungszinsen z. Z. 6,5 %, im voraus. Einmalige Gebühr 1,50 DM zuzüglich Postgebühren.

13. **Selbstmord:** Nach 3 Jahren seit Einlösung des Vers.-Scheines oder Wiederherstellung der Vers. volle Vers.-Se., bei „Unzurechnungsfähigkeit" auch vorher.

14. **Unfallzusatzversicherung:** Doppelsumme bei Unfalltod, auch als Fluggast im Rahmen des öffentlichen Flugverkehrs und infolge Fahrten in einem Kraftfahrzeug, außer Wett- usw. Fahrten, gegen im allgemeinen jährlich 1,5‰ der Vers.-Se. Ausschlußfrist 1 Jahr. Grenzalter 70.

15. **Zahlungsfrist für die Prämie:** 1 Monat, bei monatlicher Zahlung 2 Wochen. Nachfrist 2 Wochen (1,50 DM Kosten und Postgebühren). Bei Versäumnis der Nachfrist von selbst Verlust des Vers.-Schutzes oder Minderung auf beitragsfreie Vers.-Se. (vgl. 8).

„Alte Volksfürsorge“

Gewerkschaftlich-Genossenschaftliche Lebensversicherungsaktiengesellschaft
HAMBURG

Grundkapital: 2000000 DM Volleinzahlung.
Gegründet 1912.

Geschäftsgebiet: Bundesrepublik Deutschland und Westberlin.

Geschäftszweige: Großleben, Kleinleben, Töchteraussteuer, Gruppen.

Kapitalvers.: Neuzugang 1958: 548,6 (**1957:** 348,1) Mill. DM Vers.-Se.
Bestand Ende 1958: 2522,0 (**1957:** 2218,5) Mill. DM Vers.-Se.
Prämieneinnahme 1958: 152,9 (**1957:** 129,5) Mill. DM.

Die Allgemeinen Versicherungsbedingungen gelten vom 3. März 1949 an.

1. **Ausfertigungsgebühr:** 3 DM bei Antragstellung, die bei Ablehnung des Antrages zurückgezahlt werden.
2. **Geschäftsgebühr:** Anspruch auf die Ausfertigungsgebühr. Bindefrist 6 Wochen.
3. **Gesundheitsdienst:** Keine Einrichtungen.
4. **Gewinnbeteiligung:** Für alle am Jahresschluß mehr als 1 Jahr bestehenden Vers. Plan A, nach Verhältnis der Jahresprämie. Verzinsliche Gutschrift der Gewinnanteile am Schlusse des dem Bilanztermin folgenden Kalenderjahres.
   Gewinnanteile aus dem Überschuß des Geschäftsjahres 1958 und 1957: 25%.
   Vers. ohne Gewinnbeteiligung werden nicht abgeschlossen.
5. **Invalidität:** Keine Tarife.
6. **Kollektivversicherung:** Firmengruppenvers. nach Tarif SF I und SF II; Vereinsgruppenvers. nach Tarif S I und S II; Sammelvers. nach Tarif GS II. Für alle Kollektivvers. besondere Gewinnverbände. Für Tarif GS II: 1958 und 1957: 20% der Jahresprämie; für die SF und S Tarife: 1958: 10% der Jahresprämie.
7. **Ohne ärztliche Untersuchung:** Prämien wie bei m. U. — Kein besonderer Gewinnverband. — Wartezeit 1 Jahr. Bei Tod durch Unfall, Entbindung oder bestimmte akute Infektionskrankheiten fällt die Wartezeit fort. — Höchstzulässige Vers.-Se. 20000 DM.
8. **Prämienfreie Versicherung:** Nach Zahlung der Prämien mindestens für den Zeitraum eines Jahres unter Anrechnung der Deckungsrückstellung als einmalige Bruttoprämie. Nicht gewinnberechtigt. Mindestsumme 50 DM.
9. **Ratenzahlung der Prämie:** Prämienzahlung tarifmäßig monatlich (echte Monatsprämien). Die Prämien sind bis zum Ende des Monats, in dem der Vers.-Fall eintritt, zu entrichten. Abschlag bei 1/1jährlicher Zahlung 3%.
10. **Reisen, Verkehr und Sport:** Reisen, auch als Fluggast im behördlich zugelassenen Linienverkehr sowie Sportbetätigung eingeschlossen. Wettfahrten in Kraftfahrzeugen, Wettflüge, Sport- und Probeflüge sowie Flüge von Berufsfliegern nach Vereinbarung.
11. **Rücktritt vom Vertrage:** Ausgeschlossen nach 3 Jahren seit Abschluß, Änderung oder Wiederherstellung der Vers.
12. **Rückvergütung und Darlehn** (Vorauszahlung): Nach Zahlung der Prämien für mindestens 1 Jahr volle Deckungsrückstellung zuzüglich eines etwaigen Gewinnguthabens (vgl. 4), abzüglich 1,50 DM Gebühr. Vorauszahlungen bis zur Höhe des Rückvergütungsbetrages abzüglich eines Jahreszinses, der Prämie für den folgenden Monat und 1,50 DM Gebühr. Mindestdarlehen 50 DM. Vorauszahlungszinsen nach Lage des Kapitalmarktes, z. Z. 5% zuzüglich 0,5% für Verwaltungskosten, im voraus.
13. **Selbstmord:** Nach einjährigem Bestehen volle Vers.-Se.
14. **Unfallzusatzversicherung:** Doppelsumme bei Unfalltod, auch als Fluggast im behördlich zugelassenen Linienverkehr und durch Kraftfahrunfälle (mit Ausnahme bei Wettbewerbs- usw. Fahrten) ohne Zuschlag. Ausschlußfrist 1 Jahr. Kein Grenzalter.
15. **Zahlungsfrist für die Prämie:** 1 Monat. Nachfrist 2 Wochen (2 DM Mahngebühr einschl. Verzugszinsen). Wenn die Prämien mindestens für den Zeitraum eines Jahres gezahlt sind, bei Versäumnis der Nachfrist nach Kündigung Umwandlung in prämienfreie Vers. (vgl. 8).

Basler Lebens-Versicherungs-Gesellschaft

BASEL Gegründet 1864, in Deutschland tätig seit 1866.

Direktion für die Bundesrepublik in Frankfurt a. M.

Aktienkapital: 10 000 000 Sfr. mit 5 000 000 Sfr. Einzahlung.

Geschäftsgebiet: Schweiz, Bundesrepublik Deutschland und Westberlin, Belgien, Frankreich, Luxemburg.

Geschäftszweige: Großleben, Kleinleben, Gruppen, Renten.

Kapitalvers.: Neuzugang 1958: 304,9 (1957: 289,6) Mill. Sfr. Vers.-Se.
Bestand Ende 1958: 2740,4 (1957: 2596,3) Mill. Sfr. Vers.-Se.
Rentenvers.: Neuzugang 1958: 5,9 (1957: 5,3) Mill. Sfr. Jahresrente.
Bestand Ende 1958: 42,8 (1957: 38,7) Mill. Sfr. Jahresrente.
Prämieneinnahme 1958: 135,7 (1957: 130,2) Mill. Sfr.

Deutsches Geschäft:

Kapitalvers.: Neuzugang 1958: 32,4 (1957: 35,8) Mill. DM Vers.-Se.
Bestand Ende 1958: 198,6 (1957: 180,3) Mill. DM Vers.-Se.
Rentenvers.: Neuzugang 1958: 0,2 (1957: 0,1) Mill. DM Jahresrente.
Bestand Ende 1958: 0,9 (1957: 0,8) Mill. DM Jahresrente.
Prämieneinnahme 1958: 9,7 (1957: 9,0) Mill. DM.

Die Allgemeinen Versicherungsbedingungen gelten von 1956 an.

1. **Ausfertigungsgebühr:** Keine.
2. **Geschäftsgebühr:** Anspruch auf die erste Jahresprämie. Bindefrist 6 Wochen.
3. **Gesundheitsdienst:** Kostenlose ärztliche Untersuchung alle 3 Jahre für Vers. von mindestens 6000 DM. Vierteljahresschrift „Im Dienste der Gesundheit".
4. **Gewinnbeteiligung:** Nach 2 Jahren (Gewinnplan D 3 der Ges.), in Prozenten der Jahresprämie; 1959: 11%₀ (1958: 8%) im 3. Vers.-Jahr; 1% (½%) Steigerung für jedes weitere Bestandsjahr oder jährlicher Bonus (Gewinnplan D 4 der Ges.), in Promille der Vers.-Se.; 1959: 15‰ (1958: 12‰).
   Ohne Gewinnbeteiligung nur Risiko-Umtauschvers.
5. **Invalidität:** Beitragsfreiheit und bis zu 20% der Vers.-Se. jährliche Rente bei voraussichtlich mindestens einjähriger Erwerbsunfähigkeit. Mindestgrad der Invalidität 33⅓%; volle Leistungen von 75% an. Zusatzvers. gewinnberechtigt, wenn Stammvers. im Gewinnplan D 3. Im Inv.-Falle hört Gewinnbeteiligung der Stammvers. entsprechend der Beitragsfreiheit auf.
6. **Kollektivvers.:** Firmengruppenvers. nach den Tarifen Ggr und Lgr (65), Vereinsgruppenvers. nach den Tarifen Gvgr, Lvgr (65) und Lvgr. Sammelvers. nach den Einzeltarifen mit 3% Rabatt. Gewinnanteile für Firmengruppenvers. nach Plan Dgr: 1959: 15% (1958: 15%) der Prämie.
7. **Ohne ärztliche Untersuchung:** Prämien wie bei m. U. — Kein besonderer Gewinnverband. — Keine Wartezeit. — Höchstzulässige Vers.-Se. 15000 DM. — Höchsteintrittsalter 50.
8. **Prämienfreie Versicherung:** Nach Zahlung der Prämie für mindestens 3 Jahre oder mindestens für ¹/₁₀ der vereinbarten Beitragsdauer unter Anrechnung des Deckungskapitals als einmalige Nettoprämie. Nicht gewinnberechtigt. Mindestsumme 100 DM.
9. **Ratenzahlung der Prämie:** ½-, ¼jährliche Zahlung 2, 3%, ¹/₁₂jährliche Zahlung 3% zuzüglich 1 DM Aufgeld für jede Monatsrate (Ratenzuschlag bei Gewinnplan D 3 gewinnberechtigt).
10. **Reisen, Verkehr u. Sport:** Reisen, auch in zugelassen. Luftfahrzeug. üb. Gebieten mit organisiert. Luftverkehr, sowie gewöhnl. Sportbetätigung eingeschlossen.
11. **Rücktritt vom Vertrage:** Ausgeschlossen nach einem Jahr seit Abschluß, Änderung oder Wiederherstellung der Vers.
12. **Rückvergütung und Darlehn** (Vorauszahlung): Nach Zahlung der Prämien wie unter 8 ungezillmertes Deckungskapital abzüglich 6% des Unterschiedes zwischen Vers.-Se. und Deckungskapital. Abzug höchstens 4% der Vers.-Se.; Rückvergütung wenigstens 60% des Deckungskapitals. Vorauszahlungszinsen 6½%, nachschüssig, abgesehen vom ersten Teilzins.
13. **Selbstmord:** Nach 3 Jahren seit Einlösung des Vers.-Scheines bzw. Wiederinkraftsetzung volle Vers.-Se., bei „Unzurechnungsfähigkeit" oder unter dem Druck schwerer körperlicher Leiden auch vorher.
14. **Unfall- und Krankenzusatzvers.:**
    Unfallzusatzvers.: Doppelsumme bei Unfalltod gegen jährlich 1,5‰ oder 3‰ der Vers.-Se., Motorradfahren gegen weitere 1‰ jährlich. Fahrten in Kraftwagen, außer Wett- usw. Fahrten, eingeschlossen. Einschluß des Passagier-Flugrisikos gegen Zusatzprämie. Unfallzusatzprämie bei Gewinnplan D 3 gewinnberechtigt. Ausschlußfrist 1 Jahr. Grenzalter 70.
    Krankenzusatzvers.: Bei Tod nach langdauernder Krankheit Zusatzleistung von 2‰ der Vers.-Se. für den 61. und jeden folgenden Krankheitstag, höchstens für 500 Tage, begrenzt auf 50 DM für den Krankheitstag, gegen jährlich 1‰ Zuschlag. Grenzalter 65.
15. **Zahlungsfrist für die Prämie:** 1 Monat, bei monatlicher Zahlung 2 Wochen. Nachfrist 2 Wochen (5% Verzugszinsen). Bei Versäumnis der Nachfrist von selbst Herabsetzung der Leistungspflicht auf prämienfr. Vers.-Se. (vgl. 8).

Bayerische Beamtenversicherungsanstalt

Allgemeiner Lebensversicherungsverein auf Gegenseitigkeit
MÜNCHEN

Auf Gegenseitigkeit (ohne Nachschußpflicht). **Gegründet 1902.**

Geschäftsgebiet: Bundesrepublik Deutschland und Westberlin.
Geschäftszweige: Großleben, Kleinleben, Sterbegeld, Kinderversorgung, Brautaussteuer, Familiensterbegeld, Gruppen, Renten.

Kapitalvers.: Neuzugang 1958: 251,0 (**1957:**191,6) Mill. DM Vers.-Se.
Bestand Ende 1958: 831,5 (**1957:**689,5) Mill. DM Vers.-Se.
Rentenvers.: Neuzugang 1958: 0,07 (**1957:** 0,07) Mill. DM Jahresrente.
Bestand Ende 1958: 0,60 (**1957:** 0,57) Mill. DM Jahresrente.
Prämieneinnahme 1958: 31,1 (**1957:** 26,7) Mill. DM.

Die Allgemeinen Versicherungsbedingungen gelten vom 1. März 1958 an.

1. **Ausfertigungsgebühr:** Keine.
2. **Geschäftsgebühr:** Anspruch auf die Beiträge für das erste Vers.-Jahr oder bei Rücktritt wegen Nichteinlösung neben Ersatz der Arztkosten auf 2‰ der Vers.-Se., höchstens 15 DM, Gebühr. Bindefrist 6 Wochen. Wenn die ärztliche Untersuchung nicht fristgemäß erfolgt, wird Antrag für Vers. o. U. (vgl. 7) bearbeitet.
3. **Gesundheitsdienst:** Keine Einrichtungen.
4. **Gewinnbeteiligung:** Plan A (Gewinnverband N der Anstalt), in einem Hundertsatz des Jahresbeitrages. Erster Gewinnanteil nach 3 Kalenderjahren seit Ende des Beginnjahres. Ausschüttung jeweils ab 1. Januar eines Jahres. In der Regel Gewinnansammlung.
   Aus Geschäftsjahr 1958 und 1957: 20% des Jahresbeitrages.
   Vers. ohne Gewinnbeteiligung werden nicht abgeschlossen.
5. **Invalidität:** Besonderer Tarif R IV N: Bei mehr als 50%iger Erwerbsunfähigkeit voraussichtlich auf Lebensdauer, bei Versetzung wegen Dienstunfähigkeit in den dauernden Ruhestand oder bei Zuerkennung eines Ruhegeldes durch einen Sozialvers.-Träger Auszahlung der Vers.-Se. im Anschluß an eine längstens 6jährige Rente von jährlich 15% der Vers.-Se. Bei Invalidität in den ersten beiden Vers.-Jahren — außer durch Unfall — verminderte Kap.-Leistung.
6. **Kollektivversicherung:** Firmengruppenvers. nach den Kf-Tarifen, Vereinsgruppenvers. nach den Kv-Tarifen; Gewinnverband K (Plan A, wie unter 4). Aus Geschäftsjahr 1958: 15% (1957: 10%) des Beitrages. Sammelvers. nach den Einzeltarifen mit dem zulässigen Abschlag.
7. **Ohne ärztliche Untersuchung:** Beiträge wie bei m. U. – Kein besonderer Gewinnverband. – Wartezeit: Bei Tod im 1. Vers.-Jahre halbe Vers.-Leistung, bei Tod durch Unfall keine Wartezeit. – Höchstsumme 10 000 DM. Höchsteintrittsalter 60.
8. **Prämienfreie Versicherung:** Wenn die Vers. einen Rückkaufswert hat, unter Anrechnung des Rückkaufswertes als einmaliger Beitrag. Gewinnberechtigt; Gewinnanteile aus Geschäftsjahr 1958 und 1957: 20‰ der Vers.-Se.; Mindestsumme 50 DM.
9. **Ratenzahlung der Prämie:** Beitragszahlung ist tarifmäßig monatlich; bei ½- oder ¼- oder ¼jährlicher Zahlung Ermäßigung des 12- bzw. 6- bzw. 3fachen Monatsbeitrages um 4 bzw. 2 bzw. 1%. Die Beitragszahlung endet mit dem Ablauf des Sterbemonats (echte Monatsbeiträge).
10. **Reisen, Verkehr und Sport:** Reisen, auch als Fluggast über Gebieten mit behördlich organisiertem Luftverkehr in Flugzeugen mit Führern, die behördlich zugelassen sind, sowie gewöhnliche Sportbetätigung eingeschlossen. Flugzeugführer oder im Flugwesen hauptberuflich Tätige nach Vereinbarung. Wett-, Kunst- usw. Flüge, sowie Wett- usw. Fahrten in Land- oder Wasserkraftfahrzeugen ausgeschlossen.
11. **Rücktritt vom Vertrage:** Ausgeschlossen nach 3 Jahren seit Abschluß, Änderung oder Wiederherstellung der Vers.
12. **Rückvergütung und Darlehn (Vorauszahlung):** Nach Zahlung der Beiträge für 3 Vers.-Jahre oder $^1/_{10}$ der vereinbarten Beitragszahlungsdauer 95% der Deckungsrückstellung. Vorauszahlungen bis zu gleicher Höhe abzüglich eines Jahreszinses und des Gefahrbeitrages des folgenden Vers.-Jahres. Zinsen 6%, halbjährlich am 15. Juni und 15. Dezember für das laufende Halbjahr. Unkostengebühr 1% der Vorauszahlung, mindestens 1 DM.
13. **Selbstmord:** Nach 3 Jahren seit Einlösung des Vers.-Scheines oder Wiederherstellung volle Vers.-Se.; bei „Unzurechnungsfähigkeit" oder unter dem Druck schwerer körperlicher Leiden auch vorher.
14. **Unfallzusatzversicherung:** Doppelsumme bei Unfalltod, auch als Fluggast wie unter 10 und bei Unfällen infolge von Fahrten in einem Land- oder Wasserkraftfahrzeug, außer Wett- usw. Fahrten, ohne Zuschlag. Ausschlußfrist 1 Jahr. Grenzalter 65.
15. **Zahlungsfrist für die Prämie:** 2 Wochen. Nachfrist 2 Wochen (3% Aufschlag und 1 DM Gebühr). Bei Versäumnis der Nachfrist von selbst Herabsetzung der Leistungspflicht auf beitragsfreie Vers.-Se. (vgl. 8).

Berlinische Lebensversicherung

Aktiengesellschaft

BERLIN und WIESBADEN Gegründet 1836.

Grundkapital: 3120000 DM mit 1680000 DM Einzahlung.

Geschäftsgebiet: Bundesrepublik Deutschland und Westberlin.

Geschäftszweige: Großleben, Kleinleben, Sterbegeld, Familienversorgung, Kinderversorgung, Töchteraussteuer, Gruppen, Renten.

Kapitalvers.: Neuzugang 1958: 144,7 (**1957:** 175,1) Mill. DM Vers.-Se.
Bestand Ende 1958: 950,3 (**1957:** 862,7) Mill. DM Vers.-Se.

Rentenvers.: Neuzugang 1958: 0,104 (**1957:** 0,111) Mill. DM Jahresrente.
Bestand Ende 1958: 0,505 (**1957:** 0,461) Mill. DM Jahresrente.

Prämieneinnahme 1958: 46,4 (**1957:** 42,9) Mill. DM.

Allgemeine Versicherungsbedingungen: Ausgabe vom Jahre 1955.

1. **Ausfertigungsgebühr:** 1‰ der Vers.-Se., höchstens 10 DM für den gleichen Vers.-Nehmer. Für bereits bestehende Vers. gezahlte Gebühren werden angerechnet.
2. **Geschäftsgebühr:** Anspruch auf die erste Jahresprämie und Aufnahmegebühr oder bei Rücktritt wegen Nichteinlösung neben Ersatz der Arztkosten auf 2‰ der Vers.-Se., höchstens 15 DM Gebühr. Bindefrist 2 Monate.
3. **Gesundheitsdienst:** Keine Einrichtungen.
4. **Gewinnbeteiligung:** Nach 3 Jahren. Plan D (Gewinnplan CI/54 der Ges.), Gewinnanteile in Form von Gewinnsummen (Bonussystem), fällig bei Ablauf oder Tod, in Prozenten der gewinnberechtigten Jahresprämie. Bei Vers. von mehr als 5000 DM auf Antrag Auszahlung oder verzinsliche Ansammlung der Barwerte der Gewinnsummen.
   Gewinnsummen 1960: 20% bis 44% (1959: 17,5% bis 35,0%) der Jahresprämie je nach Beginnjahr.
   Ohne Gewinnbeteiligung nur Risikovers.
5. **Invalidität:** Prämienbefreiung und 10% der Vers.-Se. jährliche Rente bei voraussichtlich dauernder oder nach einjähriger ununterbrochener Erwerbsunfähigkeit. Bei mehr als 25% Inv. halbe, bei mehr als 50% dreiviertel, bei mehr als 75% volle Leistung oder auf Antrag bei Abschluß der Inv.-Zusatzvers. nur volle Leistung, und zwar bei mehr als 50% Inv. Zusatzprämien nicht gewinnberechtigt, Invaliditätsfall ohne Einfluß auf die Gewinnbeteiligung der Stammvers.
6. **Kollektivversicherung:** Für Firmengruppenvers. Normaltarife mit zulässigem Nachlaß oder Sondertarife St I f K, St I f Ka, St I f KE und St I f KF; Gewinnplan St I f K (Plan A, 1960 und 1959: 16% des zwölffachen Monatsbeitrages). Vereinssterbegeldvers. nach Sondertarif St I v K und St I v Ka; Gewinnplan St I v K (Plan A, 1960 und 1959: 12% des zwölffachen Monatsbeitrages). Sammelvers. nach den Normaltarifen mit Sammelinkasso-Vergünstigungen und nach Sondertarifen St I E 42, St I 42, St I a 42 im Gewinnplan St I 42 (Plan A, 1960 und 1959: 14% des zwölffachen Monatsbeitrages).
7. **Ohne ärztliche Untersuchung:** Besondere Tarife. — Kein besonderer Gewinnverband. — Keine Wartezeit. — Höchstzulässige Vers.-Se. 20000 DM.
8. **Prämienfreie Vers.:** Für das Ende des laufenden Vers.-Jahres, sofern eine Rückvergüt. vorhanden, unter Anrechnung der Rückvergütung (vgl. 12) als einmal. Nettoprämie. Mindestsumme 100 DM, von 500 DM Vers.-Se. an gewinnberechtigt, jährliche Erhöhung der Vers.-Se.: 1960 und 1959: 2‰.
9. **Ratenzahlung der Prämie:** ½-, ¼-, 1/12 jährl. Zahlung 2, 3, 5% Zuschlag (nicht gewinnberechtigt). Mindestrate 12 DM.
10. **Reisen, Verkehr und Sport:** Reisen, auch als Fahrgast im öffentlichen Flugverkehr, eingeschlossen. Gewöhnlicher Sport ohne Beschränkung.
11. **Rücktritt vom Vertrage:** Ausgeschlossen nach 3 Jahren seit Schließung, Abänderung oder Wiederinkraftsetzung des Vertrages.
12. **Rückvergütung und Darlehn** (Vorauszahlung): Jederzeit volles Deckungskapital am Ende des laufenden Vers.-Jahres abzüglich 4% der Vers.-Se. Vorauszahlungsprämien gestaffelt je nach Höhe der Vorauszahlung, ab 4½% zuzüglich ½% Verwaltungskostenbeitrag, im voraus.
13. **Selbstmord:** Nach mehr als 5 Jahren seit Beginn d. Leistungspflicht od. Wiederinkraftsetzung volle Vers.-Se., bei „Unzurechnungsfähigkeit" auch vorher.
14. **Unfallzusatzversicherung:** Doppelsumme bei Unfalltod, auch als Fluggast einer behördlich zugelassenen Luftverkehrsgesellschaft, sowie bei Fahrten mit Kraftfahrzeugen, außer Motorrad-, Wett- usw. Fahrten, gegen jährlich 1,5 bis 5‰ der Vers.-Se. Ausschlußfrist 1 Jahr. Vom 70. Jahre an Beschränkung auf Beförderungsmittelunfälle.
15. **Zahlungsfrist für die Prämie:** 1 Monat. Nachfrist 2 Wochen (6½% Verzugszinsen, Porto und Mahnkosten von ½‰ der Vers.-Se., höchstens 5 DM, bei wiederholter Mahnung 1‰, höchstens 10 DM; bei Vers. bis 2000 DM stets 1 DM). Bei Versäumnis der Nachfrist von selbst Herabsetzung der Leistungspflicht für das Ende des laufenden Vers.-Jahres auf prämienfr. Vers. (vgl. 8).

Bonner Lebensversicherung Aktiengesellschaft

BONN, Verwaltung: Köln

Grundkapital: 1500000 DM mit 681000 DM Einzahlung.

Gegründet 1949. Ursprung 1908.

Geschäftsgebiet: Bundesrepublik Deutschland und Westberlin.

Geschäftszweige: Großleben, Kleinleben, Kinderversorgung, Renten, Gruppen.

Kapitalvers.: Neuzugang 1958: 11,8 (**1957:** 19,0) Mill. DM Vers.-Se.
Bestand Ende 1958: 115,6 (**1957:** 103,6) Mill. DM Vers.-Se.
Prämieneinnahme 1958: 3,9 (**1957:** 3,7) Mill. DM.

Die Allgemeinen Versicherungsbedingungen gelten von Ende 1953 an.

1. **Ausfertigungsgebühr:** 1‰ der Vers.-Se. (2 bis 10 DM).
2. **Geschäftsgebühr:** Anspruch auf die erste Jahresprämie und Gebühren oder bei Rücktritt wegen Nichteinlösung neben Ersatz der Arztkosten auf 1‰ der Vers.-Se., höchstens 15 DM, Gebühr. Bindefrist 6 Wochen. Erfolgt ärztl. Untersuchung nicht innerhalb 6 Wochen, kann Antrag für Vers. o. U. durchgeführt werden.
3. **Gesundheitsdienst:** Keine Einrichtungen.
4. **Gewinnbeteiligung:** Für Vers., die am Bilanztag mehr als 3 Jahre bestehen. Plan A (Gewinnverband B der Ges.), in Vonhundertteilen der normalen Jahresprämie. 1958 und 1957: 25%.
   Vers. ohne Gewinnbeteiligung werden nicht abgeschlossen.
5. **Invalidität:** Prämienbefreiung und 10% der Vers.-Se. jährliche Rente bei voraussichtlich lebenslänglicher Erwerbsunfähigkeit von mindestens 50%. Zusatzvers. nicht gewinnberechtigt. Im Invaliditätsfalle werden die Gewinnanteile auf die Hauptvers. voll weitergewährt.
6. **Kollektivversicherung:** Vereins-Gruppenvers. nach Tarif IG im Gewinnverband K; Gewinnanteil für Vers., die am Bilanzstichtag mehr als 3 Jahre bestehen, 1958 und 1957: 3 Monatsbeiträge. Verzinsliche Gewinnansammlung. Firmen- und Sammelvers. von Fall zu Fall nach den Richtlinien der Aufsichtsbehörde.
7. **Ohne ärztliche Untersuchung:** Prämien um 2‰ höher als bei m. U. — Kein besonderer Gewinnverband. — Keine Wartezeit. — Höchstsumme 10 000 DM. — Höchsteintrittsalter 50.
8. **Prämienfreie Versicherung:** Wenn die Vers. einen Rückvergütungswert (vgl. 12) hat, unter Anrechnung dieses Wertes als einmalige Bruttoprämie. Nicht gewinnberechtigt. Mindestsumme 500 DM.
9. **Ratenzahlung der Prämie:** ½-, ¼-, 1/12 jährliche Zahlung 2, 3, 5% Aufgeld (nicht gewinnberechtigt).
10. **Reisen, Verkehr und Sport:** Reisen, auch Luftreisen, sowie Sportbetätigung eingeschlossen, ausgenommen Teilnahme an Wettfahrten, Training oder Zuverlässigkeitserprobungen in einem Land-, Luft- oder Wasserkraftfahrzeug, soweit nicht ausdrücklich etwas anderes vereinbart.
11. **Rücktritt vom Vertrage:** Ausgeschlossen nach 3 Jahren seit Abschluß, Änderung oder Wiederherstellung der Vers.
12. **Rückvergütung und Darlehn** (Vorauszahlung): Nach Zahlung der Prämien für mindestens 1/10 der Prämienzahlungsdauer oder 3 Jahre 95% des Deckungskapitals. Vorauszahlungen bis zu gleicher Höhe abzüglich eines Jahreszinses und der Gefahrenprämie des folgenden Vers.-Jahres. Zinsen 7%, vorschüssig.
13. **Selbstmord:** Nach 3 Jahren seit Einlösung oder Wiederherstellung volle Vers.-Se., bei „Unzurechnungsfähigkeit" oder unter dem Druck schwerer körperlicher Leiden auch vorher.
14. **Unfallzusatzversicherung:** Doppelsumme bei Unfalltod, auch als Fluggast einer behördlich zugelassenen Luftverkehrsgesellschaft und infolge von Fahrten in einem Kraftfahrzeug, außer Wett- usw. Fahrten, gegen im allgemeinen jährlich 1,5‰, bei Einschluß des Risikos für Motorradfahrten 3‰ der Vers.-Se. Ausschlußfrist z. Z. 1 Jahr. Grenzalter 70.
15. **Zahlungsfrist für die Prämie:** 1 Monat, bei monatlicher Zahlung 2 Wochen. Nachfrist 2 Wochen (4% Verzugszinsen, 1 DM Gebühr). **Bei Versäumnis der Nachfrist Herabsetzung der Leistungspflicht auf prämienfreie Vers.-Se. (vgl. 8).**

Braunschweigische Lebensversicherung A.G.

BRAUNSCHWEIG

Gegründet 1920. Ursprung 1806.

Grundkapital: 500000 DM Volleinzahlung.

Geschäftsgebiet: Bundesrepublik Deutschland und Westberlin.

Zweige: Großleben, Kleinleben, Töchter, Familienvers., Famil.- Unfall- u. Sterbegeld, Gruppen, Abonnentensterbegeld, Volksunfall, Renten.

Kapitalvers.: Neuzugang 1958: 101,9 (**1957:** 98,5) Mill. DM Vers.-Se.
Bestand Ende 1958: 478,0 (**1957:** 419,7) Mill. DM Vers.-Se.
Prämieneinnahme 1958: 22,5 (**1957:** 20,4) Mill. DM.

Die Allgemeinen Versicherungsbedingungen gelten vom 3. April 1959 an.

1. **Ausfertigungsgebühr:** Keine. Bei Vers. von 2000 DM an trägt die Gesellschaft die Kosten der ärztlichen Untersuchung.
2. **Geschäftsgebühr:** Anspruch auf den ersten Jahresbeitrag oder bei Rücktritt wegen Nichteinlösung neben Ersatz der Arztkosten auf 2‰ der Vers.-Se., höchstens 15 DM, Gebühr. Bindefrist 6 Wochen. Erfolgt ärztl. Untersuchung nicht innerhalb 14 Tagen, gilt Antrag für Vers. o. U. (vgl. 7).
3. **Gesundheitsdienst:** Kostenlose ärztliche Untersuchung alle 3 Jahre für Vers. von wenigstens 5000 DM.
4. **Gewinnbeteiligung:** Nach 3 Jahren. Plan D. Geschäftsgewinn nach Verhältnis der Vers.-Se., Zinsgewinn nach Verhältnis des Deckungskapitals am Anfang des vorhergehenden Vers.-Jahres. Bei Ablauf der Vers.-Dauer Schlußgewinn. Die Gewinnanteile werden als Einmalbeitrag zur Erhöhung der Vers.-Se. verwendet, bei Vers. von mehr als 5000 DM auf Antrag verzinsliche Ansammlung oder Barauszahlung.
   1959 und 1958: 6‰ Geschäftsgewinn und 2,5% Zinsgewinn.
   Vers. ohne Gewinnbeteiligung werden nicht abgeschlossen.
5. **Invalidität:** Beitragsbefreiung und 5 bis 15% der Vers.-Se. jährliche Rente bei voraussichtlich dauernder oder nach einjähriger ununterbrochener Erwerbsunfähigkeit. Volle Leistung bei mindestens 50% Erwerbsunfähigkeit. Nach Vereinbarung bei Vers.-Abschluß ⅓ der Inv.-Leistungen bei mindestens 33⅓% Inv., ⅔ bei mindestens 50% und volle Inv.-Leistungen bei mindestens 66⅔% Inv. Zusatzvers. nicht gewinnberechtigt. Gewinnanteile auf die Hauptvers. werden bei Invalidität voll weitergewährt.
6. **Kollektivversicherung:** Firmen-Gruppenvers. nach den Tafeln Gfl (51) und Gfg (51) und Vereins-Gruppenvers. nach den Tafeln Grl (51) und Grg (51). Besonderer Gewinnverband für Gruppenvers. auf gleicher Grundlage wie unter 4 (1959 und 1958: 2,5‰ Geschäftsgewinn und 1,5%—2,5% Zinsgewinn). Sammelvers. nach den Einzeltafeln mit 3% Nachlaß.
7. **Ohne ärztliche Untersuchung:** Beiträge um 2‰ höher als bei m. U. — Kein besonderer Gewinnverband. — Keine Wartezeit. — Höchstzulässige Vers.-Se. 11000 DM. — Höchsteintrittsalter 55.
8. **Prämienfreie Versicherung:** Nach Zahlung der Beiträge für mindestens ¹/₁₀ der vereinbarten Beitragszahlungsdauer oder 3 Vers.-Jahre jederzeit unter Anrechnung des geschäftsplanmäßigen Deckungskapitals als einmaliger Bruttobeitrag. Mindestsumme 100 DM. Gewinnberechtigt (Zins- und Schlußgewinn), wenn beitragsfreie Vers.-Se. mindestens 1000 DM.
9. **Ratenzahlung der Prämie:** Der Ratenaufschlag für unterjährige Beitragszahlung ist kombiniert aus einem Verwaltungskostenaufschlag von 0,5 bzw. 1,0 bzw. 1,5‰ der Vers.-Se. und einem Zinsaufschlag von 1 bzw. 1,5 bzw. 2% des Beitrags. Einziehungsgebühr z. Z. 0,15 DM für jede Beitragsquittung.
10. **Reisen, Verkehr und Sport:** Reisen und Benutzung von Flugzeugen als Herrenflieger oder Fluggast in zugelassenen Luftfahrzeugen innerhalb Europas, sowie Sportbetätigung eingeschlossen. Flüge außerhalb Europas, Flugpersonal und Flugschüler, Probe-, Kunst-, Wett- usw. Flüge nach Vereinbarung. Wett- usw. Fahrten mit Fahrrädern oder Kraftfahrzeugen ausgeschlossen.
11. **Rücktritt vom Vertrage:** Ausgeschlossen nach 3 Jahren seit Abschluß, Änderung oder Wiederherstellung der Vers.
12. **Rückvergütung u. Darlehn** (Vorauszahlung): Nach Zahlung der Beiträge für ¹/₁₀ der vereinbarten Beitragszahlungsdauer oder für 3 volle Vers.-Jahre 90% des geschäftsplanmäßigen Deckungskap., für jeden weiteren gezahlten vollen Jahresbeitrag steigend um ½% bis 97%. Zinsen für Vorauszahlungen 6½%.
13. **Selbstmord:** Nach 5 Jahren seit Ausfertigung, Änderung oder Wiederherstellung volle Vers.-Se., bei „Unzurechnungsfähigkeit" oder schweren unheilbaren körperlichen Leiden auch vorher.
14. **Unfallzusatzversicherung:** Doppelsumme bei Unfalltod innerhalb Europas oder auf einem deutschen Schiff, auch als Fluggast eines behördlich genehmigten Verkehrsunternehmens, sowie bei Benutzung nicht ungewöhnlicher Beförderungsmittel (außer Wett- usw. Fahrten), gegen jährlich 1,5‰ bis 4‰ der Vers.-Se. Ausschlußfrist 1 Jahr. Grenzalter 65.
15. **Zahlungsfrist für die Prämie:** 1 Monat. Nachfrist 2 Wochen (Postgebühr, Zinsen [Lombardzinsfuß, mindestens 5%] und Verzugskosten von 0,80 DM für Vers. bis 1500 DM und 1 DM für Vers. über 1500 DM). Bei Versäumnis der Nachfrist von selbst Herabsetzung d. Leistungspflicht auf beitragsfreie Vers.-Se. (vgl. 8).

Concordia

Lebensversicherungs-Aktiengesellschaft

Gegründet 1922. **KÖLN** **Ursprung 1853.**

Grundkapital: 3000000 DM Volleinzahlung.

Geschäftsgebiet: Bundesrepublik Deutschland und Westberlin.

Geschäftszweige: Großleben, Kleinleben, Sterbegeld, Brautaussteuer, Familienversorgung, Gruppen, Renten.

Kapitalvers.: Neuzugang 1958: 220,5 (**1957:** 275,2) Mill. DM Vers.-Se.
Bestand Ende 1958: 1475,6 (**1957:** 1314,7) Mill. DM Vers.-Se.

Rentenvers.: Neuzugang 1958: 1,063 (**1957:** 2,305) Mill. DM Jahresrente.
Bestand Ende 1958: 15,603 (**1957:** 14,854) Mill. DM Jahresrente.

Prämieneinnahme 1958: 73,9 (**1957:** 65,9) Mill. DM.

Die Allgemeinen Versicherungsbedingungen gelten vom 1. Januar 1959 an.

1. **Ausfertigungsgebühr:** 1‰ der Vers.-Se. (3 bis 10 DM).
2. **Geschäftsgebühr:** Anspruch auf den ersten Jahresbeitrag u. Ausfertigungsgebühr oder bei Rücktritt wegen Nichteinlösung neben Untersuchungskosten auf eine Gebühr von 10% des Jahresbeitrages. Bindefrist 6 Wochen. Erfolgt ärztliche Untersuchung nicht binnen 3 Wochen, gilt Antrag für Vers. o. U. (vgl. 7).
3. **Gesundheitsdienst:** Für Vers. von 5000 DM an bis zum 65. Lebensj.: auf Antrag alle drei Jahre kostenlose ärztl. Unters.; nach dreij. Bestehen bei Operation zinsfreies Darlehn bis zur Höhe der Rückvergütung, höchstens 1/10 der Vers.-Se.
4. **Gewinnbeteiligung:** Nach 2 Jahren. Plan D (Gewinnverband C der Ges.), Grundgewinnanteil im Verhältnis zur Vers.-Se., Zusatzzinsgewinnanteil im Verhältnis zur Deckungsrückstellung am Beginn des zweitvorhergehenden Vers.-Jahres. Jahresgewinnanteil wird zu Beginn des Vers.-Jahres ausgezahlt. Schlußgewinn im Erlebensfalle oder bei Tod im letzten Jahr oder nach Ablauf der Beitragszahlungsdauer im Verhältnis zur Vers.-Se. für jedes nach dem 5. zurückgelegte Jahr der Beitragszahlungsdauer. Die Jahresgewinnanteile werden nach dem Summenzuwachsplan zur Erhöhung der Vers.-Leistung (Bonus) verwendet, bei Tarif C III verzinslich angesammelt.
   1960: 4,5‰ (1959: 4,5‰) Grundgewinnanteil, 2% (1,5%) Zusatzzinsgewinnanteil, Schlußgewinnanteil: 7,5‰ (6‰).
   Vers. ohne Gewinnbeteiligung werden z. Z. nicht abgeschlossen.
5. **Invalidität:** Beitragsbefreiung und bis zu 20% der Vers.-Se. jährliche Rente bei Berufsunfähigkeit voraussichtl. auf Lebenszeit. Nach unwiderruflicher Vereinbarung bei Vertragsabschluß entweder Mindestgrad der Berufsunfähigkeit 25%, volle Leistungen bei mehr als 75% oder volle Leistungen bei mehr als 50%, darunter keine Leistungen. Zusatzvers. gewinnberechtigt im Gewinnverband J. Gewinnbeteiligung der Stammvers. läuft unverändert weiter. Frauen 50% Zuschlag zur Zusatzprämie.
6. **Kollektivversicherung:** Firmengruppenvers. nach den Normaltarifen mit zulässigem Rabatt oder nach den GF-Tarifen, Vereinsgruppenvers. nach den GV-Tarifen, Sammelvers. nach den GS-Tarifen. GF-, GV- und GS-Tarife im Gewinnverband V (Dividende nach durchschnittl. 2 Jahren; 1959 und 1958: 5‰, für GS-Tarife 5,75‰ der Vers.-Se., außerdem 1% der ab 3. Vers.-Jahr gezahlten Beitragssumme).
7. **Ohne ärztliche Untersuchung:** Beiträge wie bei m. U. — Kein besonderer Gewinnverband. — Keine Wartezeit. — Höchstzulässige Vers.-Se. 15000 DM.
8. **Prämienfreie Versicherung:** Nach Zahlung der Beiträge für mindestens 3 Jahre oder für mindestens 1/10 der Beitragszahlungsdauer zum Schluß des laufenden Vers.-Jahres unter Anrechnung des Deckungskapitals als einmaliger Bruttobeitrag. Nicht gewinnberechtigt. Mindestsumme 100 DM.
9. **Ratenzahlung der Prämie:** 1/2-, 1/4-, 1/12 jährliche Zahlung 2, 3, 5% Aufgeld.
10. **Reisen, Verkehr u. Sport:** Reisen, auch als Fluggast in zugelassenen Luftfahrzeugen, sowie Sportbetät., außer Wett- usw. Fahrten in einem Land-, Luft- u. Wasserkraftfahrzeug eingeschlossen.
11. **Rücktritt vom Vertrage:** Ausgeschlossen nach 3 Jahren seit Abschluß, Änderung oder Wiederherstellung des Vertrages.
12. **Rückvergütung und Darlehn:** Nach Zahlung der Beiträge wie unter 8: 95% des Deckungskapitals. Darlehn bis zu 85% des Rückkaufswertes. Darlehnszinsen 6½%, vorschüssig, jeweils am 1. Januar. Einmalige Darlehnsgebühr ½% des Darlehns, höchstens 10 DM.
13. **Selbstmord:** Nach 3 Jahren seit Ausfertigung des Vers.-Scheines oder Wiederherstellung volle Vers.-Se., bei „Unzurechnungsfähigkeit" auch vorher.
14. **Unfallzusatzversicherung:** Doppelsumme bei Unfalltod, auch als Fluggast im behördlich genehmigten Luftverkehr, gegen im allgemeinen jährlich 1,5‰ der Vers.-Se. Wett- usw. Fahrten in einem Kraftfahrzeug ausgeschlossen. Ausschlußfrist 1 Jahr. Grenzalter 70.
15. **Zahlungsfrist für die Prämie:** 1 Monat, bei monatlicher Zahlung 2 Wochen. Nachfrist 2 Wochen (6% Verzugszinsen, Portoersatz und 1 DM Kosten). Bei Versäumnis der Nachfrist von selbst Verlust des Vers.-Schutzes oder Minderung auf beitragsfreie Vers.-Se. (vgl. 8).

Condor
Lebensversicherungs-Aktiengesellschaft
HAMBURG

Grundkapital: 3000000 DM mit 1500000 DM Einzahlung.

Gegründet 1955.

Geschäftsgebiet: Bundesrepublik Deutschland und Westberlin.
Zweige: Großleben, Kleinleben, Töchter-Aussteuer, Gruppen, Renten.

Kapitalvers.: Neuzugang 1958:	5,8	(1957: 3,3)	Mill. DM Vers.-Se.
Bestand Ende 1958:	9,0	(1957: 3,6)	Mill. DM Vers.-Se.
Rentenvers.: Neuzugang 1958:	2,52	(1957: 4,46)	Mill. DM Jahresrente.
Bestand Ende 1958:	12,70	(1957: 11,34)	Mill. DM Jahresrente.
Prämieneinnahme 1958:	6,3	(1957: 19,6)	Mill. DM.

Die Allgemeinen Versicherungsbedingungen gelten vom 2. Januar 1956 an.

1. **Ausfertigungsgebühr:** Keine.
2. **Geschäftsgebühr:** Anspruch auf den Einlösungsbeitrag oder bei Rücktritt wegen Nichteinlösung neben Ersatz der Arztkosten auf 2‰ der Vers.-Se., höchstens 15 DM, Gebühr. Bindefrist 6 Wochen.
3. **Gesundheitsdienst:** Keine Einrichtungen.
4. **Gewinnbeteiligung:** Plan D (Gewinnverband C der Ges.). Grundgewinnanteil für die mehr als 1 Jahr bestehenden Vers. im Verhältnis zur Vers.-Se.; Zinsgewinnanteil für die mehr als 3 Jahre bestehenden Vers. im Verhältnis der nach dem 2. Vers.-Jahre gezahlten Beitragssumme. Gewinnausschüttung am Schluß jedes Kalenderjahres. Schlußgewinnanteil im Verhältnis zur Vers.-Se.
   Am 31. 12. 1959: 3‰ (1958: 3‰) Grundgewinnanteil, 1959: 3,5% Zinsgewinnanteil.
   Vers. ohne Gewinnbeteiligung werden nicht abgeschlossen.
5. **Invalidität:** Beitragsfreiheit und bis zu 24% der Vers.-Se. jährliche Rente (bis zu 1000 DM jährl. Rente auch o. U.) bei voraussichtlich dauernder oder nach einjähriger Erwerbsunfähigkeit. Volle Leistung bei mehr als 50% Invalidität. Nach Vereinbarung ⅓ Leistung bei mehr als 33⅓% Invalidität, ⅔ Leistung bei mehr als 50%, volle Leistung bei mehr als 66⅔%. Im Inv.-Falle werden die Gewinnanteile auf die Stammvers. voll weitergewährt. Zusatzvers. gewinnberechtigt im Gewinnverband J (Schlußgewinnanteil).
6. **Kollektivversicherung:** Firmengruppenvers. nach den Tarifen F 1, F 2, F 5. Gewinnverband B der Ges. (am 31. 12. 1959: 2,5‰ [1958: 2,5‰] Grundgewinnanteil, vgl. 4). Sammelvers. nach den Einzeltarifen mit 3% Rabatt.
7. **Ohne ärztliche Untersuchung:** Beiträge wie bei m. U. — Kein besonderer Gewinnverband. — Keine Wartezeit. — Höchstzulässige Vers.-Se. 10000 DM, bei Tarif 5 (Vers. auf festen Termin) 15000 DM.
8. **Prämienfreie Versicherung:** Nach Zahlung der Beiträge für mindestens 2 Jahre oder mindestens $^1/_{10}$ der Beitragszahlungsdauer unter Anrechnung des vollen Deckungskapitals als einmaliger Bruttobeitrag. Gewinnberechtigt. Mindestsumme 200 DM.
9. **Ratenzahlung der Prämie:** ½-, ¼-, $^1/_{12}$jährliche Zahlung etwa 1, 2½, 4% Zuschlag. Im Todesfalle werden noch nicht fällig gewesene Teilbeiträge nicht erhoben (echte Ratenbeiträge).
10. **Reisen, Verkehr und Sport:** Reisen, auch als Fahrgast oder nicht beruflich tätiger Führer in zugelassenen Luftfahrzeugen über Gebieten mit organisiertem Luftverkehr, sowie gewöhnliche Sportbetätigung eingeschlossen. Teilnahme an Wett- usw. Fahrten in einem Land-, Luft- oder Wasserkraftfahrzeug ausgeschlossen.
11. **Rücktritt vom Vertrage:** Ausgeschlossen nach 3 Jahren seit Abschluß, Änderung oder Wiederherstellung der Vers.
12. **Rückvergütung und Darlehn** (Vorauszahlung): Nach Zahlung der Beiträge wie unter 8 volles Deckungskapital. Zusatzbeitrag für Vorauszahlungen 6%, im voraus mit den laufenden Beiträgen.
13. **Selbstmord:** Nach 3 Jahren seit Einlösung des Vers.-Scheines oder Wiederherstellung der Vers. volle Vers.-Se., bei „Unzurechnungsfähigkeit" oder unter dem Drucke schwerer körperlicher Leiden auch vorher.
14. **Unfallzusatzversicherung:** Doppelsumme bei Unfalltod, auch als Fluggast im Rahmen des fahrplanmäßigen öffentlichen Flugverkehrs, bei normalen Risiken gegen jährlich 1,2‰ der Vers.-Se. Wett- usw. Fahrten in einem Land-, Luft- oder Wasserkraftfahrzeug und Unfälle als Wirkung von Atomenergie ausgeschlossen. Ausschlußfrist 1 Jahr. Vom Alter 70 an Beschränkung auf Verkehrsmittelunfälle.
15. **Zahlungsfrist für die Prämie:** 1 Monat, bei monatlicher Zahlung 2 Wochen. Nachfrist 2 Wochen (3% Aufschlag, 1 DM Gebühr). Bei Versäumnis der Nachfrist von selbst Herabsetzung der Leistungspflicht auf beitragsfreie Vers.-Se. (vgl. 8).

Debeka

Sterbegeld- und Lebensversicherungsverein auf Gegenseitigkeit
Sitz Koblenz am Rhein

KOBLENZ

Auf Gegenseitigkeit (ohne Nachschußpflicht). **Gegründet 1947.**
Geschäftsgebiet: Bundesrepublik Deutschland und Westberlin.
Geschäftszweige: Großleben, Kleinleben, Sterbegeld, Studiengeld, Aussteuer, Gruppen.

Kapitalvers.: Neuzugang 1958: 33,6 (**1957:** 37,4) Mill. DM Vers.-Se.
Bestand Ende 1958: 225,9 (**1957:** 198,2) Mill. DM Vers.-Se.
Prämieneinnahme 1958: 10,5 (**1957:** 9,3) Mill. DM.

Die Allgemeinen Versicherungsbedingungen gelten vom 16. Juni 1958 an.

1. **Ausfertigungsgebühr:** Keine.
2. **Geschäftsgebühr:** Anspruch auf die ersten 12 Monatsbeiträge oder bei Rücktritt wegen Nichteinlösung neben Ersatz etwaiger Arztkosten auf 2‰ der Vers.-Se., höchstens 15 DM, Gebühr. Bindefrist 6 Wochen.
3. **Gesundheitsdienst:** Keine Einrichtungen.
4. **Gewinnbeteiligung:** Nach 1 Jahr, bei Vers. mit Dauern von mehr als 25 Jahren nach 2 Jahren. Plan A, in Tausendteilen der Vers.-Se. 1960: 14‰ (1959: 12‰) der Vers.-Se. Grundgewinnsatz.
   Vers. ohne Gewinnbeteiligung werden nicht abgeschlossen.
5. **Invalidität:** Beitragsbefreiung und 10 oder 20% der Vers.-Se. jährliche Rente bei voraussichtlich lebenslänglicher oder bei Fortdauer einer mindestens 26wöchigen Berufsunfähigkeit durch Krankheit oder Körperverletzung; Mindestgrad der Invalidität 25%, Vollinvalidität bei 75%. Inv.-Zusatzvers. nicht gewinnberechtigt. Gewinnanteile der Stammvers. im Inv.-Falle entsprechend den weiterzuzahlenden Beiträgen.
6. **Kollektivversicherung:** Firmen- und Vereinsgruppenvers. nach den Tarifen F II, FE II, G 51 und G 51 E. Sammelvers. nach den Tarifen S I und S II. Kein besonderer Gewinnverband.
   Grundgewinnsatz für Firmen- und Vereinsgruppenvers. 1960: 7‰ (1959: 6‰), für Sammelvers. 1960: 10,5‰ (1959: 9‰) der Vers.-Se.
7. **Ohne ärztliche Untersuchung:** Beiträge wie bei m. U. — Kein besonderer Gewinnverband. — Keine Wartezeit. — Höchstzulässige Vers.-Se. 9999 DM.
8. **Prämienfreie Versicherung:** Wenn die Vers. rückkaufsfähig (vgl. 12), unter Anrechnung der Rückvergütung als einmaliger Bruttobeitrag. Gewinnberechtigt wie unter 4. Mindestsumme 100 DM bei Vers. bis 2000 DM, bei Vers. von 3000 DM an 500 DM.
9. **Ratenzahlung der Prämie:** Beitragszahlung tarifmäßig monatlich (echte Monatsbeiträge). Bei 1/1jährl. Zahlung Ermäßigung des 12fachen Monatsbeitrages um 3%. Vom 2. Vers.-Jahre an wird der Beitrag nur bis zum Ende des Sterbemonats erhoben.
10. **Reisen, Verkehr und Sport:** Vers. bis zu 2000 DM Vers.-Se. keine Beschränkungen. — Vers. von mindestens 3000 DM an: Reisen, auch als Fluggast eines Verkehrsflugzeuges im öffentlichen Luftverkehr, sowie gewöhnliche Sportbetätigung mit Ausnahme von Wett- usw. Fahrten in einem Land-, Luft- oder Wasserkraftfahrzeug eingeschlossen.
11. **Rücktritt vom Vertrage:** Ausgeschlossen nach 3 Jahren seit Abschluß, Änderung oder Wiederherstellung der Vers.
12. **Rückvergütung und Darlehn (Vorauszahlung):** Nach Zahlung der Beiträge für mindestens 3 Jahre oder 1/10 der Beitragszahlungsdauer 95% des Dekkungskapitals. Vorauszahlungen (bei Vers. von 3000 DM an) bis zu gleicher Höhe abzüglich eines Jahreszinses und des Gefahrbeitrages des folgenden Vers.-Jahres. Zinsen 6½%, fällig am Jahresende.
13. **Selbstmord:** Nach 3 Jahren seit Einlösung des Vers.-Scheins oder des Nachtrages über Erhöhung oder Wiederherstellung volle Vers.-Se., bei „Unzurechnungsfähigkeit" oder unter dem Druck schwerer körperlicher Leiden auch vorher.
14. **Unfallzusatzversicherung:** Doppelsumme bei Unfalltod, auch als Fluggast, außer bei Kunst- usw. Flügen und bei Fahrten in einem Land- oder Wasserkraftfahrzeug, außer Wett- usw. Fahrten, gegen monatlich 0,15‰ der Vers.-Se. Ausschlußfrist 1 Jahr. Grenzalter 65.
15. **Zahlungsfrist für die Prämie:** 2 Wochen. Nachfrist 2 Wochen (5% Verzugszinsen, 1 DM Gebühr). Bei Versäumnis der Nachfrist von selbst Herabsetzung der Leistungspflicht auf beitragsfreie Vers.-Se. (vgl. 8).

Der Anker

Allgemeine Versicherungs-Aktiengesellschaft

WIEN

Direktion für Deutschland: Frankfurt a. M.

Aktienkapital: 2000000 S Volleinzahlung. **Gegründet 1858.**
Geschäftsgebiet: Österreich, Bundesrepublik Deutschland u. Westberlin.
Geschäftszweige: Großleben, Aussteuer, Pension, Renten.
In Österreich außerdem Sterbegeld, Auto, Einbruchdiebstahl, Feuer, Glas, Haftpflicht, Hagel, Transport, Unfall.

Kapitalvers.: Neuzugang 1958: 99,3 (**1957:** 87,5) Mill. S Vers.-Se.
Bestand Ende 1958: 390,7 (**1957:** 333,1) Mill. S Vers.-Se.
Rentenvers.: Neuzugang 1958: 0,11 (**1957:** 0,15) Mill. S Jahresrente.
Bestand Ende 1958: 1,57 (**1957:** 1,94) Mill. S Jahresrente.
Prämieneinnahme (Leben) 1958: 20,2 (**1957:** 18,2) Mill. S.

Deutsches Geschäft:
Kapitalvers.: Neuzugang 1958: 9,5 (**1957:** 8,9) Mill. DM Vers.-Se.
Bestand Ende 1958: 35,6 (**1957:** 29,8) Mill. DM Vers.-Se.
Prämieneinnahme 1958: 1,6 (**1957:** 1,5) Mill. DM.

Die Allgemeinen Versicherungsbedingungen gelten vom 24. Januar 1959 an.

1. **Ausfertigungsgebühr:** 1‰ der Vers.-Se., höchstens 10 DM.
2. **Geschäftsgebühr:** Anspruch auf den ersten Jahresbeitrag und Ausfertigungsgebühr oder bei Rücktritt wegen Nichteinlösung neben Ersatz der Arztkosten auf 10% der Jahresprämie Gebühr. Bindefrist 6 Wochen. Erfolgt ärztl. Untersuchung nicht innerhalb 14 Tagen, gilt Antrag für Vers. o. U. (vgl. 7).
3. **Gesundheitsdienst:** Keine Einrichtungen.
4. **Gewinnbeteiligung:** Nach 5 Jahren. Plan A (Dividendenplan E der Gesellschaft), in Prozenten des gewinnberechtigten Jahresbeitrages. Ein Schlußgewinnanteil bei Erleben des Ablaufs der Vers.-Dauer.
   1958 und 1957: 10—15%, je nach Beginnjahrgang.
   Ohne Gewinnbeteiligung nur Risikovers. und Vers. mit Einmalbeitrag.
5. **Invalidität:** Beitragsbefreiung und 5 oder 10% der Vers.-Se. jährliche Rente bei voraussichtlich lebenslänglicher Arbeits- und Erwerbsunfähigkeit. Mindestgrad der Invalidität 25%. Zusatzbeiträge nicht gewinnberechtigt. Der Gewinnanteil auf die Stammvers. wird entsprechend den tatsächlich zu entrichtenden Beiträgen weitergewährt. Höchsteintrittsalter 50.
6. **Kollektivversicherung:** Nach den Tarifen für Einzelvers. mit den zulässigen Vergünstigungen; kein besonderer Gewinnverband.
7. **Ohne ärztliche Untersuchung:** Beiträge um 1,5‰ Risikobeitrag (gewinnberechtigt) höher als bei m. U. — Kein besonderer Gewinnverband. — Keine Wartezeit. — Höchstzulässige Vers.-Se. 15000 DM. — Höchsteintrittsalter 60. Höchstendalter 75.
8. **Prämienfreie Versicherung:** Nach Zahlung des Beitrages wie unter 12 unter Anrechnung der Rückvergütung (vgl. 12) als einmaliger Nettobeitrag. Nicht gewinnberechtigt. Mindestsumme 100 DM.
9. **Ratenzahlung der Prämie:** ½-, ¼-, 1/12 jährliche Zahlung 2, 3, 5% Aufgeld (gewinnberechtigt).
10. **Reisen, Verkehr und Sport:** Reisen, auch als Fahrgast oder nicht beruflich tätiger Führer in zugelassenen Luftfahrzeugen über Gebieten mit organisiertem Luftverkehr sowie gewöhnliche Sportbetätigung eingeschlossen.
11. **Rücktritt vom Vertrage:** Ausgeschlossen nach 3 Jahren seit Abschluß, Änderung oder Wiederherstellung der Vers.
12. **Rückvergütung und Darlehn** (Vorauszahlung): Nach Zahlung der Beiträge für mindestens 3 Jahre oder 1/10 der vereinbarten Beitragszahlungsdauer 90 % des Deckungskap., alljährlich um 1 % steigend bis 100 %. Zusatzbeitrag für Vorauszahlungen 6 %, zur Deckung von Prämien 5 %, im voraus.
13. **Selbstmord:** Wenn der Vers.-Vertrag 3 Jahre ununterbrochen in Kraft gewesen ist, volle Vers.-Se., bei „Unzurechnungsfähigkeit" oder unter dem Druck schwerer körperlicher Leiden auch vorher.
14. **Unfallzusatzversicherung:** Doppelsumme bei Unfalltod, auch als Fahrgast im behördlich zugelassenen Luftverkehr und infolge von Fahrten in einem Kraftfahrzeug außer Wett- usw. Fahrten, gegen jährlich 1,5 oder 3‰ der Vers.-Se. Ausschlußfrist 1 Jahr. Grenzalter 65.
15. **Zahlungsfrist für die Prämie:** 1 Monat, bei monatl. Zahlung 2 Wochen. Nachfrist 2 Wochen (3% Aufschlag, 1 DM Gebühr). Bei Versäumnis d. Nachfrist von selbst Herabsetzung d. Leistungspflicht auf beitragsfreie Vers.-Se. (vgl. 8).

Deutsche Beamten-Versicherung

Öffentlichrechtliche Lebens- und Renten-Versicherungsanstalt

BERLIN Gegründet 1872.

Geschäftsgebiet: Bundesrepublik Deutschland und Westberlin.
Geschäftszweige: Großleben, Sterbegeld, Töchteraussteuer, Berufsausbildung, Familienversorgung, Gruppen, Renten, Unfall.

Kapitalvers.: Neuzugang 1958: 275,2 (**1957:** 262,0) Mill. DM Vers.-Se.
Bestand Ende 1958: 1496,4 (**1957:** 1316,7) Mill. DM Vers.-Se.
Rentenvers.: Neuzugang 1958: 0,044 (**1957:** 0,012) Mill. DM Jahresrente.
Bestand Ende 1958: 0,292 (**1957:** 0,248) Mill. DM Jahresrente.
***) Prämieneinnahme 1958:** 56,1 (**1957:** 51,3) Mill. DM.

Die Allgemeinen Versicherungsbedingungen gelten vom 28. Februar 1958 an.

1. **Ausfertigungsgebühr:** Vers.-Schein kostenfrei.
2. **Geschäftsgebühr:** Anspruch auf die Beiträge für das erste Vers.-Jahr oder bei Rücktritt wegen Nichteinlösung neben Ersatz der Arztkosten auf 2‰ der Vers.-Se., höchstens 15 DM, Gebühr. Bindefrist 2 Monate. Erfolgt ärztl. Untersuchung nicht binnen 14 Tagen, gilt Antrag für Vers. o. U. (vgl. 7).
3. **Gesundheitsdienst:** Keine Einrichtungen.
4. **Gewinnbeteiligung:** Nach 2 Jahren. Für Vers. von 3000 DM an: Plan **B** (Gewinnplan B der Anstalt), in Prozenten der Summe der nach dem 1. Vers.-Jahr gezahlten Beiträge; für Vers. unter 3000 DM: Plan **A** (Gewinnplan A der Anstalt), in Tausendsteln der Vers.-Se., verzinsliche Gewinnansammlung. Bei beiden Gewinnplänen Schlußgewinnanteil im Erlebensfalle.
   Gewinnanteile 1959/1960 und 1958/1959: Gewinnplan B: 3% der Beitragssumme; Gewinnplan A: 6‰ der Vers.-Se. Schlußgewinnanteil für Vers. mit mehr als 10jähriger Dauer: 3‰ der Vers.-Se. für jedes Jahr der Vers.-Dauer. Ohne Gewinnbeteiligung nur Wagnisvers.
5. **Invalidität:** Beitragsfreiheit und bis zu 1% der Vers.-Se. monatliche Rente bei voraussichtlich dauernder oder nach ununterbrochener einjähriger Erwerbsunfähigkeit. Mindestgrad der Invalidität 33⅓%, Vollinvalidität bei 66⅔%. Zusatzvers. nicht gewinnberechtigt. Gewinnbeteiligung der Stammvers. bleibt im Invaliditätsfalle in voller Höhe bestehen; Gewinnansammlung.
   Tarif 11: Bei voraussichtlich dauernd mehr als 50%iger Erwerbsunfähigkeit Zahlung der Vers.-Se. im Anschluß an eine längstens sechsjährige Barrente von jährlich 10% der Vers.-Se. Bei Inv. in den ersten beiden Vers.-Jahren, außer durch Unfall, verminderte Kap.-Leistung.
6. **Kollektivversicherung:** Firmen-Gruppenvers. nach Sondertarifen F, F 5, F 9. Vereins-Gruppenvers. nach Sondertarifen G und G 65. Besonderer Gewinnverband. Sammelvers. nach den Einzeltarifen mit 3% Nachlaß.
7. **Ohne ärztliche Untersuchung:** Beiträge wie bei m. U. — Kein besonderer Gewinnverband. — Keine Wartezeit. — Höchstzulässige **Vers.-Se. 15000 DM,** vom Alter 55 an 3000 DM, vom Alter 60 an 2000 DM.
8. **Prämienfreie Versicherung:** Nach Zahlung der Beiträge für mindestens 2 Jahre unter Anrechnung der Rückvergütung (vgl. 12) als einmaliger Bruttobeitrag. Gewinnberechtigt im Gewinnplan A (vgl. 4). Mindestsumme 100 DM.
9. **Ratenzahlung der Prämie:** Beitragszahlung tarifmäßig monatlich (echte Monatsbeiträge). Von mehr als 2000 DM Vers.-Se. an bei ½- oder ¼jährlicher Zahlung Ermäßigung des 12- bzw. 6fachen Monatsbeitrages um 1½ bzw. ½%. Vom 2. Vers.-Jahre an werden im Todesfalle die über den Sterbemonat hinaus gezahlten Beiträge zurückerstattet.
10. **Reisen, Verkehr und Sport:** Reisen, auch zivile Luftfahrten, sowie Sportbetätigung eingeschlossen. Wett- usw. Fahrten in Kraftfahrzeugen, sowie Militär-, Probe-, Sport-, Kunst-, Wett- usw. Flüge nach Vereinbarung.
11. **Rücktritt vom Vertrage:** Ausgeschlossen nach 2 Jahren seit Abschluß, Änderung oder Wiederherstellung der Vers.
12. **Rückvergütung und Darlehn (Vorauszahlung):** Nach Zahlung der Beiträge für mindestens 2 Jahre 95% des Deckungskapitals. Vorauszahlungen bis zur Höhe der Rückvergütung abzüglich eines Jahreszinses und des Gefahrbeitrages des folgenden Vers.-Jahres. Zinsen 6% einschl. Verwaltungskosten, im voraus zusammen mit den Beiträgen.
13. **Selbstmord:** Nach 5 Jahren seit Einlösung des Vers.-Scheins oder Wiederherstellung der Vers. volle Vers.-Se., bei „Unzurechnungsfähigkeit" auch vorher.
14. **Unfallzusatzvers.:** Doppelsumme bei Unfalltod, auch als Fluggast eines Verkehrsflugzeuges im behördlich genehmigten Luftverkehr und bei Fahrten in Kraftfahrzeugen außer Wett- usw. Fahrten, gegen im allgemeinen monatlich 0,09‰ der Vers.-Se. Motorradfahren nach Vereinbarung. Ausschlußfrist 1 Jahr. Nach dem 70. Lebensjahre Beschränkung auf Verkehrsmittelunfälle.
15. **Zahlungsfrist für die Prämie:** 2 Wochen. Nachfrist 2 Wochen (3% Aufschlag, 1 DM Gebühr). Bei Versäumnis der Nachfrist von selbst Herabsetzung der Leistungspflicht auf beitragsfreie Vers.-Se. (vgl. 8).

*) Einschl. Unfallversicherung.

Deutsche Eisenbahn-Versicherungskasse

Lebensversicherungsverein a. G., Sitz Berlin.
Hauptleitung KÖLN
Auf Gegenseitigkeit (ohne Nachschußpflicht).
Gegründet 1886. Ursprung 1847.

Geschäftsgebiet: Bundesrepublik Deutschland und Westberlin.
Geschäftszweige: Großleben bis 100000 DM, Sterbegeld, Aussteuer, Ausbildung, Pensionsergänzung, Gruppen.

Kapitalvers.: Neuzugang 1958: 160,4 (**1957:** 143,4) Mill. DM Vers.-Se.
Bestand Ende 1958: 919,9 (**1957:** 806,7) Mill. DM Vers.-Se.
Prämieneinnahme 1958: 28,2 (**1957:** 25,4) Mill. DM.

Die Allgemeinen Versicherungsbedingungen gelten vom 1. November 1953 an.

1. **Ausfertigungsgebühr:** Keine.
2. **Geschäftsgebühr:** Anspruch auf die Beiträge für das ganze erste Vers.-Jahr oder bei Rücktritt wegen Nichteinlösung neben Ersatz der Arztkosten auf 2‰ der Vers.-Se., höchstens 15 DM, Gebühr. Bindefrist 6 Wochen.
3. **Gesundheitsdienst:** Keine Einrichtungen.
4. **Gewinnbeteiligung:** Nach 3 Jahren. Plan A, nach Verhältnis des Beitrages. Verzinsliche Gewinnansammlung.
   1959: 2,5 Monatsbeiträge (1958: 2 Monatsbeiträge)
   Ohne Gewinnbeteiligung nur Risikoumtauschvers.
5. **Invalidität:** Beitragsfreiheit (Zusatztarif IZV1 in Verbindung mit Tarif II^{60} oder III^{60}) oder Auszahlung der Vers.-Se. im Invaliditätsfalle nach vorangegangener längstens 6jähriger Inv.-Rente von vierteljährlich 2,5% der Vers.-Se. (Zusatztarif IZV2 in Verbindung mit Tarif III^{60}) bei entweder voraussichtlich dauernder oder mindestens einjähriger 51%iger Erwerbsunfähigkeit, bei Versetzung eines Beamten in den Ruhestand wegen dauernder Dienstunfähigkeit oder bei Zuerkennung eines Ruhegeldes oder einer Invalidenrente an einen Sozialversicherten infolge dauernder Berufsunfähigkeit. Wartezeit: Im 1. Vers.-Jahr eingezahlte Zusatzbeiträge; bei Erwerbsunfähigkeit durch Dienst- oder Arbeitsunfall keine Wartezeit. Zusatzvers. gewinnberechtigt. Im Invaliditätsfalle entfällt die Gewinnbeteiligung auch der Hauptvers.
6. **Kollektivversicherung:** Gruppenvers. nach den Tarifen I Gr. und II^{65} Gr. Kein besonderer Gewinnverband (vgl. 4).
7. **Ohne ärztliche Untersuchung:** Im allgemeinen nur Vers. o. U. — Keine Wartezeit.
8. **Prämienfreie Versicherung:** Nach Zahlung der Beiträge wie unter 12 unter Anrechnung des geschäftsplanmäßigen Deckungskapitals als Einmalbeitrag. Nicht gewinnberechtigt. Mindestsumme 100 DM.
9. **Ratenzahlung der Prämie:** Beitragszahlung tarifmäßig monatlich. Die Beiträge sind bis zum Ende des Sterbemonats zu zahlen (echte Monatsbeiträge). Bei $^1/_4$-, $^1/_2$-, $^1/_1$jährlicher Zahlung wird der 3- bzw. 6- bzw. 12fache Monatsbeitrag erhoben. Die in der Prämienzusammenstellung (Teil II) angegebenen Beiträge stellen den 12fachen Monatsbeitrag dar.
10. **Reisen, Verkehr und Sport:** Ohne Einschränkung.
11. **Rücktritt vom Vertrage:** Ausgeschlossen nach 3 Jahren seit Abschluß oder Wiederherstellung der Vers.
12. **Rückvergütung und Darlehn:** Nach Zahlung der Beiträge für mindestens $^1/_{10}$ der Beitragszahlungsdauer oder 3 Jahre 90% des geschäftsplanmäßigen Deckungskapitals, steigend vom vollendeten 4. Vers.-Jahre an alljährlich um 1% bis höchstens 97%. Darlehn bis zu gleicher Höhe abzüglich eines Jahreszinses und des Gefahrbeitrages des folgenden Vers.-Jahres. Zinsen 6$^1/_2$%, im voraus.
13. **Selbstmord:** Im ersten Jahr seit Beginn der Leistungspflicht oder Wiederherstellung ein Viertel, im zweiten die Hälfte, im dritten drei Viertel und nach drei Jahren die volle Vers.-Se.; bei „Unzurechnungsfähigkeit" oder unter dem Druck schwerer körperlicher Leiden auch vorher volle Vers.-Se.
14. **Unfallzusatzversicherung:** Bei Unfalltod, auch bei Flugreisen und beim Fahren in einem Kraftwagen oder auf einem Kraftrad, außer Wett- usw. Fahrten, die vereinbarte Zusatzleistung, die die auf volle Tausend DM aufgerundete Hauptvers.-Se. nicht übersteigen darf, gegen monatlich 0,10‰ der Zusatzleistung. Ausschlußfrist 1 Jahr. Grenzalter 65.
15. **Zahlungsfrist für die Prämie:** 2 Wochen. Nachfrist 2 Wochen. Wenn mehr als 3 Monate rückständig, können ein Aufschlag von 3% und 1 DM Gebühr erhoben werden. Bei Versäumnis der Nachfrist von selbst Herabsetzung der Leistungspflicht auf beitragsfreie Vers.-Se. (vgl. 8).

Deutscher Herold

Volks- und Lebensversicherungs-AG.
BONN und BERLIN

Grundkapital: 1200000 DM Volleinzahlung.

Gegründet 1921.

Geschäftsgebiet: Bundesrepublik Deutschland und Westberlin.
Geschäftszweige: Großleben, Kleinleben, Töchteraussteuer, Gruppen, Renten.

Kapitalvers.:Neuzugang 1958: 175,7 (**1957:** 188,8) Mill. DM Vers.-Se.
Bestand Ende 1958: 1310,0 (**1957:** 1187,4) Mill. DM Vers.-Se.
Rentenvers.: Neuzugang 1958: 0,026 (**1957:** 0,017) Mill. DM Jahresrente.
Bestand Ende 1958: 0,194 (**1957:** 0,181) Mill. DM Jahresrente.
Prämieneinnahme 1958: 63,4 (**1957:** 59,0) Mill. DM.

Die Allgemeinen Versicherungsbedingungen gelten vom 1. März 1953 an.

1. **Ausfertigungsgebühr:** 1‰ der Vers.-Se., höchstens 10 DM, zahlbar bei Antragstellung. Die Ges. übernimmt die Untersuchungskosten für Vers. von 3000 DM an nach Einlösung.
2. **Geschäftsgebühr:** Anspruch auf die erste Jahresprämie und Ausfertigungsgebühr oder bei Rücktritt wegen Nichteinlösung neben Ersatz der Arztkosten auf 2‰ der Vers.-Se., höchstens 15 DM, Gebühr. Bindefrist 2 Monate. Erfolgt ärztliche Untersuchung nicht binnen 8 Tagen, gilt Antrag für Vers. o. U. (vgl. 7).
3. **Gesundheitsdienst:** Keine Einrichtungen.
4. **Gewinnbeteiligung:** Nach 3 Jahren. Plan A (Gewinnverband G, Gewinnplan A der Ges.), im Verhältnis der im Vers.-Jahre gezahlten gewinnberechtigten Jahresprämie. Bei Erleben des Ablaufs der Prämienzahlungsdauer ein Schlußgewinnanteil in Höhe einer Jahresdividende' zuzüglich 10% dieser Jahresdividende für jedes Vers.-Jahr. Gewinnansammlung; auf Antrag Verrechnung mit den Prämien.
   1960 und 1959: 40%.
   Vers. ohne Gewinnbeteiligung werden nicht abgeschlossen.
5. **Invalidität:** Prämienbefreiung und 10% der Vers.-Se. jährliche Rente bei voraussichtlich dauernder oder wenigstens einjähriger Invalidität. Mindestgrad der Invalidität 25%. Gewinnbeteiligung der Stammvers. hört im Invaliditätsfall entsprechend dem Invaliditätsgrad auf. Zusatzprämien nicht gewinnberechtigt.
6. **Kollektivversicherung:** Firmengruppenvers. nach den Einzeltarifen mit dem zulässigen Nachlaß im Gewinnverband G. Nach 3 Jahren; Plan A. 1960 und 1959: 40% der gewinnberechtigten Jahresprämie. Firmengruppenvers. auch nach den F-Tarifen im Gewinnverband Z und Sammelvers. nach den S-Tarifen im Gewinnverband Z. Nach 3 Jahren; Plan A. 1960 und 1959: 15% der gewinnberechtigten Jahresprämie.
7. **Ohne ärztliche Untersuchung:** Prämien um 1,5‰ höher als bei m. U. — Kein besonderer Gewinnverband. — Keine Wartezeit. — Höchstzulässige Vers.-Se. 15000 DM. — Höchsteintrittsalter 55.
8. **Prämienfreie Versicherung:** Nach Zahlung der Prämien für mindestens 1/10 der Prämienzahlungsdauer oder 3 Vers.-Jahre unter Anrechnung der Rückvergütung als einmalige Bruttoprämie. Nicht gewinnberechtigt. Mindestsumme 100 DM.
9. **Ratenzahlung der Prämie:** 1/2-, 1/4-, 1/12 jährliche Zahlung 2, 3, 4% Aufgeld (nicht gewinnberechtigt). Mindestrate 5 DM.
10. **Reisen, Verkehr und Sport:** Reisen, auch Passagierfahrten in behördlich zugelassenen Flugzeugen, sowie Sportbetätigung, außer Wett- usw. Fahrten, eingeschlossen.
11. **Rücktritt vom Vertrage:** Ausgeschlossen nach 3 Jahren seit Abschluß, Änderung oder Wiederherstellung der Vers.
12. **Rückvergütung und Darlehn (Vorauszahlung):** Nach Zahlung der Prämien für mindestens 1/10 der Prämienzahlungsdauer oder 3 Vers.-Jahre Deckungskapital. Zusatzprämie für Vorauszahlungen z. Z. 5 1/2%, jährlich im voraus.
13. **Selbstmord:** Nach 3 Jahren seit Einlösung des Vers.-Scheines oder Wiederherstellung der Vers. volle Vers.-Se., bei „Unzurechnungsfähigkeit" oder unter dem Drucke schwerer körperlicher Leiden auch vorher.
14. **Unfallzusatzversicherung:** Doppelsumme bei Unfalltod, auch als Fluggast im behördlich genehmigten Luftverkehr innerhalb Europas und bei Fahrten in Kraftfahrzeugen (außer Wett- usw. Fahrten), gegen jährlich 1,5 bis 3‰ (gewinnberechtigt) der Vers.-Se. Ausschlußfrist 1 Jahr. Grenzalter 65. Höchsteintrittsalter 55.
15. **Zahlungsfrist für die Prämie:** 1 Monat, bei monatlicher Zahlung 2 Wochen. Nachfrist 2 Wochen (3% Aufschlag, 1 DM Gebühr). Bei Versäumnis der Nachfrist von selbst Herabsetzung der Leistungspflicht auf prämienfreie Vers.-Se. (vgl. 8).

Deutscher Lloyd

Lebensversicherung Aktiengesellschaft

MÜNCHEN

Organisationsgemeinschaft mit
Deutscher Lloyd Versicherungs-Actien-Gesellschaft in Berlin-München

Grundkapital: 800000 DM Volleinzahlung.
Gegründet 1924.

Geschäftsgebiet: Bundesrepublik Deutschland und Westberlin.
Geschäftszweige: Großleben, Kleinleben, Sterbegeld, Töchteraussteuer, Volksunfall, Gruppen, Abonnenten, Renten.

Kapitalvers.: Neuzugang 1958: 146,7 (**1957:** 132,8) Mill. DM Vers.-Se.
Bestand Ende 1958: 673,3 (**1957:** 609,4) Mill. DM Vers.-Se.
*) **Prämieneinnahme 1958:** 35,7 (**1957:** 32,0) Mill. DM.

Die Allgemeinen Versicherungsbedingungen gelten vom 1. Januar 1958 an.

1. **Ausfertigungsgebühr:** 2 DM bei Antragstellung.
2. **Geschäftsgebühr:** Anspruch auf den ersten Jahresbeitrag oder bei Rücktritt wegen Nichteinlösung neben Kosten der ärztl. Untersuchung auf Gebühr von 10% des Jahresbeitrages. Bindefrist 6 Wochen. Erfolgt ärztl. Untersuchung nicht innerhalb von 3 Wochen, so wird Antrag als Vers. o. U. (vgl. 7) policiert.
3. **Gesundheitsdienst:** Keine Einrichtungen.
4. **Gewinnbeteiligung:** Nach 3 Jahren. Plan D. Summengewinnanteil in Promille der Vers.-Se., Zinsgewinnanteil in Prozenten des maßgebenden Deckungskapitals. Schlußgewinnanteil im Erlebensfalle in Promille der Vers.-Se.; in verminderter Höhe auch bei Tod in den letzten 3 Vers.-Jahren. Bei Vers. bis 5000 DM verzinsliche Ansammlung.
   Für die geschlossenen K-Tarife Plan D auf gleicher Grundlage. 1960: 6‰ (1959: 5,5‰) Summengewinnanteil und 2,5% (2,5%) Zinsgewinnanteil. Schlußgewinnanteil 43‰ (43‰) zuzüglich 5‰ (4‰) für jedes Jahr der Beitragszahlung.
   Vers. ohne Gewinnbeteiligung werden nicht abgeschlossen.
5. **Invalidität:** Beitragsfreiheit und ggf. 10% der Vers.-Se. jährl. Rente bei voraussichtlich dauernder oder mindestens einjähriger ununterbrochener Erwerbsunähigkeit. Mindestgrad der Inv. 33 ⅓%. Vollinv. bei 75%. Für die Stammvers. gleiche Gewinnsätze wie unter 4, dazu ein Inv.-Jahresbruttobeitrag als Schlußgewinn für die Inv.-Zusatzvers. Gewinnbeteiligung auf die Stammvers. wird nach Eintritt der Inv. weitergewährt.
6. **Kollektivversicherung:** Firmen- und Vereinsgruppenvers. nach den G-Tarifen. Gewinnverband G, erster Gewinnanteil nach 3 Jahren; 1960 und 1959: 12% des Bruttobeitrags.
7. **Ohne ärztl. Untersuchung:** Beiträge 2‰ höher als bei m. U. — Kein besonderer Gewinnverband. — Keine Wartezeit. — Höchstzulässige Vers.-Se. 10000 DM.
8. **Prämienfreie Versicherung:** Nach Zahlung der Beiträge für mindestens 3 Jahre oder mindestens 1/10 der Beitragszahlungsdauer zum Schluß des lfd. Vers.-Jahres unter Anrechnung der Rückvergütung (vgl. 12) als Einmalbeitrag. Mindestsumme 100 DM. Gewinnberechtigt, wenn beitragsfreie Vers.-Se. mehr als 500 DM.
9. **Ratenzahlung der Prämie:** 1/2-, 1/4-, 1/12jährliche Zahlung 2, 3, 5% Aufgeld, mindestens 0,50 DM je Rate.
10. **Reisen, Verkehr und Sport:** Reisen, auch als Passagier im öffentlichen Flugverkehr, sowie allgemeine Sportbetätigung eingeschlossen. Berufsflieger nach Vereinbarung.
11. **Rücktritt vom Vertrage:** Ausgeschlossen nach 3 Jahren seit Abschluß, Änderung oder Wiederherstellung der Vers.
12. **Rückvergütung und Darlehn** (Vorauszahlung): Nach Zahlung der Beiträge wie unter 8 zum Schluß des lfd. Vers.-Jahres 90% der Deckungsrückstellung, steigend vom 4. Vers.-Jahr an alljährlich um ½% bis 98%., Zusatzbeitrag für Vorauszahlungen 6%-7%, jährlich im voraus.
13. **Selbstmord:** Nach 3 Jahren seit Einlösung des Vers.-Scheins oder Wiederherstellung volle Vers.-Se., bei „Unzurechnungsfähigkeit" auch vorher.
14. **Unfallzusatzversicherung:** Doppelsumme bei Unfalltod, auch als Fluggast über Gebieten mit organisiertem Luftverkehr und infolge von Fahrten in einem Kraftwagen (außer Wett- usw. Fahrten) gegen jährlich 1,5 oder 3‰ der Vers.-Se. Kraftradfahren nach Vereinbarung. Ausschlußfrist 1 Jahr. Grenzalter 70.
15. **Zahlungsfrist für die Prämie:** 1 Monat, bei monatlicher Zahlung 2 Wochen. Nachfrist 2 Wochen (5½% Verzugszinsen). Bei Versäumnis der Nachfrist von selbst Verlust des Vers.-Schutzes oder Minderung auf beitragsfreie Vers.-Se. (vgl. 8).

---

*) Einschl. Volksunfallvers.

Deutscher Ring

Lebensversicherungs-Aktiengesellschaft

HAMBURG **Gegründet 1913.**

Grundkapital: 1500000 DM mit 1350000 DM Einzahlung.

Geschäftsgebiet: Bundesrepublik Deutschland und Westberlin.
Geschäftszweige: Großleben, Töchteraussteuer, Kinder, Familienversorgung, Erlebensfall, Sterbegeld, Kleinleben, Gruppen, Renten.
Kapitalvers.: Neuzugang 1958: 181,1 (**1957:** 182,4) Mill. DM Vers.-Se.
Bestand Ende 1958: 1036,8 (**1957:** 906,7) Mill. DM Vers.-Se.
Prämieneinnahme 1958: 50,2 (**1957:** 43,6) Mill. DM.

Die Allgemeinen Versicherungsbedingungen gelten vom 1. Januar 1954 an mit Änderungen vom 5. Oktober 1958.

1. **Ausfertigungsgebühr:** Keine. Die Gesellschaft trägt die Kosten der ärztlichen Untersuchung bei Vers. von mehr als 10000 DM.
2. **Geschäftsgebühr:** Anspruch auf den ersten Jahresbeitrag oder bei Rücktritt wegen Nichteinlösung neben Ersatz der Arztkosten auf 2‰ der Vers.-Se., höchstens 15 DM, Gebühr. Bindefrist 6 Wochen. Erfolgt ärztliche Untersuchung nicht innerhalb 6 Wochen, gilt Antrag für Vers. o. U. (vgl. 7) mit weiterer Bindefrist von 4 Wochen.
3. **Gesundheitsdienst:** Keine Einrichtungen.
4. **Gewinnbeteiligung:** Plan A (Gewinnverband 1 der Ges.). Verzinsliche Gutschrift für alle am Schluß des Kalenderjahres beitragspflichtigen Vers., erstmals nach 2jährigem Bestehen zum darauffolgenden Bilanztermin. Eine Ablaufsdiv. in Promille der Vers.-Se.
   Gutschrift am 31. 12. 1958: 20% für Beginnjahrgänge 1949—1956, um je 10% steigend bis zu 50% für Jahrgänge 1934—1938 (1957: 20% für 1948 bis 1955, steigend bis zu 50% für 1933—1937). Ablaufsdiv. 1959: 7,5‰ (1958: 7,5‰) für jedes Beitragsjahr seit 1. 1. 1954, auch bei Tod im letzten Vers.-Jahr bzw. in verminderter Höhe bei Tod in den beiden voraufgegangenen Jahren.
   Ohne Gewinnbeteiligung nur Risikovers.
5. **Invalidität:** Beitragsbefreiung und bis zu 25% der Vers.-Se. jährl. Rente bei voraussichtlich dauernder oder nach einjähriger Berufsunfähigkeit von mindestens 50%. Zusatzvers. gewinnberechtigt. Gewinn auf die Stammvers. wird im Inv.-Falle weitergezahlt. Vers. o. U. bis 2000 DM jährl. Rente.
   Besonderer Tarif 2 IK. Bei voraussichtlich dauernder oder nach einjähriger Berufsunfähigkeit von mindestens 50% Zahlung der Vers.-Se. im Anschluß an eine längstens sechsjährige Barrente von monatl. $^{10}/_{12}$% der Vers.-Se. Bei Inv. im 1. bzw. 2. Vers.-Jahr verminderte Kap.-Leistung.
6. **Kollektivversicherung:** Firmengruppenvers. nach den G-Tarifen; Gruppensterbegeldvers. nach Tarif 7 Koll.; besondere Gewinnverbände (Plan A, Gutschrift für Firmengruppenvers. wie unter 4). Sammelvers. nach den S-Tarifen im Gewinnverband der Einzelvers.; Ablaufsdiv. 1959 jedoch 4,5‰.
7. **Ohne ärztliche Untersuchung:** Beiträge wie bei m. U. — Kein besonderer Gewinnverband. — Keine Wartezeit. — Höchstzulässige Vers.-Se. 20000 DM.
8. **Prämienfreie Versicherung:** Nach Zahlung der Beiträge wie unter 12 unter Anrechnung der Rückvergütung (vgl. 12) als einmaliger Bruttobeitrag. Nicht gewinnberechtigt. Mindestsumme 100 DM.
9. **Ratenzahlung der Prämie:** $^1/_2$-, $^1/_4$-, $^1/_{12}$jährliche Zahlung 2, 3, 5% Aufgeld (nicht gewinnberechtigt). Abholegebühr 0,30 DM.
10. **Reisen, Verkehr und Sport:** Reisen, auch Luftfahrten im öffentlichen Flugverkehr, sowie gewöhnliche Sportbetätigung eingeschlossen. Wett- usw. Fahrten in einem Land-, Luft- oder Wasserkraftfahrzeug nach Vereinbarung.
11. **Rücktritt vom Vertrage:** Ausgeschlossen nach 2 Jahren seit Abschluß, Änderung oder Wiederherstellung der Vers.
12. **Rückvergütung und Darlehn** (Vorauszahlung): Nach Zahlung der Beiträge für mindestens 2 Jahre oder $^1/_{10}$ der Beitragszahlungsdauer 95% des Deckungskap. Vorauszahlungszinsen $6^1/_2$%, im voraus.
13. **Selbstmord:** Nach 2 Jahren seit Einlösung oder Wiederherstellung volle Vers.-Se., bei „Unzurechnungsfähigkeit" oder unter dem Druck schwerer körperlicher Leiden auch vorher.
14. **Unfall- und Krankenzusatzversicherung:** Unfallzusatzvers.: Doppelsumme bei Unfalltod, auch als Fluggast im Rahmen des fahrplanmäßigen öffentlichen Flugverkehrs und infolge von Fahrten in einem Kraftfahrzeug mit Ausnahme von Wett- usw. Fahrten, gegen normalerweise jährlich 1,5‰ der Vers.-Se. Ausschlußfrist 1 Jahr. Vom 65. Jahre an Beschränkung auf Verkehrsmittelunfälle, auch als Fluggast eines Verkehrsflugzeuges.
   Krankenzusatzvers.: Bei Tod nach langdauernder Krankheit Zusatzleistung von 2‰ der Vers.-Se. (höchstens 50 DM) für jeden nach dem 90. folgenden Krankheitstag, längstens für 500 Tage gegen im allgemeinen jährlich 2,5‰ der Vers.-Se. (einschl. der Unfallzusatzvers.). Grenzalter 65.
15. **Zahlungsfrist f. d. Prämie:** 1 Monat, bei monatl. Zahlung 2 Wochen. Nachfrist 2 Wochen (5% Zinsen, 1 DM Gebühr u. Porto). Bei Versäumnis der Nachfrist von selbst Herabsetzung der Leistungspflicht auf beitragsfreie Vers.-Se.

Eos

Volks- und Lebensversicherungs-Aktiengesellschaft
DÜSSELDORF Gegründet 1925.

Grundkapital: 1200000 DM mit 720000 DM Einzahlung.
Geschäftsgebiet: Bundesrepublik Deutschland und Westberlin.
Zweige: Großleben, Kleinleben, Kinder, Aussteuer, Gruppen, Renten.
Kapitalvers.: Neuzugang 1958: 28,9 (1957: 30,3) Mill. DM Vers.-Se.
Bestand Ende 1958: 219,9 (1957: 201,8) Mill. DM Vers.-Se.
Prämieneinnahme 1958: 9,5 (1957: 9,0) Mill. DM.

Die Allgemeinen Versicherungsbedingungen gelten vom 1. April 1957 an.

1. **Ausfertigungsgebühr:** 1‰ der Vers.-Se. (2 bis 10 DM). Die Kosten der ärztlichen Untersuchung trägt die Ges. bei Vers. von 3000 DM (bei Vers. nach Tarif 2 von 5000 DM) an.
2. **Geschäftsgebühr:** Anspruch auf den ersten Jahresbeitrag und Ausfertigungsgebühr oder bei Rücktritt wegen Nichteinlösung neben Ersatz der Arztkosten auf 2‰ der Vers.-Se., höchstens 15 DM, Gebühr. Bindefrist 6 Wochen.
3. **Gesundheitsdienst:** Keine Einrichtungen.
4. **Gewinnbeteiligung:** Nach 2 Jahren. a) Gewinnanteil in Form einer zusätzlichen Vers.-Leistung („Summenzuwachs gegen laufende Beitragszahlung"); 1960 und 1959: 150‰, bei Dauern unter 10 Jahren 75‰ der Vers.-Se. b) Zinsgewinnanteil in Prozenten der Summe der vom 3. bis jeweils vorletzten Vers.-Jahre fällig gewesenen Jahresbeiträge; 1960: 2,5% der gewinnberechtigten Beitragssumme, frühestens von 1953 an (1959: 0%). c) Schlußvergütung bei Erleben des Ablaufs oder bei Tod im letzten Beitragszahlungsjahr, in verminderter Höhe auch bei Tod im vorletzten oder drittletzten Jahr, 1960: 4‰ (1959: 8‰) der Vers.-Se. für jedes beitragspflichtige Vers.-Jahr seit 1948.
   Für Tarif 1 S besonderer Gewinnverband, Plan A. Die Gewinnanteile werden zur Abkürzung der Vers.-Dauer verwendet. 1960 und 1959: 15% des Beitrages, Schlußvergütung 4‰ der Vers.-Se. für jedes beitragspflichtige Jahr.
   Ohne Gewinnbeteiligung nur Risiko-Umtausch-Vers.
5. **Invalidität:** Beitragsbefreiung und 5 bis 15% der Vers.-Se. jährliche Rente bei voraussichtlich wenigstens einjähriger Berufsinvalidität. Mindestgrad der Invalidität 33⅓%; Vollinvalid. bei 75%. Im Inv.-Falle wird der Gewinnanteil der Stammvers. weitergewährt. Für Frauen doppelter Zusatzbeitrag.
6. **Kollektivversicherung:** Firmengruppen- und Firmensterbegeldvers. sowie Vereinssterbegeldvers. nach besonderen Tarifen in besonderem Gewinnverband auf gleicher Grundlage wie unter 4 (zusätzliche Vers.-Leistung erstmals nach 3 Jahren, 1959 und 1958 wie bei den Einzeltarifen; Schlußvergütung 1959: 15% der gezahlten Beiträge [1958: 15% der vom 4. Vers.-Jahre an gezahlten Beiträge]). Sammelvers. nach den Einzeltarifen mit 3% Nachlaß; für gemischte Vers. Sondertarif 3 A im Gewinnverband für Einzelvers.
7. **Ohne ärztliche Untersuchung:** Beiträge um 1‰ höher als bei m. U. — Kein besonderer Gewinnverband. — Keine Wartezeit. — Höchstzulässige Vers.-Se. 10000 DM. — Höchsteintrittsalter 60.
8. **Prämienfreie Vers.:** Nach Zahlung des Beitrages für mindestens 3 Jahre unter Anrechnung der Rückvergütung (vgl. 12) als einmaliger Nettobeitrag zuzügl. 1‰ jährl. Verwaltungskosten. Nicht gewinnberechtigt. Mindestsumme 100 DM.
9. **Ratenzahlung der Prämie:** ½-, ¼-, 1/12 jährliche Zahlung 2, 4, 6% (3, 6, 9% bei Tarif 4) Aufgeld. Bei Tarif 4 wird im Todesfalle auf noch nicht fällige Raten des laufenden Vers.-Jahres verzichtet. Abholgebühr bis zu 0,10 DM für jede Rate.
10. **Reisen, Verkehr und Sport:** Reisen, auch Flüge als Fahrgast einer öffentlichen Flugverkehrseinrichtung, sowie gewöhnliche Sportbetätigung unbeschränkt. Kraftfahrzeugwettfahrten usw. und Fabrik-, Sport-, Kunst- usw. Flüge nach Vereinbarung.
11. **Rücktritt vom Vertrage:** Ausgeschlossen nach 3 Jahren seit Abschluß, Änderung oder Wiederherstellung der Vers.
12. **Rückvergütung und Darlehn** (Vorauszahlung): Nach Zahlung der Beiträge wie unter 8 geschäftsplanmäßige Deckungsrücklage abzüglich 1% des Unterschiedes zwischen Vers.-Se. und Deckungsrücklage, mindestens jedoch 90% der Deckungsrücklage. Zinsen für Vorauszahlungen z. Z. 6½%, vierteljährlich im voraus.
13. **Selbstmord:** Nach 3 Jahren seit Einlösung des Vers.-Scheines oder Wiederherstellung volle Vers.-Se., bei „Unzurechnungsfähigkeit" oder unter dem Druck schwerer körperlicher Leiden auch vorher.
14. **Unfallzusatzversicherung:** Doppelsumme bei Unfalltod, auch als Fahrgast im behördlich zugelassenen Luftverkehr und infolge von Fahrten in einem Kraftfahrzeug, außer Wett- usw. Fahrten, gegen im allgemeinen jährlich 1,5‰ der Vers.-Se. Fahrten auf Krafträdern bis 10000 DM eingeschlossen. Ausschlußfrist 1 Jahr. Grenzalter 70. Gewinnberechtigt (vgl. 4).
15. **Zahlungsfrist f. d. Prämie:** 1 Monat, bei monatl. Zahlung 2 Wochen. Nachfrist 2 Wochen (3% Aufschlag, 1 DM Gebühr). Bei Versäumnis der Nachfrist von selbst Herabsetzung der Leistungspflicht auf beitragsfreie Vers.-Se. (vgl. 8).

Evangelische Familienfürsorge

Lebensversicherung auf Gegenseitigkeit

DETMOLD

Auf Gegenseitigkeit (ohne Nachschußpflicht).

Gegründet 1923.

Geschäftsgebiet: Bundesrepublik Deutschland.
Geschäftszweige: Großleben, Kleinleben, Kinder, Gruppen.

Kapitalvers.: Neuzugang 1958: 11,8 (**1957:** 11,4) Mill. DM Vers.-Se.
Bestand Ende 1958: 64,6 (**1957:** 56,2) Mill. DM Vers.-Se.
Prämieneinnahme 1958: 3,1 (**1957:** 2,7) Mill. DM.

Die Allgemeinen Versicherungsbedingungen gelten vom 1. Januar 1956 an.

1. **Ausfertigungsgebühr:** Bei Antragstellung 1‰ der Vers.-Se. (3 bis 10 DM) Aufnahmegebühr, die bei Ablehnung des Antrages zurückgezahlt wird.
2. **Geschäftsgebühr:** Anspruch auf den ersten Jahresbeitrag oder bei Rücktritt wegen Nichteinlösung neben Ersatz der Arztkosten auf 3‰ der Vers.-Se., höchstens 20 DM, Gebühr. Bindefrist 6 Wochen.
3. **Gesundheitsdienst:** Keine Einrichtungen.
4. **Gewinnbeteiligung:** Nach 3 Jahren. Plan A, in Prozenten des gewinnberechtigten Jahresbeitrages. Im allgemeinen Gewinnansammlung mit 3½ % Zinsen. **Auf Antrag auch Barauszahlung am 15. Dezember.**
   1960 und 1959: 20% des Jahresbeitrages.
   Vers. ohne Gewinnbeteiligung **werden nicht abgeschlossen.**
5. **Invalidität:** Keine Tarife.
6. **Kollektivversicherung:** Firmen-Gruppenvers. nach den F-Tarifen, Vereins-Gruppenvers. nach den V-Tarifen; Gewinnverband III, Plan A.
7. **Ohne ärztliche Untersuchung:** Beiträge 1,5‰ höher als bei m. U. — Kein besonderer Gewinnverband. — Keine Wartezeit. — Höchstzulässige Vers.-Se. 10000 DM. — Höchsteintrittsalter 65.
8. **Prämienfreie Versicherung:** Nach Zahlung der Beiträge für mindestens 3 Jahre oder mindestens 1/10 der Beitragszahlungsdauer unter Anrechnung des Rückkaufswertes als Brutto-Einmalbeitrag. Nicht gewinnberechtigt. Mindestsumme 100 DM.
9. **Ratenzahlung der Prämie:** ½-, ¼-, 1/12jährliche Zahlung 2, 3, 5 % Aufgeld (gewinnberechtigt). Noch nicht fällige Raten werden im Todesfalle nicht erhoben. Verwaltungsgebühr für jede Beitragsrate 0,30 DM.
10. **Reisen, Verkehr und Sport:** Reisen und gewöhnliche Sportbetätigung eingeschlossen, auch Reisen als Fluggast im behördlich zugelassenen öffentlichen Luftverkehr. Sonstige Luftfahrten nach besonderer Vereinbarung.
11. **Rücktritt vom Vertrage:** Ausgeschlossen nach 3 Jahren seit Abschluß, Änderung oder Wiederherstellung der Vers.
12. **Rückvergütung und Darlehn** (Vorauszahlung): Nach Zahlung der Beiträge wie unter 8: 95 % des Deckungskapitals.
    Vorauszahlungszinsen 6 %, im voraus.
13. **Selbstmord:** Nach 3 Jahren seit Einlösung des Vers.-Scheins oder Wiederherstellung der Vers. volle Vers.-Se., bei „Unzurechnungsfähigkeit" oder unter dem Druck schwerer körperlicher Leiden auch vorher.
14. **Unfallzusatzversicherung:** Doppelsumme bei Unfalltod, auch als Fluggast einer behördlich genehmigten Luftverkehrsgesellschaft und Unfälle mit Kraftfahrzeugen aller Art (außer Rekord- usw. Fahrten) gegen jährlich 1,5‰ bis 3‰ der Vers.-Se. Ausschlußfrist 1 Jahr. Grenzalter 70.
15. **Zahlungsfrist für die Prämie:** 1 Monat, bei monatlicher Zahlung 2 Wochen. Nachfrist mindestens 2 Wochen (3 % Verzugskosten, 1 DM Mahngebühr und Postgebühren). Bei Versäumnis der Nachfrist von selbst Herabsetzung der Leistungspflicht auf beitragsfreie Vers. (vgl. 8).

Friedrich Wilhelm

Lebensversicherungs-Aktiengesellschaft (Gerling-Konzern)
KÖLN und BERLIN Gegründet 1866.
Grundkapital: 3000000 DM Volleinzahlung.

Geschäftsgebiet: Bundesrepublik Deutschland und Westberlin.
Zweige: Großleben, Kinderversorgung, Kleinleben, Gruppen, Renten.

Kapitalvers.: Neuzugang 1958: 129,0 (**1957:** 175,6) Mill. DM Vers.-Se.
Bestand Ende 1958: 852,8 (**1957:** 771,7) Mill. DM Vers.-Se.
Rentenvers.: Neuzugang 1958: 0,033 (**1957:** 0,002) Mill. DM Jahresrente.
Bestand Ende 1958: 0,171 (**1957:** 0,138) Mill. DM Jahresrente.
Prämieneinnahme 1958: 40,3 (**1957:** 36,1) Mill. DM.

Die Allgemeinen Versicherungsbedingungen gelten von 1955 **an.**

1. **Ausfertigungsgebühr: 1‰ der Vers.-Se., höchstens 10 DM.**
2. **Geschäftsgebühr:** Anspruch auf die erste Jahresprämie **und Ausfertigungsgebühr oder bei Rücktritt wegen Nichteinlösung neben Ersatz der Arztkosten auf 2‰ der Vers.-Se., höchstens 15 DM, Gebühr, insgesamt höchstens 5‰ der Vers.-Se.** Bindefrist 6 Wochen.
3. **Gesundheitsdienst:** Keine Einrichtungen.
4. **Gewinnbeteiligung:** Nach 2 Jahren. Plan A (Gewinnverband A der Ges.). Grunddividende nach Verhältnis der bedungenen einfachen Jahresleistung; eine Schlußdividende bei Ablauf.
   1960: 12½% (1959: 10%) Grunddividende. Schlußdividende 1960 und 1959: 5‰ der DM-Vers.-Se. für jedes zurückgelegte Vers.-Jahr, 1960 zuzüglich 5‰ für jedes zurückgelegte Vers.-Jahr seit 1948.
   Ohne Gewinnbeteiligung nur Risikovers.
5. **Invalidität:** Prämienbefreiung und 5 bis 20% der Vers.-Se. jährliche Rente. Mindestgrad der Invalidität 25%. Fortdauer einer mindestens 26wöchigen ununterbrochenen Berufsunfähigkeit durch Erkrankung oder Körperverletzung gilt als Invalidität. Bei 25%iger Inv. halbe, ab 50% volle Prämienbefreiung. Inv.-Rente 25% bis 100% der vereinbarten Rente je nach dem Grade der Inv. Zusatzprämie gewinnberechtigt. Gewinnbeteiligung der Stammvers. entfällt im Inv.-Falle entsprechend der Prämienbefreiung.
6. **Kollektivversicherung:** Tarife I AB und V AB für Firmengruppenvers.; Plan A, nach 2 Jahren, 1960: 10% (1959: 7,5%) der Prämie. Tarif I GV für Gruppensterbegeldvers.; Sondergewinnverband G, Plan A, 1960 und 1959, 3‰ der Vers.-Se. Sammelvers. nach den Einzeltarifen mit 3% Nachlaß.
7. **Ohne ärztliche Untersuchung:** Prämien wie bei m. U. — Kein besonderer Gewinnverband. — Keine Wartezeit. — Höchstzulässige Vers.-Se. 10000 DM.
8. **Prämienfreie Versicherung:** Nach Zahlung der Prämie für mindestens 3 Jahre unter Anrechnung des Deckungskapitals als einmalige Bruttoprämie. Nicht gewinnberechtigt. Mindestsumme 100 DM.
9. **Ratenzahlung der Prämie:** ½-, ¼-, ¹⁄₁₂jährliche Zahlung 2, 3, 5% Aufgeld (gewinnberechtigt). Mindest-Prämienrate 5 DM. Einzugs- oder Quittungsgebühr 0,30 DM für jede Folgeprämie.
10. **Reisen, Verkehr und Sport:** Reisen, auch als Fluggast im öffentlichen Luftverkehr, innerhalb Europas auch im nichtöffentlichen Luftverkehr als Fluggast oder nicht beruflich tätiger Führer in behördlich zugelassenen Luftfahrzeugen, sowie gewöhnliche Sportbetätigung eingeschlossen. Sonstiges Flugrisiko nach Vereinbarung.
11. **Rücktritt vom Vertrage:** Ausgeschlossen nach 3 Jahren seit Abschluß, Änderung oder Wiederherstellung der Vers.
12. **Rückvergütung und Darlehn:** Nach Zahlung der Prämien wie unter 8: 95% des Deckungskap. Darlehn bis zu gleicher Höhe abzügl. eines Jahreszinses u. der Gefahrprämie des folgenden Vers.-Jahres. Zinsen z. Z. 6%, im voraus.
13. **Selbstmord:** Nach 3 Jahren seit Einlösung des Vers.-Scheines oder Wiederherstellung volle Vers.-Se., bei „Unzurechnungsfähigkeit" oder unter dem Druck schwerer körperlicher Leiden auch vorher.
14. **Unfallzusatzversicherung:** Doppelsumme bei Unfalltod, auch als Fluggast im öffentlichen Flugverkehr innerhalb Europas, und infolge von Fahrten in einem Kraftwagen oder auf einem Kraftrad (außer Wett- usw. Fahrten) gegen jährlich 1,5‰ oder 3‰ der Vers.-Se. (gewinnberechtigt). Flugrisiko begrenzt mit 100000 DM einschl. der bei anderen Gesellschaften abgeschlossenen Unfallzusatzvers. Ausschlußfrist 1 Jahr. Nach Vollendung des 70. Lebensjahres Beschränkung auf Verkehrsmittelunfälle. — Unfall-Invaliditäts-Zusatzvers. gegen 3‰ oder 4‰ des Rentenkapitals. Grenzalter 65.
15. **Zahlungsfrist für die Prämie:** 1 Monat, bei monatlicher Zahlung 2 Wochen. Nachfrist 2 Wochen (½% Verzugszinsen f. jeden Rückstandsmonat, höchstens 3%; 2 DM Mahngebühr). Bei Versäumnis der Nachfrist von selbst Herabsetzung der Leistungspflicht auf prämienfreie Vers.-Se. (vgl. 8).

Gerling-Konzern

Lebensversicherungs-Aktiengesellschaft (Gerling-Konzern)

KÖLN. Gegründet 1922. Grundkapital: 3 000 000 DM Volleinzahlung.

Geschäftsgebiet: Bundesrepublik Deutschland und Westberlin.

Geschäftszweige: Großleben, Ausbildung und Aussteuer, Pension, Renten, Gruppen, Auslandreisen.

Kapitalvers.: Neuzugang 1958:	238,4	**(1957:** 303,8)	Mill.DM Vers.-Se.
Bestand Ende 1958:	1583,6	**(1957:** 1427,1)	Mill.DM Vers.-Se.
Rentenvers.: Neuzugang 1958:	2,7	**(1957:** 2,1)	Mill.DM Jahresrente.
Bestand Ende 1958:	23,6	**(1957:** 22,0)	Mill.DM Jahresrente.
Prämieneinnahme 1958:	78,1	**(1957:** 73,2)	Mill.DM.

Die Allgemeinen Versicherungsbedingungen gelten vom Dezember 1952 an.

1. **Ausfertigungsgebühr:** Keine.
2. **Geschäftsgebühr: Anspruch auf die erste Jahresprämie oder bei Rücktritt** wegen Nichteinlösung auf Ersatz der Arztkosten und Gebühr von 2‰ der Vers.-Se., höchstens 15 DM. Bindefrist 6 Wochen.
3. **Gesundheitsdienst:** Keine Einrichtungen.
4. **Gewinnbeteiligung:** Nach 3 Jahren. Plan D. a) Gewinnverteilungsform D: Summendiv. in Promille der Vers.-Se., Zinsdiv. in Prozenten der Summe der vor den beiden zuletzt zurückgelegten Vers.-Jahren fällig gewesenen gewinnberechtigten Prämien, Schlußdiv. in Promille der Vers.-Se. im Erlebensfalle — oder b) Gewinnverteilungsform S: auf Antrag bei erstmals 1960 gewinnberechtigten Vers. mit Mindestdauer 10 Jahre und Höchstendalter 75: jährlicher Summenzuwachs, außerdem Todesfallbonus und im Erlebensfalle Schlußdiv. in Promille der Vers.-Se.
   Gewinnverteilungsform D: 1960 und 1959: 5‰ Summendiv., 3% Zinsdiv., Schlußdiv.: 4‰ für jedes zurückgelegte Vers.-Jahr.
   Gewinnverteilungsform S: 1960: Summenzuwachs 12‰ zuzügl. 1,2‰ für jedes vor dem 31.12.1960 begonnene Vers.-Jahr vom 4. an, insgesamt höchstens 33‰, außerdem bei Tod im Jahre 1960 fälliger Todesfallbonus: 12‰ für jedes der Vers.-Jahre 1961 bis zum Ablauf: Schlußdiv. 4‰ für jedes zurückgelegte Vers.-Jahr.
5. **Invalidität: Prämienbefreiung und 5 bis 20% der Vers.-Se. jährliche Rente bei Invalidität voraussichtlich auf Lebenszeit. Mindestgrad der Invalidität 25%. Fortdauer einer mindestens 26wöchigen ununterbrochenen Berufsunfähigkeit durch Erkrankung oder Körperverletzung gilt als Invalidität. Bei 25%iger Inv. halbe, ab 50% volle Prämienbefreiung. Inv.-Rente 25% bis 100% der vereinbarten Rente je nach dem Grade der Inv.** Zusatzprämien gewinnberechtigt. **Im Invaliditätsfalle Zins- und Schlußdividende.**
6. **Kollektivversicherung:** Firmengruppen-, Vereinsgruppen- und Sammelvers. nach den Einzeltarifen mit zulässigem Rabatt (Dividenden wie unter 4.) und nach Tarifen BSt bzw. VSt bzw. S im Sondergewinnverband St (Plan A, nach 3 Jahren); Tarif BSt und VSt: 1960: 17% (1959: 15%), Tarif S: 19,5% (17,5%) der Jahresprämie.
7. **Ohne ärztliche Untersuchung: Prämien wie bei m. U. — Kein besonderer** Gewinnverband. — Keine Wartezeit. — Höchstsumme 10000 DM.
8. **Prämienfreie Vers.:** Nach Zahlung der Prämien für 2 Jahre oder mindestens $^1/_{10}$ der Prämienzahlungsdauer unter Anrechnung des Deckungskapitals als einmalige Prämie. Gewinnberechtigt. Mindestsumme 100 DM.
9. **Ratenzahlung der Prämie: $^1/_2$-, $^1/_4$-, $^1/_{12}$jährl. Zahlung 2, 3, 5% Aufgeld (gewinnberechtigt).** Mindestprämienrate 5 DM. Prämienrechnungsgebühr 0,30 DM.
10. **Reisen, Verkehr u. Sport:** Reisen, auch als Fluggast im öffentl. Luftverkehr, innerhalb Europas auch im nichtöffentl. Luftverkehr als Fluggast oder nicht berufl. tätiger Führer in behördl. zugelassenen Luftfahrzeugen, sowie gewöhnliche Sportbetätigung eingeschl. Sonstiges Flugrisiko nach Vereinbarung.
11. **Rücktritt vom Vertrage: Ausgeschlossen nach 5 Jahren seit Abschluß, Änderung** oder Wiederherstellung der Vers.
12. **Rückvergütung und Darlehn** (Vorauszahlung): Nach Zahlung der Prämien für 2 Jahre oder mindestens $^1/_{10}$ der Prämienzahlungsdauer 95% des Deckungskapitals. Vorauszahlungen bis zu gleicher Höhe abzüglich eines Jahreszinses und der Gefahrprämie des folgenden Vers.-Jahres. Zinsen z.Z. 6%, vierteljährlich nachträglich am Schluß eines jeden Kalendervierteljahres.
13. **Selbstmord:** Nach 3 Jahren seit Einlösung des Vers.-Scheines oder Wiederherstellung volle Vers.-Se., bei „Unzurechnungsfähigkeit" oder unter dem Druck schwerer körperlicher Leiden auch vorher.
14. **Unfallzusatzvers.:** Doppelsumme bei Unfalltod, auch als Fahrgast im öffentl. Luftverkehr und in einem Kraftfahrzeug (außer Wett- usw. Fahrten), **gegen im allgemeinen jährlich 1,5‰ der Vers.-Se. Ausschlußfrist 1 Jahr.** Nach dem 70. Lebensjahre Beschränkung auf Verkehrsmittelunfälle. — Unfall-Invaliditäts-Zusatzvers. geg. im allgemeinen 2,5‰ d. Rentenkapitals.
15. **Zahlungsfrist für die Prämie: 1 Monat, bei monatl. Zahlung 2 Wochen. Nachfrist** 2 Wochen ($^1/_2$% Aufschlag für jeden angefangenen Rückstandsmonat, höchstens 3%, 2 DM Mahngebühr und Porto). **Bei Versäumnis der Nachfrist von selbst Herabsetzung der Leistungspflicht auf prämienfr. Vers.-Se. (vgl. 8).**

Gilde

Deutsche Versicherungs-Aktiengesellschaft
DÜSSELDORF
Grundkapital: 600000 DM Volleinzahlung.
Gegründet 1921.

Geschäftsgebiet: Bundesrepublik Deutschland und Westberlin.
Geschäftszweige: Großleben, Kleinleben, Töchteraussteuer, Kinder, Begräbniskosten, Familiensterbegeld, Kranken.

Kapitalvers.: Neuzugang 1958:	28,1 (1957: 26,1)	Mill. DM Vers.-Se.
Bestand Ende 1958:	133,6 (1957: 118,3)	Mill. DM Vers.-Se.
Prämieneinnahme 1958:	6,6 (1957: 5,9)	Mill. DM.

Die Allgemeinen Versicherungsbedingungen gelten vom 1. Januar 1941 an, mit Änderungen vom 1. Januar 1958.

1. **Ausfertigungsgebühr:** 1‰ der Vers.-Se., höchstens 20 DM.
2. **Geschäftsgebühr:** Anspruch auf die erste Jahresprämie und Ausfertigungsgebühr oder bei Rücktritt wegen Nichteinlösung neben Ersatz der Arztkosten auf 2‰ der Vers.-Se., höchstens 15 DM, Gebühr. Bindefrist 2 Monate. Erfolgt ärztliche Untersuchung nicht binnen 14 Tagen, gilt Antrag für Vers. o. U. (vgl. 7).
3. **Gesundheitsdienst:** Keine Einrichtungen.
4. **Gewinnbeteiligung:** Nach 3 Jahren. Plan A, nach Verhältnis der Jahresbeiträge. Schlußgewinnanteil bei Erleben des Endes der Beitragszahlungsdauer je nach Vers.-Dauer, auch bei Tod im letzten Vers.-Jahr bzw. den letzten beiden bzw. den letzten drei Vers.-Jahren.
   1960 und 1959: 20% des Jahresbeitrages. Schlußgewinnanteil 1960 und 1959: 20‰ bis 170‰ der Vers.-Se., je nach vertraglicher Vers.-Dauer, in verminderter Höhe bei Tod im letzten bzw. vorletzten bzw. drittletzten Vers.-Jahr.
   Vers. ohne Gewinnbeteiligung werden nicht abgeschlossen.
5. **Invalidität:** Beitragsbefreiung und 10% der Vers.-Se. jährliche Rente bei voraussichtlich lebenslänglicher Erwerbsunfähigkeit. Mindestgrad der Invalidität 25%. Zusatzvers. gewinnberechtigt. Gewinnanteile der Stammvers. fallen entsprechend dem Invaliditätsgrad fort.
6. **Kollektivversicherung:** Von Fall zu Fall, ohne besondere Tarife. Sammelvers. nach den Einzeltarifen A und B mit 3% Nachlaß.
7. **Ohne ärztliche Untersuchung:** Prämien bei Vers. von 5000 DM an 1‰ höher als bei m. U. — Kein besonderer Gewinnverband. — Keine Wartezeit. — Höchstzulässige Vers.-Se. 15000 DM.
8. **Prämienfreie Versicherung:** Nach Zahlung der Prämie für mindestens 3 Jahre für den Schluß des laufenden Vers.-Jahres unter Anrechnung des Deckungskapitals als einmal. Nettoprämie. Gewinnberechtigt. Mindestsumme 100 DM.
9. **Ratenzahlung der Prämie:** ½-, ¼-, $^1/_{12}$jährliche Zahlung 3, 4, 5% Aufgeld (nicht gewinnberechtigt). Hebegebühr 0,10 DM bei Monatsprämien bis zu 3 DM.
10. **Reisen, Verkehr und Sport:** Reisen, auch als Passagier in Verkehrsflugzeugen innerhalb Europas sowie allgemeine Sportbetätigung eingeschlossen. Automobilrennfahrten usw. und Berufs-, Sport-, Kunst- usw. Fliegen: Entscheidung von Fall zu Fall.
11. **Rücktritt vom Vertrage:** Ausgeschlossen nach 3 Jahren seit Abschluß, Änderung oder Wiederherstellung der Vers.
12. **Rückvergütung und Darlehn** (Vorauszahlung): Nach Zahlung der Prämien für mindestens 3 Jahre 95% des für den Schluß des laufenden Vers.-Jahres berechneten Deckungskapitals. Steigerung alljährlich um ½% bis 98% des Deckungskapitals. Vorauszahlungen bis zu gleicher Höhe abzüglich des Beitrages des folgenden Jahres. Zinsen für Vorauszahlungen 6½%, im voraus.
13. **Selbstmord:** Nach 2 Jahren seit Einlösung des Vers.-Scheines oder Wiederinkraftsetzung volle Vers.-Se., bei „Unzurechnungsfähigkeit" auch vorher.
14. **Unfallzusatzversicherung:** Doppelsumme bei Unfalltod, auch als Fluggast im behördlich genehmigten Luftverkehr innerhalb Europas und bei Fahrten in Kraftfahrzeugen (außer Wett- usw. Fahrten), gegen jährlich 1,5 bis 5‰ der Vers.-Se. Ausschlußfrist 1 Jahr. Grenzalter 65.
15. **Zahlungsfrist für die Prämie:** 1 Monat, bei monatlicher Zahlung 2 Wochen. Nachfrist 2 Wochen (5% Zinsen, 1 DM Kosten und Portoersatz). Bei Versäumnis der Nachfrist von selbst Herabsetzung der Leistungspflicht auf prämienfreie Vers.-Se. (vgl. 8).

Gisela

Allgemeine Lebens- und Aussteuer-Versicherungs-Aktiengesellschaft

MÜNCHEN

Grundkapital: 1000000 DM mit 385000 DM Einzahlung.
Gegründet 1948. Ursprung 1880.

Geschäftsgebiet: Bundesrepublik Deutschland und Westberlin.
Geschäftszweige: Großleben, Kleinleben, Sterbegeld, Brautaussteuer, Kinderversorgung, Gruppen, Renten.

Kapitalvers.: Neuzugang 1958: 67,8 (**1957:** 71,8) Mill. DM Vers.-Se.
Bestand Ende 1958: 291,3 (**1957:** 253,9) Mill. DM Vers.-Se.
Prämieneinnahme 1958: 14,2 (**1957:** 12,7) Mill. DM.

Die Allgemeinen Versicherungsbedingungen gelten vom 1. Januar 1959 an.

1. **Ausfertigungsgebühr:** 1‰ der Vers.-Se., höchstens 10 DM.
2. **Geschäftsgebühr:** Anspruch auf die erste Jahresprämie und Ausfertigungsgebühr oder bei Rücktritt wegen Nichteinlösung neben Ersatz der Arztkosten auf 2‰ der Vers.-Se., höchstens 15 DM, Gebühr. Bindefrist 2 Monate. Erfolgt ärztliche Untersuchung nicht binnen 14 Tagen, gilt Antrag für Vers. o. U. (vgl. 7).
3. **Gesundheitsdienst:** Keine Einrichtungen.
4. **Gewinnbeteiligung:** Nach 3 Jahren. Plan A, in Prozenten der tarifmäßigen Jahresprämie. Im allgemeinen Gewinnansammlung.
   1960: 17%—42% (1959: 17%—37%) je nach Beginnjahrgang. Schlußdiv. für alle vor dem 1. 1. 1940 abgeschlossenen prämienpflichtigen Vers. bei Ablauf oder bei Tod in den letzten 3 Vers.-Jahren; 1960 und 1959: 100‰ der Vers.-Se.
   Vers. ohne Gewinnbeteiligung werden nicht abgeschlossen.
5. **Invalidität:** Prämienbefreiung und Rente bis zu insgesamt 25% der Vers.-Se. Bei mindestens 2/3 Erwerbsunfähigkeit für wenigstens ein Jahr volle Invaliditätsleistung, bei 1/3 Erwerbsunfähigkeit halbe Leistung. Zusatz-Vers. gewinnberechtigt. Invalidität ohne Einfluß auf Gewinnbeteiligung der Stammvers. — Vers. o. U. bis 15000 DM bei Prämienbefreiung, bis 10000 DM bei Präm.-Befreiung u. Rente bis 10% der Vers.-Se. (Endalter 65).
6. **Kollektivversicherung:** Firmengruppenvers. nach Tarif III g (51), Vereins-Gruppenvers. nach Tarif g/St; eigene Gewinnverbände. Nach 2jährigem Bestehen 1960: 10% (1959: 5%) des Jahresbeitrages. Sammelvers. nach den Großlebenstarifen abzüglich 3%.
7. **Ohne ärztliche Untersuchung:** Prämien wie bei m. U. — Kein besonderer Gewinnverband. — Keine Wartezeit. — Höchstzulässige Vers.-Se. 15000 DM. — Höchsteintrittsalter 60. — Höchstendalter 75.
8. **Prämienfreie Versicherung:** Nach Zahlung von mindestens 3 Jahresprämien unter Anrechnung des vollen Deckungskapitals als einmalige Bruttoprämie. Gewinnberechtigt (1959: 4% des Deckungskapitals). Mindestsumme 300 DM.
9. **Ratenzahlung der Prämie:** 1/2-, 1/4-, 1/12 jährliche Zahlung 2, 4, 6% (bei Summen von 2000 bis 2900 DM dazu 0,40 DM für jede Prämienrate) Zuschlag (gewinnberechtigt). Mindestrate bei 1/12 jährl. Zahlung 10 DM.
10. **Reisen, Verkehr und Sport:** Reisen, auch als Fluggast im öffentlichen Flugverkehr, sowie allgemeine Sportbetätigung eingeschlossen.
11. **Rücktritt vom Vertrage:** Ausgeschlossen bei Vers. m. U. nach 2 Jahren, bei Vers. o. U. nach 3 Jahren seit Schließung, Änderung oder Wiederinkraftsetzung der Vers.
12. **Rückvergütung und Darlehn:** Nach Zahlung der Prämien wie unter 8 95 bis 100% des Deckungskapitals. Darlehn bis zu gleicher Höhe abzüglich der Prämien des folgenden Jahres. Zinsen 5 1/2% zuzüglich 1/2% Verw.-Kosten bzw. 4% zuzüglich 1/2% Verw.-Kosten bei kleinen Darlehen zur Deckung von Prämien, im voraus.
13. **Selbstmord:** Nach 2 Jahren seit Ausstellung des Vers.-Scheines volle Vers.-Se., bei „Unzurechnungsfähigkeit" oder unter dem Druck schwerer körperlicher Leiden auch vorher.
14. **Unfallzusatzversicherung:** Doppelsumme bei Unfalltod, auch als Fluggast im behördlich zugelassenen Luftverkehr und infolge von Fahrten mit Kraftfahrzeugen aller Art (außer Wett- usw. Fahrten), gegen jährlich 1,5 oder 3‰ der Vers.-Se. Zuschlag (gewinnberechtigt). Ausschlußfrist 1 Jahr. Grenzalter 70.
15. **Zahlungsfrist für die Prämie:** 1 Monat. Nachfrist 2 Wochen (4 1/2% Verzugszinsen und 1 DM Mahngebühr). Dann nach Kündigung Umwandlung in prämienfreie Vers., wenn die Vers. 3 Jahre in Kraft war (vgl. 8).

Gladbacher Lebensversicherung Aktien-Gesellschaft

(Konzern der Gladbacher Feuer)

MÖNCHEN-GLADBACH

Grundkapital: 1000000 DM mit 443500 DM Einzahlung.

Gegründet 1923. Ursprung 1859.

Geschäftsgebiet: Bundesrepublik Deutschland und Westberlin.

Geschäftszweige: Großleben, Kleinleben, Sterbegeld, Kinder, Brautaussteuer, Gruppen, Renten.

Kapitalvers.: Neuzugang 1958: 28,2 **(1957:** 28,0) Mill. DM Vers.-Se.
Bestand Ende 1958: 153,9 **(1957:** 130,8) Mill. DM Vers.-Se.
Prämieneinnahme 1958: 7,4 **(1957:** 6,8) Mill. DM.

Die Allgemeinen Versicherungsbedingungen gelten vom Juni 1956 an.

1. **Ausfertigungsgebühr:** Keine.
2. **Geschäftsgebühr:** Anspruch auf die Beiträge für ein volles Jahr oder bei Rücktritt wegen Nichteinlösung neben Ersatz der Arztkosten auf 2°/₀₀ der Vers.-Se., höchstens 15 DM, Gebühr. Bindefrist 6 Wochen. Erfolgt die ärztliche Untersuchung nicht binnen 3 Wochen, gilt Antrag für Vers. o. U. (vgl. 7).
3. **Gesundheitsdienst:** Keine Einrichtungen.
4. **Gewinnbeteiligung:** Nach 3 Jahren. Plan D (Gewinnverband D der Ges.), Grund- und ein nach der verflossenen Versicherungsdauer abgestufter Zusatzgewinnanteil in Hundertteilen des Tarifbeitrages. Ein Schlußgewinnanteil bei Ablauf der Beitragszahlungsdauer, wenn Vers. mindestens 10 Jahre in Kraft war. — Gewinnanteile zur Erhöhung der Versicherungsleistung (Bonus), auf Antrag verzinsliche Ansammlung oder, falls Beiträge mindestens 20 DM, laufende Verrechnung.
   1960 und 1959: 6% Grundgewinnanteil, 2% Zusatzgewinnanteil für jedes nach dem 2. verflossene Vers.-Jahr.
   Ohne Gewinnbeteiligung nur Risiko-Umtauschversicherungen.
5. **Invalidität:** Beitragsbefreiung und 12% der Vers.-Se. jährliche Rente bei voraussichtlich dauernder Erwerbsunfähigkeit. Mindestgrad der Invalidität 33⅓%. Vollinvalidität bei 66⅔%. Zusatzbeiträge gewinnberechtigt. Gewinnanteile auf die Stammvers. werden im Invaliditätsfalle voll weitergewährt.
6. **Kollektivversicherung:** Firmengruppenvers. nach den Normaltarifen mit zulässigen Vergünstigungen im gleichen Gewinnverband wie unter 4. Firmengruppen- und Gruppensterbegeldvers. auch nach Sondertarifen Koll. 1 und Koll. 2, in besonderem Gewinnverband Koll. (42), Gewinnanteil nach 3 Jahren, 1960 und 1959: 2½% des Deckungskapitals.
7. **Ohne ärztliche Untersuchung:** Beiträge 1,2°/₀₀ höher als bei m. U. (Zuschlag gewinnberechtigt). — Kein besonderer Gewinnverband. — Keine Wartezeit. — Höchstzulässige Vers.-Se. 15000 DM. — Höchsteintrittsalter 55.
8. **Prämienfreie Versicherung:** Wenn Anspruch auf Rückvergütung (vgl. 12) besteht, unter Anrechnung des Deckungskapitals als einmaliger Nettobeitrag. Nicht gewinnberechtigt. Mindestsumme 100 DM.
9. **Ratenzahlung der Prämie:** Beitragszahlung tarifmäßig monatlich (echte Monatsbeiträge). Bei ¼-, ⅓-, ½jährl. Zahlung Abschlag 2, 3, 5%; vom 2. Vers.-Jahre an Rückvergütung der über den Sterbemonat hinaus entrichteten Beitragsteile. Mindestbeitragsrate 7,50 DM.
10. **Reisen, Verkehr und Sport:** Reisen, auch bei Benutzung von Luftfahrzeugen, sowie Sportbetätigung eingeschlossen.
11. **Rücktritt vom Vertrage:** Ausgeschlossen nach 3 Jahren seit Abschluß, Änderung oder Wiederherstellung der Vers.
12. **Rückvergütung und Darlehn** (Vorauszahlung): Nach Zahlung der Beiträge für mindestens $^1/_{10}$ der Beitragszahlungsdauer oder 3 Jahre 95% des Deckungskapitals. Vorauszahlungszinsen z. Z. 6%, halbjährlich nachträglich.
13. **Selbstmord:** Nach 3 Jahren seit Einlösung, Wiederinkraftsetzung oder bei Erhöhung für den Erhöhungsbetrag volle Vers.-Se., bei „Unzurechnungsfähigkeit" auch vorher.
14. **Unfallzusatzversicherung:** Doppelsumme bei Unfalltod, auch als Fluggast einer behördlich zugelassenen Luftverkehrsgesellschaft und bei Fahrten in Kraftfahrzeugen aller Art (außer Rekord- usw. Fahrten), gegen in der Regel jährlich 1,8°/₀₀ der Vers.-Se. Ausschlußfrist 1 Jahr. Grenzalter 70.
15. **Zahlungsfrist für die Prämie:** 2 Wochen. Nachfrist 2 Wochen (3% Aufschlag, 1 DM Gebühr). Bei Versäumnis der Nachfrist von selbst Herabsetzung der Leistungspflicht auf beitragsfreie Vers.-Se. (vgl. 8).

Gothaer
Lebensversicherung auf Gegenseitigkeit

GÖTTINGEN (bis 1946 Gotha)

Auf Gegenseitigkeit (ohne Nachschußpflicht).

Gegründet 1827.

Geschäftsgebiet: Bundesrepublik Deutschland und Westberlin.
Zweige: Großleben, Erlebensfall, Kinder, Pension, Gruppen, Renten.

Kapitalvers.: Neuzugang 1958:	173,8	**(1957:** 226,1)	Mill. DM Vers.-Se.
Bestand Ende 1958:	1178,1	**(1957:**1063,7)	Mill. DM Vers.-Se.
Rentenvers.: Neuzugang 1958:	0,26	**(1957:** 0,10)	Mill. DM Jahresrente.
Bestand Ende 1958:	0,72	**(1957:** 0,52)	Mill. DM Jahresrente.
Prämieneinnahme 1958:	55,1	**(1957:** 51,4)	Mill. DM.

Die Allgemeinen Versicherungsbedingungen gelten vom 18. März 1948 an.

1. **Ausfertigungsgebühr:** Keine.
2. **Geschäftsgebühr:** Anspruch auf den ersten Jahresbeitrag oder bei Rücktritt wegen Nichteinlösung neben Ersatz der Arztkosten auf 1‰ der Vers.-Se., höchstens 15 DM, Gebühr. Bindefrist 6 Wochen.
3. **Gesundheitsdienst:** Auf Antrag alle 2—3 Jahre kostenlose ärztliche Untersuchung nach Genehmigung ohne Begrenzung der Vers.-Se.
4. **Gewinnbeteiligung:** Plan D. Nach 3 Jahren. Jahresanteil, bestehend aus Zinsanteil in Prozenten der Deckungsrückstellung am Schluß des vorletzten Vers.-Jahres und Summenanteil in Promille der Vers.-Se. Zusatzanteil beim Tode des Versicherten in Promille der Vers.-Se. Schlußanteil bei Ablauf der Vers. in Promille der Vers.-Se.
   1960 und 1959: 3% Zinsanteil, 8‰ Summenanteil, 20‰ Zusatzanteil, 75‰ Schlußanteil.
   Vers. ohne Gewinnbeteiligung werden nicht abgeschlossen.
5. **Invalidität:** Beitragsfreiheit und 5 oder 10% der Vers.-Se. jährliche Rente bei voraussichtlich dauernder oder wenigstens einjähriger Minderung der Erwerbsfähigkeit um mehr als die Hälfte oder, wenn vereinbart, anteilige Leistung bei einer Minderung um mehr als ein Viertel und volle Leistung bei wenigstens drei Viertel Erwerbsminderung. Invaliditäts-Zusatzvers. gewinnberechtigt. Im Invaliditätsfall läuft Gewinnbeteiligung der Lebensvers. weiter.
6. **Kollektivversicherung:** Firmengruppenvers. nach den G-Tarifen; Vereinsgruppenvers. nach den gleichen Tarifen mit 1,53‰ Zuschlag. Gewinnsystem wie unter 4; 1960 und 1959: 3% Zinsanteil, 4,5‰ Summenanteil, 20‰ Zusatzanteil, 65‰ Schlußanteil. Sammelvers. nach den S-Tarifen. Gewinnbeteiligung wie bei Einzelvers. (vgl. 4).
7. **Ohne ärztliche Untersuchung:** Beiträge wie bei m. U. — Kein besonderer Gewinnverband. — Keine Wartezeit. — Höchstzulässige Vers.-Se. 15000 DM. — Höchsteintrittsalter 55.
8. **Prämienfreie Vers.:** Wenn die Vers. einen Rückvergütungswert hat (vgl. 12) unter Anrechnung der geschäftsplanmäßigen Deckungsrückstellung, vermehrt um die halbe rechnungsmäßige Überschußrückstellung für den Zusatzanteil (vgl. 4), als einmaliger Bruttobeitrag. Gewinnberechtigt wie unter 4. Mindestsumme 100 DM.
9. **Ratenzahlung der Prämie:** ½-, ¼-, 1/12 jährliche Zahlung 2, 3, 5% Aufgeld. Im Todesfalle wird Beitrag nur bis zum Ende des Sterbemonats beansprucht.
10. **Reisen, Verkehr und Sport:** Reisen, auch als Fluggast in Verkehrsflugzeugen, sowie gewöhnliche, auch fliegerische Sportbetätigung eingeschlossen.
11. **Rücktritt vom Vertrage:** Ausgeschlossen nach 2 Jahren seit Abschluß, Änderung oder Wiederherstellung der Vers.
12. **Rückvergütung und Darlehn:** Nach einjährigem Bestehen geschäftsplanmäßige Deckungsrückstellung, vermehrt um die halbe rechnungsmäßige Überschußrückstellung für den Zusatzanteil (vgl. 4). Darlehnszinsen je nach Marktlage, z. Z. 6%, jährlich im voraus.
13. **Selbstmord:** Nach 2 Jahren seit Ausstellung des Vers.-Scheines oder des Nachtrages über Erhöhung oder Wiederherstellung volle Vers.-Se.; bei „Unzurechnungsfähigkeit" oder unter dem Drucke schwerer körperlicher Leiden auch vorher.
14. **Unfallzusatzversicherung:** Doppelsumme bei Unfalltod, auch als Fluggast eines behördlich zugelassenen Luftverkehrsunternehmens, gegen im allgemeinen jährlich 1,5‰ der Vers.-Se. Zuschlag für Segelflug 2‰, für Motorsportflug 4‰. Rekordversuche, Wett- usw. Fahrten mit Kraftfahrzeugen aller Art ausgeschlossen. Ausschlußfrist 1 Jahr. Grenzalter 70.
15. **Zahlungsfrist für die Prämie:** 1 Monat. Nachfrist 2 Wochen (0,5% Verzugszinsen für jeden angefangenen Monat, Postgebühren und 1 DM Kosten). Bei Versäumnis der Nachfrist von selbst Herabsetzung der Leistungspflicht auf beitragsfreie Vers.-Se. (vgl. 8).

Hamburg-Mannheimer
Versicherungs-Aktien-Gesellschaft
HAMBURG

Grundkapital: 3 000 000 DM mit 1 104000 DM Einzahlung.
Gegründet 1899.

Geschäftsgebiet: Bundesrepublik Deutschland und Westberlin.
Geschäftszweige: Großleben, Kleinleben, Sterbegeld, Töchterversorgung, Renten, Unfall, Zeitschriftenbezieher, Gruppen.

Kapitalvers.: Neuzug. 1958: 502,7 (1957: 413,7) Mill.DM Vers.-Se.
Bestand Ende 1958: 1929,5 (1957: 1575,5) Mill.DM Vers.-Se.
Rentenvers.: Neuzug. 1958: 6,320 (1957: 5,857) Mill.DM Jahresrente.
Bestand Ende 1958: 17,966 (1957: 14,251) Mill.DM Jahresrente.
Prämieneinnahme 1958: 99,9 (1957: 82,5) Mill.DM.*)

Die Allgemeinen Versicherungsbedingungen gelten vom 1. Januar 1959 an.

1. **Ausfertigungsgebühr:** 1‰ der Vers.-Se. (3 bis 20 DM) Aufnahmekosten.
2. **Geschäftsgebühr:** Anspruch auf den ersten Jahresbeitrag und Aufnahmekosten oder bei Rücktritt wegen Nichteinlösung neben Ersatz der Kosten der ärztl. Untersuchung auf eine Gebühr von 10% des Jahresbeitrages. Bindefrist 6 Wochen. Erfolgt ärztl. Unters. nicht innerhalb 14 Tagen, gilt Antrag für Vers. o. U. (vgl. 7).
3. **Gesundheitsdienst:** Keine Einrichtungen.
4. **Gewinnbeteiligung:** Nach 3 Jahren. Plan D, in Prozenten des Jahresbeitrages unter Berücksichtigung der zurückgelegten Dauer und der vereinbarten Gesamtdauer der Beitragszahlung. Verzinsliche Gewinnansammlung.
   1960: Anfangsdividende 13% für Vers. des Beginnjahrganges 1957 (1959: 12% für 1956).
   Vers. ohne Gewinnbeteiligung werden im allgemeinen nicht abgeschlossen.
5. **Invalidität:** Beitragsbefreiung und 10% der Vers.-Se. jährliche Rente bei voraussichtlich mindestens einjähriger Invalidität. Mindestgrad der Invalidität mehr als 25%, volle Leistung bei mehr als 75%. Zusatzbeitrag gewinnberechtigt; im Invaliditätsfalle bleibt die Zusatzvers. gewinnberechtigt.
6. **Kollektivversicherung:** Firmen-Gruppenvers. nach den FG-Tarifen, Vereins-Gruppenvers. nach den VG-Tarifen, Gewinnverband G. (Dividende nach 3 Jahren. Plan A, 1960: 12% des Jahresbeitrages). Sammelvers. nach den FS-Tarifen im Großlebens-Gewinnverband. (vgl. 4).
7. **Ohne ärztliche Untersuchung:** Beiträge 1‰ höher als bei m. U. — Kein besonderer Gewinnverband. — Keine Wartezeit. — Höchstzulässige Vers.-Se. 20000 DM. — Tarife 1 (56) und 2 (56) nur m. U.
8. **Prämienfreie Versicherung:** Nach Zahlung der Beiträge für mindestens 3 Jahre oder für mindestens 1/10 der Beitragszahlungsdauer zum Schluß jedes laufenden Vers.-Jahres unter Anrechnung des Deckungskapitals als einmaligen Bruttobeitrag. Mindestsumme 100 DM, gewinnberechtigt, wenn prämienfreie Vers.-Se. mehr als 500 DM.
9. **Ratenzahlung d. Prämie:** ½-, ¼-, 1/12 jährl. Zahlung 2, 3, 5% Aufgeld; bei Tarif 8 0,50 DM bei ½- und ¼jährl. Zahlung, 0,25 DM bei 1/12 jährl. Zahlung Zuschlag für je 1000 DM Vers.-Se. und Rate. Zuschlag gewinnberechtigt. Beitragseinzugsgebühr 0,30 DM, auch bei jährlicher Zahlung.
10. **Reisen, Verkehr und Sport:** Keine Einschränkungen, auch nicht für Luftreisen im öffentlichen Fluggastverkehr. Sonderfälle werden bei Antragsprüfung von Fall zu Fall entschieden.
11. **Rücktritt vom Vertrage:** Ausgeschlossen nach 3 Jahren seit Abschluß, Änderung oder Wiederherstellung der Vers.
12. **Rückvergütung und Darlehn** (Vorauszahlung): Nach Zahlung der Beiträge wie unter 8 zum Schluß jedes laufenden Vers.-Jahres 90% des Deckungskapitals, steigend vom 4. Vers.-Jahr an jährlich um 1% bis 100%. Zinsen für Vorauszahlungen 6½% bei Barauszahlungen, 5½% bei Verrechnungen, im voraus.
13. **Selbstmord:** Nach 2 Jahren seit Einlösung des Vers.-Scheines oder Wiederherstellung der Vers. volle Vers.-Se., bei „Unzurechnungsfähigkeit" auch vorher.
14. **Unfallzusatzversicherung:** Doppelsumme bei Unfalltod, auch als Fahrgast im behördlich zugelassenen Luftverkehr und bei Fahrten in Kraftfahrzeugen (außer Wett-, Preis- usw. Fahrten), gegen jährlich 1,50‰ bis 2,50‰ der Vers.-Se. Unfallzusatzbeitrag gewinnberechtigt. Ausschlußfrist 1 Jahr. Grenzalter 70.
15. **Zahlungsfrist für die Prämie:** 1 Monat, bei monatlicher Zahlung 2 Wochen. Nachfrist 2 Wochen. (Kosten 2,60 DM). Bei Versäumnis der Nachfrist von selbst Verlust des Vers.-Schutzes oder Minderung auf beitragsfreie Vers.-Se. (vgl. 8).

---

*) Einschl. Unfallvers.

Hamburg-Mannheimer
Versicherungs-Aktien-Gesellschaft

Sonderabteilung:

Deutsche Anwalt- und Notar-Versicherung

Gegründet 1907, Geschäftsbetrieb seit **1909.**

Geschäftsgebiet: Bundesrepublik Deutschland und Westberlin.
Geschäftszweige: Großleben, Töchteraussteuer, Studium, Sterbegeld, Familienversorgung, Gruppen, Renten, Pension.

Kapitalvers.: Neuzugang 1958: 5,3 (**1957:** 5,9) Mill. DM Vers.-Se. *)
Bestand Ende 1958: 59,2 (**1957:** 55,5) Mill. DM Vers.-Se. *)
Rentenvers.: Neuzugang 1958: 0,03 (**1957:** 0,09) Mill. DM Jahresrente. *)
Bestand Ende 1958: 1,5 (**1957:** 1,6) Mill. DM Jahresrente. *)
Prämieneinnahme 1958: 3,5 (**1957:** 3,3) Mill. DM. *)

Die Allgemeinen Versicherungsbedingungen gelten vom 1. Januar 1958 an.

1. **Ausfertigungsgebühr:** 1‰ der Vers.-Se., höchstens 20 DM.
2. **Geschäftsgebühr:** Anspruch auf den ersten Vierteljahrsbeitrag nebst Gebühren oder bei Rücktritt wegen Nichteinlösung neben Ersatz der Arztkosten auf eine Gebühr von 2‰ der Vers.-Se., höchstens 15 DM. Bindefrist 4 Wochen.
3. **Gesundheitsdienst:** Kurbeihilfen. Kostenlose ärztliche Untersuchung alle 2 Jahre für Vers. mit mehr als 300 DM Beitrag im Jahr.
4. **Gewinnbeteiligung:** Für Vers., die mindestens während eines vollen Jahres in Kraft waren, Plan D. Grunddividende im Verhältnis zum Beitrag, Zinsdiv. in Prozenten des gewinnberechtigten Deckungskapitals.
   1957: Grunddividende 7%, Zinsdividende 2%.
   Vers. ohne Gewinnbeteiligung werden nicht abgeschlossen.
5. **Invalidität:** Beitragsbefreiung und 10% bis 15% der Vers.-Se. jährliche Rente bei dauernder Beeinträchtigung der Berufsausübung oder nach ununterbrochener einjähriger Erwerbsunfähigkeit um mindestens 50%. Zusatzbeitrag gewinnberechtigt. Gewinnbeteiligung auch im Invaliditätsfalle, Grund- und Zinsdividende (vgl. 4).
6. **Kollektivversicherung:** Firmengruppenvers. nach den Tarifen T (f)-57, L (f)-57, Vereinsgruppenvers. nach den Tarifen T (k)-57, L (k)-57; besonderer Gewinnverband (Plan A, im Verhältnis zum Beitrag, 1957: 15%). Sammelvers. nach den Einzeltarifen mit 1% Nachlaß.
7. **Ohne ärztliche Untersuchung:** Beiträge wie bei m. U. — Kein besonderer Gewinnverband. — Wartezeit: Bis 2000 DM Vers.-Se. in den ersten beiden Vers.-Jahren eingezahlte Beiträge. Bei höheren Summen für den 2000 DM übersteigenden Teil der Vers.-Se. in den ersten 5 Vers.-Jahren eingezahlte Beiträge. Bei Tod durch Unfall fällt die Wartezeit fort, ebenso gegen jährlichen Zuschlag von 1‰. — Höchstzulässige Vers.-Se. 25000 DM.
8. **Prämienfreie Versicherung:** Nach Zahlung der Beiträge für den zehnten Teil der vereinbarten Beitragszahlungsdauer oder 2 Jahre für den Schluß des Kalendervierteljahres unter Anrechnung des Deckungskapitals als einmaliger Nettobeitrag. Gewinnberechtigt (Zinsdividende). Mindestsumme 100 DM.
9. **Ratenzahlung der Prämie:** Beitragszahlung tarifmäßig vierteljährlich (echte Vierteljahresbeiträge). Abschlag bei jährlicher Zahlung 1% des Beitrages. Im Todesfalle wird der über das laufende Kalendervierteljahr hinaus gezahlte Beitrag zurückerstattet.
10. **Reisen, Verkehr und Sport:** Reisen, auch als Fahrgast im öffentlichen Luftverkehr innerhalb Europas, sowie allgemeine Sportbetätigung eingeschlossen.
11. **Rücktritt vom Vertrage:** Ausgeschlossen nach 2 Jahren seit Abschluß, Änderung oder Wiederherstellung der Vers.
12. **Rückvergütung und Darlehn** (Vorauszahlung): Nach Zahlung der Beiträge wie unter 8 für den Schluß des Kalendervierteljahres 95% des Deckungskapitals, steigend bis 99%. Vorauszahlungen bis zu gleicher Höhe abzüglich eines Jahreszusatzbeitrages und des Gefahrbeitrages des folgenden Vers.-Jahres. Zusatzbeitrag 6½%, im voraus.
13. **Selbstmord:** Nach 2 Jahren seit Einlösung des Vers.-Scheines oder Wiederherstellung volle Leistungspflicht, bei „Unzurechnungsfähigkeit" oder unter dem Druck schwerer körperlicher Leiden auch vorher (vgl. 7).
14. **Unfallzusatzversicherung:** Doppelsumme bei Unfalltod, auch als Fahrgast im behördlich genehmigten Luftverkehr innerhalb Europas, sowie bei Fahrten in einem Kraftfahrzeug (außer Wett- usw. Fahrten), gegen jährlich 1,5‰ der Vers.-Se. (gewinnberechtigt). Ausschlußfrist 1 Jahr. Grenzalter 70.
15. **Zahlungsfrist für die Prämie:** 1 Monat. Nachfrist 2 Wochen (2½% Aufschlag, 2 DM Gebühr). Bei Versäumnis der Nachfrist von selbst Herabsetzung der Leistungspflicht auf beitragsfreie Vers.-Se. (vgl. 8).

---

*) Die Geschäftszahlen sind in denen der Hamburg-Mannheimer (Nr. 32) enthalten.

Hannoversche Lebensversicherung

auf Gegenseitigkeit zu Hannover, vormals Preußischer Beamten-Verein.

HANNOVER

Auf Gegenseitigkeit (ohne Nachschußpflicht). **Gegründet 1875.**

Geschäftsgebiet: Bundesrepublik Deutschland und Westberlin.

Geschäftszweige: Großleben, Kleinleben, Aussteuer, Gruppen, Renten.

Kapitalvers.:	**Neuzugang 1958:**	47,3 (**1957:** 68,7)	Mill. DM Vers.-Se.
	Bestand Ende 1958:	365,8 (**1957:** 335,0)	Mill. DM Vers.-Se.
Rentenvers.:	**Neuzugang 1958:**	0,064 (**1957:** 0,148)	Mill. DM Jahresrente.
	Bestand Ende 1958:	1,304 (**1957:** 1,282)	Mill. DM Jahresrente.
	Prämieneinnahme 1958:	19,0 (**1957:** 17,6)	Mill. DM.

Die Allgemeinen Versicherungsbedingungen gelten vom 25. April 1953 an.

1. **Ausfertigungsgebühr:** Keine. Die Kosten des ärztlichen Zeugnisses werden beim Zustandekommen der Vers. erstattet.
2. **Geschäftsgebühr:** Antragsteller ist an den Antrag nicht gebunden.
3. **Gesundheitsdienst:** Keine Einrichtungen.
4. **Gewinnbeteiligung:** Plan D. Für jedes Jahr Zinsgewinnanteil nach dem Maßstabe der Deckungsrückstellung und Summengewinnanteil nach dem Maßstabe der Vers.-Se. Ferner bei Tod, Ablauf oder Rückkauf ein Schlußgewinnanteil nach dem Maßstabe der Deckungsrückstellung.
   Für 1957 und 1956: 2,5 % Zinsgewinnanteil und 6‰ Summengewinnanteil. Schlußgewinnanteil: 3 %.
   Vers. ohne Gewinnbeteiligung werden nicht abgeschlossen.
5. **Invalidität:** Beitragsfreiheit und 5—15% Rente bei voraussichtlich dauernder oder nach ununterbrochener einjähriger Erwerbsunfähigkeit. Volle Leistung bei mehr als 50 % Erwerbsunfähigkeit oder nach Vereinbarung bei Abschluß der Vers. ein Drittel der Leistungen bei mehr als 33 ⅓ %, zwei Drittel bei mehr als 50 %, volle Leistung bei mehr als 66⅔ % Erwerbsunfähigkeit. Zusatzvers. nicht gewinnberechtigt. Inv. ohne Einfluß auf Gewinnbeteiligung der Stammvers.
6. **Kollektivversicherung:** Firmengruppenvers. nach den Einzeltarifen mit 3 % Nachlaß oder nach den F-Tarifen, Vereinsgruppen-Vers. nach den V-Tarifen. Bei den F- und V-Tarifen Jahresgewinnanteil nach Plan D für jedes Jahr. Sammelvers. z. Z. nur nach den Einzeltarifen mit 3 % Nachlaß.
7. **Ohne ärztliche Untersuchung:** Beiträge um 1,20‰ höher als bei m. U. — Kein besonderer Gewinnverband. — Keine Wartezeit. — Höchstzulässige Vers.-Se. 5000 DM. — Höchsteintrittsalter 60.
8. **Prämienfreie Versicherung:** Wenn die Vers. rückkaufsfähig, für den Schluß des lfd. Vers.-Vierteljahres unter Anrechnung der ungezillmerten Deckungsrückstellung als einmaliger Beitrag. Gewinnberechtigt (nur Zins- und Schlußgewinn). Mindestsumme 200 DM.
9. **Ratenzahlung der Prämie:** ½-, ¼-, $^1/_{12}$ jährl. Zahlung 1, 2, 3 % Aufgeld.
10. **Reisen, Verkehr und Sport:** Reisen, auch als Fluggast eines behördlich zugelassenen Luftverkehrsunternehmens auf einer planmäßigen Strecke oder einem Rundflug. Weitergehende Fluggefahren nach Vereinbarung.
11. **Rücktritt vom Vertrage:** Ausgeschlossen nach 2 Jahren seit Abschluß, Änderung oder Wiederherstellung der Vers.
12. **Rückvergütung und Darlehn:** Nach Zahlung der Beiträge für mindestens ein Jahr auf den Schluß jedes Vers.-Vierteljahres ungezillmerte Deckungsrückstellung; während der ersten 10 Jahre abzüglich ½% der Vers.-Se., zuzüglich Schlußgewinn (vgl. 4). Darlehen bis zu gleicher Höhe abzüglich Zinsen für ein halbes Jahr. Darlehnszinsen 6 %, vierteljährlich, am ersten Tage des Kalendervierteljahres, nachträglich.
13. **Selbstmord:** Nach 2 Jahren seit Abschluß, Änderung oder Wiederherstellung der Vers. volle Vers.-Se., bei „Unzurechnungsfähigkeit" oder unter dem Drucke unheilbarer körperlicher Leiden auch vorher.
14. **Unfallzusatzvers.:** Doppelsumme bei Unfalltod, auch infolge von Luftfahrten wie unter 10 sowie bei Fahrten in einem Kraftfahrzeug, außer Wett- usw. Fahrten, gegen in der Regel jährlich 1,5‰. Ausschlußfrist 1 Jahr. Grenzalter 70
15. **Zahlungsfrist f. d. Prämie:** 1 Monat, bei monatl. Zahlung 2 Wochen. Nachfrist 2 Wochen (4,8% Zinsen, Porto, 1 DM Kosten). Bei Versäumnis der Nachfrist von selbst Herabsetzung der Leistungspflicht auf beitragsfr. Vers.-Se. (vgl. 8).

Isar

Lebensversicherungs-Aktiengesellschaft
MÜNCHEN

Grundkapital: 1000000 DM mit 500000 DM Einzahlung.
Gegründet 1936.

Geschäftsgebiet: Bundesrepublik Deutschland und Westberlin.
Geschäftszweige: Großleben, Kleinleben, Sterbegeld, Kinder, Aussteuer, Gruppen, Renten.

Kapitalvers.: Neuzugang 1958: 70,5 (**1957:** 75,5) Mill. DM Vers.-Se.
Bestand Ende 1958: 442,2 (**1957:** 404,4) Mill. DM Vers.-Se.

Rentenvers.: Neuzugang 1958: 0,036 (**1957:** 0,038) Mill. DM Jahresrente.
Bestand Ende 1958: 0,255 (**1957:** 0,233) Mill. DM Jahresrente.
Prämieneinnahme 1958: 16,0 (**1957:** 14,7) Mill. DM.

Die Allgemeinen Versicherungsbedingungen gelten vom 1. März 1959 an.

1. **Ausfertigungsgebühr:** 1‰ der Vers.-Se., höchstens 10 DM.
2. **Geschäftsgebühr:** Anspruch auf die erste Jahresprämie u. Ausfertigungsgebühr oder bei Rücktritt wegen Nichteinlösung neben Ersatz der Kosten der ärztl. Untersuchung auf 10% der Jahresprämie Gebühr. Bindefrist 6 Wochen.
3. **Gesundheitsdienst:** Keine Einrichtungen.
4. **Gewinnbeteiligung:** Nach 3 Jahren. Plan A, Grunddividende nach Verhältnis der einzelnen gewinnberechtigten Prämie; eine Schlußdividende in Promille der Vers.-Se. bei Ablauf oder bei Tod in den letzten beiden Beitragsjahren.
   1960 und 1959 (für die geschlossenen Tarife An, Bn, Cn und Dn): Grunddividende 18%—21%, je nach Abschlußjahr der Vers.; Schlußdiv.: 75‰ bis 150‰, je nach Vers.-Dauer.
   Ohne Gewinnbeteiligung nur Risikoumtauschvers.
5. **Invalidität:** Prämienbefreiung und 10% der Vers.-Se. jährl. Rente bei voraussichtlich dauernder oder nach einjähriger ununterbrochener Erwerbsunfähigkeit. Volle Leistung bei mindestens 50% Erwerbsunfähigkeit; auf Antrag auch entsprechend dem Grade der Erwerbsunfähigkeit bei mindestens 25% und voller Leistung bei 75%. Auf Zusatzvers. Schlußgewinn bei Ablauf nach schadenfreiem Verlauf.
6. **Kollektivversicherung:** Firmen- und Vereins-Gruppenvers. nach den K-Tarifen in besonderem Gewinnverband. Gewinnbeteiligung nach 3 Jahren, Plan A; Firmengruppenvers: 1960: 12% (1959: 12%); Vereinsgruppenvers: 1960: 15% (1959: 7.5%); Sammelvers. nach den Einzeltarifen mit 3% Rabatt.
7. **Ohne ärztliche Untersuchung:** Prämien wie bei m.U. — Kein besonderer Gewinnverband. — Keine Wartezeit. — Höchstzulässige Vers.-Se. 20000 DM, bei Eintrittsaltern über 55 Jahre 5000 DM.
8. **Prämienfreie Versicherung:** Nach Zahlung der Prämien für mindestens 3 Jahre oder für mindestens 1/10 der Prämienzahlungsdauer unter Anrechnung der Rückvergütung (vgl. 12) zuzüglich eines Div.-Guthabens als einmalige Nettoprämie. Gewinnberechtigt. Mindestsumme 100 DM.
9. **Ratenzahlung der Prämie:** 1/2-, 1/4-, 1/12jährliche Zahlung 2, 3, 5% Aufgeld (gewinnberechtigt).
10. **Reisen, Verkehr und Sport:** Reisen, auch als Fluggast oder nicht beruflich tätiger Flugzeugführer in behördlich zugelassenem Luftfahrzeug, sowie gewöhnliche Sportbetätigung eingeschlossen. Flugschüler und beruflich im Flugdienst Tätige und Segelflug nach Vereinbarung. Kunst-, Rekord-, Probe- usw. Flüge, sowie Flüge zu Forschungszwecken ausgeschlossen.
11. **Rücktritt vom Vertrage:** Ausgeschlossen nach 3 Jahren seit Abschluß, Änderung oder Wiederherstellung der Vers.
12. **Rückvergütung und Darlehn** (Vorauszahlung): Nach Zahlung der Prämien wie unter 8: 90% des Deckungskapitals, steigend vom 4. Vers.-Jahre an jährlich um ½% bis höchstens 98%. Zinsen für Vorauszahlungen 5½%, im voraus.
13. **Selbstmord:** Nach 5 Jahren seit Einlösung des Vers.-Scheins oder Wiederherstellung volle Vers.-Se., bei „Unzurechnungsfähigkeit" auch vorher.
14. **Unfallzusatzversicherung:** Doppelsumme bei Unfalltod, auch als Fluggast einer behördlich zugelassenen Luftverkehrsgesellschaft und bei Fahrten mit Kraftfahrzeugen aller Art, außer bei Rekordversuchen u. ä. Fahrten, gegen im allgemeinen jährlich 1,44‰ der Vers.-Se. Ausschlußfrist 1 Jahr. Grenzalter 70
15. **Zahlungsfrist für die Prämie:** 1 Monat, bei monatlicher Zahlung 2 Wochen. Nachfrist 2 Wochen (1 DM Gebühr). Bei Versäumnis der Nachfrist Verlust des Vers.-Schutzes oder Minderung auf prämienfreie Vers.-Se. (vgl. 8). — Wenn Vers. rückkauffähig (vgl. 12) auf Verlangen Versicherungsverlängerung für die im Vers.-Schein angegebene Dauer.

35

Karlsruher Lebensversicherung A.-G.

KARLSRUHE i. B.

Grundkapital: 3375000 DM mit 1406250 DM Einzahlung.

Gegründet 1922. Ursprung 1835.

Geschäftsgebiet: Bundesrepublik Deutschland und Westberlin.
Zweige: Groß- u. Kleinleben, Sterbegeld, Töchter, Grupp., Rent., Pens.

Kapitalvers.: Neuzugang 1958:	264,4 (**1957:** 291,8)	Mill. DM Vers.-Se.
Bestand Ende 1958:	1529,5 (**1957:** 1341,6)	Mill. DM Vers.-Se.
Rentenvers.: Neuzugang 1958:	0,13 (**1957:** 0,17)	Mill. DM Jahresrente.
Bestand Ende 1958:	4,5 (**1957:** 4,4)	Mill. DM Jahresrente.
Prämieneinnahme 1958:	71,0 (**1957:** 60,7)	Mill. DM.

Die Allgemeinen Versicherungsbedingungen gelten vom 1. Januar 1957 an.

1. **Ausfertigungsgebühr:** Kann erhoben werden; z. Z. wird keine berechnet.
2. **Geschäftsgebühr:** Anspruch auf die erste Jahresprämie oder bei Rücktritt wegen Nichteinlösung neben Ersatz der Arztkosten auf 2‰ der Vers.-Se., höchstens 15 DM, Gebühr. Bindefrist 6 Wochen. Erfolgt ärztliche Untersuchung nicht binnen 14 Tagen, gilt Antrag für Vers. o. U. (vgl. 7).
3. **Gesundheitsdienst:** Kostenlose ärztliche Untersuchung alle 3 Jahre für Vers. von 12000 DM an, erstmals nach 5 Jahren.
4. **Gewinnbeteiligung:** Nach 2 Jahren. Plan C. nach dem ungezillmerten Deckungskap. zu Ende des jeweils vorletzten Vers.-Jahres; eine Schlußdiv. nach dem Deckungskap. der letzten beiden Vers.-Jahre bei Erleben des Ablaufs — oder wahlweise — nach 3 Jahren. Plan A, in Prozenten der Jahresprämie. Schlußdividende bei Erleben des Ablaufs.
   Plan C: 1960 und 1959: Tarif IIm und IVm: m. U. 4,6%, o. U. 4,1%; Tarif Im: m. U. 4,9%, o. U. 4,4%; bei Verwendung der Dividende zur Summenerhöhung: Tarif IIm: m. U. 5,0%, o. U. 4,5%; Tarif Im: m. U. 5,3%, o. U. 4,8%.
   Plan A: 1960 und 1959: Tarif IIm und IVm: m. U. 22%, o. U. 17%; Tarif Im: m. U. 25%, o. U. 20%; bei Verwendung der Dividende zur Summenerhöhung: Tarif IIm: m. U. 25%, o. U. 20%; Tarif Im: m. U. 28%, o. U. 23%. Schlußdividende 1960 und 1959 bis 60% der Jahresprämie.
   Ohne Gewinnbeteiligung nur Risikovers.
5. **Invalidität:** Prämienfreiheit und 5 bis 20% der Vers.-Se. jährliche Rente bei dauernder oder nach mindestens 26-wöchiger Erwerbsunfähigkeit. Mindestgrad 20%. Auf Antrag von 50% Erwerbsunfähigkeit an volle Leistungen gegen Verzicht bei geringerem Inv.-Grad. Zusatzvers. nicht gewinnberechtigt. Fortdauer der Gewinnbeteiligung der Stammvers. im Invaliditätsfalle.
6. **Kollektivvers:** Nach den Einzeltarifen mit Prämiennachlaß und den F-Tarifen (Firmengruppenvers.), VK-Tarifen (Vereinsgruppenvers.), SV-Tarifen (Sammelvers.). Sondertarife in besonderem Gewinnverband. Plan A, in Prozenten des 12fachen Monatsbeitrages. 1960 und 1959: Firmengruppenvers. 17%, Vereinsgruppenvers. ab 1000 DM 16%, Sammelvers. 20%. Plan C, in Prozenten d. ungezillm. Deck.-Kap.; Firmengruppenvers. 1960 und 1959: 3,5%.
7. **Ohne ärztliche Untersuchung:** Prämien wie bei m. U. — Besondere Gewinnsätze. — Keine Wartezeit. — Höchstzulässige Vers.-Se. 20000 DM, bei Tarif Im 15000 DM. — Höchsteintrittsalter 50.
8. **Prämienfreie Versicherung:** Nach Zahlung der Prämien für mindestens 1/10 der Prämienzahlungsdauer oder für 3 Jahre unter Anrechnung des Rückkaufswertes als einmalige Bruttoprämie. Gewinnberechtigt. Mindestsumme 50 DM.
9. **Ratenzahlung der Prämie:** 1/2-, 1/4-, 1/12jährliche Zahlung 2, 3, 5% Aufgeld (nicht gewinnberechtigt). Mindestrate 10 DM.
10. **Reisen, Verkehr und Sport:** Reisen, auch als Fluggast oder nicht beruflicher Flugzeugführer in behördl. zugelassenen Luftfahrzeugen, sowie gewöhnliche Sportbetätigung, außer Probe-, Forschungs-, Kunst- usw. Flügen, eingeschlossen. Beruflich im Flugdienst Tätige, Flugschüler nach Vereinbarung.
11. **Rücktritt vom Vertrage:** Ausgeschlossen nach 3 Jahren seit Abschluß, Änderung oder Wiederherstellung der Vers.
12. **Rückverg. u. Darlehn** (Vorauszahlung): Nach Zahlung der Prämien wie unt. 8 95% des gezillm. Deck.-Kap. Vorauszahlungsprämie 6%, im voraus.
13. **Selbstmord:** Nach 3 Jahren seit Ausstellung des Vers.-Scheins, Erhöhung oder Wiederherstellung volle Vers.-Se., bei „Unzurechnungsfähigkeit" oder unter dem Druck schwerer körperlicher Leiden auch vorher.
14. **Unfallzusatzversicherung:** Doppelsumme bei Unfalltod, auch als Fluggast eines Verkehrsflugzeuges im behördlich genehmigten Luftverkehr und Unfälle infolge von Fahrten in Kraftfahrzeugen aller Art, außer Wett- usw. Fahrten, gegen normalerweise jährlich 1,5‰ der Vers.-Se. Ausschlußfrist 1 Jahr. Vom Alter 70 an Beschränkung auf Verkehrsmittelunfälle.
15. **Zahlungsfrist f. d. Prämie:** 1 Monat, bei monatl. Zahlung 2 Wochen. Nachfrist 2 Wochen (3% Aufschlag, 1 DM Gebühr). Bei Versäumnis der Nachfrist von selbst Herabsetzung der Leistungspflicht auf prämienfr. Vers.-Se. (vgl. 8).

Kölnische Lebensversicherung a. G.

KÖLN

Auf Gegenseitigkeit (ohne Nachschußpflicht). **Gegründet 1895.**

Geschäftsgebiet: Bundesrepublik Deutschland und Westberlin.

Geschäftszweige: Großleben, Kleinleben, Familienversorgung, Töchteraussteuer, Kinder, Gruppen.

Kapitalvers.: Neuzugang 1958: 81,9 (**1957:** 87,4) Mill. DM Vers.-Se.
Bestand Ende 1958: 631,1 (**1957:** 583,4) Mill. DM Vers.-Se.
Prämieneinnahme 1958: 27,5 (**1957:** 25,8) Mill. DM.

Die Allgemeinen Versicherungsbedingungen gelten vom 1. Januar 1958 an.

1. **Ausfertigungsgebühr:** Keine.
2. **Geschäftsgebühr:** Anspruch auf den ersten Jahresbeitrag oder bei Rücktritt wegen Nichteinlösung neben Ersatz der Arztkosten auf eine Gebühr von 10% des Jahresbeitrages. Bindefrist 6 Wochen.
3. **Gesundheitsdienst:** Kostenlose ärztliche Untersuchung alle 3 Jahre für alle Vers., ohne Beitragsrückstände. (vgl. 5)
4. **Gewinnbeteiligung:** Nach 3 Jahren. Plan A (Gewinnverband GL der Ges.) in Prozenten des Beitrages (1960 und 1959: 15%). Die Gewinnanteile werden zur Erhöhung der Vers.-Leistung durch „Gewinnsummen" verwendet. Gewinnsumme bei vorzeitigem Versicherungsfall in 1960 und 1959 geschäftsplanmäßig mindestens 100‰ der Vers.-Se.
   Ohne Gewinnbeteiligung nur Risikovers. (Tarif R).
5. **Invalidität:** Beitragsfreiheit und bis zu 15% der Vers.-Se. jährliche Rente bei voraussichtlich dauernder oder mindestens einjähriger Erwerbsunfähigkeit. Mindestgrad der Invalidität 25%, Vollinvalidität ab 75%. Zusatzvers. gewinnberechtigt. Unfall- und Rentenzusatzvers. sowie der Gesundheitsdienst (vgl. 3) bleiben auch nach Eintritt der Invalidität voll in Kraft.
6. **Kollektivversicherung:** Firmengruppenvers. nach den Tarifen FI/lg, FIa/65, FII/65; Vereinssterbegeldvers. nach den Tarifen KI/lg, KIa/65, KII/65. Gewinnverband Fn, erster Gewinnanteil nach 3 Jahren; für 1958 und 1957: 15% des Beitrags. Sammelvers. nach allen Einzeltarifen der Großlebensvers. mit 3% Nachlaß.
7. **Ohne ärztliche Untersuchung:** Beiträge bis Eintrittsalter 50 wie bei m. U., vom Alter 51 bis 60 um 2‰ höher als bei m. U. — Kein besonderer Gewinnverband. — Keine Wartezeit. — Höchstzulässige Vers.-Se. 15000 DM. —
8. **Prämienfreie Versicherung:** Nach Zahlung der Beiträge für mindestens 3 Jahre oder für mindestens $^1/_{10}$ der Beitragszahlungsdauer zum Schluß jedes laufenden Vers.-Jahres unter Anrechnung des Deckungskapitals als einmaliger Bruttobeitrag. Nicht gewinnberechtigt. Mindestsumme 100 DM.
9. **Ratenzahlung der Prämie:** $^1/_2$-, $^1/_4$-, $^1/_{12}$jährliche Zahlung 2, 3, 4% Aufgeld (gewinnberechtigt).
10. **Reisen, Verkehr und Sport:** Reisen, auch Luftfahrten im öffentlichen Flugverkehr, sowie gewöhnliche Sportbetätigung eingeschlossen. Flugpersonal und sonstiges Flugrisiko nach Vereinbarung.
11. **Rücktritt vom Vertrage:** Ausgeschlossen nach 3 Jahren seit Abschluß, Änderung oder Wiederherstellung der Vers.
12. **Rückvergütung und Darlehn:** Nach Zahlung der Beiträge wie unter 8 95% des Deckungskapitals. Darlehnszinsen 6½%, vierteljährlich im voraus.
13. **Selbstmord:** Nach 3 Jahren seit Einlösung des Vers.-Scheines oder Wiederherstellung volle Vers.-Se., bei „Unzurechnungsfähigkeit" auch vorher.
14. **Unfallzusatzversicherung:** Doppelsumme bei Unfalltod, auch als Fluggast im behördlich zugelassenen Luftverkehr und Unfälle mit Kraftfahrzeugen, außer bei Wett- usw. Fahrten, gegen im allgemeinen jährlich 1,5‰ (Motorradfahrer 3‰) der Vers.-Se. Zuschlag (gewinnberechtigt). Ausschlußfrist 1 Jahr. Grenzalter 70. (vgl. 5).
15. **Zahlungsfrist für die Prämie:** 1 Monat, bei monatlicher Zahlung 2 Wochen. Nachfrist 2 Wochen (5% Zinsen, 2 DM Kosten). Bei Versäumnis der Nachfrist von selbst Verlust des Vers.-Schutzes oder Minderung auf beitragsfreie Vers.-Se. (vgl. 8). Auf Verlangen Versicherungsverlängerung in voller Höhe, solange das Deckungskapital als Einmalbeitrag für eine reine Todesfallvers. ausreicht.

Lebensversicherung Merkur Nürnberg

Versicherungsverein auf Gegenseitigkeit
Nürnberg
Arbeitsgemeinschaft mit der Hanseatische Krankenversicherung von 1875 Merkur a. G. zu Hamburg

Auf Gegenseitigkeit (ohne Nachschußpflicht). **Gegründet 1926.**

Geschäftsgebiet: Bundesrepublik Deutschland und Westberlin.
Geschäftszweige: Großleben, Kleinleben.

Kapitalvers.: Neuzugang 1958: 1,2 **(1957** 1,9) Mill. DM Vers.-Se.
Bestand Ende 1958: 12,5 **(1957** 11,4) Mill. DM Vers.-Se.
Prämieneinnahme 1958: 0,6 **(1957** 0,6) Mill. DM.

Die Allgemeinen Versicherungsbedingungen gelten vom 1. Dezember 1956 an.

1. **Ausfertigungsgebühr:** 1‰ der Vers.-Se., höchstens 10 DM.
2. **Geschäftsgebühr:** Anspruch auf die Beiträge für das 1. Vers.-Jahr oder bei Rücktritt wegen Nichteinlösung neben Ersatz der Arztkosten auf 2‰ der Vers.-Se., höchstens 15 DM Gebühr. Bindefrist 6 Wochen.
3. **Gesundheitsdienst:** Keine Einrichtungen.
4. **Gewinnbeteiligung:** Nach drei Jahren. Plan **A** in Prozenten eines Jahresbeitrages. Vers. ohne Gewinnbeteiligung werden nicht abgeschlossen.
5. **Invalidität:** Keine Tarife.
6. **Kollektivversicherung:** Keine Tarife.
7. **Ohne ärztliche Untersuchung:** Beiträge wie bei m. U. — Kein besonderer Gewinnverband. — Keine Wartezeit. — Höchstzulässige Vers.-Se. 10 000 DM.
8. **Prämienfreie Versicherung:** Nach Zahlung der Beiträge für $^1/_{10}$ der Beitragszahlungsdauer oder mindestens 3 Jahre auf den Schluß des laufenden Vers.-Monats unter Anrechnung des Deckungskapitals als Einmalbeitrag. Gewinnberechtigt. Mindestsumme 300 DM.
9. **Ratenzahlung der Prämie:** Beitragszahlung tarifmäßig monatlich (echte Monatsbeiträge). Bei $^1/_1$-, ½-, ¼jährlicher Zahlung Abschlag von 3 bzw. 2 bzw. 1 %. Vom 2. Vers.-Jahr an werden im Todesfalle die über den Sterbemonat hinaus gezahlten Beiträge zurückvergütet.
10. **Reisen, Verkehr und Sport:** Keine Einschränkungen.
11. **Rücktritt vom Vertrage:** Ausgeschlossen nach 3 Jahren seit Abschluß, Änderung oder Wiederherstellung der Vers.
12. **Rückvergütung und Darlehn:** (Vorauszahlung): Nach Zahlung der Beiträge für $^1/_{10}$ der Beitragszahlungsdauer oder mindestens 3 Jahre 95 % des Deckungskapitals. Vorauszahlungen bis zur Höhe des Deckungskapitals abzüglich von 12 Monatsbeiträgen.
13. **Selbstmord:** Nach 3 Jahren seit Einlösung des Vers.-Scheines oder Wiederherstellung volle Vers.-Se., bei „Unzurechnungsfähigkeit" auch vorher.
14. **Unfallzusatzversicherung:** Doppelsumme bei Unfalltod, auch als Fluggast eines Luftverkehrsmittels im Dienste eines behördlich genehmigten Luftverkehrsunternehmens innerhalb Europas und infolge von Fahrten in einem Kraftfahrzeug außer Wett- usw. Fahrten, ohne Zuschlag. Ausschlußfrist 1 Jahr. Grenzalter 70. Auf Antrag Ausschluß der Unfallzusatzvers. gegen Beitragsnachlaß von jährlich 1,5‰ der Vers.-Se.
15. **Zahlungsfrist für die Prämie:** 2 Wochen. Nachfrist 2 Wochen (3 % Aufschlag, 1 DM Gebühr). Bei Versäumnis der Nachfrist von selbst Herabsetzung der Leistungspflicht auf beitragsfreie Vers.-Se. (vgl. 8).

Leipziger Verein-Barmenia

Lebensversicherung auf Gegenseitigkeit
HAMBURG

Auf Gegenseitigkeit (ohne Nachschußpflicht). **Gegründet 1928.**

Geschäftsgebiet: Bundesrepublik Deutschland und Westberlin.
Zweige: Großleben, Kleinleben, Sterbegeld, Gruppen, Renten.
Kapitalvers.: Neuzugang 1958: 48,9 (**1957:** 59,8) Mill. DM Vers.-Se.
Bestand Ende 1958: 286,9 (**1957:** 256,2) Mill. DM Vers.-Se.
Prämieneinnahme 1958: 15,8 (**1957:** 14,6) Mill. DM.

Die Allgemeinen Versicherungsbedingungen gelten vom 1. Januar 1959 an.

1. **Ausfertigungsgebühr:** 1°/₀₀ der Vers.-Se. (3 bis 20 DM).
2. **Geschäftsgebühr:** Anspruch auf den ersten Jahresbeitrag und Ausfertigungsgebühr oder bei Rücktritt wegen Nichteinlösung neben Ersatz der Arztkosten auf eine Gebühr von 10°/₀ des Jahresbeitrages. Bindefrist 6 Wochen. Erfolgt die ärztliche Untersuchung nicht binnen 4 Wochen, wird die Vers. ohne ärztl. Untersuchung durchgeführt (vgl. 7).
3. **Gesundheitsdienst:** Keine Einrichtungen.
4. **Gewinnbeteiligung:** Nach 3 Jahren. Plan D, in Promille der Vers.-Se. und in Prozenten der Summe der gezahlten Jahresbeiträge. Ein Schlußgewinnanteil. Für die früheren Tarife 1, 2, 3: Plan D, auf gleicher Grundlage. 1960: 8°/₀₀ (1959: 8°/₀₀) der Vers.-Se. und 2°/₀ (2°/₀) der Summe der von 1949 an gezahlten Jahresbeiträge. Schlußgewinnanteil im Erlebensfall nach 10jährigem Bestehen: 1960: 36°/₀₀—266°/₀₀ der Vers.-Se. zuzügl. 38°/₀—42°/₀ des Jahresbeitrages (1959: 36°/₀₀—266°/₀₀ zuzügl. 38°/₀), je nach Beginnjahr. Schlußgewinnanteil bei Todesfällen zu Vers. mit Beginn vor dem 1. 1. 1940: 75°/₀₀ bis 250°/₀₀.
   Vers. ohne Gewinnbeteiligung werden nicht abgeschlossen.
5. **Invalidität:** Beitragsfreiheit und 10°/₀ der Vers.-Se. jährliche Rente bei voraussichtlich dauernder oder mindestens einjähriger Erwerbsunfähigkeit. Mindestgrad der Invalidität 33 ⅓ %, volle Leistung ab 75 %. Zusatzvers. nicht gewinnberechtigt. Die Gewinnanteile auf die Stammvers. werden im Invaliditätsfalle weitergewährt.
6. **Kollektivvers.:** Gruppenvers. nach den Normaltarifen mit den von der Aufsichtsbehörde zugelassenen Vergünstigungen.
7. **Ohne ärztliche Untersuchung:** Beiträge um 2°/₀₀ höher als bei m. U. — Kein besonderer Gewinnverband. — Keine Wartezeit. — Höchstzulässige Vers.-Se. 15000 DM. — Höchsteintrittsalter 55; Höchstendalter für die Beitragszahlung 70.
8. **Prämienfreie Versicherung:** Nach Zahlung der Beiträge für mindestens 3 Jahre oder für mindestens $^1/_{10}$ der Beitragszahlungsdauer zum Schluß jedes laufenden Vers.-Jahres unter Anrechnung des Deckungskapitals als einmalige Bruttoprämie. Mindestsumme 100 DM.
9. **Ratenzahlung d. Prämie:** $^1/_2$-, $^1/_4$-, $^1/_{12}$jährl. Zahlung 2, 3, 5°/₀ Aufgeld. Bei Beitragsabholung 0,30 DM Hebegebühr. Mindestrate bei monatl. Zahlung 10 DM.
10. **Reisen, Verkehr und Sport:** Reisen, auch als Fluggast im öffentlichen Flugverkehr, sowie gewöhnliche Sportbetätigung eingeschlossen.
11. **Rücktritt vom Vertrage:** Ausgeschlossen nach 3 Jahren seit Abschluß, Änderung oder Wiederherstellung der Vers.
12. **Rückvergütung und Darlehen:** Nach Zahlung der Beiträge wie unter 8: 90°/₀ des Deckungskapitals zum Schluß des laufenden Vers.-Jahres, steigend vom 4. Vers.-Jahre an jährlich um ½°/₀ bis höchstens 98°/₀. — Darlehnszinsen z. Z. 5,5°/₀ zuzüglich 1°/₀ Bearbeitungsgebühr, im voraus.
13. **Selbstmord:** Nach 3 Jahren seit Einlösung des Vers.-Scheines oder Wiederherstellung volle Vers.-Se., bei „Unzurechnungsfähigkeit" auch vorher.
14. **Unfallzusatzversicherung:** Doppelsumme bei Unfalltod, auch als Fluggast im behördlich genehmigten Luftverkehr und infolge von Fahrten in einem Kraftfahrzeug, außer bei Wett- usw. Fahrten, gegen im allgemeinen jährlich 1,5°/₀₀ der Vers.-Se. Ausschlußfrist 1 Jahr. Grenzalter 70.
15. **Zahlungsfrist für die Prämie:** 1 Monat, bei monatlicher Zahlung 2 Wochen. Nachfrist 2 Wochen (3°/₀ Aufschlag, 1 DM Mahngebühr und Postgebühren). Bei Versäumnis der Nachfrist von selbst Verlust des Vers.-Schutzes oder Minderung auf beitragsfreie Vers.-Se. (vgl. 8).

Magdeburger Allgemeine

Lebens- und Rentenversicherungs-Aktiengesellschaft (Tochtergesellschaft der Magdeburger Feuer)
Hannover (früher Magdeburg). **Gegründet 1923.**

Grundkapital: 1505000 DM mit 430000 DM Einzahlung.
Geschäftsgebiet: Bundesrepublik Deutschland und Westberlin.
Geschäftszweige: Großleben, Kleinleben, Töchter- und Söhneversorgung, Familienversorgung, Gruppen, Renten.

Kapitalvers.: Neuzugang 1958: 40,3 (**1957:** 49,1) Mill. DM Vers.-Se.
Bestand Ende 1958: 266,7 (**1957:** 238,4) Mill. DM Vers.-Se.
Rentenvers.: Neuzugang 1958: 0,032 (**1957:** 0,015) Mill. DM Jahresrente.
Bestand Ende 1958: 0,194 (**1957:** 0,175) Mill. DM Jahresrente.
Prämieneinnahme 1958: 12,6 (**1957:** 11,5) Mill. DM.

Die Allgemeinen Versicherungsbedingungen gelten von 1958 an.

1. **Ausfertigungsgebühr:** Keine.
2. **Geschäftsgebühr:** Anspruch auf den ersten Jahresbeitrag oder bei Rücktritt wegen Nichteinlösung neben den Kosten der ärztlichen Untersuchung auf eine Gebühr von 10% des Jahresbeitrages. Bindefrist 6 Wochen.
3. **Gesundheitsdienst:** Kostenlose ärztliche Untersuchung für bestehende Vers. von mindestens 5000 DM alle 3 Jahre auf Anforderung.
4. **Gewinnbeteiligung:** Plan D. Grundgewinnanteil nach 3 Jahren und „steigender" Zinsgewinnanteil nach 4 Jahren, nach Maßgabe des Tarifbeitrages. Schlußgewinnanteil in Promille der Vers.-Se. bei Ablauf oder bei Eintritt des Vers.-Falles im letzten Jahr der Beitragszahlungsdauer.
   1960: 5% (1959: 5%) des Beitrages als Grundgewinnanteil; 2,5% (2,5%) als Zinsgewinnanteil; 50‰ (50‰) Schlußgewinnanteil.
   Vers. ohne Gewinnbeteiligung werden nicht abgeschlossen.
5. **Invalidität:** Beitragsbefreiung und 12% der Vers.-Se. jährliche Rente, wenn Erwerbsfähigkeit voraussichtlich auf Lebensdauer vollständig oder teilweise aufgehoben. Mindestgrad der Invalidität 25%. Zusatzbeitrag nicht gewinnberechtigt. Gewinnanteile auf die Stammvers. werden im Invaliditätsfalle getrennt für die beitragsfreie Summe und die weiterzuzahlenden Beiträge gewährt.
6. **Kollektivversicherung:** Firmen-Gruppen- und Vereins-Gruppenvers. nach Sondertarifen G 59 und GT 59 in eigenem Gewinnverband. Gewinnanteil zahlbar bei Fälligkeit der Vers.-Se. nach mindestens 3jährigem Bestehen. Für die bisherigen Tarife G 56 und GT 56: 1960: 25% (1959: 25%) der Vers.-Se. Sammelvers. nach den Einzeltarifen mit 3% Nachlaß.
7. **Ohne ärztliche Untersuchung:** Besondere Tarife. — Kein besonderer Gewinnverband. — Keine Wartezeit. — Höchstzulässige Vers.-Se. 20000 DM. — Höchsteintrittsalter 60.
8. **Prämienfreie Vers.:** Nach Zahlung der Beiträge für mindestens 3 Jahre oder mindestens 1/10 der Beitragszahlungsdauer zum Schluß des laufenden Vers.-Jahres unter Anrechnung der Deckungsrückstellung als Bruttoeinmaleinlage. Gewinnberechtigt. Mindestsumme 300 DM.
9. **Ratenzahlung der Prämie:** 1/2-, 1/4-, 1/12jährliche Zahlung 2, 3, 5% Aufgeld (nicht gewinnberechtigt). Beitragsraten unter 20 DM: Bearbeitungsgebühr 0,20 DM je Rate, Mindestrate 10 DM.
10. **Reisen, Verkehr und Sport:** Reisen, auch als Fahrgast oder nicht beruflich tätiger Führer in zugelassenen Luftfahrzeugen sowie gewöhnliche Sportbetätigung mit Ausnahme von Wett- usw. Fahrten in einem Land-, Luft- oder Wasserkraftfahrzeug eingeschlossen.
11. **Rücktritt vom Vertrage:** Ausgeschlossen nach 3 Jahren seit Abschluß, Änderung oder Wiederherstellung der Vers.
12. **Rückvergütung und Darlehn** (Vorauszahlung): Nach Zahlung der Beiträge wie unter 8 Deckungsrückstellung zum Schluß des laufenden Vers.-Jahres abzüglich 1½% der Gefahrsumme (Vers.-Se. abzüglich Deckungsrückstellung). Abzug jedoch höchstens 5% der Deckungsrückstellung. Vorauszahlungszinsen 5½% (bei Vorauszahlungen zur Deckung von Beitragsrückständen 5%) zuzüglich ½% Verwaltungskostenaufschlag, nachträglich.
13. **Selbstmord:** Nach 3 Jahren seit Inkrafttreten des Vers.-Schutzes oder Wiederherstellung volle Vers.-Se., bei „Unzurechnungsfähigkeit" auch vorher.
14. **Unfallzusatzvers.:** Doppelsumme bei Unfalltod, auch als Fluggast eines behördlich genehmigten Luftverkehrsunternehmens und infolge von Fahrten mit einem Kraftfahrzeug, außer Wett- usw. Fahrten, gegen jährlich 1,5 oder 3‰ der Vers.-Se. Ausschlußfrist 1 Jahr. Grenzalter 70.
15. **Zahlungsfrist für die Prämie:** 1 Monat, bei monatlicher Zahlung 2 Wochen. Nachfrist 2 Wochen (6% Verzugszinsen, 1 DM Kosten). Bei Versäumnis der Nachfrist Verlust des Vers.-Schutzes; sind jedoch die Beiträge für 3 Jahre oder 1/10 der Beitragszahlungsdauer gezahlt, bleibt die Vers. bis zum Ende des laufenden Vers.-Jahres unter Belastung von 6% Verzugszinsen voll in Kraft, dann Umwandlung in beitragsfreie Vers. (vgl. 8).

Mannheimer Lebensversicherungs-Gesellschaft A.-G.

MANNHEIM

Grundkapital: 1000000 DM mit 500000 DM Einzahlung.

Gegründet 1922.

Geschäftsgebiet: Bundesrepublik Deutschland und Westberlin.
Geschäftszweige: Großleben, Kleinleben, Kinder, Gruppen, Renten.

Kapitalvers.: Neuzugang 1958: 55,5 (**1957:** 69,6) Mill. DM Vers.-Se.
Bestand Ende 1958: 290,9 (**1957:** 255,8) Mill. DM Vers.-Se.
Rentenvers.: Neuzugang 1958: 0,060 (**1957:** 0,023) Mill. DM Jahresrente.
Bestand Ende 1958: 0,199 (**1957:** 0,157) Mill. DM Jahresrente.
Prämieneinnahme 1958: 14,2 (**1957:** 13,3) Mill. DM.

Die Allgemeinen Versicherungsbedingungen gelten von 1954 an.

1. **Ausfertigungsgebühr:** 1‰ der Vers.-Se. (1 bis 10 DM). Bei Vers. von 5000 DM an trägt die Gesellschaft die Kosten der ärztlichen Untersuchung.
2. **Geschäftsgebühr:** Anspruch auf die erste Jahresprämie und Ausfertigungsgebühr oder bei Rücktritt wegen Nichteinlösung neben Ersatz der Arztkosten auf 2‰ der Vers.-Se., höchstens 15 DM, Gebühr. Bindefrist 6 Wochen.
3. **Gesundheitsdienst:** Keine Einrichtungen.
4. **Gewinnbeteiligung:** Nach 3 Jahren. Plan D [Gewinnverband D (54) der Ges.: Tarife D (54)]; Dividende (Zinsgewinn) vom Deckungskapital am Schluß des zweitvorhergehenden Vers.-Jahres. Gewinnansammlung. Schlußdiv., auch aus Sterblichkeits- und sonstigen Gewinnen, im Erlebensfall oder bei Tod in den letzten 5 Jahren der Prämienzahlungsdauer. Für Tarif I DA (54) Gewinnverband DA (54) auf gleicher Grundlage.
   1960: 3 % (1959: 3%) Zinsgewinn; Schlußdividende bei Erleben des Ablaufs der Beitragszahlungs- bzw. Vers.-Dauer 12‰ (10‰) für jedes gewinnberechtigte Jahr.
   Nach 1 Jahre. Plan C (Gewinnverband F der Ges.: Tarif V D). Zinsgewinn vom Deckungskapital zu Beginn des laufenden Vers.-Jahres. Gewinnansammlung mit 4%. — Ohne Gewinnbeteiligung nur Risikovers.
5. **Invalidität:** Prämienfreiheit und 10 bis 12% der Vers.-Se. jährliche Rente bei voraussichtlich dauernder oder nach mindestens einjähriger Erwerbsunfähigkeit von mehr als 50%. Zusatzvers. nicht gewinnberechtigt. Invaliditätsfall ohne Einfluß auf die Gewinnbeteiligung der Hauptvers.
6. **Kollektivversicherung:** Firmengruppenvers. nach den Tarifen KF (54); Vereinsgruppenvers. nach den Tarifen KV (54). Besonderer Gewinnverband, erste Dividende nach 2 Jahren in Prozenten der Prämie; 1960 und 1959: 12% im 3. Vers.-Jahr, 15% ab 4. Vers.-Jahr. — Sammelvers. nach den Einzeltarifen mit 3% Nachlaß, bis 5000 DM Vers.-Se. nach den Sa-Tarifen in besonderem Gewinnverband (Plan A, nach 3 Jahren, Gewinnansammlung; 1960 und 1959: 15‰ der Vers.-Se.).
7. **Ohne ärztliche Untersuchung:** Prämien für Eintrittsalter 51-55 (Höchstendalter 65) um 3‰ höher als bei m. U., außerdem kein Summenrabatt bei Vers. o. U. — Kein besonderer Gewinnverband. — Keine Wartezeit. — Höchstzulässige Vers.-Se. 18000 DM. — Höchsteintrittsalter 55.
8. **Prämienfreie Versicherung:** Wenn die Vers. rückkaufsfähig (vgl. 12), unter Anrechnung des Rückkaufswertes zuzüglich angesammelten Zinsgewinns als einmalige Bruttoprämie. Nicht gewinnberechtigt. Mindestsumme 100 DM.
9. **Ratenzahlung der Prämie:** $^1/_2$-, $^1/_4$-, $^1/_{12}$jährliche Zahlung 2, 3, 5% Aufgeld. Bei Vers. unter 3000 DM außerdem bei monatlicher Zahlung 0,25 DM Zuschlag je Prämienrate. Im Todesfalle werden Teilbeträge nur bis zum Schluß des Prämienzahlungsabschnittes erhoben, in dem der Vers. stirbt.
10. **Reisen, Verkehr und Sport:** Reisen, auch als Fahrgast oder nicht beruflich tätiger Führer in zugelassenen Luftfahrzeugen, sowie Sportbetätigung mit Ausnahme von Wettfahrten aller Art eingeschlossen.
11. **Rücktritt vom Vertrage:** Ausgeschlossen nach 3 Jahren seit Abschluß, Änderung oder Wiederherstellung der Vers.
12. **Rückvergütung und Darlehn (Vorauszahlung):** Nach Zahlung der Prämien für mindestens 2 Jahre oder für mindestens $^1/_{10}$ der Prämienzahlungsdauer 95% des Deckungskapitals. Vorauszahlungen nach Zahlung von 2 Jahresprämien bis zu gleicher Höhe; Zusatzbeitrag 6½%, vierteljährlich im voraus.
13. **Selbstmord:** Nach 5 Jahren seit Einlösung oder Wiederherstellung volle Vers.-Se., bei „Unzurechnungsfähigkeit" oder unter dem Druck schwerer körperlicher Leiden auch vorher.
14. **Unfallzusatzversicherung:** Doppelsumme bei Unfalltod, auch als Fahrgast im behördlich zugelassenen Luftverkehr, gegen im allgemeinen jährlich 1,5‰ der Vers.-Se. Motorradfahren sowie Wett- usw. Fahrten in einem Kraftwagen ausgeschlossen. Ausschlußfrist 1 Jahr. Grenzalter 65.
15. **Zahlungsfrist für die Prämie:** 1 Monat, bei monatlicher Zahlung 2 Wochen. Nachfrist 2 Wochen (3% Aufschlag, 1 DM Gebühr). Bei Versäumnis der Nachfrist von selbst Herabsetzung der Leistungspflicht auf prämienfr. Vers.-Se. (vgl. 8)

Münchener Lebensversicherungsanstalt AG

MÜNCHEN

Grundkapital: 1 000 000 DM mit 730 000 DM Einzahlung.
Gegründet 1922.

Geschäftsgebiet: Bundesrepublik Deutschland und Westberlin.
Geschäftszweige: Großleben, Familienversorgung, Töchterversorgung, Gruppen, Renten.

Kapitalvers.: Neuzugang 1958: 42,1 (**1957:** 47,6) Mill. DM Vers.-Se.
Bestand Ende 1958: 205,7 (**1957:** 187,4) Mill. DM Vers.-Se.
Prämieneinnahme 1958: 8,0 (**1957:** 7,5) Mill. DM.

Die Allgemeinen Versicherungsbedingungen gelten vom 1. Januar 1958 an.

1. **Ausfertigungsgebühr:** 1‰ der Vers.-Se. (1 bis 10 DM). Die Kosten der ärztlichen Untersuchung trägt die Anstalt bei Vers. über 3000 DM. Findet ärztl. Untersuchung nicht innerhalb 3 Wochen statt, erfolgt Weiterbehandlung des Antrages für Vers. o. U. (vgl. 7).
2. **Geschäftsgebühr:** Anspruch auf die erste Jahresprämie und Ausfertigungsgebühr oder bei Rücktritt wegen Nichteinlösung neben den Kosten der ärztl. Untersuchung auf eine Gebühr von 10% der Jahresprämie. Bindefrist 6 Wochen.
3. **Gesundheitsdienst:** Keine Einrichtungen.
4. **Gewinnbeteiligung:** Nach 3 Jahren. Plan A, in Prozenten der gewinnberechtigten Jahresprämie in Form eines Summenzuwachses (Bonus).
   Für die geschlossenen Tarife S I, S II, S III nach 5 Jahren, ab 1960 nach 4 Jahren. Plan A, in Prozenten der gewinnberechtigten Jahresprämie in Form eines Summenzuwachses (Bonus). 1960: 10%—22% (1959: 10%—20%) der Jahresprämie als Gewinnsumme (Bonus), je nach Beginnjahr.
   Ohne Gewinnbeteiligung nur Risiko- und kurzfristige Einmalprämienvers.
5. **Invalidität:** Prämienbefreiung und 10% der Vers.-Se. jährliche Rente bei voraussichtlich dauernder ganzer oder teilweiser Erwerbsunfähigkeit. Mindestgrad der Erwerbsunfähigkeit 25%. Zusatzprämie nicht gewinnberechtigt. Gewinnanteil auf die Stammvers. wird im Invaliditätsfall weitergewährt.
6. **Kollektivversicherung:** Firmengruppenvers. nach Tarif FG, Vereinsgruppenvers. nach Tarif VG; besonderer Gewinnverband.
7. **Ohne ärztliche Untersuchung:** Prämien um 2‰ (gewinnberechtigt) höher als bei m. U. — Kein besonderer Gewinnverband. — Keine Wartezeit. — Höchstzulässige Vers.-Se. 15000 DM. — Höchsteintrittsalter 59.
8. **Prämienfreie Versicherung:** Nach Zahlung der Prämien für mindestens 3 Jahre oder mindestens $^1/_{10}$ der Prämienzahlungsdauer zum Schluß jedes laufenden Vers.-Jahres unter Anrechnung des Deckungskapitals als einmalige Nettoprämie. Gewinnberechtigt, wenn prämienfreie Vers.-Se. mindestens 500 DM beträgt. Mindestsumme 100 DM.
9. **Ratenzahlung der Prämie:** $^1/_2$-, $^1/_4$jährliche Zahlung 2, 4%, $^1/_{12}$jährliche Zahlung 6% (Summen unter 2000 DM 8%) Aufgeld (nicht gewinnberechtigt). Gebühr für Prämieneinziehung 0,30 DM und Portoersatz.
10. **Reisen, Verkehr und Sport:** Reisen, auch als Fluggast im behördlich genehmigten Luftverkehr, sowie Sportbetätigung eingeschlossen. Weiteres Flugrisiko, Wett- usw. Fahrten in Land- und Wasserkraftfahrzeugen nach besonderer Vereinbarung.
11. **Rücktritt vom Vertrage:** Ausgeschlossen nach 3 Jahren seit Abschluß, Änderung oder Wiederherstellung der Vers.
12. **Rückvergütung und Darlehn** (Vorauszahlung): Nach Zahlung der Prämien für mindestens 3 Jahre oder mindestens $^1/_{10}$ der Prämienzahlungsdauer zum Schluß des laufenden Vers.-Jahres 90% des Deckungskapitals, nach Ablauf des 3. Vers.-Jahres jährlich um ½% bis 98% steigend. Vorauszahlungszinsen z. Z. 6½%, jährlich im voraus.
13. **Selbstmord:** Nach 3 Jahren seit Einlösung des Vers.-Scheines oder Wiederherstellung volle Vers.-Se., bei „Unzurechnungsfähigkeit“ auch vorher.
14. **Unfallzusatzversicherung:** Doppelsumme bei Unfalltod (Luftfahrten und Wett- usw. Fahrten in einem Kraftfahrzeug ausgenommen) gegen im allgemeinen jährlich 1,5‰ der Vers.-Se. Ausschlußfrist 1 Jahr. Grenzalter 65.
15. **Zahlungsfrist für die Prämie:** 1 Monat, bei monatlicher Zahlung 2 Wochen. Nachfrist 2 Wochen (5% Verzugszinsen, 1 DM Gebühr und Portoersatz). Bei Versäumnis der Nachfrist von selbst Verlust des Vers.-Schutzes oder Minderung auf prämienfreie Vers.-Se. (vgl. 8).

Münchener Verein

Lebens- und Altersversicherungsanstalt a. G. München

MÜNCHEN

Arbeitsgemeinschaft mit Münchener Verein Krankenversicherungsanstalt a. G. München und Münchener Verein Allgemeine Versicherungs-A.G. München.

Auf Gegenseitigkeit (ohne Nachschußpflicht).

Gegründet 1927.

Geschäftsgebiet: Bundesrepublik Deutschland.

Geschäftszweige: Großleben, Kleinleben, Gruppen, Renten, Rück.

Kapitalvers.: Neuzugang 1958:	28,9	(**1957:** 27,6)	Mill. DM Vers.-Se.
Bestand Ende 1958:	191,3	(**1957:** 170,6)	Mill. DM Vers.-Se.
Rentenvers.: Neuzugang 1958:	0,2	(**1957:** 0,4)	Mill. DM Jahresrente.
Bestand Ende 1958:	3,6	(**1957:** 3,6)	Mill. DM Jahresrente.
Prämieneinnahme 1958:	9,8	(**1957:** 8,9)	Mill. DM.

Die Allgemeinen Versicherungsbedingungen gelten vom 1. Oktober 1958 an, für die Inv.-Zusatzvers. (Pos. 5) vom 31. Januar 1956 an.

1. **Ausfertigungsgebühr:** Keine. Bei Vers. von 3000 DM an trägt die Anstalt die Kosten der ärztlichen Untersuchung.
2. **Geschäftsgebühr:** Anspruch auf den ersten Jahresbeitrag oder bei Rücktritt wegen Nichteinlösung neben Ersatz der Arztkosten auf eine Gebühr von 10 % des Jahresbeitrages. Bindefrist 6 Wochen. Erfolgt ärztliche Untersuchung nicht binnen 3 Wochen, gilt Antrag bis zu 15 000 DM Vers.-Se. für Vers. o. U. (vgl. 7).
3. **Gesundheitsdienst:** Keine Einrichtungen.
4. **Gewinnbeteiligung:** Nach 3 Jahren. Plan A, in Prozenten des vollen Jahresbeitrages. Verzinsliche Gewinnansammlung.
   1960 und 1959: 25 %.
   Vers. ohne Gewinnbeteiligung werden nicht abgeschlossen.
5. **Invalidität:** Beitragsfreiheit und 12 % der Vers.-Se. jährliche Rente bei voraussichtlich mindestens einjähriger Erwerbsunfähigkeit. Mindestgrad der Invalidität 25 %, Vollinvalidität von 75 % an. Zusatzbeitrag gewinnberechtigt. Im Invaliditätsfalle fällt der Überschußanteil auf die Stammvers. entsprechend der Beitragsfreiheit fort.
6. **Kollektivversicherung:** Firmen-Gruppenvers. sowie Vers. mit Sammelinkasso nach den Normaltarifen mit dem zulässigen Nachlaß. Gruppen-Sterbegeldvers. nach Tarif GS in besonderem Gewinnverband, Plan A, nach 3 Jahren; 1960 und 1959: 5 % des Jahresbeitrages.
7. **Ohne ärztliche Untersuchung:** Beiträge $1^0/_{00}$ höher als bei m. U. — Kein besonderer Gewinnverband. — Keine Wartezeit. — Höchstzulässige Vers.-Se. 15 000 DM.
8. **Prämienfreie Versicherung:** Nach Zahlung der Beiträge für mindestens 2 Jahre oder für mindestens $^1/_{10}$ der Beitragszahlungsdauer zum Schluß jedes laufenden Vers.-Jahres unter Anrechnung der Beitragsrücklage als einmaliger Bruttobeitrag. Gewinnberechtigt. Mindestsumme 150 DM.
9. **Ratenzahlung der Prämie:** $^1/_2$-, $^1/_4$-, $^1/_{12}$jährliche Zahlung 2, 3, $5^0/_0$ Zuschlag (gewinnberechtigt).
10. **Reisen, Verkehr und Sport:** Reisen, auch als Fluggast in behördlich zugelassenen Luftlinien, sowie allgemeine Sportbetätigung eingeschlossen.
11. **Rücktritt vom Vertrage:** Ausgeschlossen nach 3 Jahren seit Abschluß, Änderung oder Wiederherstellung der Vers.
12. **Rückvergütung und Darlehn** (Vorauszahlung): Nach Zahlung der Beiträge wie unter 8 für den Schluß jedes laufenden Vers.-Jahres Beitragsrücklage abzüglich $10^0/_{00}$ des Unterschiedes zwischen Vers.-Se. und Beitragsrücklage. Zinsen für Vorauszahlungen 6 %, jährlich im voraus.
13. **Selbstmord:** Nach 2 Jahren seit Einlösung oder Wiederherstellung volle Vers.-Se., bei „Unzurechnungsfähigkeit" oder unter dem Druck schwerer körperlicher Leiden auch vorher.
14. **Unfallzusatzversicherung:** Doppelsumme bei Unfalltod, auch als Fluggast einer behördlich zugelassenen Luftverkehrsgesellschaft und bei Fahrten in Kraftfahrzeugen aller Art, außer bei Wett- usw. Fahrten gegen im allgemeinen jährlich $1{,}5^0/_{00}$ der Vers.-Se. Zuschlag (gewinnberechtigt). Ausschlußfrist 1 Jahr. Nach vollendetem 70. Lebensjahr Beschränkung auf Verkehrsmittelunfälle.
15. **Zahlungsfrist für die Prämie:** 1 Monat, bei monatlicher Zahlung 2 Wochen. Nachfrist 14 Tage (5 % Verzugszinsen und Kosten). Bei Versäumnis der Nachfrist von selbst Verlust oder Minderung des Vers.-Schutzes auf beitragsfreie Vers.-Se. (vgl. 8).

National

Lebensversicherungs-Aktien-Gesellschaft (National-Gesellschaften) LÜBECK (früher Stettin)

Grundkapital: 1 000 000 DM mit 800 000 DM Einzahlung. **Gegründet 1924.**
Geschäftsgebiet: Bundesrepublik Deutschland und Westberlin.
Geschäftszweige: Großleben, Kleinleben, Sterbegeld, Familienversorgung, Töchterversorgung, Berufsausbildung, Gruppen, Renten.

Kapitalvers.:	**Neuzugang 1958:**	41,6 (**1957:** 39,1)	Mill. DM Vers.-Se.
	Bestand Ende 1958:	201,7 (**1957:** 170,3)	Mill. DM Vers.-Se.
Rentenvers.:	**Neuzugang 1958:**	0,01 (**1957:** 0,03)	Mill. DM Jahresrente.
	Bestand Ende 1958:	0,11 (**1957:** 0,12)	Mill. DM Jahresrente.
	Prämieneinnahme 1958:	10,9 (**1957:** 9,2)	Mill. DM.

Die Allgemeinen Versicherungsbedingungen gelten vom 1. März 1953 an.

1. **Ausfertigungsgebühr:** 1‰ der Vers.-Se. (2 bis 10 DM).
2. **Geschäftsgebühr:** Anspruch auf die erste Jahresprämie und Aufnahmegebühr oder bei Rücktritt wegen Nichteinlösung neben Ersatz der Arztkosten auf 2‰ der Vers.-Se., höchstens 20 DM, Gebühr. Bindefrist 6 Wochen.
3. **Gesundheitsdienst:** Auf Wunsch kostenlose ärztliche Untersuchung alle 3 Jahre für Vers. mit laufender Prämienzahlung und mindestens 10000 DM Vers.-Se.
4. **Gewinnbeteiligung:** Nach 3 Jahren. Plan A (Gewinnverband Q der Ges.). Grunddividenden und vom 5. Vers.-Jahre an von der verflossenen Vers.-Dauer abhängige Zusatzdividenden in Prozenten der Prämie. Gewinnanteile als Einmalprämie zur Erhöhung der Vers.-Se. Schlußgewinnanteil bei Ablauf oder bei Tod im letzten Vers.-Jahr, in halber Höhe bei Tod im vorletzten Vers.-Jahr oder nach vollendetem 70. Lebensjahr bei mindestens 20jähriger Bestandsdauer.
   1960: für Tarife vor 1958: 14%—19¼%, für Tarife ab 1958: 12%—17¼% (1959: für Tarife vor 1958: 15%—18¼%) des Jahresbeitrages, je nach Beginnjahrgang. Schlußgewinnanteil 1960 und 1959: 5‰ der DM Vers.-Se. für jedes ab 1945 zurückgelegte Vers.-Jahr.
   Vers. ohne Gewinnbeteiligung werden nicht abgeschlossen.
5. **Invalidität:** Prämienfreiheit und 5 bis 20% der Vers.-Se. jährliche Rente bei voraussichtlich dauernder oder mindestens einjähriger Erwerbsunfähigkeit. Mindestgrad der Invalidität 33⅓%; Vollinvalidität bei 75%. Zusatzprämien gewinnberechtigt; Invaliditätsfall ohne Einfluß auf die Gewinnbeteiligung der Hauptvers.
6. **Kollektivversicherung:** Firmen-Gruppenvers. nach den K-Tarifen (Gewinnverband K: 1959 und 1958: 10% des Beitrages); Vereinsgruppenvers. nach den St-Tarifen (Gewinnverband St: 1959 und 1958: 8% des Beitrages); Sammelvers. nach den KS-Tarifen (Gewinnverband K: 1959 und 1958: 10% des Beitrages).
7. **Ohne ärztliche Untersuchung:** Prämien wie bei m. U. — Kein besonderer Gewinnverband. — Keine Wartezeit. — Höchstzulässige Vers.-Se. 20 000 DM.
8. **Prämienfreie Vers.:** Nach Zahlung der Prämie für mindestens 3 Jahre unter Anrechnung von 95% des Deckungskap. als einmalige Nettoprämie. Gewinnberechtigt. Mindestsumme 200 DM.
9. **Ratenzahlung der Prämie:** ½-, ¼-, 1/12jährliche Zahlung 2, 3, 5% Aufgeld (gewinnberechtigt). Einziehungsgebühr 0,30 DM für jede Prämie.
10. **Reisen, Verkehr u. Sport:** Reisen, auch als Fluggast oder nicht beruflich tätiger Flugzeugführer in behördl. zugelassenen Flugzeugen sowie gewöhnl. Sportbetätigung eingeschlossen. Berufsflieger und im Flugwesen hauptberuflich Tätige nach Vereinbarung. Probe-, Kunst- usw. Fliegen ausgeschlossen.
11. **Rücktritt vom Vertrage:** Ausgeschlossen nach 3 Jahren seit Abschluß, Änderung oder Wiederherstellung der Vers.
12. **Rückvergütung u. Darlehn** (Vorauszahlung): Nach Zahlung der Prämien für mindestens 3 Jahre 95% des Deckungskap. Vorauszahlungszinsen 6%, i. v.
13. **Selbstmord:** Nach 5 Jahren seit Einlösung des Vers.-Scheins oder Wiederherstellung volle Vers.-Se., bei „Unzurechnungsfähigkeit" oder unter dem Druck schwerer körperlicher Leiden auch vorher.
14. **Unfallzusatzversicherung:** Doppelsumme bei Unfalltod, auch als Fluggast im behördlich genehmigten Flugverkehr innerhalb Europas, und Unfälle infolge von Fahrten in einem Kraftwagen (außer Wett- usw. Fahrten) gegen jährlich 1,5‰, Motorradfahrer 3‰ der Vers.-Se. Ausschlußfrist 1 Jahr. Grenzalter 65. Luftfahrtrisiko begrenzt auf 100 000 DM einschl. der auch bei anderen Ges. laufenden Unfallzusatzvers.
15. **Zahlungsfrist für die Prämie: 1 Monat, bei monatl. Zahlung 2 Wochen. Nachfrist 2 Wochen (3% Aufschlag, 2 DM Gebühr). Bei Versäumnis der Nachfrist von selbst Herabsetzung der Leistungspflicht auf prämienfreie Vers.-Se. (vgl. 8).**

Nord-Deutsche Lebensversicherungs-Aktiengesellschaft

(Nord-Deutsche Gruppe) HAMBURG Gegründet 1928.

Grundkapital: 450000 DM mit 225000 DM Einzahlung.

Geschäftsgebiet: Bundesrepublik Deutschland und Westberlin.

Geschäftszweige: Großleben, Kleinleben, Aussteuer, Gruppen, Renten.

Kapitalvers.: Neuzugang 1958: 13,3 **(1957:** 15,3) Mill. DM Vers.-Se.
Bestand Ende 1958: 92,6 **(1957:** 84,2) Mill. DM Vers.-Se.
Rentenvers.: Neuzugang 1958: 0,001 **(1957:** 0,043) Mill. DM Jahresrente.
Bestand Ende 1958: 0,374 **(1957:** 0,389) Mill. DM Jahresrente.
Prämieneinnahme 1958: 4,5 **(1957:** 4,2) Mill. DM.

Die Allgemeinen Versicherungsbedingungen gelten vom 23. Oktober 1957 an.

1. **Ausfertigungsgebühr:** 1‰ der Vers.-Se. (3 bis 10 DM). Die Kosten der ärztlichen Untersuchung trägt die Ges. bei Vers. von 5000 DM an.
2. **Geschäftsgebühr:** Anspruch auf die erste Jahresprämie und Ausfertigungsgebühr oder bei Rücktritt wegen Nichteinlösung neben Ersatz der Arztkosten auf 2‰ der Vers.-Se., höchstens 15 DM, Gebühr. Bindefrist 6 Wochen. Erfolgt die ärztliche Untersuchung nicht innerhalb 3 Wochen, gilt Antrag für Vers. o. U. (vgl. 7).
3. **Gesundheitsdienst:** Keine Einrichtungen.
4. **Gewinnbeteiligung:** Nach 3 Jahren. Plan D (Gewinnverband A der Ges.). Summengewinnanteil nach Verhältnis der Vers.-Se. und Zinsgewinnanteil nach Verhältnis der gewinnberechtigten Deckungsrückstellung. Im Erlebensfalle bei Ablauf der Prämienzahlungsdauer Nachgewinnanteil aus 3 Jahresgewinnanteilen. Schlußgewinnanteil nach Verhältnis der Deckungsrückstellung für Vers., die nach mindestens 10 Vers.-Jahren mit voller Prämienzahlung erlöschen oder prämienfrei werden.
   1960 und 1959: 5‰ Summengewinnanteil, 2½% Zinsgewinnanteil, 4% Schlußgewinnanteil.
   Vers. ohne Gewinnbeteiligung werden nicht abgeschlossen.
5. **Invalidität:** Prämienbefreiung und 10% der Vers.-Se. jährliche Rente bei Erwerbsunfähigkeit voraussichtlich auf Lebensdauer. Mindestgrad der Invalidität 25%. Im Invaliditätsfalle werden die Gewinnanteile auf die Stammvers. voll weitergewährt.
6. **Kollektivversicherung:** Firmengruppenvers. nach den Tarifen D 1 und D 2; Vereinssterbegeldvers. nach Tarif D 2 St. Gewinnbeteiligung nach 5 Jahren im Gewinnverband D der Ges. Div. 1960 und 1959: 12,5% der Deckungsrückstellung, zahlbar bei Fälligkeit einer Vers.-Leistung. Sammelvers. nach den Tarifen 11 S und 12 S im Gewinnverband A.
7. **Ohne ärztliche Untersuchung:** Prämien um 2‰ höher als bei m. U. (bei Tarif 13 um 1‰, außerdem kein Summenrabatt von 5000 DM Vers.-Se. an). — Kein besonderer Gewinnverband. — Keine Wartezeit. — Höchstzulässige Vers.-Se. 10000 DM. — Höchsteintrittsalter 55.
8. **Prämienfreie Versicherung:** Nach Zahlung der Prämie für mindestens 3 Jahre unter Anrechnung des Deckungskapitals als einmalige Nettoprämie. In den ersten 10 Jahren unter Abzug von ¼% der Vers.-Se. Nicht gewinnberechtigt. Mindestsumme 100 DM.
9. **Ratenzahlung der Prämie:** ½-, ¼-, $^1/_{12}$jährliche Zahlung 2, 3, 4% Aufgeld; bei ½-, ¼jährlicher Zahlung mindestens 0,50 DM, bei $^1/_{12}$jährlicher Zahlung mindestens 0,30 DM je Rate.
10. **Reisen, Verkehr und Sport:** Reisen, auch im behördlich zugelassenen Luftverkehr, sowie Sportbetätigung außer Wettkämpfen eingeschlossen.
11. **Rücktritt vom Vertrage:** Ausgeschlossen nach 3 Jahren seit Abschluß, Änderung oder Wiederherstellung der Vers.
12. **Rückvergütung und Darlehn** (Vorauszahlung): Nach Zahlung der Prämien wie unter 8 Deckungskapital, in den ersten 10 Jahren unter Abzug von ¾% der Vers.-Se. Zusatzprämie für Vorauszahlungen 6%, im voraus.
13. **Selbstmord:** Nach 5 Jahren seit Einlösung oder Wiederherstellung volle Vers.-Se.; bei „Unzurechnungsfähigkeit" oder unter dem Drucke unheilbarer schwerer körperlicher Leiden auch vorher.
14. **Unfallzusatzversicherung:** Doppelsumme bei Unfalltod, auch als Fahrgast im behördlich zugelassenen Luftverkehr und infolge von Fahrten in einem Kraftwagen, außer Wett- usw. Fahrten, gegen jährlich 1,5 bis 3‰ der Vers.-Se.; Fahrer von Motorrädern oder Motorrollern zusätzlich 1,5‰. Ausschlußfrist 1 Jahr. Vom 65. Jahre an Beschränkung auf Verkehrsmittelunfälle.
15. **Zahlungsfrist für die Prämie:** 1 Monat, bei monatlicher Zahlung 2 Wochen. Nachfrist 2 Wochen (3% Aufschlag, 1 DM Gebühr). Bei Versäumnis der Nachfrist von selbst Herabsetzung der Leistungspflicht auf prämienfreie Vers.-Se. (vgl. 8).

Nordstern
Lebensversicherungs-Aktiengesellschaft

KÖLN und BERLIN

Grundkapital: 3000000 DM Volleinzahlung.

Gegründet 1922. Ursprung 1867.

Geschäftsgebiet: Bundesrepublik Deutschland und Westberlin.

Geschäftszweige: Großleben, Kleinleben, Sterbegeld, Familienversicherung, Töchterversorgung, Berufsausbildungsvers., Auslandsreiserisiko, Gruppen, Renten.

Kapitalvers.:	**Neuzugang 1958:**	122,0	(**1957:** 154,7)	Mill. DM Vers.-Se.
	Bestand Ende 1958:	798,8	(**1957:** 720,6)	Mill. DM Vers.-Se.
Rentenvers.:	**Neuzugang 1958:**	0,7	(**1957:** 1,1)	Mill. DM Jahresrente.
	Bestand Ende 1958:	4,1	(**1957:** 6,0)	Mill. DM Jahresrente.
	Prämieneinnahme 1958:	38,0	(**1957:** 36,2)	Mill. DM.

Die Allgemeinen Versicherungsbedingungen gelten vom 1. Oktober 1938 an.

1. **Ausfertigungsgebühr:** 1‰ der Vers.-Se. (3 bis 10 DM). Die Ges. übernimmt die Kosten der ärztl. Untersuchung bei Vers. von 6000 DM an.
2. **Geschäftsgebühr:** Anspruch auf den ersten Jahresbeitrag oder bei Rücktritt wegen Nichteinlösung neben Ersatz der Arztkosten auf 2‰ der Vers.-Se., höchstens 15 DM, Gebühr. Bindefrist 6 Wochen. Erfolgt ärztl. Untersuchung nicht innerhalb 14 Tagen, gilt der Antrag bis 20000 DM für Vers. o. U. (vgl. 7).
3. **Gesundheitsdienst:** Keine Einrichtungen.
4. **Gewinnbeteiligung:** Nach 3 Jahren. Bonus (Gewinngruppe Z der Ges.), 1960: entsprechend einem Überzinssatz von 3% (1959: 3%). Dazu Zuschlag von 100% (100%) des Bonus (Summenerhöhung).
   Ohne Gewinnbeteiligung nur Risikovers.
5. **Invalidität:** 4—15% der Vers.-Se. jährliche Rente einschließlich Beitragsbefreiung bei voraussichtlich dauernder, mindestens einjähriger Erwerbsunfähigkeit. Mindestgrad der Invalidität 25%; volle Leistung ab 75%. Inv.-Zusatzbeiträge nicht gewinnberechtigt. Gewinnanteile der Stammvers. werden im Invaliditätsfalle weitergewährt.
6. **Kollektivversicherung:** Firmen-Gruppenvers. nach besonderen Gruppentarifen N (55) oder nach Einzeltarifen mit dem zulässigen Nachlaß. Vereinssterbegeldvers. nach Sondertarif 6 (56). Sammelvers. nach Tarifen N (51) oder nach Einzeltarifen mit dem zulässigen Nachlaß. N-Tarife gewinnberechtigt auf gleicher Grundlage wie unter 4 (Gewinngruppe N). 1960: Bonus aus 3% (1959: 3%) Überzins, dazu Zuschlag von 50% (50%) des Bonus (Summenerhöhung).
7. **Ohne ärztliche Untersuchung:** Besondere Tarife (o-Tarife). — Keine besondere Gewinngruppe. — Keine Wartezeit. — Höchstzulässige Vers.-Se. 20000 DM. Höchsteintrittsalter 55.
8. **Prämienfreie Versicherung:** Nach Zahlung der Beiträge für den zehnten Teil der Beitragszahlungsdauer oder 3 Vers.-Jahre unter Anrechnung des Rückkaufswertes als einmaliger Nettobeitrag. Gewinnberechtigt. Mindestsumme 100 DM.
9. **Ratenzahlung der Prämie:** 1/2-, 1/4-, 1/12jährliche Zahlung 2, 3, 5% Aufgeld. Mindestrate 10 DM. Hebegebühr 0,30 DM.
10. **Reisen, Verkehr und Sport:** Reisen, Verkehrs- und Sportgefahren eingeschlossen, ebenso Luftfahrten als Fahrgast in zum Luftverkehr zugelassenen Luftfahrzeugen. Wett- usw. Fahrten in Kraftfahrzeugen jeder Art, Berufsflieger (Führer oder Begleiter) nach Vereinbarung.
11. **Rücktritt vom Vertrage:** Ausgeschlossen nach 3 Jahren seit Abschluß, Änderung oder Wiederherstellung der Vers.
12. **Rückvergütung und Darlehn** (Vorauszahlung): Nach Zahlung der Beiträge wie unter 8 Deckungskapital mit geschäftsplanmäßigem Abzug. Vorauszahlungen bis zu 95% der Rückvergütung. Zinsen z. Z. 6—7%, im voraus.
13. **Selbstmord:** Bei „Unzurechnungsfähigkeit" oder unter dem Druck schwerer körperlicher Leiden volle Vers.-Se.
14. **Unfallzusatzversicherung:** Doppelsumme bei Unfalltod, innerhalb Europas auch als Fahrgast eines behördlich genehmigten Luftfahrtbetriebes, gegen im allgemeinen jährlich 1,5‰ der Vers.-Se. Wett- usw. Fahrten in Fahrzeugen jeder Art mit Kraftantrieb ausgeschlossen. Ausschlußfrist 1 Jahr. Grenzalter 65.
15. **Zahlungsfrist für die Prämie:** 1 Monat, bei monatlicher Zahlung 2 Wochen. Nachfrist 2 Wochen (0,5% Verzugszuschlag für jeden vollen Rückstandsmonat und 1 DM Gebühr). Bei Versäumnis der Nachfrist von selbst Herabsetzung der Leistungspflicht auf beitragsfreie Vers.-Se. (vgl. 8).

Nürnberger Lebensversicherung AG

NÜRNBERG

Grundkapital: 1000000 DM Volleinzahlung. **Gegründet 1884.**
Geschäftsgebiet: Bundesrepublik Deutschland und Westberlin.
Geschäftszweige: Großleben, Kleinleben, Sterbegeld, Kinderversorgung, Gruppen, Pensionszuschuß, Abonnenten, Renten.

Kapitalvers.: Neuzugang 1958: 233,2(**1957:** 238,3) Mill. DM Vers.-Se.
Bestand Ende 1958:1305,9(**1957:** 1169,9) Mill. DM Vers.-Se.
Rentenvers.: Neuzugang 1958: 0,086 (**1957:** 0,013) Mill. DM Jahresrente.
Bestand Ende 1958: 0,215 (**1957:** 0,135) Mill. DM Jahresrente.
Prämieneinnahme 1958: 65,1 (**1957:** 61,2) Mill. DM.

Die Allgemeinen Versicherungsbedingungen gelten vom 1. Januar 1954 an.

1. **Ausfertigungsgebühr:** Keine.
2. **Geschäftsgebühr:** Anspruch auf die erste Jahresprämie oder bei Rücktritt wegen Nichteinlösung neben Ersatz der Arztkosten auf 2°/₀₀ der Vers.-Se., höchstens 15 DM, Gebühr. Bindefrist 6 Wochen.
3. **Gesundheitsdienst:** Keine Einrichtungen.
4. **Gewinnbeteiligung:** r-Tarife: Plan D (Gewinnverband II der Ges.); Grunddiv. nach 2 Jahren im Verhältnis der Prämie, Zusatzdiv. nach 3 Jahren im Verhältnis der nach dem 2. Vers.-Jahre gezahlten Prämiensumme. Schlußdiv. bei Ablauf in Promille der Vers.-Se. 1960 und 1959: Grunddiv. 15°/₀ ; Zusatzdiv. 2°/₀; Schlußdiv. 4°/₀₀ für jedes nach dem 5. zurückgelegte Vers.-Jahr seit 1959.
   b-Tarife: Nach 4 Jahren. Plan B (Gewinnverband I der Ges.), in Prozenten der Gesamtsumme der bis zur Dividendenausteilung voll eingezahlten Jahresprämien. Bei Erleben des Endtermins der Prämienzahlung Auszahlung des diskontierten Wertes von 4 jährlichen Nachdiv., außerdem Schlußdiv. in Promille der Vers.-Se.
   1960 und 1959: 3,5°/₀. Schlußdiv. 4°/₀₀ für jedes Vers.-Jahr seit 1959.
   Ohne Gewinnbeteiligung nur Risiko-Umtausch-Vers.
5. **Invalidität:** Prämienbefreiung und 10°/₀ der Vers.-Se. jährliche Rente bei Erwerbsunfähigkeit infolge Krankheit oder Körperverletzung voraussichtlich auf Lebensdauer. Bei Teilinvalidität ¼, ½ oder ¾ der Leistungen für Vollinv. Auf Antrag von 50°/₀ Erwerbsunfähigkeit an volle Leistungen gegen Verzicht bei geringerem Inv.-Grad. Zusatzpr. gewinnberechtigt. Der Gewinnanteil der Stammvers. vermindert sich entsprechend der Prämienbefreiung.
6. **Kollektivversicherung:** Firmen-Gruppenvers. nach den 4r K-Tarifen (besonderer Gewinnverband, Plan A, nach 2 Jahren, 1960 und 1959: 15°/₀ der Prämie). Vereins-Gruppen-Sterbegeldvers. nach Tarif Coll VII; (besonderer Gewinnverband, Plan A, nach 2 Jahren, 1960 und 1959: 9°/₀₀ der Vers.-Se.). Sammelvers. nach Sondertarif oder nach Normaltarifen mit 3°/₀ Rabatt.
7. **Ohne ärztliche Untersuchung:** Prämien wie bei m. U. — Kein besonderer Gewinnverband. — Keine Wartezeit. — Höchstzulässige Vers.-Se. 20000DM.
8. **Prämienfreie Versicherung:** Nach Zahlung der Prämie für mindestens 2 Jahre der im Vers.-Schein angegebene Tabellenwert, berechnet aus Rückvergütung (im allgemeinen volles Deckungskapital) als einmalige Nettoprämie. Nicht gewinnberechtigt. Mindestsumme 100 DM.
9. **Ratenzahlung der Prämie:** ½-, ¼-, 1/12 jährliche Zahlung 2, 4, 6°/₀ Aufgeld (gewinnberechtigt).
10. **Reisen, Verkehr und Sport:** Reisen, auch als Fluggast im öffentlichen Flugverkehr, sowie Sportbetätigung eingeschlossen. Flugschüler, Berufs- und Sportflieger gegen Zusatzprämie. Teilnahme an Automobil-, Pferde-, Radrennen oder sonstigen sportlichen Wettkämpfen nach Vereinbarung.
11. **Rücktritt vom Vertrage:** Ausgeschlossen nach 3 Jahren seit Abschluß, Änderung oder Wiederherstellung der Vers.
12. **Rückvergütung und Darlehn** (Vorauszahlung): Nach Zahlung der Prämien für mindestens 2 Jahre (r-Tarife: bei Vers.-Dauern bis zu 20 Jahren auch schon vorher) der im Vers.-Schein angegebene Tabellenwert (im allgemeinen volles Deckungskap.). Vorauszahlungen bis zu gleicher Höhe abzüglich der Prämie des folgenden Jahres. Zinsen 5 ½ %, im voraus.
13. **Selbstmord:** Nach 3 Jahren seit Einlösung des Vers.-Scheins oder Wiederherstellung einer Vers., deren Wiederherstellung von dem Ermessen der Ges. abhing, volle Vers.-Se., bei „Unzurechnungsfähigkeit" auch vorher.
14. **Unfallzusatzversicherung:** Doppelsumme bei Unfalltod, auch als Fluggast im behördlich zugelassenen Luftverkehr innerhalb Europas und infolge von Fahrten in einem Kraftwagen, außer Wett- usw. Fahrten, bei den b-Tarifen ohne Sonderprämie, bei den r-Tarifen gegen im allgemeinen jährlich 1,5°/₀₀ (gewinnberechtigt) der Vers.-Se.; Fahrten auf Krafträdern nach besonderer Vereinbarung. Ausschlußfrist 1 Jahr. Grenzalter 70.
15. **Zahlungsfrist für die Prämie: 1 Monat, bei monatl. Zahlung 2 Wochen. Nachfrist 2 Wochen (1 % Zinsen, 1 DM Gebühr). Bei Versäumnis der Nachfrist von selbst Herabsetzung der Leistungspflicht auf prämienfreie Vers.-Se. (vgl. 8).**

Pensionsverein

Deutscher Pensionszuschuß- und Lebensversicherungsverein a. G.

MÜNCHEN

Auf Gegenseitigkeit (ohne Nachschußpflicht).

Gegründet 1892.

Geschäftsgebiet: Bundesrepublik Deutschland.

Geschäftszweige: Großleben, Kleinleben, Sterbegeld, Gruppen, Renten.

Kapitalvers.: Neuzugang 1958: 29,5 **(1957:** 34,8) Mill. DM Vers.-Se.
Bestand Ende 1958: 147,4 **(1957:**128,3) Mill. DM Vers.-Se.
Prämieneinnahme 1958: 6,2 **(1957:** 5,5) Mill. DM.

Die Allgemeinen Versicherungsbedingungen gelten vom 1. Januar 1950 an mit Änderungen von 1956 und 1958.

1. **Ausfertigungsgebühr:** Keine. Bei Vers. von 3000 DM an trägt der Verein die Kosten der ärztlichen Untersuchung.
2. **Geschäftsgebühr:** Anspruch auf den ersten Jahresbeitrag oder bei Rücktritt wegen Nichteinlösung neben Ersatz der Arztkosten auf 2‰ der Vers.-Se., höchstens 15 DM, Gebühr. Bindefrist 6 Wochen.
3. **Gesundheitsdienst:** Keine Einrichtungen.
4. **Gewinnbeteiligung:** Für Vers., die am Schlusse eines Geschäftsjahres mindestens 2 volle Jahre bestanden haben. Plan A, in Prozenten des gewinnberechtigten Jahresbeitrages. Ab Geschäftsjahr 1958 Übergang auf Plan D. 1958: 10% (1957: 10%); 1958 zuzüglich je 10% für Vers. mit Beginn bis einschließlich 1. 1. 1950 und für Vers. mit Beginn bis einschl. 1. 1. 1951. Ohne Gewinnbeteiligung nur Risikovers.
5. **Invalidität:** Beitragsbefreiung [Tarif III A (55)], Beitragsbefreiung und 10% Rente [Tarif III R (55)] bei voraussichtlich mindestens einjähriger 50%iger Erwerbsunfähigkeit, bei Versetzung durch eine Behörde in den dauernden Ruhestand wegen Dienstunfähigkeit oder Zuerkennung eines Ruhegeldes oder einer Invalidenrente von einem öffentlichen Vers.-Träger. Tarif III A (55) bis 5000 DM Vers.-Se. o. U. — Tarif III (58): Bei voraussichtlich dauernder mindestens 50%iger Inv. Zahlung der Vers.-Se. im Anschluß an eine längstens 6 Jahre zahlbare Inv.-Rente von 10% bzw. 15% der Vers.-Se. Bei Eintritt der Inv. im 1. bzw. 2. Vers.-Jahr verminderte Kapitalleistung. Höchstsumme für Vers. o. U. 5000 DM.
6. **Kollektivversicherung:** Firmengruppenvers. nach den Einzeltarifen mit 3% Rabatt; Gruppensterbegeldvers. nach Tarif G IV (1952).
7. **Ohne ärztliche Untersuchung:** Beiträge wie bei m. U., jedoch kein Summenrabatt bei Summen von 10000 DM an. — Kein besonderer Gewinnverband. — Keine Wartezeit. — Höchstzulässige Vers.-Se. 20000 DM.
8. **Prämienfreie Versicherung:** Nach Zahlung der Beiträge für den zehnten Teil der Beitragszahlungsdauer oder mindestens 2 Jahre für den Schluß des laufenden Vers.-Jahres unter Anrechnung des Deckungskapitals als einmaliger Beitrag. Gewinnberechtigt. Mindestsumme 100 DM.
9. **Ratenzahlung der Prämie:** ½-, ¼-, 1/12 jährliche Zahlung 2, 3, 5% Aufschlag (nicht gewinnberechtigt).
10. **Reisen, Verkehr und Sport:** Reisen, auch als Fluggast im behördlich genehmigten Luftverkehr innerhalb Europas, sowie Sportbetätigung eingeschlossen mit Ausnahme von Wett- usw. Fahrten in Kraft- und Wasserkraftfahrzeugen. Flugpersonal nach Vereinbarung.
11. **Rücktritt vom Vertrage:** Ausgeschlossen nach 3 Jahren seit Abschluß, Änderung oder Wiederherstellung der Vers.
12. **Rückvergütung und Darlehn:** Nach Zahlung der Beiträge wie unter 8 95% des Deckungskapitals. Darlehn bis zu gleicher Höhe abzüglich eines Jahreszinses und des Gefahrbeitrages des folgenden Vers.-Jahres. Darlehnszinsen 6½%, halbjährlich am 1. Januar und 1. Juli im voraus fällig. Einmalige Unkostengebühr ½% des Darlehns, mindestens 1 DM.
13. **Selbstmord:** Nach 3 Jahren seit Beginn des Vers.-Schutzes oder Wiederherstellung einer erloschenen Vers. volle Vers.-Se., bei „Unzurechnungsfähigkeit" auch vorher.
14. **Unfallzusatzversicherung:** Doppelsumme bei Unfalltod, auch als Fluggast im behördlich genehmigten Luftverkehr innerhalb Europas und bei Unfällen infolge von Fahrten in einem Land- oder Wasserkraftfahrzeug, außer Wett- usw. Fahrten, gegen normalerweise jährlich 1,5‰ der Vers.-Se. Ausschlußfrist 1 Jahr. Grenzalter 65.
15. **Zahlungsfrist für die Prämie: 1 Monat, bei monatlicher Zahlung 2 Wochen. Nachfrist 2 Wochen (3% Aufschlag, 0,50 DM Gebühr und Portoersatz). Bei Versäumnis der Nachfrist von selbst Herabsetzung der Leistungspflicht auf beitragsfreie Vers.-Se. (vgl. 8).**

„Prima“

Lebensversicherungsverein a. G.

Organisations- und Verwaltungsgemeinschaft mit der „Prima“ Privatkrankenkasse V.V.a.G. in Nürnberg.

NÜRNBERG

Auf Gegenseitigkeit (ohne Nachschußpflicht).

Gegründet 1932. Ursprung 1857.

Geschäftsgebiet: Bundesrepublik Deutschland und Westberlin.
Geschäftszweige: Großleben, Kleinleben, Töchteraussteuer, Sterbegeld, Renten.

Kapitalvers.: Neuzugang 1958: 28,0 (**1957:** 21,8) Mill. DM Vers.-Se.
Bestand Ende 1958: 124,2 (**1957:** 110,8) Mill. DM Vers.-Se.
Prämieneinnahme 1958: 5,4 (**1957:** 4,9) Mill. DM.

Die Allgemeinen Versicherungsbedingungen gelten vom 16. Oktober 1957 an.

1. **Ausfertigungsgebühr:** 1 ‰ der Vers.-Se., höchstens 10 DM, zahlbar bei Antragstellung.
2. **Geschäftsgebühr:** Anspruch auf den ersten Jahresbeitrag und 1 DM Mahngebühr oder bei Rücktritt wegen Nichteinlösung neben Ersatz der Arztkosten auf eine Gebühr von 10% des Jahresbeitrages. Bindefrist 6 Wochen.
3. **Gesundheitsdienst:** Keine Einrichtungen.
4. **Gewinnbeteiligung:** Nach 3 Jahren. Plan A (Gewinnverband B des Vereins), nach Verhältnis des gezahlten Jahresbeitrages. Verzinsliche Ansammlung.
   1957: 20% (1956: 20%) des im Kalenderjahr 1957 (1956) gezahlten Jahresbeitrages.
   Ohne Gewinnbeteiligung nur Risiko-Umtausch-Vers.
5. **Invalidität:** Beitragsfreiheit und 10% der Vers.-Se. jährliche Rente bei voraussichtlich dauernder oder mindestens einjähriger Erwerbsunfähigkeit von mehr als 50%. Zusatzvers. nicht gewinnberechtigt. Im Invaliditätsfalle fällt der Gewinnanteil auf die Stammvers. entsprechend der Beitragsfreiheit fort.
6. **Kollektivversicherung:** Keine Tarife.
7. **Ohne ärztliche Untersuchung:** Besondere Tarife. — Kein besonderer Gewinnverband. — Keine Wartezeit. — Höchstzulässige Vers.-Se. 10000 DM. — Höchsteintrittsalter 55.
8. **Prämienfreie Versicherung:** Nach Zahlung der Beiträge für mindestens 3 Jahre oder 1/10 der Beitragszahlungsdauer mit Frist von 3 Monaten unter Anrechnung des Rückkaufswertes als Einmalbeitrag und Berücksichtigung der Verwaltungskostenrückstellung. Nicht gewinnberechtigt. Mindestsumme 50 DM.
9. **Ratenzahlung der Prämie:** 1/2-, 1/4-, 1/12jährliche Zahlung 2, 3, 5% Aufgeld (gewinnberechtigt).
10. **Reisen, Verkehr und Sport:** Reisen, auch als Fahrgast oder nicht beruflich tätiger Führer in zugelassenen Luftfahrzeugen, sowie Sportbetätigung außer Wett- und Trainingsfahrten in einem Land-, Luft- oder Wasserkraftfahrzeug eingeschlossen.
11. **Rücktritt vom Vertrage:** Ausgeschlossen nach 3 Jahren seit Abschluß, Änderung oder Wiederherstellung der Vers.
12. **Rückvergütung und Darlehn:** Nach Zahlung der Beiträge wie unter 8: 95% des geschäftsplanmäßigen Deckungskapitals. Darlehnszinsen 6½%, jährlich im voraus.
13. **Selbstmord:** Nach 2 Jahren seit Einlösung des Vers.-Scheins oder Wiederherstellung volle Vers.-Se., bei „Unzurechnungsfähigkeit“ auch vorher.
14. **Unfallzusatzversicherung:** Doppelsumme bei Unfalltod, nach besonderer Vereinbarung auch als Fahrgast im behördlich genehmigten Luftverkehr innerhalb Europas, gegen 2 bis 3 ‰ der Vers.-Se. Wett- usw. Fahrten in einem Kraftfahrzeug ausgeschlossen. Ausschlußfrist 1 Jahr. Grenzalter 70.
15. **Zahlungsfrist für die Prämie:** 1 Monat, bei monatlicher Zahlung 2 Wochen. Nachfrist 2 Wochen (4% Verzugszinsen, 1 DM Gebühr). Bei Versäumnis der Nachfrist von selbst Verlust des Vers.-Schutzes oder Minderung auf beitragsfreie Vers.-Se. (vgl. 8).

Raiffeisen- und Volksbanken-Versicherung

Lebensversicherungs-Gesellschaft a. G.

BERLIN und WIESBADEN

Auf Gegenseitigkeit (ohne Nachschußpflicht). **Gegründet 1922.**

Geschäftsgebiet: Bundesrepublik Deutschland und Westberlin.

Zweige: Großleben, Kleinleben, Sterbegeld, Töchter, Gruppen, Renten.

Kapitalvers.: Neuzugang 1958: 92,6 (**1957:** 109,8) Mill. DM Vers.-Se.
Bestand Ende 1958: 568,3 (**1957:** 501,1) Mill. DM Vers.-Se.
Rentenvers.: Neuzugang 1958: 0,015 (**1957:** 0,022) Mill. DM Jahresrente.
Bestand Ende 1958: 1,305 (**1957:** 1,381) Mill. DM Jahresrente.
Prämieneinnahme 1958: 26,0 (**1957:** 24,9) Mill. DM.

Die Allgemeinen Versicherungsbedingungen gelten vom 1. Mai 1956 an.

1. **Ausfertigungsgebühr:** Keine.
2. **Geschäftsgebühr:** Anspruch auf den ersten Jahresbeitrag oder bei Rücktritt wegen Nichteinlösung neben Ersatz der Arztkosten auf 3‰ der Vers.-Se., höchstens 20 DM, Gebühr. Bindefrist 6 Wochen.
3. **Gesundheitsdienst:** Keine Einrichtungen.
4. **Gewinnbeteiligung:** Plan A/B (Gewinnverband 21 der Ges.). Grunddividende nach 2 Jahren und „steigende" Zusatzdividende nach 3 Jahren in einem Hundertsatz des gewinnberechtigten Jahresbeitrages. Schlußdiv. in Tausendstein der Vers.-Se. beim Erleben des Ablaufs der Vers.-Dauer; in verminderter Höhe bei Ableben im letzten oder vorletzten Vers.-Jahr oder nach vollendetem 70. bzw. 75. Lebensjahr.
   1960: Grunddividende 10 % (1959: 5 %); jährlicher Steigerungssatz der Zusatzdiv. 2 % (2 %); Schlußdiv. 5‰ (5‰) der Vers.-Se. für jedes voll zurückgelegte Vers.-Jahr.
   Ohne Gewinnbeteiligung nur Risikovers.
5. **Invalidität:** Prämienfreiheit und 5 bis 20 % der Vers.-Se. jährliche Rente bei voraussichtlich wenigstens einjähriger Erwerbsunfähigkeit. Mindestgrad der Invalidität 25 %; Vollinvalidität von 75 % an. Auf Antrag von 50 % an volle Leistungen gegen Verzicht bei geringerem Invaliditätsgrad. Zusatzprämie nicht gewinnberechtigt. Im Invaliditätsfalle werden die Gewinnanteile auf die Stammvers. voll weitergewährt.
6. **Kollektivversicherung:** Firmengruppenvers. nach den F-Tarifen, Vereinsgruppenvers. nach Tarif VT. Sammelvers. nach Tarifen 18 A und 18 T in Gewinnverbänden auf gleicher Grundlage wie unter 4.
   Dividende 1960: Gleicher Satz wie bei Einzelversicherungen (vgl. 4), Schlußdiv. bei Firmen- und Vereinsgruppenvers. jedoch 3‰ (1959: 3‰). Firmengruppen- und Sammelvers. auch nach den Einzeltarifen mit 2 % Nachlaß.
7. **Ohne ärztl. Untersuchung:** Beiträge wie bei m. U. — Kein besonderer Gewinnverband. — Keine Wartezeit. — Höchstzulässige Vers.-Se. 15000 DM.
8. **Prämienfreie Versicherung:** Nach Zahlung der Beiträge für mindestens 3 Jahre oder für mindestens 1/10 der Beitragszahlungsdauer unter Anrechnung des Deckungskapitals als einmaliger Bruttobeitrag. Gewinnberechtigt (nur Schlußdividende). Mindestsumme 300 DM.
9. **Ratenzahlung der Prämie:** 1/2-, 1/4-, 1/12 jährliche Zahlung 2, 3, 5 % Aufgeld, mindestens 1 DM je Rate (nicht gewinnberechtigt). Mindestrate 5 DM.
10. **Reisen, Verkehr und Sport:** Reisen, auch als Passagier im behördlich zugelassenen Luftverkehr sowie gewöhnliche Sportbetätigung eingeschlossen.
11. **Rücktritt vom Vertrage:** Ausgeschlossen nach 3 Jahren seit Abschluß, Änderung oder Wiederherstellung der Vers.
12. **Rückvergütung u. Darlehn** (Vorauszahl.): Nach Zahlung der Beiträge wie unter 8 95 % des Deckungskap. Zinsen für Vorauszahlungen 6 %, im voraus.
13. **Selbstmord:** Nach 3 Jahren seit Einlösung des Vers.-Scheines oder Wiederherstellung volle Vers.-Se.; bei „Unzurechnungsfähigkeit" auch vorher.
14. **Unfallzusatzversicherung:** Doppelsumme bei Unfalltod, auch als Fluggast eines Verkehrsflugzeuges innerhalb Europas und infolge von Fahrten in einem Kraftfahrzeug, außer Wett- usw. Fahrten, gegen im allgemeinen jährlich 1,5‰ der Vers.-Se. Motorradfahrer nach Vereinbarung. Ausschlußfrist 1 Jahr. Grenzalter 70.
15. **Zahlungsfrist für die Prämie:** 1 Monat, bei monatlicher Zahlung 2 Wochen. Nachfrist 2 Wochen (z. Z. 5 % Verzugszinsen, Portoauslagen und 2 DM Mahngebühr). Bei Versäumnis der Nachfrist von selbst Herabsetzung der Leistungspflicht auf beitragsfreie Vers.-Se. (vgl. 8).

Rheinisch-Westfälische Lebensversicherung a. G.

WUPPERTAL

Auf Gegenseitigkeit (ohne Nachschußpflicht).

Gegründet 1893. Lebensversicherung seit 1929.

Geschäftsgebiet: Bundesrepublik Deutschland (außer Bayern, Baden-Württemberg, Pfalz) und Westberlin.

Geschäftszweige: Großleben, Kleinleben, Aussteuer, Sterbegeld, Gruppen.

Kapitalvers.: Neuzugang 1958: 27,0 (**1957:** 28,8) Mill. DM Vers.-Se.
Bestand Ende 1958: 135,2 (**1957:** 123,3) Mill. DM Vers.-Se.
Prämieneinnahme 1958: 5,6 (**1957:** 5,2) Mill. DM.

Die Allgemeinen Versicherungsbedingungen gelten vom 1. Januar 1955 an.

1. **Ausfertigungsgebühr:** Keine.
2. **Geschäftsgebühr:** Anspruch auf die Beiträge für das erste Vers.-Jahr oder bei Rücktritt wegen Nichteinlösung neben Ersatz der Arztkosten auf 2‰ der Vers.-Se., höchstens 15 DM, Gebühr. Bindefrist 8 Wochen.
3. **Gesundheitsdienst:** Keine Einrichtungen.
4. **Gewinnbeteiligung:** Nach 2 Jahren. Plan A (Gewinnverband G der Ges.), in Prozenten des tariflichen Beitrages. 1959 und 1958: 10%.
   Vers. ohne Gewinnbeteiligung werden nicht abgeschlossen.
5. **Invalidität:** Keine Tarife.
6. **Kollektivversicherung:** Firmengruppenvers. nach Sondertarifen Gr F, Vereinsgruppenvers. nach Sondertarifen Gr V. Besonderer Gewinnverband Gr (Plan A, Gewinnbeteiligung nach 2 Jahren; 1959 und 1958: 5%). Sammelvers. nach den Einzeltarifen mit 3% Rabatt.
7. **Ohne ärztliche Untersuchung:** Beiträge wie bei m. U. — Kein besonderer Gewinnverband. — Keine Wartezeit. — Höchstzulässige Vers.-Se. 10000 DM.
8. **Prämienfreie Versicherung:** Nach Zahlung der Beiträge für mindestens 3 Jahre oder für mindestens 1/10 der vereinbarten Beitragszahlungsdauer unter Anrechnung des Deckungskapitals nach Abzug der noch aufzuwendenden Verwaltungskosten als einmaliger Beitrag. Nicht gewinnberechtigt. Mindestsumme 100 DM.
9. **Ratenzahlung der Prämie:** Beitragszahlung tarifmäßig monatlich (echte Monatsbeiträge). Bei ¼-, ½-, 1/1jährl. Zahlung Beitragsnachlaß von 1 bzw. 1½ bzw. 3%. Vom 2. Vers.-Jahr an wird der über den Sterbemonat hinausgehende Teil des gezahlten Beitrages erstattet.
10. **Reisen, Verkehr und Sport:** Reisen, auch in Flugzeugen, sowie Sportbetätigung eingeschlossen. Berufsflieger nach Vereinbarung.
11. **Rücktritt vom Vertrage:** Ausgeschlossen nach 3 Jahren seit Abschluß, Änderung oder Wiederherstellung der Vers.
12. **Rückvergütung und Darlehn (Vorauszahlung):** Nach Zahlung der Beiträge für mindestens 3 Jahre oder für mindestens 1/10 der vereinbarten Beitragszahlungsdauer 95% des Deckungskapitals. Vorauszahlungen bis zur Höhe des Rückkaufswertes abzüglich des Gefahrbeitrages des folgenden Vers.-Jahres. Vorauszahlungszinsen 6½%, vorschüssig zahlbar.
13. **Selbstmord:** Nach 3 Jahren seit Einlösung des Vers.-Scheines oder Wiederherstellung der Vers. volle Vers.-Se.; bei „Unzurechnungsfähigkeit" oder unter dem Druck schwerer körperlicher Leiden auch vorher.
14. **Unfallzusatzversicherung:** Doppelsumme bei Unfalltod, auch infolge von Fahrten in einem Kraftfahrzeug, außer bei Wett- usw. Fahrten, gegen im allgemeinen jährlich 1,2‰ der Vers.-Se. (einschl. Vers.-Steuer). Luftfahrten als Fahrgast im behördlich zugelassenen Luftverkehr nach besonderer Vereinbarung. Ausschlußfrist 1 Jahr. Grenzalter 65.
15. **Zahlungsfrist für die Prämie:** 2 Wochen. Nachfrist 2 Wochen (6% Zinsen, 2 DM Gebühr und Ersatz der Postgebühren). Bei Versäumnis der Nachfrist von selbst Herabsetzung der Leistungspflicht auf beitragsfreie Vers.-Se. (vgl. 8).

Schweizerische Lebensversicherungs- und Rentenanstalt

ZÜRICH (Niederlassung für Deutschland in MÜNCHEN)

Auf Gegenseitigkeit (ohne Nachschußpflicht). Gegründet 1857.

Geschäftsgebiet: Schweiz, Bundesrepublik Deutschland und Westberlin, Belgien, Frankreich, Niederlande.

Zweige: Großleben, Kleinleben (nur in der Schweiz), Gruppen, Renten.

Kapitalvers.:	**Neuzugang 1958:**	552,9	(**1957:** 572,1)	Mill. Sfr. Vers.-Se.*)
	Bestand Ende 1958:	4273,6	(**1957:** 3984,5)	Mill. Sfr. Vers.-Se.
Rentenvers.:	**Neuzugang 1958:**	22,96	(**1957:** 26,34)	Mill. Sfr. Jahresrente.
	Bestand Ende 1958:	190,59	(**1957:** 175,30)	Mill. Sfr. Jahresrente.
	Prämieneinnahme 1958:	247,5	(**1957:** 247,4)	Mill. Sfr.

Deutsches Geschäft:

Kapitalvers.:	**Neuzugang 1958:**	35,2	(**1957:** 36,5)	Mill. DM Vers.-Se.*)
	Bestand Ende 1958:	142,3	(**1957:** 118,6)	Mill. DM Vers.-Se.
Rentenvers.:	**Neuzugang 1958:**	0,72	(**1957:** 0,48)	Mill. DM Jahresrente.
	Bestand Ende 1958:	2,64	(**1957:** 2,09)	Mill. DM Jahresrente.
	Prämieneinnahme 1958:	9,5	(**1957:** 7,2)	Mill. DM.

*) Nach Abzug der Nichteinlösungen.

Die Allgemeinen Versicherungsbedingungen gelten vom 1. Januar 1952 an.

1. **Ausfertigungsgebühr:** Keine.
2. **Geschäftsgebühr:** Anspruch auf die erste Jahresprämie oder bei Rücktritt wegen Nichteinlösung auf Ersatz der Arztkosten und 2‰ der Vers.-Se., höchstens 15 DM, Gebühr. Bindefrist 6 Wochen.
3. **Gesundheitsdienst:** Keine Einrichtungen.
4. **Gewinnbeteiligung:** Nach 2 Jahren. Im Verhältnis zur Jahresprämie; vom 3.—7. Vers.-Jahr ist der einfache, vom 8.—12. Vers.-Jahr der 1½fache, für die folgenden Vers.-Jahre der doppelte Überschußanteilsatz maßgebend („Mehrstufendividende"). Schlußdividende bei Erleben des Endtermins der Vers. Für 1959: Überschußsatz der 1. Stufe: 14% der Prämie.
5. **Invalidität:** Prämienbefreiung und 5 bis 20% der Hauptvers.-Se. jährliche Rente (höchstens 12000 DM) nach mindestens sechsmonatiger ununterbrochener Inv. Mindestgrad der Inv. 25%, volle Leistung bei mehr als 75%. Zusatzvers. gewinnberechtigt. Gewinnbeteiligung läuft bei Invalidität in voller Höhe weiter.
6. **Kollektivvers.:** Firmen-Gruppenvers. nach Sondertarifen in bes. Gewinnverband.
7. **Ohne ärztliche Untersuchung:** Prämien wie bei m. U. — Kein besonderer Gewinnverband. — Keine Wartezeit. — Vers. bis 20000 DM (für Eintrittsalter über 50 bis 15000 DM) in der Regel o. U.
8. **Prämienfreie Versicherung:** Nach Zahlung der Prämien für mindestens 3 Vers.-Jahre oder den zehnten Teil der Prämienzahlungsdauer unter Anrechnung des ungezillmerten Deckungskapitals, vermindert um 2% des Unterschiedes zwischen Vers.-Se. und Deckungskap. als einmalige Nettoprämie zuzüglich Verwaltungskostenzuschlag. Gewinnberechtigt. Mindestsumme 300 DM.
9. **Ratenzahlung der Prämie:** ½-, ¼jährl. Zahlung 2½, 5% Zuschlag. Im Todesfall werden noch nicht fällig gewesene Teilbeträge nicht erhoben.
10. **Reisen, Verkehr und Sport:** Reisen, auch als Fluggast, sowie gewöhnliche Sportbetätigung eingeschlossen; Flieger u. Flugpersonal nach Vereinbarung.
11. **Rücktritt vom Vertrage:** Ausgeschlossen nach 10 Jahren seit Abschluß, Änderung oder Wiederherstellung der Vers.
12. **Rückvergütung und Darlehn:** Nach Zahlung der Prämien wie unter 8 ungezillmertes Deckungskapital, vermindert um 4% des Unterschiedes zwischen Vers.-Se. und Deckungskapital. Abzug höchstens ⅓ des Deckungskapitals. Darlehn nach Maßgabe der Rückvergütung nach Zahlung der Prämien für mindestens 3 Jahre. Zinsen z. Z. 6%, im voraus.
13. **Selbstmord:** Nach 3 Jahren seit Beginn des Vers.-Schutzes oder Wiederherstellung volle Vers.-Se., bei „Unzurechnungsfähigkeit" oder unter dem Druck schwerer körperlicher Leiden auch vorher.
14. **Unfall- und Krankenzusatzversicherung:**
    Unfallzusatzvers.: Doppelsumme bei Unfalltod (auch als Fluggast) bis 25000 DM ohne Zuschlag; bis 100000 DM gegen im allgemeinen 1,25‰ der 25000 DM übersteigenden Vers.-Se. Ausschlußfrist 1 Jahr. Grenzalter 70.
    Krankenzusatzvers.: Bei Tod nach langer Krankheit, sofern keine Leistung aus der Unfallzusatzvers. fällig wird, Zusatzleistung von 2‰ der Vers.-Se. für den 91. und jeden folgend. Krankheitstag, höchst. für 500 Tage, begrenzt auf 50 DM für den Krankheitstag, ohne Zuschlag. Grenzalter 65.
15. **Zahlungsfrist für die Prämie:** 1 Monat, Nachfrist 15 Tage (½% Säumniszuschlag für jeden vollen Kalendermonat, 1 DM Mahnkosten). Nach Zahlung der Prämien für mindestens 3 Jahre bleibt die Vers. 6 Monate nach Fälligkeit der ersten unbezahlten Prämie voll in Kraft. Dann nach Kündigung Umwandlung in prämienfreie Vers. (vgl. 8).

Sparkassen-Versicherung AG.

STUTTGART Gegründet 1924.

Mitglied des Verbandes öffentlicher Lebensversicherungsanstalten in Deutschland

Grundkapital: 500000 DM mit 125000 DM Einzahlung.

Geschäftsgebiet: Gebiet der früheren politischen Verwaltung der Länder Württemberg und Hohenzollern.

Geschäftszweige: Großleben, Kleinleben, Töchterversorgung, Familienversorgung, Gruppen, Renten, Pension, Bauspar.

Geschäftszahlen für 1958 und 1957 s. unter Öffentlich-rechtliche Lebensversicherungsanstalten (Seite 68).

Die Allgemeinen Versicherungsbedingungen gelten vom 1. Januar 1941 an.

1. **Ausfertigungsgebühr:** Keine.
2. **Geschäftsgebühr:** Anspruch auf den ersten Jahresbeitrag oder bei Rücktritt wegen Nichteinlösung neben Ersatz der Arztkosten auf eine Geschäftsgebühr von 2‰ der Vers.-Se. (5 bis 20 DM). Bindefrist 6 Wochen.
3. **Gesundheitsdienst:** Keine Einrichtungen.
4. **Gewinnbeteiligung:** Plan D. Die Überschußanteile bestehen aus:
   a) der jährlichen Grunddividende im Verhältnis zum Beitrag, vom Beginn des 3. Vers.-Jahres an;
   b) der jährlichen Zusatzdividende im Verhältnis zum Beitrag, vom Beginn des 6. Vers.-Jahres an;
   c) der Ausgleichs-(Schluß-)dividende in Promille der Vers.-Se. bei Ablauf der Vers.-Dauer.
   Zahlenmäßige Angaben der Dividenden für 1960 und 1959 s. Seite 69 und 70. Vers. ohne Gewinnbeteiligung werden nicht abgeschlossen.
5. **Invalidität:** Beitragsbefreiung und bis zu 15% der Vers.-Se. jährliche Rente bei voraussichtlich wenigstens einjähriger Erwerbsunfähigkeit. Mindestgrad der Invalidität 25%; Vollinvalidität bei 75%. Zusatzbeitrag gewinnberechtigt. Invaliditätsfall ohne Einfluß auf die Gewinnbeteiligung der Stammvers.
6. **Kollektivversicherung:** Gruppenvers. (Tarife 310, 311, 312), Dividenden wie bei Großleben, jedoch mit verminderter Schlußdividende. Sammelvers. nach Sondertarifen und Einzeltarif mit 3% Rabatt (Tarife 330 bis 399 – Dividenden wie bei Großleben).
7. **Ohne ärztliche Untersuchung:** Beiträge wie bei m. U. – Kein besonderer Gewinnverband. – Keine Wartezeit. – Höchstzulässige Vers.-Se. 15000 DM. – Höchsteintrittsalter 65.
8. **Prämienfreie Versicherung:** Frühestens zum Schluß des ersten Vers.-Jahres, unter Anrechnung des geschäftsplanmäßigen Deckungskapitals als einmaliger Beitrag. Gewinnberechtigt (nur Schlußdividende). Mindestsumme 100 DM.
9. **Ratenzahlung der Prämie:** ½-, ¼-, $^1/_{12}$jährliche Zahlung 3, 4, 5% Aufgeld (gewinnberechtigt). Nach dem Todestag fällige Teilbeiträge werden nicht erhoben.
10. **Reisen, Verkehr und Sport:** Reisen, auch als Fluggast im behördlich genehmigten Flugverkehr und gewöhnliche Sportbetätigung eingeschlossen.
11. **Rücktritt vom Vertrage:** Ausgeschlossen nach 2 Jahren (bei Vers. o. U. nach 5 Jahren) seit Abschluß, Änderung oder Wiederherstellung der Vers.
12. **Rückvergütung und Darlehn (Vorauszahlung):** Frühestens zum Schluß des ersten Vers.-Jahres, geschäftsplanmäßiges Deckungskapital. Vorauszahlungen bis zu gleicher Höhe abzüglich der noch ausstehenden Beiträge für das laufende Vers.-Jahr. Zusatzbeitrag für Vorauszahlungen 6% im voraus.
13. **Selbstmord:** Nach 3 Jahren seit Einlösung des Vers.-Scheins oder Wiederherstellung volle Vers.-Se., bei echter Geisteskrankheit oder unheilbaren schmerzvollen körperlichen Leiden auch vorher.
14. **Unfallzusatzversicherung:** Doppelsumme bei Unfalltod, auch als Fluggast im behördlich genehmigten Luftverkehr und bei Fahrten in Kraftfahrzeugen außer Wett- usw. Fahrten, gegen jährlich 1,5‰ bis 3,6‰ der Vers.-Se. Ausschlußfrist 1 Jahr. Nach Vollendung des 70. Lebensjahres Beschränkung auf Verkehrsmittelunfälle.
15. **Zahlungsfrist für die Prämie:** 1 Monat, bei monatlicher Zahlung 2 Wochen. Nachfrist 2 Wochen (6½% Zinsen, Kosten und Gebühren). Bei Versäumnis der Nachfrist nach Kündigung Umwandlung in beitragsfreie Vers.-Se. (vgl. 8), wenn das Deckungskapital die Forderungen der Ges. übersteigt.

Universa

Lebensversicherungsanstalt auf Gegenseitigkeit

NÜRNBERG

Organisations- und Verwaltungsgemeinschaft mit der Allgemeinen Volkskrankenkasse V. V. a. G. und Universa Sachversicherungsgesellschaft a. G. in Nürnberg.

Auf Gegenseitigkeit (ohne Nachschußpflicht). **Gegründet 1933.**

Geschäftsgebiet: Bundesrepublik Deutschland und Westberlin.
Geschäftszweige: Großleben, Kleinleben, Sterbegeld, Gruppen, Renten.

Kapitalvers.: Neuzugang 1958: 57,3 (**1957:** 38,2*) Mill. DM Vers.-Se.
Bestand Ende 1958: 158,0 (**1957:** 124,4*) Mill. DM Vers.-Se.
Prämieneinnahme 1958: 6,5 (**1957:** 5,5*) Mill. DM.

Die Allgemeinen Versicherungsbedingungen gelten vom 18. April 1958 an.

1. **Ausfertigungsgebühr:** 1,50 DM Aufnahmegebühr.
2. **Geschäftsgebühr:** Anspruch auf den ersten Jahresbeitrag nebst Gebühren. Bindefrist 4 Wochen. Erfolgt ärztliche Untersuchung nicht binnen 14 Tagen, gilt Antrag für Vers. o. U. (vgl. 7).
3. **Gesundheitsdienst:** Keine Einrichtungen.
4. **Gewinnbeteiligung:** Nach 3 Jahren. Plan A, nach Verhältnis der gezahlten Jahresprämie. Verzinsliche Ansammlung.
   Ohne Gewinnbeteiligung nur Risiko-Umtauschvers.
5. **Invalidität:** Keine Tarife.
6. **Kollektivversicherung:** Firmen-Gruppenvers. nach Tarif Gr 2; Gruppen-Sterbegeldvers. nach Tarif Gr 1. Kollektiv-Todesfall-Risikoversicherung nach Tarif Gr 3. Besondere Gewinnverbände.
7. **Ohne ärztliche Untersuchung:** Beiträge um 0,2‰ monatlich höher als bei m. U. — Kein besonderer Gewinnverband. — Keine Wartezeit. — Höchstzulässige Vers.-Se. 15000 DM, bei Eintrittsalter über 50 Jahre 10000 DM. — Höchsteintrittsalter 60. Höchstendalter 80.
8. **Prämienfreie Versicherung:** Nach Zahlung der Beiträge für mindestens 3 Jahre unter Anrechnung der Rückvergütung (vgl. 12) als einmaliger Bruttobeitrag. Nicht gewinnberechtigt. Mindestsumme 100 DM.
9. **Ratenzahlung der Prämie:** Beitragszahlung tarifmäßig monatlich; bei ¹/₁-, ½-, ¼jährlicher Zahlung Ermäßigung des 12- bzw. 6- bzw. 3fachen Monatsbeitrages um 4 bzw. 2 bzw. 1 %.
10. **Reisen, Verkehr und Sport:** Reisen, auch als Fahrgast einer öffentlichen Flugverkehrseinrichtung, sowie Sportbetätigung eingeschlossen. Wett- usw. Fahrten in einem Kraftfahrzeug sowie Sport-, Probe-, Kunst-, Wett- usw. Flüge nach Vereinbarung.
11. **Rücktritt vom Vertrage:** Ausgeschlossen nach 3 Jahren seit Abschluß, Änderung oder Wiederherstellung der Vers.
12. **Rückvergütung und Darlehn** (Vorauszahlung): Nach Zahlung der Beiträge für mindestens 3 Jahre 90 % der Deckungsrücklage. Vorauszahlungen bis zu gleicher Höhe bei Vers. von mehr als 2000 DM. Zinsen 5 ½ %, jährlich im voraus.
13. **Selbstmord:** Nach 3 Jahren seit Einlösung des Vers.-Scheines oder Wiederherstellung der Vers. volle Vers.-Se.; bei „Unzurechnungsfähigkeit" oder unter dem Drucke schwerer unheilbarer körperlicher Leiden auch vorher.
14. **Unfallzusatzversicherung:** Doppelsumme bei Unfalltod, auch als Fahrgast im behördlich zugelassenen Luftverkehr und infolge von Fahrten in einem Kraftwagen, außer Wett- usw. Fahrten, ohne Zuschlag. Fahrten auf einem Kraftrad nach besond. Vereinbarung. Ausschlußfrist 1 Jahr. Grenzalter 70.
15. **Zahlungsfrist für die Prämie:** 2 Wochen. Nachfrist 2 Wochen (4 % Verzugszinsen, 1 DM Gebühr). Bei Versäumnis der Nachfrist Herabsetzung der Leistungspflicht auf prämienfreie Vers.-Se. (vgl. 8).

---

*) Einschl. des Neuzugangs, des Bestandes und der Prämieneinnahme des „Frieden" (vgl. Kahlo 1958, Seite 26).

Vereinigte Lebensversicherungsanstalt a. G.

für Handwerk, Handel und Gewerbe

HAMBURG

Auf Gegenseitigkeit (ohne Nachschußpflicht). Gegründet 1914.

Geschäftsgebiet: Bundesrepublik Deutschland und Westberlin.

Geschäftszweige: Großleben, Sterbegeld, Töchter, Gruppen, Renten.

Kapitalvers.: Neuzugang 1958: 449,3 (1957: 480,0) Mill. DM Vers.-Se.
Bestand Ende 1958: 2414,3 (1957: 2104,3) Mill. DM Vers.-Se.
Rentenvers.: Neuzugang 1958: 0,088 (1957: 0,005) Mill. DM Jahresrente.
Bestand Ende 1958: 0,602 (1957: 0,509) Mill. DM Jahresrente.
Prämieneinnahme 1958: 101,4 (1957: 89,4) Mill. DM.

Die Allgemeinen Versicherungsbedingungen gelten vom 1. Februar 1954 an.

1. **Ausfertigungsgebühr:** Keine. Die Anstalt trägt die Kosten der ärztlichen Untersuchung bei Vers. von 5000 DM an.
2. **Geschäftsgebühr:** Anspruch auf den ersten Jahresbeitrag oder bei Rücktritt wegen Nichteinlösung neben Ersatz der Arztkosten auf 3‰ der Vers.-Se., höchstens 20 DM, Gebühr. Bindefrist 6 Wochen. Erfolgt die ärztliche Untersuchung nicht binnen 3 Wochen, gilt Antrag für Vers. o. U. (vgl. 7).
3. **Gesundheitsdienst:** Keine Einrichtungen.
4. **Gewinnbeteiligung:** Nach 3 Jahren. Plan D (Gewinnverband K der Anstalt). a) Gewinnanteil in Prozenten der Beiträge für die gesamte Beitragszahlungsdauer und b) Gewinnanteil in Prozenten der Summe der vom 4. Vers.-Jahr an gezahlten Jahresbeiträge; c) Schlußgewinnanteil im Erlebensfall in Prozenten der Beiträge für die gesamte Beitragszahlungsdauer für jedes zurückgelegte Vers.-Jahr.
   1959 und 1958: a) 0,5 %; b) 2 %; c) 0,25 %.
   Vers. ohne Gewinnbeteiligung werden nicht abgeschlossen.
5. **Invalidität:** Beitragsfreiheit und Rente bis zu insgesamt 25 % der Vers.-Se. bei voraussichtl. dauernder oder mindestens einjähriger Erwerbsunfähigkeit. Mindestgrad der Inval. 25 %, Vollinval. ab 75 %. Auf Antrag von 50 % Inval. an volle Leistungen gegen Verzicht bei geringerem Inval.-Grad. Zusatzvers. gewinnberechtigt. Im Inval.-Falle werden die Gewinnanteile auf die Stammvers. voll weitergewährt.
6. **Kollektivversicherung:** Firmen- und Vereinsgruppenvers. nach den Tarifen 55 und 56 in besonderem Gewinnverband; Plan A, 1959 und 1958: 7 % bis 10 % des Jahresbeitrages je nach Vertragsbeginn. Sammelvers. nach den Einzeltarifen mit 3 % Nachlaß oder nach den Rb-Tarifen im Sondergewinnverband III CA (1959 und 1958: wie Gewinnverband K mit a) 0,25 %; b) 1,5 %; c) 0,2 %).
7. **Ohne ärztliche Untersuchung:** Beiträge bei Summen von 5000 DM an 1‰ höher als bei m. U. – Kein besonderer Gewinnverband. – Keine Wartezeit. – Höchstzulässige Vers.-Se. 20000 DM. – Höchsteintrittsalter 60.
8. **Prämienfreie Versicherung:** Nach Zahlung des Beitrages für mindestens 1 Jahr unter Anrechnung des Rückkaufswertes als einmaliger Beitrag. Nicht gewinnberechtigt. Mindestsumme 100 DM.
9. **Ratenzahlg. d. Prämie:** 1/2-, 1/4-, 1/12jährl. Zahlung 2, 3, 5 % Aufgeld (gewinnberechtigt). Im Todesfalle Beitrag nur bis zum Ende des Sterbemonats.
10. **Reisen, Verkehr und Sport:** Reisen, auch als Fluggast oder nicht beruflich tätiger Flugzeugführer in zum Luftverkehr zugelassenen Flugzeugen, sowie gewöhnliche Sportbetätigung eingeschlossen. Im Flugwesen hauptberuflich Tätige nach Vereinbarung. Probe-, Werkstatt-, Kunst-, Wettbewerbsflüge mit Ausnahme von Zuverlässigkeits-Streckenflügen ausgeschlossen.
11. **Rücktritt vom Vertrage:** Ausgeschlossen nach 3 Jahren seit Abschluß, Änderung oder Wiederherstellung der Vers.
12. **Rückvergütung u. Darlehn** (Vorauszahlung): Nach Zahlung des Beitrages wie unter 8 Deckungskapital abzüglich 1 % des Unterschiedes zwischen Vers.-Summe und Deckungskapital. Zinsen für Vorauszahlungen z. Z. 6 %, jährlich im voraus.
13. **Selbstmord:** Nach 2 Jahren seit Beginn, Wiederherstellung oder Erhöhung der Vers. volle Vers.-Se.; bei „Unzurechnungsfähigkeit" oder unter dem Druck schwerer körperlicher Leiden auch vorher.
14. **Unfallzusatzversicherung:** Doppelsumme bei Unfalltod, auch als Fluggast im behördlich genehmigten Luftverkehr sowie infolge von Fahrten in einem Kraftfahrzeug (außer Rekord- usw. Fahrten), gegen jährlich 1,5‰ (gewinnberechtigt) der Vers.-Se. Ausschlußfrist 1 Jahr. Nach Vollendung des 70. Lebensjahres Beschränkung auf Beförderungsmittelunfälle.
15. **Zahlungsfrist für die Prämie:** 2 Monate. Nachfrist 2 Wochen (3 % Aufschlag, 1 DM Gebühr und Portoauslagen). Bei Versäumnis der Nachfrist von selbst Herabsetzung der Leistungspflicht auf beitragsfreie Vers.-Se. (vgl. 8).

Victoria

Lebens-Versicherungs-Aktien-Gesellschaft
BERLIN Gegründet 1853.

Grundkapital: 3600000 DM Volleinzahlung.
Geschäftsgebiet: Bundesrepublik Deutschland und Westberlin, Österreich, Spanien, Portugal.
Geschäftszweige: Großleben, Kleinleben, Aussteuer, Studien, Gruppen, Pension, Renten.

Kapitalvers.:	**Neuzugang 1958:**	193,5 (**1957:** 263,6)	Mill. DM Vers.-Se.
	Bestand Ende 1958:	1411,5 (**1957:** 1289,4)	Mill. DM Vers.-Se.
Rentenvers.:	**Neuzugang 1958:**	1,9 (**1957:** 2,3)	Mill. DM Jahresrente.
	Bestand Ende 1958:	22,0 (**1957:** 21,0)	Mill. DM Jahresrente.
	Prämieneinnahme 1958:	75,2 (**1957:** 71,3)	Mill. DM.

Die Allgemeinen Versicherungsbedingungen gelten vom 1. Januar 1941 an (mit Änderung vom 31. März 1954).

1. **Ausfertigungsgebühr:** 1‰ der Vers.-Se. (3 bis 10 DM). Bei Vers. von mindestens 10000 DM übernimmt die Ges. die Kosten der ärztl. Untersuchung.
2. **Geschäftsgebühr:** Anspruch auf den ersten Jahresbeitrag und Ausfertigungsgebühr oder bei Rücktritt wegen Nichteinlösung neben Ersatz der Arztkosten auf Ausfertigungsgebühr. Bindefrist 6 Wochen. Erfolgt die ärztliche Untersuchung nicht binnen 3 Wochen, gilt Antrag für Vers. o. U. (vgl. 7).
3. **Gesundheitsdienst:** Keine Einrichtungen.
4. **Gewinnbeteiligung:** Plan D (Gewinnverband D der Ges.). Jährliche (rückkaufsfähige) Zuschreibung zur Vers.-Se. (Bonus), erstmals zu Ende des 4. Vers.-Jahres, aus dem Zinsgewinnanteil nach Maßgabe des Deckungskapitals am Ende des zweitvorhergehenden Vers.-Jahres; 3 Bonusse bei Ablauf der Vers.-Dauer. Zusatzleistung bei Tod oder Ablauf nach dreijährigem Bestehen in Tausendsteln der Vers.-Se.
   1960 und 1959: Bonussatz 3%; Zusatzleistungssatz 112‰.
   Ohne Gewinnbeteiligung nur Risikovers.
5. **Invalidität:** Beitragsbefreiung und bis zu 15% der Vers.-Se. jährliche Rente bei vollständiger oder teilweiser Berufsunfähigkeit voraussichtlich auf Lebensdauer oder bei Fortdauer einer mindestens 26 wöchigen vollständigen oder teilweisen Berufsunfähigkeit. Mindestgrad der Berufsunfähigkeit 25%, volle Leistung bei mehr als 75%. Auf Antrag von 50% an volle Leistung gegen Verzicht bei geringerem Grad der Berufsunfähigkeit. Zusatzvers. zinsgewinnberechtigt. Im Invaliditätsfalle Gewinnanteile von dem dann erhöhten Deckungskapital der Gesamtvers.
6. **Kollektivversicherung:** Gruppenversicherungstarife für Firmen (DB) und Vereine (DV). Kein besonderer Gewinnverband. Sammelvers. nach den DN-Tarifen (1960 und 1959: Bonussatz 3%, Zusatzleistungssatz 95,2‰) und nach Einzeltarifen mit zulässigen Vergünstigungen.
7. **Ohne ärztliche Untersuchung:** Beiträge 1‰, bei Eintrittsaltern über 50 Jahre 2‰ höher als bei m. U. — Kein besonderer Gewinnverband. — Keine Wartezeit. — Höchstzulässige Vers.-Se. 10000 DM. — Höchsteintrittsalter 60.
8. **Prämienfreie Versicherung:** Sofern der Rückkaufswert mindestens 10‰ der Vers.-Se. beträgt, spätestens nach Zahlung von 3 Jahresbeiträgen, unter Anrechnung des Rückkaufswertes als Einmalbeitrag. Gewinnberechtigt. Mindestsumme 200 DM.
9. **Ratenzahlung der Prämie:** $^1/_2$-, $^1/_4$-, $^1/_{12}$jährliche Zahlung 3, 4, 5% Aufgeld. Nach dem Todestage fällige Teilbeiträge werden nicht abgezogen.
10. **Reisen, Verkehr und Sport:** Reisen, auch Passagier-Luftfahrten, sowie gewöhnliche Sportbetätigung unbeschränkt. Sportflieger bis zu 100000 DM Vers.-Se. zuschlagfrei. Berufsflieger usw. nach Vereinbarung.
11. **Rücktritt vom Vertrage:** Ausgeschlossen nach einem Jahr seit Abschluß, Änderung oder Wiederherstellung der Vers.
12. **Rückvergütung u. Darlehn** (Vorauszahlung): Sofern der Rückkaufswert mindestens 10‰ der Vers.-Se. beträgt, spätestens nach Zahlung von 3 Jahresbeiträgen, zum Schluß des lfd. Vers.-Jahres 90% des mit 35‰ gezillmerten Dekkungskapitals; für je volle 100‰ des gezillmerten Deckungskap. je 1% mehr bis 98%. Zusatzbeitrag für Vorauszahl. 6½%, halbjährlich vorschüssig.
13. **Selbstmord:** Nach 5 Jahren seit Ausstellung des Vers.-Scheins oder Wiederinkraftsetzung volle Vers.-Se., bei „Unzurechnungsfähigkeit" auch vorher.
14. **Unfallzusatzversicherung:** Doppelsumme bei Unfalltod bis 100000 DM (einschl. Vorvers.), auch als Fluggast eines Verkehrsflugzeuges und bei Fahrten in einem Kraftwagen, außer Wett- usw. Fahrten, gegen im allgemeinen jährlich 1,5‰ der Vers.-Se. Fahrten auf Krafträdern nach Vereinbarung. Ausschlußfrist 1 Jahr. Grenzalter 65. Höhere Summen zu gleichen Beiträgen sowie Unfall-Invaliditätsvers. durch die Victoria-Feuer.
15. **Zahlungsfrist f. d. Prämie:** 1 Monat, bei monatl. Zahlung 2 Wochen. Nachfrist 2 Wochen (6% Zinsen, 1 DM Kosten). Bei Versäumnis der Nachfrist von selbst Herabsetzung der Leistungspflicht auf beitragsfreie Vers.-Se. (vgl. 8).

„Vita"

Lebensversicherungs-Aktiengesellschaft in Zürich
Gegründet 1922 von der Zürich-Versicherungs-Gesellschaft
Direktion für Deutschland in Frankfurt a. M.

Aktienkapital: 20000000 Sfr. mit 12000000 Sfr. Einzahlung.
Geschäftsgebiet: Schweiz, Bundesrepublik Deutschland und Westberlin, Belgien, Frankreich, Holland, Spanien.

Zweige: Großleben, Invaliditätsversorgung, Familienversorgung, Kinderversorgung, Gruppen, Renten, Pensionsrenten, Restschuldvers.

Kapitalvers.: Neuzugang 1958:	351,5 (**1957:** 311,4)	Mill. Sfr. Vers.-Se.
Bestand Ende 1958:	2082,0 (**1957:** 1883,7)	Mill. Sfr. Vers.-Se.
Rentenvers.: Neuzugang 1958:	4,2 (**1957:** 5,7)	Mill. Sfr. Jahresrente.
Bestand Ende 1958:	44,2 (**1957:** 42,9)	Mill. Sfr. Jahresrente.
Prämieneinnahme 1958:	93,7 (**1957:** 89,1)	Mill. Sfr.

Deutsches Geschäft:

Kapitalvers.: Neuzugang 1958:	48,8	(**1957:** 51,9)	Mill. DM Vers.-Se.
Bestand Ende 1958:	163,7	(**1957:** 130,4)	Mill. DM Vers.-Se.
Rentenvers.: Bestand Ende 1958:	0,237	(**1957:** 0,152)	Mill. DM Jahresrente.
Prämieneinnahme 1958:	8,8	(**1957:** 7,6)	Mill. DM.

Die Allgemeinen Versicherungsbedingungen gelten vom 1. Oktober 1952 an.

1. **Ausfertigungsgebühr:** Keine.
2. **Geschäftsgebühr:** Anspruch auf die erste Jahresprämie oder bei Rücktritt wegen Nichteinlösung neben Ersatz der Arztkosten auf 2‰ der Vers.-Se., höchstens 15 DM, Gebühr. Bindungsfrist 2 Monate.
3. **Gesundheitsdienst:** Kostenlose ärztliche Untersuchung alle 2 Jahre für Vers. von 6000 DM an. Anspruch auf Vergütung von Operationskosten bis insgesamt 300 DM. Zustellung der Vierteljahresschrift „Vita-Ratgeber".
4. **Gewinnbeteiligung:** Nach 3 Jahren. Plan D, in Prozenten der Tarifprämie und des Rückkaufswertes. 1959: Für Vers. m. U.: 9% (1958: 8%) der Prämie und 2% (2%) des Rückkaufswertes; für Vers. o. U.: 8% (7%) der Prämie und 2% (2%) des Rückkaufswertes.
5. **Invalidität:** Prämienbefreiung und 10, 15 oder 20% der Vers.-Se. Jährliche Rente bei voraussichtlich mindestens 6monatiger Erwerbsunfähigkeit. Mindestgrad der Invalidität 25%, volle Leistung ab 75%. Zusatzprämie nicht gewinnberechtigt. Gewinnbeteiligung der Stammvers. erlischt entsprechend dem Grade der anerkannten Invalidität.
6. **Kollektivvers.:** Firmengruppenvers. nach Tarif III D, Sammelvers. nach Tarif III Sm. Besondere Gewinnverbände, nach 3 Jahren, Plan D. 1959 und 1958: Gruppenvers.: 2‰ der Vers.-Se. und 2% des Rückkaufswertes; Sammelvers.: 3‰ der Vers.-Se. und 2% des Rückkaufswertes.
7. **Ohne ärztliche Untersuchung:** Prämien wie bei m. U. — Besonderer Gewinnverband (vgl. 4). — Keine Wartezeit. — Höchstzulässige Vers.-Se. 20000 DM. Höchstzulässige Invalidenrente jährlich 2000 DM. Höchsteintrittsalter 55.
8. **Prämienfreie Vers.:** Nach Zahlung der Prämien für 1/10 der Prämienzahlungsdauer sofort, nach Zahlung für 3 Jahre zum Ende des lfd. Vers.-Jahres unter Anrechnung des Deckungskap. (bzw. der Rückvergütung bei einer Bestandsdauer von weniger als 3 Jahren) als einmalige Nettoprämie zuzüglich Verwaltungskostenzuschlag. Nicht gewinnberechtigt. Mindestsumme 300 DM.
9. **Ratenzahlung der Prämie:** ½-, ¼-, 1/12jährliche Zahlung 2, 4, 5% Zuschlag (nicht gewinnberechtigt).
10. **Reisen, Verkehr und Sport:** Reisen, auch als Fahrgast im öffentlichen Luftverkehr, sowie gewöhnliche Sportbetätigung eingeschlossen.
11. **Rücktritt vom Vertrage:** Ausgeschlossen nach 3 Jahren seit Abschluß, Änderung oder Wiederinkraftsetzung der Vers.
12. **Rückvergütung und Darlehn** (Vorauszahlung): Nach Zahlung der Prämien für mindestens 3 Jahre oder wenigstens für 1/10 der Prämienzahlungsdauer Deckungskap. abzüglich 1% der Vers.-Se. bei Tarif III und IV (bei weniger als 3 Jahren Bestandsdauer Abzug 2%). Vorauszahlungszinsen 6%, im voraus.
13. **Selbstmord:** Nach 3 Jahren seit Ausstellung des Vers.-Scheins volle Vers.-Se., bei „Unzurechnungsfähigkeit" auch vorher.
14. **Unfallzusatzversicherung:** Doppelsumme bei Unfalltod, auch bei Benutzung von Kraftfahrzeugen, außer Wettfahrten, und bei Passagierflügen in behördlich zugelassenen Verkehrs- und Sportflugzeugen der zivilen Luftfahrt, gegen jährlich 1,5 oder 3‰ der Vers.-Se. Ausschlußfrist 1 Jahr. Grenzalter 65.
15. **Zahlungsfrist für die Prämie:** 1 Monat. Nachfrist 2 Wochen (Zinsen ½% monatlich, Mahnkosten 1 DM). Nach Zahlung von 3 Jahresprämien bleibt die Vers. bei Versäumnis der Nachfrist bis zum Ende des laufenden Vers.-Jahres unter Belastung von Verzugszinsen voll in Kraft; dann nach Kündigung Umwandlung in prämienfreie Vers. (vgl. 8). **Sind die Prämien noch nicht für 3 Jahre, aber mindestens für 1/10 der Prämienzahlungsdauer bezahlt, nach Kündigung Umwandlung in prämienfreie Vers. mit sofortiger Wirkung.**

VOHK

Lebensversicherungsanstalt ostdeutscher Handwerkskammern V. a. G. zu Berlin

BERLIN

(Arbeits- und Organisationsgemeinschaft mit der „VOHK" Krankenversicherungsanstalt ostdeutscher Handwerkskammern V. a. G. zu Berlin)

Zweigniederlassung: Hamburg.

Auf Gegenseitigkeit (ohne Nachschußpflicht). **Ursprung 1910.**

Geschäftsgebiet: Bundesrepublik Deutschland und Westberlin.
Geschäftszweige: Großleben, Kleinleben, Sterbegeld.

Kapitalvers.: Neuzugang 1958: 3,6 (**1957:** 3,6) Mill. DM Vers.-Se.
Bestand Ende 1958: 20,2 (**1957:** 17,6) Mill. DM Vers.-Se.
Prämieneinnahme 1958: 1,3 (**1957:** 1,2) Mill. DM.

Die Allgemeinen Versicherungsbedingungen gelten vom 28. September 1957 an.

1. **Ausfertigungsgebühr:** 1‰ der Vers.-Se., höchstens 5 DM. Bei Vers. von 2000 DM an trägt die Anstalt die Kosten der ärztlichen Untersuchung.
2. **Geschäftsgebühr:** Anspruch auf den ersten Jahresbeitrag zuzüglich Ausfertigungsgebühr oder bei Rücktritt wegen Nichteinlösung neben Ersatz der Arztkosten auf 2‰ der Vers.-Se., höchstens 15 DM, Gebühr. Bindefrist 6 Wochen. Erfolgt ärztl. Untersuchung nicht innerhalb 14 Tagen, gilt Antrag für Vers. o. U.
3. **Gesundheitsdienst:** Keine Einrichtungen.
4. **Gewinnbeteiligung:** Nach 3 Jahren. Plan A, in Hundertteilen des gewinnberechtigten Jahresbeitrages. Die Gewinnanteile werden als Einmalbeiträge für eine Summenerhöhung verwendet. Auf Antrag statt dessen verzinsliche Ansammlung oder Verrechnung auf die Beiträge, sofern die Vers.-Se. mindestens 5000 DM und der Monatsbeitrag wenigstens 20 DM beträgt.
   1959 und 1958: 15% des Jahresbeitrages.
   Vers. ohne Gewinnbeteiligung werden nicht abgeschlossen.
5. **Invalidität:** Keine Tarife.
6. **Kollektivversicherung:** Für Großleben keine Tarife.
7. **Ohne ärztliche Untersuchung:** Beiträge um 1‰ höher als bei m. U. — Kein besonderer Gewinnverband. — Wartezeit: Im 1. Vers.-Jahre eingezahlte Beiträge, im 2. Jahre halbe Vers.-Leistung. Bei Tod durch Unfall fällt Wartezeit fort. — Höchstzulässige Vers.-Se. 10000 DM.
8. **Prämienfreie Versicherung:** Nach Zahlung der Beiträge für mindestens 3 Jahre (bei Tarif D nach 1/10 der Vers.-Dauer oder mindest. 3 Jahren) unter Anrechnung der Rückvergütung (vgl. 12) zuzügl. etwa angesammelter Gewinnanteile als einmalig. Nettobeitrag. Nicht gewinnberechtigt. Mindestsumme 100 DM.
9. **Ratenzahlung der Prämie:** ½-, ¼-, 1/12 jährliche Zahlung 2, 4, 6% (bei Tarif Dm für Aufhören der Beitragszahlung beim Tode 1% mehr) Aufgeld (nicht gewinnberechtigt). Hebegebühr 0,10 DM für jede Beitragsrechnung.
10. **Reisen, Verkehr und Sport:** Reisen, auch als Fluggast im öffentlichen Flugverkehr, sowie allgemeine Sportbetätigung eingeschlossen. Renn-, Wett- usw. Fahrten aller Art, auch in Kraftfahrzeugen, ausgeschlossen.
11. **Rücktritt vom Vertrage:** Ausgeschlossen nach 3 Jahren seit Abschluß, Änderung oder Wiederherstellung der Vers.
12. **Rückvergütung und Darlehn (Vorauszahlung):** Nach Zahlung der Beiträge wie unter 8: 90% der Beitragsrücklage, vom 4. Vers.-Jahr an jährlich um ½% steigend bis 98%. Vorauszahlungen bis zu 90% der Rückvergütung abzüglich eines Jahreszinses und der Beiträge bis zum nächsten Kündigungstermin. Zinsen 6½%, jährlich im voraus.
13. **Selbstmord:** Nach 5 Jahren seit Einlösung oder Wiederherstellung der Vers. volle Vers.-Se.; bei „Unzurechnungsfähigkeit" oder unter dem Einfluß schwerer körperlicher Leiden auch vorher (bei Vers. o. U. unter Berücksichtigung der Wartezeit; (vgl. 7).
14. **Unfallzusatzversicherung:** Doppelsumme bei Unfalltod, als Fahrgast im behördlich zugelassenen Luftverkehr in besonderer Vereinbarung, gegen jährlich 1,5 bis 3‰ der Vers.-Se. Wett- usw. Fahrten in einem Kraftfahrzeug ausgeschlossen. Ausschlußfrist 1 Jahr. Grenzalter 65.
15. **Zahlungsfrist für die Prämie: 1 Monat. Nachfrist 2 Wochen (6½% Verzugszinsen, 1 DM Gebühr). Bei Versäumnis der Nachfrist von selbst Herabsetzung der Leistungspflicht auf beitragsfreie Vers.-Se. (vgl. 8).**

Volkshilfe

Lebensversicherungs-Aktiengesellschaft

BERLIN und KÖLN

Grundkapital: 3000000 DM Volleinzahlung. **Gegründet 1929.**

Geschäftsgebiet: Bundesrepublik Deutschland und Westberlin.

Geschäftszweige: Großleben, Kleinleben, Sterbegeld, Gruppen, Renten.

Kapitalvers.: Neuzugang 1958: 150,4 (**1957:** 152,9) Mill. DM Vers.-Se.
Bestand Ende 1958: 1059,6 (**1957:** 956,4) Mill. DM Vers.-Se.
Rentenvers.: Neuzugang 1958: 0,016 (**1957:** 0,023) Mill. DM Jahresrente.
Bestand Ende 1958: 0,352 (**1957:** 0,343) Mill. DM Jahresrente.
Prämieneinnahme 1958: 55,2 (**1957:** 49,3) Mill. DM.

Die Allgemeinen Versicherungsbedingungen gelten vom 25. Juni 1952 an.

1. **Ausfertigungsgebühr:** 8 DM für Vers. m. U., 3 DM für Vers. o. U.
2. **Geschäftsgebühr:** Anspruch auf den Beitrag für die ersten 12 Monate und Ausfertigungsgebühr oder bei Rücktritt wegen Nichteinlösung auf Ersatz der Arztkosten und Ausfertigungsgebühr. Bindefrist 6 Wochen.
3. **Gesundheitsdienst:** Keine Einrichtungen.
4. **Gewinnbeteiligung:** Plan A, in Prozenten des zwölffachen Monatsbeitrages. Verzinsliche Gutschrift am Ende des am Bilanztermin laufenden Vers.-Jahres, frühestens des 3. Vers.-Jahres.
   1960: 12%—28% (1959: 14%—23%) des 12fachen Monatsbeitrages, je nach Beginnjahrgang.
   Vers. ohne Gewinnbeteiligung werden nicht abgeschlossen.
5. **Invalidität:** Keine Tarife.
6. **Kollektivversicherung:** Firmengruppenvers. nach den Sondertarifen II, III und IV; Vereinsgruppenvers. nach Sondertarif I. Besondere Gewinnverbände, Plan A, nach 3 Jahren. 1960 und 1959: 10% des 12fachen Monatsbeitrages; bei Firmengruppenvers. verzinsliche Gutschrift, bei Vereinsgruppenvers. als Einmalbeitrag zur Summenerhöhung.
7. **Ohne ärztliche Untersuchung:** Besondere Tarife. — Kein besonderer Gewinnverband. — Keine Wartezeit. — Höchsteintrittsalter 60. — Vers. unter 10000 DM nur nach den Tarifen o. U.
8. **Prämienfreie Versicherung:** Wenn die Vers. einen Rückvergütungswert (vgl. 12) hat, jederzeit mit Frist von 3 Monaten unter Anrechnung des Deckungskapitals zuzüglich Gewinnanteilguthaben als einmaliger Bruttobeitrag. Nicht gewinnberechtigt. Mindestsumme 100 DM.
9. **Ratenzahlung der Prämie:** Beitragszahlung tarifmäßig monatlich. Die Beitragszahlung endet mit dem Ablauf des Sterbemonats (echte Monatsbeiträge). Bei $^1/_4$-, $^1/_2$-, $^1/_1$jährlicher Zahlung wird der 3- bzw. 6- bzw. 12fache Monatsbeitrag erhoben. Die in der Prämienzusammenstellung (Teil II) angegebenen Beiträge stellen den 12fachen Monatsbeitrag dar.
10. **Reisen, Verkehr und Sport:** Reisen, auch als Fluggast im öffentlichen Luftverkehr innerhalb Europas, sowie gewöhnliche Sportbetätigung eingeschlossen. Erweiterung des Luftfahrtrisikos, Wett- usw. Fahrten in einem Land-, Luft- oder Wasserkraftfahrzeug nach Vereinbarung.
11. **Rücktritt vom Vertrage:** Ausgeschlossen nach 3 Jahren seit Abschluß, Änderung oder Wiederherstellung der Vers.
12. **Rückvergütung und Darlehn:** Nach Zahlung der Beiträge für mindestens 3 Jahre oder $^1/_{10}$ der Beitragszahlungsdauer jederzeit mit Frist von 3 Monaten 95% des Deckungskapitals. Darlehen bis zur Höhe der Rückvergütung oder bis zu 95% der mit dem Darlehnszinsfuß diskontierten Vers.-Se., wenn dieser Wert niedriger. Zinsen $5^1/_2$%, nachträglich am Ende des Kalenderjahres.
13. **Selbstmord:** Nach 3 Jahren seit Abschluß, Änderung oder Wiederherstellung der Vers. volle Vers.-Se.; bei „Unzurechnungsfähigkeit" oder unter dem Drucke schwerer körperlicher Leiden auch vorher.
14. **Unfallzusatzversicherung:** Doppelsumme bei Unfalltod, auch als Fluggast im öffentlichen Luftverkehr innerhalb Europas und infolge von Fahrten in einem Kraftfahrzeug jeder Art, außer Wett- oder Trainingsfahrten, ohne Zuschlag eingeschlossen. Ausschlußfrist 1 Jahr. Grenzalter 70.
15. **Zahlungsfrist für die Prämie: 1 Monat. Nachfrist 2 Wochen (5% Verzugszinsen, Portokosten, 1 DM Mahngebühr). Bei Versäumnis der Nachfrist von selbst Herabsetzung der Leistungspflicht auf beitragsfreie Vers.-Se. (vgl. 8).**

Volkswohl-Bund

Lebensversicherung a. G.

BERLIN

Hauptverwaltung West: Dortmund.
Auf Gegenseitigkeit (ohne Nachschußpflicht).
Gegründet 1919. Ursprung 1914.

Geschäftsgebiet: Bundesrepublik Deutschland und Westberlin.

Geschäftszweige: Großleben, Kleinleben, Sterbegeld, Töchteraussteuer, Familienversorgung, Gruppen, Renten.

Kapitalvers.: Neuzugang 1958: 93,4 (**1957:** 93,6) Mill. DM Vers.-Se.
Bestand Ende 1958: 626,6 (**1957:** 570,8) Mill. DM Vers.-Se.
Prämieneinnahme 1958: 26,8 (**1957:** 24,3) Mill. DM.

Die Allgemeinen Versicherungsbedingungen gelten vom 1. März 1955 an.

1. **Ausfertigungsgebühr:** 1‰ der Vers.-Se., höchstens 10 DM. Bei Vers. m. U Erstattung der Arztkosten bis zu den Sätzen des Hartmann-Bundes.
2. **Geschäftsgebühr:** Anspruch auf den ersten Jahresbeitrag und Ausfertigungsgebühr oder bei Rücktritt wegen Nichteinlösung neben Ersatz der Arztkosten auf 2‰ der Vers.-Se. (2 bis 20 DM) Gebühr. Bindefrist 6 Wochen.
3. **Gesundheitsdienst:** Keine Einrichtungen.
4. **Gewinnbeteiligung:** Nach 3 Jahren. Plan A (Gewinnverband E der Ges.), in Prozenten des Beitrages. Verzinsliche Ansammlung.
   1959 und 1958: 13% des Beitrages.
   Vers. ohne Gewinnbeteiligung werden nicht abgeschlossen.
5. **Invalidität:** Beitragsfreiheit und 5 bis 20% der Vers.-Se. jährliche Rente bei voraussichtlich dauernder oder nach mindestens einjähriger vollständiger oder teilweiser Berufsunfähigkeit. Mindestgrad der Berufsunfähigkeit 25%, volle Leistung bei 75%. Auf Antrag von 50% an volle Inv.-Leistungen gegen Verzicht bei geringerem Grad. Zusatzbeitrag gewinnberechtigt. Im Falle der Berufsunfähigkeit werden die Gewinnanteile der Stammvers. weitergewährt. — Bis 5000 DM Vers.-Se. o. U.
6. **Kollektivversicherung:** Firmengruppenvers. nach Tarifgruppe FG, Vereinsgruppenvers. nach Tarifgruppe VG; besonderer Gewinnverband G (Plan A, nach 2 Jahren, in Prozenten des Beitrages; 1959: 10% (1958: 20%). Sammelvers. nach den Einzeltarifen mit den zulässigen Vergünstigungen und nach Tarifgruppe S im Gewinnverband E (vgl. 4).
7. **Ohne ärztliche Untersuchung:** Beiträge wie bei m. U. — Kein besonderer Gewinnverband. — Keine Wartezeit. — Höchstzulässige Vers.-Se. 15000 DM. — Höchsteintrittsalter 60, Höchstendalter 70 bzw. 85.
8. **Prämienfreie Versicherung:** Nach Zahlung der Beiträge für mindestens 2 Jahre unter Anrechnung der Rückvergütung zuzüglich des angesammelten Gewinnguthabens als einmaliger Nettobeitrag. Nicht gewinnberechtigt. Mindestsumme 20 DM.
9. **Ratenzahlung der Prämie:** ½-, ¼-, 1/12jährliche Zahlung 2, 3, 5% Aufgeld (gewinnberechtigt).
10. **Reisen, Verkehr und Sport:** Reisen, auch als Fahrgast in zum Luftverkehr zugelassenen Luftfahrzeugen über Gebieten mit organisiertem Luftverkehr, sowie gewöhnliche Sportbetätigung eingeschlossen. Wett- usw. Fahrten in einem Land-, Luft- oder Wasserkraftfahrzeug nach Vereinbarung.
11. **Rücktritt vom Vertrage:** Ausgeschlossen nach 3 Jahren seit Abschluß, Änderung oder Wiederinkraftsetzung der Vers.
12. **Rückvergütung und Darlehn** (Vorauszahlung): Nach Zahlung der Beiträge für mindestens 2 Jahre 95% des Deckungskapitals. Zinsen für Vorauszahlungen z. Z. 6%, jährlich im voraus für das ganze Kalenderjahr.
13. **Selbstmord:** Nach 2 Jahren seit Einlösung, Wiederinkraftsetzung oder Erhöhung der Vers. volle Vers.-Se., bei „Unzurechnungsfähigkeit" oder unter dem Druck schwerer körperlicher Leiden auch vorher.
14. **Unfallzusatzversicherung:** Doppelsumme bei Unfalltod, auch als Fahrgast im behördlich zugelassenen Luftverkehr und infolge von Fahrten in einem Kraftfahrzeug, außer Wett- usw. Fahrten, im Normalfall gegen jährlich 1,5‰ (gewinnberechtigt) der Vers.-Se. Beschränkung des Luftfahrtrisikos auf 25000 DM. Ausschlußfrist 1 Jahr. Grenzalter 65.
15. **Zahlungsfrist für die Prämie:** 1 Monat, bei monatlicher Zahlung 2 Wochen. Nachfrist 2 Wochen (3% Aufschlag, 1 DM Gebühr). Bei Versäumnis der Nachfrist von selbst Herabsetzung der Leistungspflicht auf beitragsfreie Vers.-Se. (vgl. 8).

Vorsorge

Lebensversicherungs-Aktiengesellschaft

BERLIN

Grundkapital: 3000000 DM Volleinzahlung.

Gegründet 1930.

Geschäftsgebiet: Bundesrepublik Deutschland und Westberlin.
Geschäftszweige: Großleben, Kleinleben, Sterbegeld, Gruppen.

Kapitalvers.: Neuzugang 1958: 125,5 (**1957:** 134,1) Mill. DM Vers.-Se.
Bestand Ende 1958: 1005,6 (**1957:** 940,8) Mill. DM Vers.-Se.
Prämieneinnahme 1958: 60,2 (**1957:** 55,8) Mill. DM.

Die Allgemeinen Versicherungsbedingungen gelten vom 16. Januar 1956 an.

1. **Ausfertigungsgebühr:** 1‰ der Vers.-Se., höchstens 10 DM.
2. **Geschäftsgebühr:** Anspruch auf den ersten Jahresbeitrag nebst Gebühren oder bei Rücktritt wegen Nichteinlösung neben Ersatz der Arztkosten auf 3‰ der Vers.-Se., höchstens 20 DM. Bindefrist 6 Wochen.
3. **Gesundheitsdienst:** Keine Einrichtungen.
4. **Gewinnbeteiligung:** Nach 3 Jahren (Abrechnungsverband A der Ges.), jährlicher Bonus in Tausendstein der Vers.-Se. 1960: 20‰ (1959: 15‰).
   Vers. ohne Gewinnbeteiligung werden im allgemeinen nicht abgeschlossen.
5. **Invalidität:** Keine Tarife.
6. **Kollektivversicherung:** Firmengruppenvers. nach den Tarifen KT und KG, Vereinsgruppenvers. nach Tarif KL. Gewinnbeteiligung nach 3 Jahren, Plan A (Abrechnungsverband F der Ges.), in Prozenten des Jahresbeitrages; verzinsliche Gutschrift zu Ende des Vers.-Jahres. 1958: 20% (1957: 15%).
7. **Ohne ärztliche Untersuchung:** Beiträge bis Eintrittsalter 49 wie bei m. U., vom Alter 50 an 1‰ höher als bei m. U. — Kein besonderer Gewinnverband. — Keine Wartezeit. — Höchstzulässige Vers.-Se. 20000 DM. — Höchsteintrittsalter 60.
8. **Prämienfreie Versicherung:** Nach Zahlung der Beiträge für mindestens 3 Jahre oder für mindestens $^1/_{10}$ der Beitragszahlungsdauer unter Anrechnung des Rückkaufswertes als einmaliger Bruttobeitrag. Gewinnberechtigt. Mindestsumme 300 DM.
9. **Ratenzahlung der Prämie:** $^1/_2$-, $^1/_4$-, $^1/_{12}$jährliche Zahlung 3, 4, 5% Aufgeld. Bei Ratenzahlung werden nach dem Todestag fällige Raten nicht erhoben.
10. **Reisen, Verkehr und Sport:** Reisen, auch als Fluggast im öffentlichen Flugverkehr sowie gewöhnliche Sportbetätigung eingeschlossen.
11. **Rücktritt vom Vertrage:** Ausgeschlossen nach 3 Jahren seit Abschluß, Änderung oder Wiederherstellung der Vers.
12. **Rückvergütung und Darlehn** (Vorauszahlung): Nach Zahlung der Beiträge wie unter 8 Deckungskapital abzüglich 10‰ der Vers.-Se., mindestens 90% des Deckungskapitals. Vorauszahlungszinsen z. Z. 5½%, im voraus.
13. **Selbstmord:** Nach 3 Jahren seit Einlösung des Vers.-Scheins, Änderung oder Wiederherstellung volle Vers.-Se., bei „Unzurechnungsfähigkeit" auch vorher.
14. **Unfallzusatzversicherung:** Doppelsumme bei Unfalltod, auch als Fahrgast im behördlich zugelassenen Luftverkehr und bei Fahrten in einem Kraftfahrzeug (außer Wett- usw. Fahrten) gegen im allgemeinen jährlich 1,5‰ der Vers.-Se. Ausschlußfrist 1 Jahr. Grenzalter 70.
15. **Zahlungsfrist für die Prämie:** 1 Monat, bei monatlicher Zahlung 2 Wochen. Nachfrist 2 Wochen. Bei Versäumnis der Nachfrist von selbst Herabsetzung der Leistungspflicht auf beitragsfreie Vers.-Se. (vgl. 8).

„Winterthur"

Lebensversicherungs-Gesellschaft WINTERTHUR

Direktion für die Bundesrepublik Deutschland: München.

Gegründet 1923 Tochtergesellschaft der Schweizerischen Unfallversicherungs-Gesellschaft in Winterthur.

Aktienkapital: 15 000000 Sfr. Volleinzahlung.

Geschäftsgebiet: Schweiz, Bundesrepublik Deutschland und Westberlin, Belgien, Frankreich.

Geschäftszweige: Großleben, Aussteuer, Gruppen, Renten.

Kapitalvers.: Neuzugang 1958: 417,3 (**1957:** 411,9) Mill. Sfr. Vers.-Se.
Bestand Ende 1958: 2344,1 (**1957:** 2136,9) Mill. Sfr. Vers.-Se.
Rentenvers.: Neuzugang 1958: 5,5 (**1957:** 4,5) Mill. Sfr. Jahresrente.
Bestand Ende 1958: 40,1 (**1957:** 37,9) Mill. Sfr. Jahresrente.
Prämieneinnahme 1958: 99,3 (**1957:** 95,3) Mill. Sfr.

Deutsches Geschäft:

Kapitalvers.: Neuzugang 1958: 70,3 (**1957:** 83,9) Mill. DM Vers.-Se.
Bestand Ende 1958: 288,0 (**1957:** 256,5) Mill. DM Vers.-Se.
Rentenvers.: Neuzugang 1958: 0,009 (**1957:** 0,029) Mill. DM Jahresrente.
Bestand Ende 1958: 0,210 (**1957:** 0,207) Mill. DM Jahresrente.
Prämieneinnahme 1958: 10,5 (**1957:** 10,3) Mill. DM.

Die Allgemeinen Versicherungsbedingungen gelten von 1957 an.

1. **Ausfertigungsgebühr:** 3 DM bis 3000 DM Vers.-Se., 5 DM für höhere Summen.
2. **Geschäftsgebühr:** Anspruch auf den ersten Jahresbeitrag und Ausfertigungsgebühr od. bei Rücktritt wegen Nichteinlösung neben Ersatz der Arztkosten auf 2‰ der Vers.-Se., höchstens 15 DM, Gebühr. Bindefrist 6 Wochen.
3. **Gesundheitsdienst:** Keine Einrichtungen.
4. **Gewinnbeteiligung:** Nach 2 Jahren. Plan D. Zinsgewinn in Prozenten der Summe der vom 3. Jahre an gezahlten Beiträge. Zusatzgewinn in Prozenten eines Tarifbeitrages. Verzinsliche Gewinnansammlung.
   Für die geschlossenen N-Tarife: Gewinnbeteiligung nach 3 Jahren, auf gleicher Grundlage. 1959: Zinsgewinn 2,5% (1958: 2,5%), Zusatzgewinn 6% (5%).
5. **Invalidität:** Beitragsbefreiung und 10% bis 15% der Vers.-Se. jährliche Rente nach sechsmonatiger ununterbrochener (bei Inv. durch Unfall dreimonatiger) Erwerbsunfähigkeit. Mindestgrad der Inv. 25%, Vollinv. ab 75%. Zusatzvers. nicht gewinnberechtigt. Im Inv.-Falle werden Gewinnanteile aus der Hauptvers. weitergewährt. Für Frauen 50% Zuschlag zum Zusatzbeitrag. — Vers. o. U. bis 10000 DM.
6. **Kollektivversicherung:** Firmen-Gruppenvers. nach den G-Tarifen in besonderem Gewinnverband (Plan A, nach 2 Jahren).
7. **Ohne ärztliche Untersuchung:** Beiträge wie bei m. U. — Kein besonderer Gewinnverband. — Keine Wartezeit. — Höchstzulässige Vers.-Se. 15000 DM. Höchsteintrittsalter 55.
8. **Prämienfreie Versicherung:** Nach Zahlung der Beiträge für mindestens $^1/_{10}$ der Beitragszahlungsdauer oder 3 Jahre zum Schluß des laufenden Vers.-Jahres unter Anrechnung der Rückvergütung als einmaliger Nettobeitrag. Gewinnberechtigt (Schlußgewinn). Mindestsumme 100 DM.
9. **Ratenzahlung der Prämie:** ½-, ¼jährliche Zahlung 2,3% Aufgeld, mindestens 1 DM je Rate, $^1/_{12}$jährliche Zahlung 5%, mindestens 0,50 DM je Rate. Aufgeld nicht gewinnberechtigt. Mindestrate 10 DM.
10. **Reisen, Verkehr u. Sport:** Reisen, auch als Fluggast im öffentl. Flugverkehr sowie gewöhnl. Sportbetätigung eingeschlossen. Erweitertes Flugrisiko und Wett- usw. Fahrten in Land- u. Wasserkraftfahrzeugen nach Vereinbarung.
11. **Rücktritt vom Vertrage:** Ausgeschlossen nach 3 Jahren seit Abschluß, Änderung oder Wiederherstellung der Vers.
12. **Rückvergütung und Darlehn** (Vorauszahlung): Nach Zahlung der Beiträge wie unter 8 gezillmertes Deckungskapital zum Schluß des laufenden Vers.-Jahres, mindestens $^2/_3$ des ungezillmerten Deckungskapitals. Zinsen für Vorauszahlungen z. Z. 6%, jährlich im voraus.
13. **Selbstmord:** Nach 2 Jahren seit Ausstellung des Vers.-Scheins bzw. Wiederherstellung volle Vers.-Se., bei „Unzurechnungsfähigkeit" oder unter dem Druck schwerer körperlicher Leiden auch vorher.
14. **Unfallzusatzversicherung:** Doppelsumme bei Unfalltod, auch als Fluggast im öffentlichen Luftverkehr und infolge von Fahrten in Kraftfahrzeugen, außer Wett- usw. Fahrten, gegen jährlich 1,2‰ oder 2,4‰ der Vers.-Se. Motorradrisiko gegen weitere 1,2‰ der Vers.-Se. Ausschlußfrist 1 Jahr. Grenzalter 70.
15. **Zahlungsfrist für die Prämie:** 1 Monat, bei monatlicher Zahlung 2 Wochen. Nachfrist 2 Wochen (5% Zinsen und 1 DM Kosten). Nach Zahlung des Beitrags wie unter 8 bleibt die Vers. bei Versäumnis der Nachfrist bis zum Ende des Vers.-Jahres in voller Höhe in Kraft, dann von selbst Umwandlung in beitragsfreie Vers. (vgl. 8).

Witwen- und Waisenkasse des Reichs- und Staatsdienstpersonals

Allgemeine Lebensversicherungsanstalt a. G. in München
Auf Gegenseitigkeit (ohne Nachschußpflicht).
MÜNCHEN Gegründet 1884.

Geschäftsgebiet: Bundesrepublik Deutschland und Westberlin.
Geschäftszweige: Großleben, Kleinleben, Invalid., Sterbegeld, Kinderversorgung, Brautaussteuer, Familienversorgung, Gruppen, Renten.

Kapitalvers.: Neuzugang 1958: 405,1 (**1957:** 420,7) Mill. DM Vers.-Se.
Bestand Ende 1958: 1355,2 (**1957:** 1125,7) Mill. DM Vers.-Se.
Prämieneinnahme 1958: 45,8 (**1957:** 37,2) Mill. DM.

Die Allg. Vers.-Bedingungen gelten vom 28. Dez. 1955 u. 25. Jan. 1958 an.

1. **Ausfertigungsgebühr:** Keine. Bei Vers. von 5000 DM an trägt die Anstalt die Kosten der ärztlichen Untersuchung.
2. **Geschäftsgebühr:** Anspruch auf die Beiträge für das 1. Vers.-Jahr oder bei Rücktritt wegen Nichteinlösung neben Ersatz der Arztkosten auf 2‰ der Vers.-Se., höchstens 15 DM, Gebühr. Bindefrist 6 Wochen.
3. **Gesundheitsdienst:** Keine Einrichtungen.
4. **Gewinnbeteiligung:** Nach 3 Jahren. Plan A (Gewinnverband N 3 der Anstalt), in Prozenten des Beitrages; verzinsliche Gewinnansammlung. Ein Schlußgewinnanteil in Prozenten der Vers.-Se. bei Ablauf, ggf. auch bei Tod nach mindestens 10jährigem Bestehen.
   1959: 10% — 24% (1958: 10% — 22%) des Jahresbeitrages, je nach Beginnjahrgang. Schlußgewinnanteil 1960 und 1959: 3% — 5% der Vers.-Se., je nach Beginnjahrgang.
   Vers. ohne Gewinnbeteiligung werden nicht abgeschlossen.
5. **Invalidität:** Beitragsbefreiung und 12% der Vers.-Se. jährliche Rente bei voraussichtlich dauernder oder nach mehr als 26wöchiger Erwerbsunfähigkeit. Mindestgrad der Invalidität 33⅓%, volle Leistung bei mehr als 66⅔%. Auf Antrag volle Leistung bei mehr als 50% gegen Verzicht bei geringerem Inv.-Grad. Zusatzbeitrag gewinnberechtigt. Invaliditätsfall ohne Einfluß auf den Schlußgewinnanteil der Stammvers.
   Besonderer Tarif G 4 N. Bei voraussichtlich dauernd mehr als 50%iger Arbeitsunfähigkeit Zahlung der Vers.-Se. im Anschluß an eine höchstens 6jährige Übergangsrente von jährlich 10% der Vers.-Se. In den ersten beiden Vers.-Jahren außer bei Unfall verminderte Kap.-Leistung; bei Inv. infolge Dienstunfalls 1½fache Rente u. doppelte Vers.-Se. Gewinnberechtigt im Gewinnverband NJ. Höchstvers.-Se. 15000 DM. Schadenfreiheitsbonus von 2% bis 25% der Vers.-Se. im Erlebensfalle.
6. **Kollektivvers.:** Nach den Tarifen T 5, T 6 u. G 5 im Gewinnverband KV (1959: 4% — 9% [1958: 4% — 8%] des Jahresbeitrages). Sammelvers.: Tarife T 1 (S), G 1 (S), G 4 N (S). Gewinnbeteiligung wie unter 4, jedoch abgestufte Sätze.
7. **Ohne ärztliche Untersuchung:** Beiträge wie bei m. U. — Kein besonderer Gewinnverband. — Wartezeit: Im 1. Vers.-Jahr halbe Vers.-Se. Bei Tod durch Unfall fällt Wartezeit fort. — Höchstzulässige Vers.-Se. 10000 DM.
8. **Prämienfr. Vers.:** Nach Zahlung der Beiträge für 3 Vers.-Jahre oder mindestens für 1/10 der vertragl. Beitragszahlungsdauer für den Schluß des laufenden Vers.-Jahres unter Anrechnung des Deckungskap. als einmaliger Nettobeitrag. Gewinnberechtigt. (1958: 1% der DM-Vers.-Se.) Mindestsumme 200 DM.
9. **Ratenzahlung der Prämie:** 1/2-, 1/4-, 1/12jährliche Zahlung 2, 3½, 5½% Aufschlag (gewinnberechtigt). Vom 2. Vers.-Jahre an werden nach Eintritt des Vers.-Falles fällige Teilbeiträge nicht erhoben.
10. **Reisen, Verkehr u. Sport:** Reisen, auch als Fahrgast des öffentl. Flugverkehrs, sowie allgemeine Sportbetätigung eingeschlossen. Bei Vers. auf den Invaliditätsfall Aufenthalt außerhalb Europas nur bis zu einmonatiger Dauer.
11. **Rücktritt vom Vertrage:** Ausgeschlossen nach 3 Jahren seit Abschluß, Änderung oder Wiederherstellung der Vers.
12. **Rückvergütung und Darlehn:** Nach Zahlung der Beiträge wie unter 8 90% des Deckungskapitals, steigend vom 4. Vers.-Jahre an jährlich um 1% bis 100%. Darlehnszinsen z. Z. 5½%, halbjährlich im voraus.
13. **Selbstmord:** Nach 3 Jahren seit Beginn oder Wiederherstellung des Vers.-Schutzes volle Vers.-Se., bei „Unzurechnungsfähigkeit" oder unter dem Druck schwerer körperlicher Leiden auch vorher.
14. **Unfallzusatzversicherung:** Doppelsumme bei Unfalltod (außerhalb Europas bis zu einmonatigem Aufenthalt), auch als Fahrgast im behördlich zugelassenen Luftverkehr und infolge von Fahrten in einem Kraftfahrzeug, außer Wettusw. Fahrten, gegen jährlich 1,25 bis 3,20‰ (gewinnberechtigt) der Vers.-Se. Ausschlußfrist 1 Jahr. Grenzalter 70.
15. **Zahlungsfrist f. d. Prämie:** 1 Monat. Nachfrist 2 Wochen (5% Zinsen). Bei Versäumnis der Nachfrist von selbst Herabsetzung der Leistungspflicht auf beitragsfreie Vers.-Se. (vgl. 8).

63

Württembergischer Versicherungsverein a. G. Stuttgart

Auf Gegenseitigkeit. STUTTGART **Gegründet 1908.**

Geschäftsgebiet: Bundesrepublik Deutschland und Westberlin.

Geschäftszweige: Großleben, Kleinleben, Sterbegeld, Kinder, Töchter-Aussteuer, Abonnenten, Gruppen, Renten.

Kapitalvers.: Neuzugang 1958: 26,4 (**1957:** 23,8) Mill. DM Vers.-Se.
Bestand Ende 1958: 414,8 (**1957:** 360,4) Mill. DM Vers.-Se.*
Prämieneinnahme 1958: 21,8 (**1957:** 19,0) Mill. DM.

Die Allgemeinen Versicherungsbedingungen gelten vom 20. September 1956 an.

1. **Ausfertigungsgebühr:** 1‰ der Vers.-Se., höchstens 5 DM, Tarif G J: 3 DM.
2. **Geschäftsgebühr:** Anspruch auf den ersten Jahresbeitrag und Ausfertigungsgebühr oder bei Rücktritt wegen Nichteinlösung neben Ersatz der Arztkosten auf 2‰ der Vers.-Se., höchstens 15DM, Gebühr. Bindefrist 6 Wochen.
3. **Gesundheitsdienst:** Keine Einrichtungen.
4. **Gewinnbeteiligung:** Nach 3 Jahren. Plan **A** (Gewinnverband L des Vereins), in Prozenten des Beitrages. Eine Schlußdiv. in Promille der Vers.-Se. nach Ablauf der Vers.-Dauer, bei Tarif LT auch im Todesfalle nach Ablauf der Beitragszahlungsdauer.
   1960 und 1959: 25% des Jahresbeitrages; Schlußdiv.: 110‰ der Vers.-Se. Vers. ohne Gewinnbeteiligung werden nicht abgeschlossen.
5. **Invalidität:** Beitragsfreiheit und jährliche Rente von 10, 15 oder 20% der Vers.-Se. bei voraussichtlich dauernder oder nach ununterbrochen einjähriger Erwerbsunfähigkeit. Mindestgrad der Invalidität 25%, Vollinvalidität ab 75%. Zusatzvers. nicht gewinnberechtigt. Gewinnbeteiligung der Stammvers. läuft im Invaliditätsfalle uneingeschränkt weiter.
   Tarif GJ: Bei dauernder mehr als 50%iger Erwerbsunfähigkeit oder bei Pensionierung aus diesem Grunde Zahlung der Vers.-Se. im Anschluß an eine längstens 6jährige Rente von jährlich 10% der Vers.-Se. Bei Inv. in den ersten beiden Vers.-Jahren — außer durch Unfall — verminderte Kap.-Leistung; bei Inv. durch Berufsunfall doppelte Vers.-Leistung (Rente und Kapital). Gewinnbeteiligung nach 5 Jahren, Plan **A.** Ohne ärztl. Untersuchung bis 5 000 DM Vers.-Se.
6. **Kollektivversicherung:** Firmengruppenvers. nach Tarifen FG und FT. Vereinsgruppenvers. nach Tarif VT. Besonderer Gewinnverband, Plan **A**, nach 3 Jahren in Prozenten des Beitrages (1960 und 1959: 12,5%).
7. **Ohne ärztliche Untersuchung:** Beiträge bis Eintrittsalter 45 wie bei m. U., vom Alter 46 an um 2‰ höher als bei m. U. — Kein besonderer Gewinnverband. — Keine Wartezeit. — Höchstzulässige Vers.-Se. 20 000 DM. — Höchsteintrittsalter 55. Höchstendalter 70.
8. **Prämienfreie Versicherung:** Nach Zahlung der Beiträge für mindestens 1/10 der Vers.- oder Beitragszahlungsdauer oder für mindestens 3 Jahre unter Anrechnung des Deckungskapitals als einmaliger Bruttobeitrag. Gewinnberechtigt (nur Schlußgewinnanteil). Mindestsumme 50 DM.
9. **Ratenzahlung der Prämie:** ½-, ¼-, 1/12 jährliche Zahlung 2, 3, 5% Aufschlag (gewinnberechtigt). Abholgebühr 10 bis 30 Dpf. für jede Abholung. Bei Tarif LK Beiträge nur bis Ende der Zahlungsperiode, in der der Vers. stirbt.
10. **Reisen, Verkehr und Sport:** Reisen unbeschränkt. Fluggefahr im behördlich zugelassenen Luftverkehr und gewöhnliche Sportbetätigung eingeschlossen. Zuschlag bei Benutzung eines Kraftrades.
11. **Rücktritt vom Vertrage:** Ausgeschlossen nach 3 Jahren seit Abschluß, Änderung oder Wiederinkraftsetzung der Vers.
12. **Rückvergütung und Darlehn** (Vorauszahlung): Nach Zahlung der Beiträge wie unter 8 Deckungskapital unter Abzug von 1,5% der Vers.-Se., mindestens jedoch 95% des Deck.-Kapitals. Vorauszahlungszinsen einschließlich Verwaltungskostenbeitrag z. Z. 5½%, im voraus.
13. **Selbstmord:** Nach 2 Jahren seit Ausstellung des Vers.-Scheins volle Vers.-Se., bei „Unzurechnungsfähigkeit" od. infolge schwerer körperl. Leiden auch vorher.
14. **Unfallzusatzversicherung:** Doppelsumme bei Unfalltod, auch bei Luftfahrten im behördlich zugelassenen Luftverkehr und bei Fahrten in einem Kraftfahrzeug, außer bei Wett- usw. Fahrten, ohne Zuschlag. Ausschlußfrist 1 Jahr. Grenzalter 70.
15. **Zahlungsfrist für die Prämie:** 1 Monat. Nachfrist 14 Tage. 5% Mahngebühr (0,50 bis 2 DM) und Portoauslagen. Bei Versäumnis der Nachfrist nach Kündigung Umwandlung in beitragsfreie Vers. (vgl. 8). Auf Antrag Vers.-Verlängerung, außer bei Tarif LK, in voller Höhe, solange das um die geschäftsplanmäßig festgelegten Verwaltungskosten gekürzte Deckungskapital zur Deckung des Todesfallrisikos für eine reine Todesfallvers. ausreicht.

---

*) einschl. Abonnentenvers.

Öffentlich-rechtliche Lebensversicherungsanstalten

im

Verband öffentlicher Lebensversicherungsanstalten in Deutschland

Düsseldorf, Friedrichstr. 62—74, Ruf 84 237, Drahtwort: Lebenverband,

Verw.-Stelle Berlin: Berlin SW 11, Stresemannstr. 62/64, Ruf 66 7488

Verzeichnis der Anstalten

Personalien

Allgemeine Versicherungsbedingungen

Geschäftszahlen

Versicherten-Dividenden

Öffentlich-rechtliche Lebensversicherungsanstalten

Verzeichnis der Anstalten

1. **Hessen-Nassauische** Lebensversicherungsanstalt, öffentlich-rechtliche Versicherungsanstalt, Wiesbaden, Bierstadter Straße 7-9; gegründet 1913. Arbeitsgebiet: Land Hessen sowie die Regierungsbezirke Rheinhessen und Montabaur des Landes Rheinland-Pfalz.
2. Provinzial-Lebensversicherungsanstalt der **Rheinprovinz,** Düsseldorf, Friedrichstr. 62—74; gegründet 1915. Arbeitsgebiet: Ehemalige Rheinprovinz.
3. Provinzial-Lebensversicherungsanstalt von **Westfalen,** Münster i. W., Warendorfer Str. 26—28; gegründet 1915. Arbeitsgebiet: Westfalen und Lippe.
4. Provinzial-Lebens-, Unfall- und Haftpflicht-Versicherungsanstalt **Schleswig-Holstein,** Kiel, Sophienblatt 13—17; gegründet 1918. Arbeitsgebiet: Land Schleswig-Holstein u. Hansestadt Hamburg.
5. Provinzial-Lebensversicherung **Hannover,** Hannover, Prinzenstraße 23; gegründet 1918. Arbeitsgebiet: frühere Provinz Hannover, Land Bremen und Schaumburg-Lippe.
6. **„Bayern"** Öffentliche Anstalt für Volks- und Lebensversicherung, München, Karolinenplatz 5; gegründet 1922. Arbeitsgebiet: Bayern und die Pfalz.
7. Öffentliche Lebensversicherungsanstalt **Oldenburg,** Oldenburg i. O., Raiffeisenstraße 34; gegründet 1923. Arbeitsgebiet: Niedersächsischer Verwaltungsbezirk Oldenburg (früheres Land Oldenburg).
8. ÖVA Öffentliche Versicherungsanstalt der **Badischen** Sparkassen, Mannheim, P 7, 20—22; gegründet 1924. Arbeitsgebiet: Ehemaliges Land Baden.
9. Öffentliche Lebensversicherung **Braunschweig,** Braunschweig, Wolfenbütteler Str. 86; gegründet 1924. Arbeitsgebiet: Ehemaliges Land Braunschweig in den Grenzen vor 1941.
10. **Sparkassen-Versicherung** Aktiengesellschaft, Stuttgart-N, Kriegsbergstraße 15; gegründet 1924. Arbeitsgebiet: Gebiet der früheren politischen Verwaltung der Länder Württemberg und Hohenzollern.
11. Lebensversicherungsanstalt **Berlin,** Berlin W 35, Am Karlsbad 4-5; gegründet 1946. Arbeitsgebiet: Westberlin.

Öffentlich-rechtliche Lebensversicherungsanstalt **Ostpreußen** (Ladol) i. L.; gegründet 1910 — **Schlesische** Provinzial-Lebens-, Unfall- und Haftpflichtversicherungsanstalt i. L.; gegründet 1911 — Lebensversicherungsanstalt **Westpreußen** i. L.; gegründet 1911; **Posensche** Lebensversicherungsanstalt i. L., gegründet 1940: **Sonderbeauftragter,** Warburg/Westf., Hauptstr. 84.

Pommersche Provinzial-Lebensversicherungsanstalt i. L.; gegründet 1911 — Provinzial-Lebensversicherungsanstalt **Brandenburg** i.L.; gegründet 1912 — Lebensversicherungsanstalt **Sachsen-Thüringen-Anhalt** i. L.; gegründet 1915 — ÖVA, Öffentliche Lebensversicherungsanstalt der **Sächsischen** Sparkassen i. L.; gegründet 1919 — Öffentlich-rechtliche Lebensversicherungsanstalt der **Sudetenländer** i. L.; gegründet 1943:
Sonderbeauftragter, Berlin W 35, Am Karlsbad 4-5.

Öffentlich-rechtliche Lebensversicherungsanstalten

Verband öffentlicher Lebensversicherungsanstalten in Deutschland

Verbandsvorsitzender:
Dr. Hans Thunsdorff, Generaldirektor i. R.

Verbandsvorstand:
Dr. Herbert Dibbert (o), Dr. Alfred John (o).

Verbandsmathematiker: Dr. Herbert Dibbert.

---

1. Hessen-Nassau
   Vorstand: Dr. Dr. Oskar Schulz.
   Chefmathematiker: Dr. Heinz Timm.
2. Rheinprovinz
   Vorstand: Dr. Anton Bertgen (V), Dr. Wilhelm Kampmann (o).
   Chefmathematiker: Walter Kehr.
3. Westfalen
   Vorstand: Dr. Heinz Herberholz (V), Kurt Hellwig (o),
   Dr. Helmut Becker (o).
   Chefmathematiker: Karl Krenzer.
4. Schleswig-Holstein
   Vorstand: Dr. Rudolf Hahn (V), Bruno Galenschewsky (o),
   Dr. Hans Jürgensen (o).
   Chefmathematiker: Gerhard Köhler.
5. Hannover
   Vorstand: Generaldirektor Dr. Gottfried Matthes,
   Direktor Dr. Franz Härdrich,
   Direktor Hermann Drößler.
   Chefmathematiker: Hans-Heinrich Reimers.
6. Bayern
   Vorstand: Dr. Rudolf Zorn (V), Dr. Jakob Conrad (o),
   Hans Lochner (o), Paul Werner (st).
   Chefmathematiker: Dr. Rudolf Bernstetter.
7. Oldenburg
   Vorstand: Dr. Erich Muckelmann (V),
   Dipl.-Math. Friedrich Humbert (o).
   Chefmathematiker: Friedrich Humbert.
8. Baden
   Vorstand: Dipl.-Math. Alfred Tröbliger (V),
   Dr. Hans Schleenbecker (o).
   Mathematiker: Dr. Werner Müller.
9. Braunschweig
   Vorstand: Dr. Ernst Riesel (o), Dipl.-Math. Reinhold Jausel (st).
   Chefmathematiker: Reinhold Jausel.
10. Sparkassenversicherung
    Vorstand: Gustav Ernst (V), Henning Meier (st).
    Chefmathematiker: Henning Meier
11. Berlin
    Vorstand: Herbert Böhme (V), Gerhard Loch (o),
    Arthur Tiltag (st), Dr. Karl-Heinz Ostherr (st).
    Chefmathematiker: Wolfgang Howe.

Öffentlich-rechtliche Lebensversicherungsanstalten

Geschäftszweige: Großleben, Kleinleben, Aussteuer, Gruppen, Renten.

Die Allgemeinen Versicherungsbedingungen gelten für alle zum Verband öffentlicher Lebensversicherungsanstalten in Deutschland gehörenden öffentlich-rechtlichen Anstalten.

Die Allgemeinen Versicherungsbedingungen gelten vom 1. Januar 1941 an.

1. **Ausfertigungsgebühr:** Keine.
2. **Geschäftsgebühr:** Anspruch auf den ersten Jahresbeitrag oder bei Rücktritt wegen Nichteinlösung neben Ersatz der Arztkosten auf eine Geschäftsgebühr von höchstens 20 DM. Bindefrist 6 Wochen.
3. **Gesundheitsdienst:** Keine Einrichtungen.
4. **Gewinnbeteiligung:** Plan D. Die Überschußanteile bestehen aus:
   a) der jährlichen Grunddividende im Verhältnis zum Beitrag, vom Beginn des 3. Vers.-Jahres an;
   b) der jährlichen Zusatzdividende im Verhältnis zum Beitrag, vom Beginn des 6. Vers.-Jahres an, je nach zurückgelegter Vers.-Dauer im allgemeinen von 5 zu 5 Jahren steigend;
   c) der Ausgleichs-(Schluß-)dividende in Promille der Vers.-Se. bei Ablauf der Vers.-Dauer.
   Angaben über die Dividendensätze der einzelnen Anstalten (Seite 69 und 70). Vers. ohne Gewinnbeteiligung werden nicht abgeschlossen.
5. **Invalidität:** Beitragsbefreiung und bis zu 15 % der Vers.-Se. jährliche Rente bei Erwerbsunfähigkeit voraussichtlich auf Lebenszeit. Mindestgrad der Invalidität 25 %; Vollinvalidität bei 75 %. Zusatzvers. gewinnberechtigt. Invaliditätsfall ohne Einfluß auf die Gewinnbeteiligung der Stammvers.
6. **Kollektivversicherung:** Firmengruppen- und Sammelvers. nach besonderen Tarifen. Gewinnbeteiligung wie unter 4. Vereinsgruppensterbegeldvers. nach besonderem Tarif. Gewinnbeteiligung nach Plan A, erste Dividende nach 5 Jahren; Gewinnansammlung.
7. **Ohne ärztliche Untersuchung:** Beiträge wie bei m. U. — Kein besonderer Gewinnverband. — Keine Wartezeit. — Höchstzulässige Vers.-Se. 15 000 DM. — Höchsteintrittsalter 60.
8. **Prämienfreie Versicherung:** Frühestens zum Schluß des ersten Vers.-Jahres unter Anrechnung des geschäftsplanmäßigen Deckungskapitals als einmaliger Beitrag. Gewinnberechtigt (nur Ausgleichsdividende). Mindestsumme 100 DM.
9. **Ratenzahlung der Prämie:** $^1/_2$-, $^1/_4$-, $^1/_{12}$jährliche Zahlung 3, 4, 5 % Aufgeld (gewinnberechtigt). Nach dem Todestag fällige Teilbeiträge werden nicht erhoben.
10. **Reisen, Verkehr und Sport:** Reisen, auch für Fluggäste und Flugdienstpersonal im öffentlichen Luftverkehr, sowie gewöhnliche Sportbetätigung eingeschlossen.
11. **Rücktritt vom Vertrage:** Ausgeschlossen nach 2 Jahren (bei Vers. o. U. nach 5 Jahren) seit Abschluß, Änderung oder Wiederherstellung der Vers.
12. **Rückvergütung und Darlehn:** Frühestens zum Schluß des ersten Vers.-Jahres, geschäftsplanmäßiges Deckungskapital. Darlehn bis zu gleicher Höhe abzüglich eines Jahreszinses und des Gefahrbeitrages des folgenden Vers.-Jahres. Zinsen z. Z. 5 ½ bis 6 ½ %, im allgemeinen nachträglich zahlbar.
13. **Selbstmord:** Nach 3 Jahren seit Einlösung des Vers.-Scheins oder Wiederherstellung der Vers. volle Vers.-Se.; bei echter Geisteskrankheit oder unheilbaren schmerzvollen körperlichen Leiden auch vorher.
14. **Unfallzusatzversicherung:** Doppelsumme bei Unfalltod, auch als Fluggast im behördlich genehmigten Luftverkehr und bei Fahrten in Kraftfahrzeugen, außer Wett- usw. Fahrten, gegen jährlich mindestens 1,5 ‰ (gewinnberechtigt) der Vers.-Se. Motorradfahren nach Vereinbarung. Ausschlußfrist 1 Jahr. Nach Ablauf des 70. Lebensjahres Beschränkung auf Beförderungsmittelunfälle.
15. **Zahlungsfrist für die Prämie:** 1 Monat, bei monatlicher Zahlung 2 Wochen. Nachfrist 2 Wochen (Zinsen, Kosten und Gebühren); dann nach Kündigung von selbst Umwandlung in beitragsfreie Vers. (vgl. 8), wenn das Deckungskapital die Forderungen der Anstalt übersteigt.

Öffentlich-rechtliche Lebensversicherungsanstalten

Geschäftszahlen 1958 und 1957

Anstalt	Kapitalversicherungen				Renten- und Pensionsversicherungen an Jahresrente				Prämieneinnahme	
	Neuzugang		Bestand		Neuzugang		Bestand			
	1958 Mill. DM	1957 Mill. DM	1958 Mill. DM	1957 Mill. DM	1958 Mill. DM	1957 Mill. DM	1958 Mill. DM	1957 Mill. DM	1958 Mill. DM	1957 Mill. DM
1. Hessen-Nassau	20,4	23,6	154,4	142,1	0,142	0,186	1,392	1,316	7,7	7,3
2. Rheinprovinz	118,5	118,0	537,2	458,6	0,189	0,219	1,168	1,099	24,1	22,1
3. Westfalen	42,6	48,6	306,7	278,0	0,093	0,120	0,773	0,711	14,0	13,3
4. Schleswig-Holstein	24,8	26,8	158,5	141,4	0,177	0,210	1,419	1,295	9,7	8,8
5. Hannover	43,8	40,9	288,8	258,8	0,229	0,133	1,369	1,192	13,4	12,3
6. Bayern	60,2	74,0	553,4	516,8	0,065	0,106	2,249	2,121	25,9	24,7
7. Oldenburg	8,7	7,8	61,7	55,8	0,050	0,061	0,458	0,423	3,1	2,8
8. Baden	21,8	21,7	152,7	138,9	0,070	0,070	0,597	0,550	7,2	6,9
9. Braunschweig	10,0	10,8	70,5	63,4	0,084	0,108	0,642	0,595	3,8	3,6
10. Sparkassenversicherung	88,9	86,8	491,9	427,4	0,492	0,021	0,612	0,127	23,2	20,4
11. Berlin	4,1	5,8	32,2	29,5	—	—	0,002	0,002	1,9	1,7
zusammen	443,8	464,8	2 808,0	2 510,7	1,591	1,234	10,681	9,431	134,0	123,9

Öffentlich-rechtliche Lebensversicherungsanstalten

Dividendensätze für das in 1959 beginnende Versicherungsjahr

A. **Laufende Dividenden** in Prozenten des Jahresbeitrages

Anstalt	Gesamtdividende aus Grund- und Zusatzdividende für Versicherungen der Beginnjahrgänge							
	1955 bis 1957	1950 bis 1954	1945 bis 1949	1940 bis 1944	1935 bis 1939	1930 bis 1934	1925 bis 1929	1924 und früher
1. Hess.-Nassau	10	20	30	40	40	40	40	40
2. Rheinprovinz	15	25	40	55	70	85	85	85
3. Westfalen	10	20	30	40	52,5	65	65	65
4. Schl.-Holstein	20	40	60	80	100	100	100	100
5. Hannover	15	20	30	40	50	50	50	50
6. Bayern	15	20	30	40	50	60	70	80
7. Oldenburg	15	20	35	50	65	80	80	80
8. Baden	12,5	20	32,5	32,5	32,5	1934: 32,5; bis 1933: 45,0		
9. Braunschweig	12,5	20	32,5	45	57,5	70	70	70
10. Sparkassen-V.	10	15	20	30	40	50	60	70
11. Berlin	10	15	25					

B. **Schlußdividende** bei Ablauf der Versicherungsdauer in 1959 in Promille der Versicherungssumme

1. Hessen-Nassau	$5^0/_{00}$ für jedes seit 1948 abgelaufene volle Vers.-Jahr abzüglich der ersten 5 Jahre
2. Rheinprovinz	$10^0/_{00}$ für jedes zurückgelegte Vers.-Jahr der durch Tod oder Ablauf zur Auszahlung gelangenden Vers.-Se.
3. Westfalen	$5^0/_{00}$ für jedes Vers.-Jahr vom 6. an, frühestens jedoch von 1949 an. $1^0/_{00}$ zusätzlich für das in 1958 beginnende Vers.-Jahr
4. Schl.-Holstein	$15^0/_{00}$ für jedes Vers.-Jahr vom 6. an, (für Vers.-Jahre bis 1955 je $5^0/_{00}$)
5. Hannover	$7{,}5^0/_{00}$ für jedes Vers.-Jahr vom 11. an
6. Bayern	$10^0/_{00}$ für jedes seit 1948 abgelaufene volle Vers.-Jahr, bei Ablauf sowie bei Tod nach dem 70. Lebensjahr
7. Oldenburg	$7{,}5^0/_{00}$ für jedes Bestandsjahr abzüglich der ersten 5 Jahre sowie der vor dem 1. 1. 1948 begonnenen Vers.-Jahre auch bei Tod.
8. Baden	$5^0/_{00}$ für jedes Vers.-Jahr
9. Braunschweig	$7{,}5^0/_{00}$ für jedes Beitragszahlungsjahr (bei Tod oder Ablauf)
10. Sparkassen-V.	$5^0/_{00}$ bis 1958, ab 1959 $10^0/_{00}$ für jedes Vers.-Jahr vom 6., frühestens von 1949 an
11. Berlin	$5^0/_{00}$ für jedes Vers.-Jahr vom 6. an.

Öffentlich-rechtliche Lebensversicherungsanstalten

Dividendensätze für das in 1960 beginnende Versicherungsjahr

A. Laufende Dividenden in Prozenten des Jahresbeitrages

Anstalt	Gesamtdividende aus Grund- und Zusatzdividende für Versicherungen der Beginnjahrgänge							
	1956 bis 1958	1951 bis 1955	1946 bis 1950	1941 bis 1945	1936 bis 1940	1931 bis 1935	1926 bis 1930	1925 und früher
1. Hessen-Nassau	15	25	40	1942—1945: 55; bis 1941: 40				
2. Rheinprovinz	15	25	40	55	70	85	85	85
3. Westfalen[1]								
4. Schl.-Holstein	20	40	60	80	100	100	100	100
5. Hannover	15	25	35	50	65	80	80	80
6. Bayern								
Tarife 1942:	15	25	40	55	70	85		
Tarife 1926:	15	20	30	40	50	60	70	80
7. Oldenburg	15	20	35	50	65	80	80	80
8. Baden	15	25	1942—1950: 40					
	für Tarife 1926: 1938—1942: 32,5; 1927—1937: 45; bis 1926: 57,5							
9. Braunschweig	12.5	20	32.5	45	57.5	70	70	70
10. Sparkassen-V.	10	15	25	35	45	55	65	75
11. Berlin	10	15	25	35				

[1]) Dividendensätze liegen noch nicht vor.

B. **Schlußdividende** bei Ablauf der Versicherungsdauer in 1960 in Promille der Versicherungssumme

1. Hessen-Nassau	5‰ für jedes seit 1948 abgelaufene volle Vers.-Jahr abzüglich der ersten 5 Jahre.
2. Rheinprovinz	10‰ für jedes zurückgelegte Vers.-Jahr der durch Tod oder Ablauf zur Auszahlung gelangenden Vers.-Se.
3. Westfalen	Sätze für die Schlußdividende liegen noch nicht vor.
4. Schl.-Holstein	15‰ für jedes Vers.-Jahr vom 6. an (für Vers.-Jahre bis 1955 je 5‰).
5. Hannover	6‰ ab 2. Jahr bei Tod oder Ablauf für Vers. mit Beginn 1955 und später.
6. Bayern	6‰ (für Vers. nach den Tarifen 1926: 10‰) für jedes Vers.-Jahr, bei Ablauf oder Tod.
7. Oldenburg	7,5‰ für jedes Bestandsjahr abzüglich der ersten 5 Jahre sowie der vor dem 1. 1. 1948 begonnenen Vers.-Jahre, auch bei Tod.
8. Baden	5‰ für jedes Vers.-Jahr.
9. Braunschweig	7,5‰ für jedes Beitragszahlungsjahr, bei Tod oder Ablauf.
10. Sparkassen-V.	10‰ für jedes Vers.-Jahr vom 6., frühestens von 1949 an, bei Tod oder Ablauf.
11. Berlin	5‰ für jedes Vers.-Jahr vom 6. an.

Zweiter Teil

Jährliche Prämien

für 10000 DM Versicherungssumme

nach den Tarifen für die Großlebensversicherung mit Gewinnbeteiligung

---

Die Prämien gelten für die Großlebensversicherung mit Untersuchung (m. U.) und, sofern nicht besondere Tarife daneben aufgeführt sind oder falls nicht aus der Tabellenbezeichnung oder dem begleitenden Text und den Angaben im ersten Teil des Buches (Pos. 7) etwas anderes hervorgeht, auch für die Versicherung ohne Untersuchung (o. U.).

Die Prämien sind für eine Versicherungssumme von 10 000 DM angegeben unter Fortlassung der Pfennigbeträge der Promillesätze. Bei den Gesellschaften, die die Prämiensätze nach der Versicherungssumme abstufen, sind die vorgesehenen Prämienzuschläge und Prämienabschläge aus dem begleitenden Text zu ersehen. Die „Angleichungszuschläge" bei Tarifen mit einem höheren Rechnungszinsfuß als 3 % sind in die Prämien eingerechnet. Die Prämien der Gesellschaften, die ihre Tarife auf ¼- oder 1/12jährliche Zahlung abgestellt haben, sind unter Abzug des für ganzjährliche Zahlung vorgesehenen Abschlages aufgeführt.

Als Eintrittsalter gilt

a) im allgemeinen das Alter des Versicherten an dem Geburtstage, der dem Vers.-Beginn am nächsten liegt,

b) — bei einigen Gesellschaften — der Unterschied zwischen dem Jahr des Beginns der Vers. und dem Geburtsjahr des Versicherten.

Die nachstehenden Tabellen enthalten die Tarife für:

1. Todesfallversicherung mit lebenslänglicher oder längstzulässiger Prämienzahlungsdauer .... TL
2. Todesfallversicherung mit Prämienzahlung bis zum 65. und 60. Lebensjahre T65 T60
3. Gemischte Versicherung bis zum 65., 60., 55. und 50. Lebensjahre G65 G60 G55 G50
4. Gemischte Versicherung, Dauer 30, 25 und 20 Jahre .. G30 G25 G20
5. Versicherung auf festen Termin, Dauer 20 und 15 Jahre F20 F15

Bezeichnungen

Name der Gesellschaft	Nr. der Ges.	Todesfall TL	Todesfall T^{65} T^{60}	Gemischt G^{65} G^{60} G^{55} G^{50} $G_{\underline{30}}$ $G_{\underline{25}}$ $G_{\underline{20}}$	Fester Termin $F_{\underline{20}}$ $F_{\underline{15}}$
Aachener und Münchener	1	1 z	3 z	1 z	4 z
Agrippina	2	3	3	1	2
Albingia*)	3	DIL	I	II	V
Allgemeine Assekuranz	4	G 1	G 1 C	G 3, G 3 S	G 3 A, G 3 AS
Allgem. Rentenanstalt	5	R (57)	R (57)	T (57)	M (57)
Allianz	6	I ZM	I ZM	II ZM	III ZM
Alte Leipziger	7	6	7	6	8
Alte Vaterländische	8	—	—	GV	—
Alte Volksfürs.*)	9	G II	—	G II	—
Basler	10	G^d	L^d	G^d	T^d
Bayer.Beamtenvers.	11	I N	I N	II N	III N
Berlinische	12	CI/54-85; CIO/54-85	CIA/54; CIAO/54	CI/54; CIO/54	CIF/54; CIFO/54
Bonner	13	T; [AV]	T	E	F
Braunschweigische	14	XI	XI	XII	XIII
Concordia	15	C II Z; C II	C II	C I	C III
Condor	16	1	1	2	5
Debeka	17	L I	L I	L II	L III
Der Anker	18	DE	DE	CE	HE
Deutsche Beamten	19	8	7	9	5
Dt. Eisenbahn-Vers.-Kasse	20	II	II	III	V
Deutscher Herold .	21	1	1	2	3
Deutscher Lloyd ..	22	L 1	L 2	L 1	L 3
Deutscher Ring ..	23	1	1	2	3
Eos	24	1 S; 2	2	3	4
Ev. Familienfürsorge	25	G 1	G 2	G 1	G 3
Friedrich Wilhelm	26	I A^n	I A^n	V A^n	IV A^n
Gerling-Konzern..	27	K 1	K 1	K 2	K 3
Gilde	28	B	A	B	C
Gisela	29	III	—	III	IV
Gladbacher	30	D 1, D 1^0; EPV, EPV^0	D 1, D 1^0	D 2, D 2^0	D 3, D 3^0
Gothaer	31	1	2	1	3
Hamburg-Mannheimer*)	32	1 (56); 3/W (56)	2 (56)	3 (56); 8	5 (56)

*) s. S. 71, 3. Absatz unter b.

der Tarife

Name der Gesellschaft	Nr. der Ges.	Todesfall TL	Todesfall T^{65} T^{60}	Gemischt G^{65} G^{60} G^{55} G^{50} G^{30} G^{25} G^{20}	Fester Termin F^{20} F^{15}
Hamburg-Mannh. . (Dt. Anwalt-V.)	32a	T-57	T-57	L-57	So-57
Hannoversche	33	II, II°	II, II°	III, III°	IV, IV°
Isar	34	1	2	3	4
Karlsruher	35	Im	Im	IIm	IVm
Kölnische	36	T	T	G	F
Lebensvers. Merkur	37	S 85	S	E	—
Leipziger Verein-Barmenia	38	11	11	12	13
Magdeburger Allg.	39	B 1; B 1 n	B 1; B 1 n	B 2; B 2 n	B 3; B 3 n
Mannheimer	40	I D (54); [IDA(54)]	I D (54)	II D (54)	V D
Münchener Leben	41	N II m, N II o	—	N II m, N II o	N III m, N III o
Münchener Verein	42	II	II	I	III
National	43	T	T	G	Z
Nord-Deutsche ...	44	12; [12 B]	12	11	13
Nordstern	45	IIZ; IIZo	IIZ; IIZo	I Z; I Zo; I u Z; I u Zo	IIIZ; III Zo
Nürnberger	46	4 r/85; 4 b	4 ra	4 r; 4 b	6 r; 6 b
Öffentliche	64	I	I a	II	III
Pensionsverein ...	47	IV (53)	IV A (53)	V(53); VA(53)	VI (53)
Prima	48	GVm; GVo	GVm; GVo	GIm; GIo	G II
Raiffeisen- u. Volksbanken-Vers. ..	49	2101	2101	2107	2131
Rheinisch-Westfälische	50	G 1 Z; G 1	G 1	G 2	G 3
Schweizerische ...	51	—	230	250	270
Sparkassen-Vers. .	52	I	Ia	II	III
Universa	53	1	3	2	5
Vereinigte Leben..	54	02; 01/85	02	01	31
Victoria	55	D 1	D 2	D 1	D 4
Vita	56	II	II	III	IV
Vohk	57	—	C m, C o	B m, B o	D m, D o
Volkshilfe	58	GM; GO	StM; StO	GM; GO	FM; FO
Volkswohl-Bund .	59	E 2	E 1	E 2	E 3
Vorsorge	60	1	2	1	3
Winterthur	61	3 a	3	2	5
Witwen- und Waisenkasse ...	62	TL 3	T 3	G 3	F 3
Württemberg. Vers.verein	63	LT	LT	LG	LK

Nr.	1	2	3	4	5
Name der Gesellschaft	Aachener und Münchener	Agrippina	Albingia	Allgemeine Assekuranz	Allgemeine Rentenanstalt
Prämienzahlung bis	85	85	85	85	85
Fälligkeit des Kapitals	85	†	85	85	85
Tarif der Gesellschaft	1 z	3	D1L	G1	R (57) m. U.
Eintrittsalter					
20	174	162	160	196	176
21	178	166	164	200	179
22	181	169	167	204	183
23	185	173	171	209	186
24	188	177	175	213	190
25	192	181	179	218	194
26	197	185	183	224	198
27	201	190	188	229	203
28	206	195	193	235	207
29	211	200	198	242	212
30	216	205	204	248	218
31	222	211	209	255	224
32	228	217	216	263	230
33	234	224	222	271	236
34	241	231	229	279	243
35	248	238	237	288	250
36	256	246	244	297	258
37	264	254	253	307	266
38	272	263	261	316	274
39	281	272	270	327	283
40	290	281	280	338	293
41	300	292	290	350	303
42	311	302	301	362	314
43	322	314	313	375	325
44	334	326	325	388	337
45	346	338	337	403	349
46	359	352	351	418	362
47	373	366	365	434	377
48	388	381	381	451	392
49	404	398	397	469	408
50	421	415	414	488	424
51	438	433	433	508	442
52	457	452	452	529	462
53	478	473	473	552	482
54	499	495	495	576	504
55	522	519	519	601	527
56	547	544	544	628	552
57	573	570	571	657	578
58	601	599	600	687	607
59	631	630	631	719	637
60	663	662	664	753	670
	Prämienzuschlag: 1 ‰ bei Summen unter 6000 DM. Prämienermäßigung: 1 ‰ bei Summen von 20000 bis 49999 DM; 1,5 ‰ bei Summen von 50000 DM an. Bei Vers. o. U. vom Eintrittsalter 40 an 1 ‰, vom Eintrittsalter 50 an 2 ‰ jährl. Zuschlag. Mit Recht auf freiwillige Zuzahlungen zur Abkürzung der Vers.-Dauer (DER NEUE WEG).	Prämienzuschlag: 0,5 ‰ bei Summen von 2000—9999 DM; 2,5 ‰ bei Summen unter 2000 DM. Prämienermäßigung: 1 ‰ bei Summen von 20000 DM an. Mit Recht auf freiwillige Zuzahlungen zur Abkürzung der Vers.- und Prämienzahlungsdauer (Wandelvers.).	Für Vers. von 5000 DM an mit Recht auf Zuzahlung nach Belieben zwecks Abkürzung der Vers.- oder Prämienzahlungsdauer („Die lebendige Lebensversicherung"). Prämienzuschlag: 1 ‰ bei Summen unter 10000 DM. Prämienermäßigung: 1 ‰ bei Summen von 20000 DM an. Bei Vers. o. U. 1 ‰ jährl. Zuschlag.	Prämienzuschlag: 1 ‰ bei Summen unter 5000 DM. Prämienermäßigung: 1 ‰ bei Summen von 20000 DM an; 2 ‰ bei Summen von 40000 DM an. Bei Vers. o. U. 1,5 ‰ jährl. Zuschlag.	Prämienzuschlag: 0,75 ‰ bei Summen von 3000—9999 DM; 1,50 ‰ bei Summen von 2000—2999 DM. Prämienermäßigung: 0,75 ‰ bei Summen von 20000—49999 DM; 1,25 ‰ bei Summen von 50000—99999 DM; 1,75 ‰ bei Summen von 100000 DM an. Bei Tod durch Unfall vor vollendetem 65. Lebensjahr doppelte Summe. Mit Recht auf freiwillige einmalige oder wiederholte Zuzahlungen zwecks Abkürzung der Vers.- oder Beitragszahlungsdauer od. zwecks Beitragsherabsetzung (Tarif RR [57] mit gleichen Prämien, „Ausbau-Versicherung").

Nr.	6	7	9	10	11
Name der Gesellschaft	Allianz	Alte Leipziger	Alte Volksfürsorge	Basler	Bayer. Beamten-vers.
Prämienzahlung bis	85	85	85	85	85
Fälligkeit des Kapitals	85	85	85	85	†
Tarif der Gesellschaft	I ZM	6	G II	Gd	I N
Eintrittsalter					
20	174		176	182	198
21	177		180	186	198
22	181		185	189	198
23	184		189	193	210
24	188		194	196	210
25	192		200	200	210
26	196		206	205	221
27	201		211	209	221
28	206		217	214	221
29	211		223	220	233
30	216	205	230	225	233
31	222	211	238	231	244
32	228	217	245	237	244
33	234	223	253	244	256
34	241	230	261	251	268
35	249	238	271	258	268
36	256	245	280	266	279
37	264	253	289	274	291
38	273	262	300	283	303
39	282	271	310	292	303
40	291	281	322	302	314
41	301	291	334	312	326
42	312	302	345	323	338
43	323	313	359	334	349
44	335	325	372	346	361
45	347	338	387	359	372
46	361	351	402	373	396
47	375	365	419	387	407
48	390	380	435	402	419
49	406	396	452	419	442
50	423	414	472	436	454
51	441	432	492	454	477
52	460	451	513	474	501
53	480	472	535	495	524
54	502	494	558	517	547
55	525	517	584	541	570
56	550	542	611	566	594
57	577	569	639	593	617
58	605	598	670	622	652
59	635	628	703	653	687
60	668	661	737	686	722

6 (Allianz): Prämienzuschlag: 0,5‰ bei Summen von 3000—9999 DM; 1,5‰ bei Summen unter 3000 DM. Prämienermäßigung: 1‰ bei Summen von 20000—49999 DM; 1,5‰ bei Summen von 50000 DM an. Bei Vers. o. U. vom Eintrittsalter 46 an 1,5‰, vom Eintrittsalter 51 an 2,5‰ jährl. Zuschlag.

7 (Alte Leipziger): Prämienzuschlag: 0,50‰ bei Summen von 5000—9999 DM; 1,50‰ bei Summen von 3000—4999 DM; 2,50‰ bei Summen unter 3000 DM. Prämienermäßigung: 0,50‰ bei Summen von 20000—39999 DM; 1,50‰ bei Summen von 40000 DM an.

9 (Alte Volksfürsorge): Prämienzuschlag: 0,10‰ bei 9000 DM Vers.-Se.; 0,23‰ bei 8000 DM Vers.-Se.; 0,40‰ bei 7000 DM Vers.-Se.; 0,62‰ bei 6000 DM Vers.-Se.; 0,93‰ bei 5000 DM Vers.-Se.; 1,40‰ bei Summen unter 5000 DM. Prämienermäßigung: 0,93‰ für den 10000 DM übersteigenden Teil der Vers.-Se. Bei Tod durch Unfall doppelte Summe.

10 (Basler): Prämienermäßigung: 0,5‰ bei Summen von 15000—24999 DM; 1‰ bei Summen von 25000—39999 DM; 1,5‰ bei Summen von 40000—59999 DM; 2‰ bei Summen von 60000 DM an.

11 (Bayer. Beamtenvers.): Prämienzuschlag: 0,60‰ bei Summen von 5000—9999 DM; 1,20‰ bei Summen von 501—4999 DM; 1,80‰ bei Summen von 500 DM. Prämienermäßigung: 1,20‰ bei Summen von 20000—49999 DM; 1,80‰ bei Summen von 50000 DM an. Bei Tod durch Unfall vor vollendetem 65. Lebensjahr doppelte Summe. Die Prämien enthalten noch den Zuschlag für die Vers.-Steuer von 2%.

	12		13	14	15		16
	Berlinische		Bonner	Braunschweigische	Concordia		Condor
	85		85	85	†	85	85
	85		85	85	†	85	†
Eintrittsalter	CI/54-85 m. U.	CIO/54-85 o. U.	T	XI	C II Z	C II	1
20	170	171	178	195	160	161	163
21	174	175	181	198	163	165	167
22	177	180	185	202	167	168	170
23	181	184	188	205	171	173	173
24	185	189	192	209	175	177	177
25	189	195	196	212	180	181	182
26	193	200	200	216	185	186	186
27	197	206	205	221	190	191	191
28	202	213	210	225	195	196	195
29	207	219	215	230	200	201	200
30	213	227	220	235	206	207	206
31	218	234	226	241	212	213	211
32	225	242	232	247	218	219	217
33	231	250	239	253	225	226	224
34	238	259	246	259	232	233	231
35	245	268	253	266	239	240	239
36	253	277	261	274	246	248	246
37	261	287	269	282	254	256	255
38	270	297	278	290	263	264	263
39	279	308	287	299	272	273	273
40	288	320	296	308	281	283	282
41	298	331	306	318	291	293	292
42	309	344	317	328	301	303	304
43	320	357	328	339	312	314	315
44	332	371	340	351	323	326	327
45	345	386	353	363	335	339	339
46	358	402	366	376	347	352	353
47	372	418	381	390	360	366	368
48	387	436	396	405	375	381	383
49	403	454	412	420	391	397	399
50	420	473	429	437	408	414	417
51	438	494	447	455	426	431	436
52	457	516	467	474	445	451	456
53	478	539	487	494	465	471	476
54	500	563	509	515	486	493	499
55	523	589	533	538	507	516	524
56	548	616	558	563	530	540	549
57	575	645	585	589	556	567	577
58	603	676	613	617	583	595	605
59	633	709	644	647	612	625	638
60	666	744	677	679	643	657	671

12 (CI/54-85 m. U.): Prämienzuschlag: 1°/oo bei Summen von 3000–9999 DM; 2°/oo bei Summen von 2000–2999 DM. Prämienermäßigung: ½°/oo bei Summen von 20000–49999 DM; 1°/oo bei Summen von 50000 DM an.

12 (CIO/54-85 o. U.): Prämienzuschlag: 1°/oo bei Summen von 3000–9999 DM; 2°/oo bei Summen von 2000–2999 DM. Prämienermäßigung: ½°/oo bei 20000 DM Vers.-Se.

13: Prämienermäßigung: 1°/oo bei Summen von 20000 DM an. Bei Vers. o. U. 2°/oo jährl. Zuschlag. Für Vers. von 5000 DM an mit Recht auf freiwillige einmalige oder wiederholte Zuzahlungen zwecks Abkürzung der Vers.- und Prämienzahlungsdauer (Tarif AV mit gleichen Prämien, „Anpassungsvers.").

14: Prämienermäßigung: 1°/oo bei Summen von 11000 DM an; 2°/oo bei Summen von 21000 DM an; 3°/oo bei Summen von 50000 DM an. Bei Vers. o. U. 2°/oo jährl. Zuschlag.

15 (C II Z): Prämienzuschlag: 1°/oo bei Summen von 5000–9999 DM; 2°/oo bei Summen von 3000–4999 DM. Prämienermäßigung: 0,80°/oo bei Summen von 20000 DM an. Für Vers. von 5000 DM an mit Recht auf Zuzahlung nach Belieben zur Abkürzung der Vers.-Dauer (WA-Versorgung).

15 (C II): Prämienzuschlag: 1°/oo bei Summen von 5000–9999 DM; 2°/oo bei Summen von 3000–4999 DM. Prämienermäßigung: 0,80°/oo bei Summen von 20000 DM an.

16: Prämienzuschlag: 1,2°/oo bei Summen von 5000–9999 DM; 2,4°/oo bei Summen unter 5000 DM. Prämienermäßigung: 1,2°/oo bei Summen von 25000 DM an.

Nr.	17	18	19	20	21	22
Name der Gesellschaft	Debeka	Der Anker	Deutsche Beamten, Berlin	Deutsche Eisenbahn-Vers.-Kasse	Deutscher Herold	Deutscher Lloyd
Prämienzahlung bis	85	85	85	75	85	85
Fälligkeit des Kapitals	85	†	85	†	†	85
Tarif der Gesellschaft	L I	DE m. U.	8	II	1	L 1
Eintrittsalter						
20	169	175	178	151	185	167
21	173	179	182	154	188	170
22	176	182	184	158	192	174
23	181	186	188	162	195	177
24	185	189	191	165	199	181
25	189	193	195	170	203	185
26	194	198	200	175	207	189
27	199	202	203	180	212	194
28	203	207	207	184	217	199
29	209	212	212	190	222	204
30	215	217	217	196	227	209
31	221	223	222	202	233	215
32	228	229	228	208	239	221
33	235	235	235	216	246	228
34	242	242	242	223	253	234
35	250	249	249	231	260	242
36	258	257	256	240	268	249
37	267	265	265	248	276	258
38	277	274	272	258	284	266
39	286	283	281	268	294	275
40	296	292	291	279	303	285
41	307	302	301	290	313	295
42	318	312	312	302	324	305
43	331	324	324	315	335	317
44	344	335	335	328	347	329
45	358	348	348	343	360	341
46	372	361	361	358	373	355
47	387	375	376	375	387	369
48	403	390	390	393	403	384
49	421	406	407	412	419	400
50	439	422	424	433	436	417
51	459	440	443	454	454	435
52	480	459	461	480	473	454
53	504	480	483	505	494	475
54	527	501	505	534	516	497
55	552	524	530	564	539	520
56	580	549	556	597	564	545
57	609	575	583	634	590	572
58	641	603	612	674	619	600
59	675	633	643	720	649	630
60	711	665	678	769	682	663

17: Prämienzuschlag: 1,2°/oo bei Summen unter 10000 DM. Prämienermäßigung: 0,6°/oo bei Summen von 20000 DM an.

18: Prämienermäßigung: 1°/oo bei Summen von 20000—39999 DM; 2°/oo bei Summen von 40000 DM an.

19: Bei Vers. von 3000 DM an mit Recht auf Zuzahlungen nach Belieben zwecks Abkürzung der Vers.-Dauer (Zeitbedingte Versorgung). Bei Vers. von 1700 DM bis 2000 DM Prämienerhöhung um etwa 1½°/o, bei Vers. unter 1700 DM höhere Prämien. Prämienermäßigung: ½°/oo bei Summen von 25000 DM an; 1°/oo bei Summen von 50000 DM an; 1½°/oo bei Summen von 100000 DM an.

20: Prämienzuschlag: 0,48°/oo bei Summen von 4000—9900 DM; 0,96°/oo bei Summen unter 4000 DM. Prämienermäßigung: 0,48°/oo bei Summen von 20000 DM an. Die Prämien enthalten noch den Zuschlag für die Vers.-Steuer von 2°/o.

21: Prämienzuschlag: ½°/oo bei Summen unter 10000 DM. Prämienermäßigung: ½°/oo bei Summen von 20000 bis 49999 DM; 1½°/oo bei Summen von 50000 DM an. Bei Vers. o. U. 1½°/oo jährl. Zuschlag.

22: Prämienzuschlag: 1°/oo bei Summen von 3000—9999 DM; 3°/oo bei Summen von 2000—2999 DM. Prämienermäßigung: ½°/oo bei Summen von 20000—39999 DM; 1°/oo bei Summen von 40000 DM an. Bei Vers. o. U. 2°/oo jährl. Zuschlag.

23	24		25	26	27	28	29	
Deutscher Ring	Eos		Evangelische Familienfürsorge	Friedrich Wilhelm	Gerling-Konzern	Gilde	Gisela	Eintrittsalter
85	†	75	85	85	85	85	85	
85	†	85	85	†	†	85	85	
1	1 S	2	G 1	I A^n	K 1	B	III m. U.	
166			166	167	165	173	188	20
169	175	190	170	171	169	176	191	21
173	178	194	173	174	172	180	195	22
176	182	199	177	178	176	183	200	23
180	185	204	180	181	179	187	204	24
184	189	209	184	185	183	191	208	25
188	194	214	189	190	188	196	213	26
193	198	220	193	194	192	201	219	27
198	203	226	198	199	197	205	224	28
203	208	233	203	204	202	210	229	29
208	213	240	208	210	207	216	234	30
214	219	247	214	215	213	222	241	31
220	225	255	220	221	219	228	247	32
226	231	263	227	228	225	235	254	33
233	238	272	234	235	232	242	262	34
240	245	281	241	242	239	249	269	35
248	252	291	248	250	247	257	276	36
256	260	301	257	258	255	266	285	37
265	269	312	265	266	263	274	294	38
274	278	323	274	275	272	284	303	39
283	287	335	284	285	282	294	313	40
293	297	347	294	295	292	304	323	41
304	307	360	304	306	302	315	334	42
315	318	374	315	317	313	327	346	43
327	330	389	327	329	325	339	357	44
339	342	405	340	341	338	353	371	45
353	355	422	353	355	351	367	385	46
367	369	440	367	369	365	382	400	47
382	384	459	382	384	380	397	415	48
398	399	479	398	400	396	414	432	49
415	416	500	415	417	412	432	449	50
433	433	523	433	435	430	451	468	51
452	452	548	452	454	449	471	488	52
472	472	575	473	475	470	493	509	53
494	493	604	495	496	491	516	532	54
517	515	635	518	520	514	540	556	55
542	539	668	542	544	539	566	582	56
569	564	704	569	571	565	594	609	57
597	591	744	597	599	593	624	640	58
627	620	788	628	629	623	656	671	59
660	651	837	660	662	655	691	705	60

23 (Deutscher Ring, 1): Prämienzuschlag: 1‰ bei Summen unter 10000 DM. Prämienermäßigung: 0,5‰ bei Summen von 15000—19999 DM; 1‰ bei Summen von 20000 DM an.

24 (Eos, 1 S): Für Vers. von 5000 DM an mit Recht auf freiwillige Zuzahlungen nach Belieben zur Abkürzung der Vers.- und Beitragszahlungsdauer. Bei Vers. o. U. 1‰ jährl. Zuschlag.

24 (Eos, 2): Prämienzuschlag: 1‰ bei Summen von 3000—9999 DM. Prämienermäßigung: 0,5‰ bei Summen von 20000 DM an. Bei Vers. o. U. 1‰ jährl. Zuschlag.

25 (Evangelische Familienfürsorge, G 1): Prämienzuschlag: 1‰ bei Summen unter 10000 DM. Prämienermäßigung: 1‰ bei Summen von 20000 DM an. Bei Vers. o. U. 1,5‰ jährl. Zuschlag.

26 (Friedrich Wilhelm, I A^n): Prämienzuschlag: 0,5‰ bei Summen von 5000—9999 DM; 1‰ bei Summen von 2000—4999 DM. Prämienermäßigung: 1‰ bei Summen von 20000 DM an.

27 (Gerling-Konzern, K 1): Prämienzuschlag: 0,50‰ bei Summen von 5000—9999 DM; 1‰ bei Summen von 2000—4999 DM; 3‰ bei Summen unter 2000 DM. Prämienermäßigung: 1‰ bei Summen von 20000 DM an.

28 (Gilde, B): Prämienzuschlag: 1‰ bei Summen von 5000—9999 DM; 3‰ bei Summen unter 5000 DM. Außerdem bei Vers. o. U. von 5000—10000 DM 1‰ jährl. Zuschlag.

29 (Gisela, III m. U.): Prämienzuschlag: 1‰ bei Summen von 2000—9900 DM. Bei Summen von 2000—2900 DM erhöht sich die Jahresprämie außerdem um 0,40 DM. Prämienermäßigung: 1‰ bei Summen von 20000 DM an.

Nr.	30		31	32		32a
Name der Gesellschaft	Gladbacher		Gothaer	Hamburg-Mannheimer		Hamburg-Mannheimer (Dt. Anwalt-Vers.)
Prämienzahlung bis	85	†	90	†	80	†
Fälligkeit des Kapitals	†	†	90	†	80	†
Tarif der Gesellschaft	D 1 m. U. D 1° o. U.	EPV m. U. EPV° o. U.	1	1 (56) m. U.	3/W (56)	T-57
Eintrittsalter						
20	162	162	183	174	176	168
21	166	166	187	177	180	171
22	169	169	191	180	183	175
23	173	173	195	184	187	178
24	177	176	199	187	191	182
25	181	181	203	191	195	186
26	185	185	208	196	199	190
27	190	190	213	200	204	194
28	194	194	219	205	209	199
29	200	199	224	210	214	204
30	206	205	230	215	220	209
31	211	210	236	221	225	215
32	217	217	243	226	232	220
33	224	223	249	233	238	227
34	231	231	256	239	245	234
35	239	238	264	247	253	241
36	246	246	272	254	261	248
37	255	254	280	262	269	256
38	263	263	289	270	278	264
39	272	272	298	279	287	273
40	282	281	308	288	297	282
41	292	291	318	298	307	292
42	303	302	328	308	318	302
43	315	313	340	319	330	314
44	327	325	352	331	342	325
45	340	338	364	343	356	337
46	354	352	378	356	369	350
47	368	366	392	369	384	364
48	384	381	407	384	400	378
49	400	397	422	399	417	394
50	418	414	439	416	435	411
51	436	433	457	433	454	428
52	457	453	476	451	475	447
53	477	474	496	471	497	467
54	500	495	517	492	521	488
55	524	519	539	514	546	511
56	550	544	563	538	573	535
57	577	572	589	563	603	561
58	607	600	616	589	634	588
59	639	631	645	618	669	617
60	673	664	676	649	706	649

- 30 (D 1): Prämienzuschlag: 1,2‰ bei Summen unter 10000 DM. Prämienermäßigung: 0,6‰ bei Summen von 20000—39999 DM; 1,2‰ bei Summen von 40000 DM an. Bei Vers. o. U. (Tarif D 1°) 1,2‰ jährl. Zuschlag.
- 30 (EPV): Abkürzung der Vers.- und Beitragszahlungsdauer durch Verwendung von Gewinnanteilen und freiwilligen Zuzahlungen (Eigenplan-Versorgung). Prämienzuschlag: 1,2‰ bei Summen unter 10000 DM. Prämienermäßigung: 0,6‰ bei Summen von 20000—39999 DM; 1,2‰ bei Summen von 40000 DM an. Bei Vers. o. U. (Tarif EPV°) 1,2‰ jährl. Zuschlag.
- 31: Prämienzuschlag: 1‰ bei Summen unter 5000 DM. Prämienermäßigung: 1‰ bei Summen von 20000 bis 49999 DM; 2‰ bei Summen von 50000 DM an. Mit Recht auf Zuzahlungen nach Belieben zur Abkürzung der Vers.-Dauer (Anpassungsversicherung).
- 32 (1 (56)): Prämienzuschlag: 1‰ bei Summen unter 10000 DM. Prämienermäßigung: 1‰ bei Summen von 20000 bis 49000 DM; 1,25‰ bei Summen von 50000 DM an.
- 32 (3/W (56)): Für Vers. von 3000 DM an mit Recht auf Zuzahlung nach Belieben zwecks Abkürzung der Vers.-Dauer (Wandelvers.). Prämienzuschlag: 1‰ bei Summen unter 10000 DM. Prämienermäßigung: 1‰ bei Summen von 20000—49000 DM; 1,25‰ bei Summen von 50000 DM an. Bei Vers. o. U. 1‰ jährl. Zuschlag.
- 32a: Prämienzuschlag: Bei Summen unter 10000 DM erhöht sich die Jahresprämie um 2,40 DM. Prämienermäßigung: 0,6‰ bei Summen von 25000—49999 DM; 1,2‰ bei Summen von 50000 DM an. Bei Vers. o. U. Fortfall der Wartezeit gegen 1‰ jährl. Zuschlag.

	33	34	35	36	37	38	
	Hannoversche	Isar	Karlsruher	Kölnische	Lebensvers. Merkur	Leipziger Verein-Barmenia	Eintrittsalter
	85	85	85	85	85	85	
	†	85	85	85	†	85	
	II m. U. II° o. U.	1	I m	T	S 85	11	
	163	168	172	168	192	169	20
	166	171	175	171	198	172	21
	170	175	178	174	198	175	22
	173	178	182	178	204	179	23
	177	182	186	182	209	182	24
	181	186	190	186	209	186	25
	185	190	194	190	215	190	26
	189	195	198	194	221	195	27
	194	200	203	199	227	199	28
	199	205	208	204	233	204	29
	204	210	213	209	239	209	30
	210	216	219	215	244	215	31
	216	222	225	221	250	221	32
	222	228	232	228	256	227	33
	229	235	238	234	262	233	34
	236	242	245	241	268	240	35
	243	250	253	249	279	248	36
	251	258	261	257	285	256	37
	260	267	269	266	291	265	38
	268	276	278	274	303	274	39
	278	285	288	284	314	283	40
	287	295	298	294	320	293	41
	298	306	308	304	332	304	42
	309	317	319	315	343	315	43
	320	329	331	327	355	327	44
	333	341	343	340	372	339	45
	346	355	357	353	384	353	46
	359	369	371	367	396	367	47
	374	384	385	382	413	382	48
	390	400	401	398	431	398	49
	406	417	418	414	448	415	50
	424	435	436	432	466	433	51
	442	454	455	451	483	452	52
	462	474	475	472	506	472	53
	484	496	497	493	530	494	54
	506	519	520	516	553	517	55
	530	544	544	541	576	542	56
	556	571	570	567	605	569	57
	584	599	598	595	634	597	58
	613	629	628	625	669	627	59
	645	662	660	657	698	660	60

33: Prämienermäßigung: 0,6‰ bei Summen von 15000–24999 DM; 1,2‰ bei Summen von 25000–39999 DM; 1,8‰ bei Summen von 40000 DM an. Bei Vers. o. U. (Tarif II°) 1,2‰ jährl. Zuschlag. Bei Vers. m. U. von 5000 DM an auf Antrag Abkürzung der Vers.- oder Beitragszahlungsdauer durch Verwendung von Gewinnanteilen und freiwilligen Zuzahlungen (Fortschritts-Vers.).

34: Prämienzuschlag: 1,8‰ bei Summen von 2000–4999 DM; 3,6‰ bei Summen unter 2000 DM. Prämienermäßigung: 0,6‰ bei Summen von 20000–49999 DM; 1,2‰ bei Summen von 50000 DM an. Mit Recht auf freiwillige einmalige oder wiederholte Zuzahlungen zwecks Abkürzung der Vers.- und Prämienzahlungsdauer (Zuwachsversicherung).

35: Prämienzuschlag: 1‰ bei Summen unter 10000 DM. Prämienermäßigung: 1‰ bei Summen von 20000 DM an. Bei weiblichen Vers. von 10000 DM Vers.-Se. an Prämienberechnung nach dem um 1 Jahr jüngeren Eintrittsalter.

36: Prämienzuschlag: 0,5‰ bei Summen unter 10000 DM. Prämienermäßigung: 0,5‰ bei Summen von 20000–39999 DM; 1‰ bei Summen von 40000 DM an. Bei Vers. o. U. vom Eintrittsalter 51 an 2‰ jährl. Zuschlag.

37: Mindest-Vers.-Se. 5000 DM. Bei Tod durch Unfall doppelte Summe. Für Vers. bis 3000 DM besonderer Tarif.

38: Prämienzuschlag: 1‰ bei Summen von 5000–9999 DM; 2‰ bei Summen unter 5000 DM. Prämienermäßigung: 0,5‰ bei Summen von 20000–49999 DM; 1‰ bei Summen von 50000 DM an. Bei Vers. o. U. 2‰ jährl. Zuschlag. Für Vers. von 5000 DM an mit Recht auf freiwillige Zuzahlungen zur Abkürzung der Vers.- und Prämienzahlungsdauer.

Nr.	39		40	41	42	43
Name der Gesellschaft	Magdeburger Allgemeine		Mannheimer	Münchener Leben	Münchener Verein	National
Prämienzahlung bis	†		85	85	85	85
Fälligkeit des Kapitals	†		†	85	85	85
Tarif der Gesellschaft	B l m. U.	B l n o. U.	I D (54)	N II m m.U. N II o o.U.	II	T
Eintrittsalter						
20	168	188	169	174	163	165
21	171	191	173	178	167	168
22	174	194	176	181	170	172
23	178	198	180	185	174	176
24	181	201	183	188	178	180
25	185	205	187	192	182	185
26	190	210	192	197	186	189
27	194	214	196	201	191	194
28	199	219	201	206	196	199
29	204	224	206	211	201	205
30	209	229	212	216	206	210
31	215	235	217	222	212	216
32	221	241	224	228	219	222
33	227	247	230	234	226	229
34	234	254	237	241	233	236
35	241	261	244	248	241	243
36	249	269	252	256	249	251
37	257	277	260	264	258	259
38	265	285	269	272	267	267
39	274	294	278	281	276	276
40	283	303	287	290	286	286
41	293	323	298	300	296	296
42	303	333	308	311	307	306
43	314	344	319	322	319	317
44	326	356	331	334	332	329
45	338	368	344	346	345	342
46	351	381	357	359	359	355
47	365	395	372	373	373	369
48	380	410	387	388	389	384
49	395	425	403	404	406	400
50	412	442	420	421	423	417
51	429	459	438	438	442	435
52	448	478	457	457	462	454
53	468	498	478	478	484	475
54	489	519	500	499	507	496
55	511	541	523	522	531	520
56	535	565	548	547	557	544
57	560	590	575	573	584	571
58	587	617	603	601	614	599
59	616	646	634	631	646	629
60	647	677	666	663	680	662
	Prämienzuschlag: 1‰ bei Summen unter 10000 DM. Prämienermäßigung: 1‰ bei Summen von 50000 DM an.	Prämienzuschlag: 1‰ bei Summen unter 5000 DM.	Prämienzuschlag: ½‰ bei Summen von 5000—9999 DM; 1½‰ bei Summen von 2000—4999 DM; 2½‰ bei Summen unter 2000 DM; bei Vers o. U. ½‰ bei Summen von 10000—18000 DM. Prämienermäßigung: ½‰ bei Summen von 20000—29999 DM; 1‰ bei Summen von 30000—39999 DM; 1½‰ bei Summen von 40000 DM an. Für Vers. von 5000 DM an mit Recht auf Zuzahlung nach Belieben zur Abkürzung der Vers.- oder Prämienzahlungsdauer (Anpassungsvers. nach Tarif I DA [54] mit gleichen Prämien).	Prämienzuschlag: 1‰ bei Summen von 3000—9999 DM; 2‰ bei Summen von 2000—2999 DM; 3‰ bei Summen von 1000—1999 DM. Prämienermäßigung: 1‰ bei Summen von 20000—49999 DM; 1,5‰ bei Summen von 50000 DM an. Bei Vers. o. U. (Tarif N II o) 2‰ jährl. Zuschlag.	Prämienzuschlag: 1‰ bei Summen von 5000—9999 DM; 2‰ bei Summen unter 5000 DM. Prämienermäßigung: 0,5‰ bei Summen von 20000 DM an. Bei Vers. o. U. 1‰ jährl. Zuschlag. Die Prämien enthalten noch den Zuschlag für die Vers.-Steuer von 2%.	Prämienzuschlag: ½‰ bei Summen von 5000—9999 DM; 1½‰ bei Summen unter 5000 DM. Prämienermäßigung: ½‰ bei Summen von 20000 DM an.

44	45		46		47	Eintrittsalter
Nord-Deutsche	Nordstern		Nürnberger		Pensions-verein	
85	85		85		85	
85	85		85		85	
12	II Z m. U.	II Zo o. U.	4 r/85	4 b	IV (53)	
162	170	175	168	226	164	20
166	173	178	172	230	168	21
171	176	181	175	235	171	22
175	180	185	179	239	175	23
180	183	188	182	244	179	24
185	187	192	186	250	183	25
191	191	196	191	256	188	26
197	196	201	195	262	193	27
203	200	205	200	268	198	28
210	205	210	205	275	203	29
217	211	221	210	282	209	30
224	216	226	216	290	215	31
232	222	232	222	297	221	32
240	229	239	229	306	228	33
248	235	245	236	314	235	34
257	242	252	243	323	243	35
266	250	260	250	333	251	36
276	258	268	258	342	260	37
286	266	276	267	352	269	38
297	275	285	276	363	278	39
308	285	300	285	374	288	40
320	295	310	295	385	299	41
332	305	320	306	398	310	42
345	317	332	317	411	322	43
359	328	343	329	424	334	44
374	341	356	342	438	348	45
390	354	369	355	453	362	46
406	368	383	369	469	377	47
423	383	398	384	486	392	48
441	399	414	400	504	409	49
461	416	436	417	522	427	50
481	434	454	435	542	446	51
503	454	474	454	563	467	52
526	474	494	474	586	488	53
550	496	516	496	610	511	54
576	520	540	519	636	536	55
603	544		544	663	562	56
632	571		571	692	590	57
663	600		599	723	620	58
695	630		629	757	652	59
730	663		662	793	686	60

44 (12): Prämienzuschlag: 1‰ bei Summen von 5000—9999 DM; 3‰ bei Summen von 2000—4999 DM; 4½‰ bei Summen von 1000—1999 DM. Prämienermäßigung: ½‰ bei Summen von 50000 DM an. Bei Vers. o. U. 2‰ jährl. Zuschlag. Bei Vers. von 2000 DM an mit Recht auf freiwillige Zuzahlungen zur Abkürzung der Vers.- und Prämienzahlungsdauer (Reform-Tarif 12 B mit gleichen Prämien).

45 (II Z m. U.): Prämienzuschlag: 0,50‰ bei Summen von 6000—9999 DM; 1‰ bei Summen unter 6000 DM. Prämienermäßigung: 1‰ bei Summen von 20000 DM an; 1,50‰ bei Summen von 50000 DM an.

45 (II Zo o. U.): Prämienzuschlag: 0,50‰ bei Summen von 6000—9999 DM; 1‰ bei Summen unter 6000 DM. Prämienermäßigung: 1‰ bei 20000 DM Vers.-Se.

46 (4 r/85): Prämienzuschlag: 1‰ bei Summen unter 10000 DM. Prämienermäßigung: 1‰ bei Summen von 20000 bis 49999 DM; 1½‰ bei Summen von 50000 DM an. Für Vers. von 5000 DM an mit Recht auf Zuzahlung nach Belieben zwecks Abkürzung der Vers.-Dauer (Ausbauvers.).

46 (4 b): Prämienzuschlag: ½‰ bei Summen unter 10000 DM. Prämienermäßigung: ½‰ bei Summen von 20000—49999 DM; 1½‰ bei Summen von 50000 DM an. Bei vorzeitigem Tode erhöht sich die Vers.-Leistung um 10%. Bei Tod durch Unfall vor vollendetem 70. Lebensjahr doppelte Summe.

47 (IV (53)): Prämienzuschlag: 1‰ bei Summen unter 10000 DM. Prämienermäßigung: 1‰ bei Summen von 20000 DM an. Bei Vers. o. U. von 10000—20000 DM 1‰ jährl. Zuschlag.

Nr.	48		49	50		52
Name der Gesellschaft	Prima		Raiffeisen- und Volksbanken-Vers.	Rheinisch-Westfälische		Sparkassen-Versicherung
Prämienzahlung bis	85		85	†	85	85
Fälligkeit des Kapitals	85		85	†	†	85
Tarif der Gesellschaft	G V m m. U.	G V o o. U.	2101	G 1 Z	G 1	I
Eintrittsalter						
20	169	179	162	174	176	175
21	173	183	166	178	179	178
22	176	186	169	183	183	182
23	180	190	173	186	186	186
24	183	193	177	190	191	190
25	188	198	181	194	194	195
26	192	202	185	199	199	199
27	196	206	189	204	204	204
28	201	211	194	209	209	210
29	206	217	199	214	215	216
30	212	223	205	220	221	222
31	218	229	211	227	227	228
32	224	236	217	233	234	235
33	231	243	223	240	241	242
34	238	251	230	248	248	250
35	245	259	238	255	256	258
36	253	268	245	263	264	267
37	261	277	253	272	273	275
38	270	287	262	282	282	285
39	279	297	271	291	292	295
40	289	308	281	301	303	305
41	299	319	291	312	313	316
42	310	331	302	323	325	328
43	321	343	313	335	337	340
44	333	356	325	348	350	353
45	346	370	338	362	363	366
46	359	384	351	376	378	381
47	374	400	365	391	393	396
48	389	416	380	407	410	412
49	405	433	396	425	427	428
50	422	452	414	443	446	446
51	441	473	432	463	465	464
52	460	494	451	483	488	483
53	481	517	472	505	510	504
54	503	541	494	529	534	525
55	527	567	517	554	560	547
56	552	596	542	581	587	570
57	579	627	569	610	616	595
58	607	659	598	640	647	621
59	638	694	628	673	681	648
60	671	731	661	708	718	677

G V m m. U.: Prämienzuschlag: 1‰ bei Summen von 2000–9999 DM; 2,2‰ bei Summen von 1000–1999 DM. Prämienermäßigung: 0,5‰ bei Summen von 15000–19999 DM; 1‰ bei Summen von 20000 DM an.

G V o o. U.: Prämienzuschlag: 1‰ bei Summen von 2000–9999 DM; 2,2‰ bei Summen von 1000–1999 DM.

2101: Prämienzuschlag: 0,50‰ bei Summen von 5000—9999 DM; 1,50‰ bei Summen von 3000—4999 DM; 2,50‰ bei Summen unter 3000 DM. Prämienermäßigung: 0,50‰ bei Summen von 20000 DM an.

G 1 Z: Für Vers. von 5000 DM an mit Recht auf Zuzahlung nach Belieben und Verwendung aller Gewinnanteile zur Abkürzung der Vers.-Dauer (Zuzahlungs-Vers.). Prämienzuschlag: 0,60‰ bei Summen unter 10000 DM. Prämienermäßigung: 0,60‰ bei Summen von 20000 DM an. Die Prämien enthalten noch den Zuschlag für die Vers.-Steuer von 2%.

G 1: Prämienzuschlag: 0,60‰ bei Summen unter 10000 DM. Prämienermäßigung: 0,60‰ bei Summen von 20000 DM an. Die Prämien enthalten noch den Zuschlag für die Vers.-Steuer von 2%.

I: Prämienzuschlag: 1‰ bei Summen von 5000–9999 DM; 2‰ bei Summen von 2000–4999 DM. Prämienermäßigung: 1/2‰ bei Summen von 20000–39999 DM; 1‰ bei Summen von 40000 DM an.

53	54		55	56	58		
Universa	Vereinigte Leben		Victoria	Vita	Volkshilfe		Eintrittsalter
85	†	85	85	85	85		
†	†	85	85	†	85		
1	02	01/85	D 1	II m. U.	G M m. U.	G O o. U.	
185	167	168	177	180	186	202	20
189	171	172	180	183	190	206	21
192	175	176	183	186	194	210	22
197	179	180	186	190	198	214	23
200	184	184	190	194	202	218	24
205	188	189	194	198	207	223	25
210	193	194	198	202	212	227	26
214	198	199	202	206	217	232	27
219	203	204	207	211	222	238	28
225	209	210	212	215	228	243	29
230	215	216	217	221	234	249	30
236	221	222	223	226	240	256	31
243	227	228	229	232	247	263	32
249	234	235	235	238	254	270	33
257	241	242	242	245	262	278	34
264	248	250	249	251	270	286	35
272	256	258	256	259	279	295	36
281	264	266	264	266	288	304	37
290	273	275	273	274	298	313	38
300	282	284	282	283	308	324	39
310	292	294	291	292	319	334	40
320	302	304	301	302	331	346	41
331	313	315	312	312	342	358	42
343	325	327	323	323	355	370	43
355	337	339	335	334	368	385	44
369	350	353	347	346	383	399	45
382	363	366	360	359	399	414	46
397	378	381	374	373	414	430	47
414	393	397	389	387	432	448	48
430	410	413	405	403	449	465	49
448	427	431	422	419	469	484	50
467	445	450	440	437	490	506	51
487	465	470	459	456	513	529	52
509	486	492	480	476	536	550	53
532	508	514	502	497	561	577	54
556	532	539	525	520	588	603	55
582	558	565	550	544	615	632	56
609	585	593	576	570	645	663	57
639	614	623	604	598	678	694	58
672	645	656	635	628	714	732	59
706	678	691	667	660	755	769	60
Bei Vers. o. U. 2,3°/₀₀ jährl. Zuschlag. Bei Tod durch Unfall vor vollendetem 70. Lebensjahr doppelte Summe.	Prämienzuschlag: 1°/₀₀ bei Summen von 2000—4999 DM; 4°/₀₀ bei Summen unter 2000 DM. Bei Vers. o. U. von 5000 DM an 1°/₀₀ jährl. Zuschlag.	Prämienzuschlag: 1°/₀₀ bei Summen von 2000—4999 DM; 4°/₀₀ bei Summen unter 2000 DM. Bei Vers. o. U. von 5000 DM an 1°/₀₀ jährl. Zuschlag. Für Vers. von 3000 DM an mit Recht auf freiwillige Zuzahlungen zur Abkürzung der Vers.-Dauer (Idealtarif).	Prämienzuschlag: 1°/₀₀ bei Summen unter 10000 DM. Prämienermäßigung: 1°/₀₀ bei Summen von 20000 DM an. Bei Vers. o. U. 1°/₀₀, vom Eintrittsalter 51 an 2°/₀₀ jährl. Zuschlag.	Prämienzuschlag: 1°/₀₀ bei Summen von 6000—9999 DM; 2°/₀₀ bei Summen von 2000—5999 DM. Prämienermäßigung: 1°/₀₀ bei Summen von 25000 DM an.	Mit Recht auf Zuzahlung nach Belieben zur Abkürzung der Vers.-Dauer. Prämienermäßigung: 1°/₀₀ bei Summen von 20000 DM an. Bei Tod durch Unfall vor vollendetem 70. Lebensjahr doppelte Summe. Die Prämien enthalten noch den Zuschlag für die Vers.-Steuer von 2°/₀.	Mit Recht auf Zuzahlung nach Belieben zur Abkürzung der Vers.-Dauer. Bei Tod durch Unfall vor vollendetem 70. Lebensjahr doppelte Summe. Die Prämien enthalten noch den Zuschlag für die Vers.-Steuer von 2°/₀.	

TL XII. Lebenslängliche Todesfallversicherung

Nr.	59	60	61	62	63	64	Eintrittsalter
Name der Gesellschaft	Volkswohl-Bund	Vorsorge	Winterthur	Witwen- und Waisenkasse	Württembergischer Vers.verein	Öffentliche	
Prämienzahlung bis	85	85	85	†	85	85	
Fälligkeit des Kapitals	85	85	85	†	85	85	
Tarif der Gesellschaft	E 2	1	3 a	T L 3	LT	I	
Eintrittsalter							
20	173	170	168	162	185	175	20
21	177	174	171	165	188	178	21
22	180	177	175	168	191	182	22
23	184	181	178	172	195	186	23
24	187	184	182	176	199	190	24
25	191	188	186	180	203	195	25
26	196	193	190	184	207	199	26
27	200	197	195	189	211	204	27
28	205	202	199	194	216	210	28
29	210	207	204	199	221	216	29
30	216	213	210	204	226	222	30
31	221	219	216	210	232	228	31
32	227	225	222	216	238	235	32
33	234	231	228	223	245	242	33
34	241	238	235	230	251	250	34
35	248	245	242	237	258	258	35
36	256	253	250	245	266	267	36
37	264	261	258	253	274	275	37
38	272	270	266	262	282	285	38
39	282	279	275	271	291	295	39
40	291	289	285	280	301	305	40
41	301	299	295	290	311	316	41
42	312	309	305	301	321	328	42
43	323	321	316	312	332	340	43
44	335	333	328	324	344	353	44
45	348	345	340	337	356	366	45
46	361	359	354	350	370	381	46
47	375	373	368	364	384	396	47
48	390	388	383	379	398	412	48
49	406	404	398	395	414	428	49
50	423	421	415	412	431	446	50
51	441	439	433	430	449	464	51
52	461	459	452	449	468	483	52
53	481	480	473	470	488	504	53
54	503	502	494	491	510	525	54
55	526	525	517	515	533	547	55
56	551	550	542	539	557	570	56
57	578	577	568	565	583	595	57
58	606	605	596	593	611	621	58
59	637	636	627	622	641	648	59
60	669	669	659	654	673	677	60

59: Prämienzuschlag: 1 ‰ bei Summen von 5000–9900 DM; 2 ‰ bei Summen von 2000–4900 DM. Prämienermäßigung: 1 ‰ bei Summen von 20000 DM an.

60: Prämienzuschlag: 1 ‰ bei Summen unter 10000 DM. Prämienermäßigung: 1 ‰ bei Summen von 20000 DM an. Bei Vers. o. U. vom Eintrittsalter 50 an 1 ‰ jährl. Zuschlag.

61: Prämienzuschlag: 0,5 ‰ bei Summen von 5000—9999 DM; 1 ‰ bei Summen von 3000—4999 DM; 4,— DM bei Summen unter 3000 DM. Prämienermäßigung: 0,5 ‰ bei Summen von 20000—49999 DM; 1 ‰ bei Summen von 50000 DM an.

62: Prämienzuschlag: 0,6 ‰ bei Summen von 5000–9999 DM; 1,2 ‰ bei Summen von 3000–4999 DM. Prämienermäßigung: 0,6 ‰ bei Summen von 20000–49999 DM; 1,2 ‰ bei Summen von 50000 DM an.

63: Prämienzuschlag: 1 ‰ bei Summen von 3000—9999 DM; 2 ‰ bei Summen von 2000—2999 DM. Prämienermäßigung: 1 ‰ bei Summen von 20000 DM an. Bei Vers. o. U. vom Eintrittsalter 46 an 2 ‰ jährl. Zuschlag. Bei Tod durch Unfall vor vollendetem 70. Lebensjahr doppelte Summe.

64: Prämienzuschlag: 1 ‰ bei Summen von 5000–9999 DM; 2 ‰ bei Summen von 2000–4999 DM. Prämienermäßigung: 1/2 ‰ bei Summen von 20000–39999 DM; 1 ‰ bei Summen von 40000 DM an.

Todesfallversicherung-Prämienzahlung bis 65 T65 I.

Nr.	1	2	3	4	5	6
Name der Gesellschaft	Aachener und Münchener	Agrippina	Albingia	Allgemeine Asse-kuranz	Allgemeine Renten-anstalt	Allianz
Fälligkeit des Kapitals	85	†	†	85	85	85
Tarif der Gesellschaft	3 z	3	I	G 1 C	R (57) m. U.	I Z M
Eintrittsalter						
20	184	173	175	201	186	184
21	188	177	179	205	190	188
22	192	181	184	210	195	192
23	197	185	188	215	199	197
24	201	190	193	220	204	201
25	206	195	198	226	209	206
26	212	201	203	232	214	212
27	217	206	209	238	220	217
28	223	212	215	245	226	223
29	230	219	222	252	232	230
30	237	226	229	260	239	237
31	244	234	237	268	247	244
32	252	242	245	277	255	252
33	260	251	253	287	264	261
34	269	260	263	297	273	270
35	279	270	273	307	283	280
36	290	281	284	319	293	291
37	301	292	295	331	305	302
38	313	305	308	343	317	314
39	326	318	321	357	330	327
40	340	333	336	372	345	342
41	355	348	351	388	360	357
42	372	365	368	404	377	374
43	390	383	386	423	395	392
44	409	403	406	443	415	411
45	431	425	428	465	437	433
46	454	450	453	489	461	457
47	480	476	479	515	487	483
48	509	506	509	544	517	512
49	542	539	542	576	550	545
50	578	570	580	611	587	582
51	619	612	622	652	629	623
52	666	660	670	698	677	671
53	721	715	726	750	732	726
54	785	780	792	811	797	791
55	860	852	869	883	874	867

1: Prämienzuschlag: 1‰ bei Summen unter 6000 DM. Prämienermäßigung: 1‰ bei Summen von 20000 bis 49999 DM; 1,5‰ bei Summen von 50000 DM an. Bei Vers. o. U. vom Eintrittsalter 40 an 1‰, vom Eintrittsalter 50 an 2‰ jährl. Zuschlag.

2: Prämienzuschlag: 0,5‰ bei Summen von 2000—9999 DM; 2,5‰ bei Summen unter 2000 DM. Prämienermäßigung: 1‰ bei Summen von 20000 DM an.

3: Prämienzuschlag: 1‰ bei Summen unter 10000 DM. Prämienermäßigung: 1‰ bei Summen von 20000 DM an. Bei Vers. o. U. 1‰ jährl. Zuschlag.

4: Prämienzuschlag: 1‰ bei Summen unter 5000 DM. Prämienermäßigung: 1‰ bei Summen von 20000 DM an; 2‰ bei Summen von 40000 DM an. Bei Vers. o. U. 1,5‰ jährl. Zuschlag.

5: Prämienzuschlag: 0,75‰ bei Summen von 3000—9999 DM; 1,50‰ bei Summen von 2000—2999 DM. Prämienermäßigung: 0,75‰ bei Summen von 20000—49999 DM; 1,25‰ bei Summen von 50000—99999 DM; 1,75‰ bei Summen von 100000 DM an. Bei Tod durch Unfall doppelte Summe.

6: Prämienzuschlag: 0,5‰ bei Summen von 3000—9999 DM; 1,5‰ bei Summen unter 3000 DM. Prämienermäßigung: 1‰ bei Summen von 20000—49999 DM; 1,5‰ bei Summen von 50000 DM an. Bei Vers. o. U. vom Eintrittsalter 46 an 1,5‰, vom Eintrittsalter 51 an 2,5‰ jährl. Zuschlag.

Nr.	7	10	11	12		13
Name der Gesellschaft	Alte Leipziger	Basler	Bayerische Beamtenvers.	Berlinische		Bonner
Fälligkeit des Kapitals	85	85	†	85		85
Tarif der Gesellschaft	7	Ld	I N	CI A/54 m. U.	CI AO/54 o. U.	T
Eintrittsalter						
20		193	210	179	179	188
21		197	210	184	184	192
22		202	210	189	190	196
23		206	221	193	195	201
24		211	221	198	201	205
25	196	216	233	203	207	210
26	201	222	233	208	214	216
27	207	227	244	214	221	221
28	213	234	244	220	229	227
29	220	240	256	227	237	234
30	227	248	256	234	246	241
31	234	255	268	241	255	249
32	243	263	279	249	264	257
33	251	272	279	258	275	265
34	261	282	291	267	286	275
35	271	292	303	277	297	285
36	282	302	314	288	310	296
37	293	315	326	300	323	307
38	306	327	338	312	337	319
39	319	341	349	325	352	333
40	334	356	372	339	368	347
41	349	371	384	355	385	363
42	366	389	407	372	404	379
43	385	407	419	390	424	398
44	405	428	442	410	446	418
45	427	450	466	432	470	440
46	451	474	489	456	496	464
47	478	502	524	482	525	490
48	508	532	547	512	557	520
49	541	566	582	544	592	553
50	579	604	629	582	632	590
51	621	646	663	623	676	632
52	670	695	722	671	727	680
53	726	751	780	727	785	736
54	792	819	838	792	853	801
55	870	898	920	869	934	878
Bemerkungen	Prämienzuschlag: 0,50‰ bei Summen von 5000—9999 DM; 1,50‰ bei Summen von 3000—4999 DM; 2,50‰ bei Summen unter 3000 DM. Prämienermäßigung: 0,50‰ bei Summen von 20000—39999 DM; 1,50‰ bei Summen von 40000 DM an.	Prämienermäßigung: 0,5‰ bei Summen von 15000—24999 DM; 1‰ bei Summen von 25000—39999 DM; 1,5‰ bei Summen von 40000—59999 DM; 2‰ bei Summen von 60000 DM an.	Prämienzuschlag: 0,60‰ bei Summen von 5000—9999 DM; 1,20‰ bei Summen von 501—4999 DM; 1,80‰ bei Summen von 500 DM. Prämienermäßigung: 1,20‰ bei Summen von 20000—49999 DM; 1,80‰ bei Summen von 50000 DM an. Bei Tod durch Unfall doppelte Summe. Die Prämien enthalten noch den Zuschlag für die Vers.-Steuer von 2%.	Prämienzuschlag: 1‰ bei Summen von 3000—9999 DM; 2‰ bei Summen von 2000—2999 DM. Prämienermäßigung: ½‰ bei Summen von 20000—49999 DM; 1‰ bei Summen von 50000 DM an.	Prämienzuschlag: 1‰ bei Summen von 3000—9999 DM; 2‰ bei Summen von 2000—2999 DM. Prämienermäßigung: ½‰ bei 20000 DM Vers.-Se.	Prämienermäßigung: 1‰ bei Summen von 20000 DM an. Bei Vers. o. U. 2‰ jährl. Zuschlag.

Prämienzahlung bis 65 T 65 III.

14	15	16	17	18	19	20	
Braunschweigische	Concordia	Condor	Debeka	Der Anker	Deutsche Beamten, Berlin	Deutsche Eisenbahn-Vers.-Kasse	Eintrittsalter
85	85	†	85	†	85	†	
XI	C II	1	L I	DE	7	II	
203	171	172	182	185	186	158	20
206	175	177	186	189	189	163	21
210	180	182	190	194	193	166	22
214	184	185	195	198	196	171	23
218	190	191	201	203	201	176	24
223	195	195	206	207	204	181	25
228	201	200	211	213	208	186	26
233	207	206	218	218	214	192	27
238	213	213	224	224	219	198	28
244	220	218	231	231	226	205	29
251	228	226	239	238	232	212	30
258	235	233	247	245	240	219	31
265	244	241	257	253	247	228	32
273	252	251	266	262	254	236	33
282	262	260	275	271	264	246	34
291	272	269	287	281	271	255	35
301	282	281	299	291	281	266	36
312	294	292	310	303	292	278	37
323	306	304	324	315	303	290	38
336	319	317	338	328	316	303	39
349	333	331	355	342	327	318	40
363	348	347	371	357	342	333	41
379	365	364	389	374	358	350	42
396	383	382	409	392	376	369	43
415	403	403	430	411	394	388	44
435	424	425	455	433	414	411	45
457	448	449	480	457	436	435	46
482	474	475	509	483	460	462	47
509	503	504	542	512	487	492	48
540	536	538	578	544	518	525	49
574	572	574	618	581	552	562	50
613	614	617	664	622	591	604	51
658	661	665	717	669	635	652	52
710	716	721	777	724	687	709	53
770	780	786	849	788	746	775	54
841	856	864	933	864	818	852	55

14: Prämienermäßigung: 1°/₀₀ bei Summen von 11000 DM an; 2°/₀₀ bei Summen von 21000 DM an; 3°/₀₀ bei Summen von 50000 DM an. Bei Vers. o. U. 2°/₀₀ jährl. Zuschlag.

15: Prämienzuschlag: 1°/₀₀ bei Summen von 5000—9999 DM; 2°/₀₀ bei Summen von 3000—4999 DM. Prämienermäßigung: 0,80°/₀₀ bei Summen von 20000 DM an.

16: Prämienzuschlag: 1,2°/₀₀ bei Summen von 5000—9999 DM; 2,4°/₀₀ bei Summen unter 5000 DM. Prämienermäßigung: 1,2°/₀₀ bei Summen von 25000 DM an.

17: Prämienzuschlag: 1,2°/₀₀ bei Summen unter 10000 DM. Prämienermäßigung: 0,6°/₀₀ bei Summen von 20000 DM an.

18: Prämienermäßigung: 1°/₀₀ bei Summen von 20000—39999 DM; 2°/₀₀ bei Summen von 40000 DM an. Bei Vers. o. U. 1,5°/₀₀ jährl. Zuschlag.

19: Bei Vers. von 1700 DM bis 2000 DM Prämienerhöhung um etwa 1½°/₀, bei Vers. unter 1700 DM höhere Prämien. Prämienermäßigung: ½°/₀₀ bei Summen von 25000 DM an; 1°/₀₀ bei Summen von 50000 DM an; 1½°/₀₀ bei Summen von 100000 DM an.

20: Prämienzuschlag: 0,48°/₀₀ bei Summen von 4000—9900 DM; 0,96°/₀₀ bei Summen unter 4000 DM. Prämienermäßigung: 0,48°/₀₀ bei Summen von 20000 DM an. Die Prämien enthalten noch den Zuschlag für die Vers.-Steuer von 2°/₀.

Nr.	21	22	23	24	25	26
Name der Gesellschaft	Deutscher Herold	Deutscher Lloyd	Deutscher Ring	Eos	Evangelische Familienfürsorge	Friedrich Wilhelm
Fälligkeit des Kapitals	†	85	85	85	85	†
Tarif der Gesellschaft	1	L 2	1	2	G 2	I A^n
Eintrittsalter						
20	195	177	176		176	177
21	199	181	180	195	180	181
22	203	185	184	199	185	186
23	208	190	189	204	189	190
24	212	194	193	210	194	195
25	217	199	198	215	199	200
26	223	205	203	221	204	205
27	229	210	209	228	209	211
28	235	216	215	235	216	217
29	241	223	222	242	222	223
30	248	230	229	250	229	230
31	256	237	236	258	237	238
32	264	245	244	267	245	246
33	273	254	253	277	253	254
34	282	263	262	287	262	264
35	292	273	272	298	272	274
36	303	284	282	310	283	284
37	314	295	294	322	294	296
38	327	308	306	335	306	308
39	340	321	319	349	320	321
40	354	335	334	364	334	336
41	370	351	349	380	349	351
42	387	367	366	397	366	368
43	405	386	384	416	384	386
44	425	406	403	436	404	406
45	447	427	425	458	425	427
46	471	451	449	483	449	451
47	497	478	475	509	475	478
48	527	507	504	539	505	507
49	560	540	537	571	537	540
50	597	577	574	608	574	577
51	639	619	615	649	616	618
52	687	666	663	696	663	666
53	743	722	718	749	718	721
54	808	787	783	812	783	786
55	885	863	859	885	859	863
	Prämienzuschlag: ½‰ bei Summen unter 10000 DM. Prämienermäßigung: ½‰ bei Summen von 20000 bis 49999 DM; 1½‰ bei Summen von 50000 DM an. Bei Vers. o. Ü. 1½‰ jährl. Zuschlag.	Prämienzuschlag: 1‰ bei Summen von 3000—9999 DM; 3‰ bei Summen von 2000—2999 DM. Prämienermäßigung: ½‰ bei Summen von 20000—39999 DM; 1‰ bei Summen von 40000 DM an. Bei Vers. o. U. 2‰ jährl. Zuschlag.	Prämienzuschlag: 1‰ bei Summen unter 10000 DM. Prämienermäßigung: 0,5‰ bei Summen von 15000—19999 DM; 1‰ bei Summen von 20000 DM an.	Prämienzuschlag: 1‰ bei Summen von 3000—9999 DM. Prämienermäßigung: 0,5‰ bei Summen von 20000 DM an. Bei Vers. o. U. 1‰ jährl. Zuschlag.	Prämienzuschlag: 1‰ bei Summen unter 10000 DM. Prämienermäßigung: 1‰ bei Summen von 20000 DM an. Bei Vers. o. U. 1,5‰ jährl. Zuschlag.	Prämienzuschlag: 0,5‰ bei Summen von 5000—9999 DM; 1‰ bei Summen von 2000—4999 DM. Prämienermäßigung: 1‰ bei Summen von 20000 DM an.

27	28	30	31	32	32a	33	
Gerling-Konzern	Gilde	Gladbacher	Gothaer	Hamburg-Mannheimer	Hamburg-Mannheimer (Dt. Anwalt-Vers.)	Hannoversche	Eintrittsalter
	85	†	90	†	†	†	
K 1	A	D 1 m. U. D 1⁰ o. U.	2	2 (56) m. U.	T—57	II m. U. II⁰ o. U.	
175	181	173	195	184	178	173	20
179	185	176	200	188	182	177	21
183	189	181	205	192	186	181	22
188	194	185	210	196	190	185	23
192	198	190	215	201	194	190	24
197	203	194	221	206	199	194	25
203	208	200	227	211	205	200	26
208	214	206	233	216	210	205	27
214	220	213	240	222	216	211	28
221	227	218	247	229	222	217	29
228	234	226	255	236	229	224	30
235	241	233	263	243	236	232	31
243	249	241	272	251	244	239	32
252	258	250	281	259	253	248	33
261	267	259	291	268	262	257	34
271	277	270	301	278	272	267	35
281	288	280	312	289	282	277	36
293	299	292	324	300	293	288	37
305	312	305	337	312	305	300	38
318	325	317	351	325	318	313	39
332	340	332	366	339	332	327	40
347	355	348	382	354	347	342	41
364	372	365	399	370	363	358	42
382	391	384	418	388	381	376	43
401	411	403	439	407	400	395	44
423	433	426	461	429	421	416	45
446	457	450	486	452	445	440	46
473	484	476	513	478	470	465	47
502	513	506	543	507	499	494	48
534	546	540	577	539	531	526	49
571	584	576	615	575	567	560	50
612	626	620	658	616	608	599	51
659	674	667	707	663	654	644	52
714	730	724	764	717	708	695	53
778	796	789	830	780	772	756	54
854	873	868	909	855	847	827	55

27: Prämienzuschlag: 0,50‰ bei Summen von 5000–9999 DM; 1‰ bei Summen von 2000–4999 DM; 3‰ bei Summen unter 2000 DM. Prämienermäßigung: 1‰ bei Summen von 20000 DM an.

28: Prämienzuschlag: 1‰ bei Summen von 5000–9999 DM; 3‰ bei Summen unter 5000 DM. Außerdem bei Vers. o. U. von 5000–10000 DM 1‰ jährl. Zuschlag.

30: Prämienzuschlag: 1,2‰ bei Summen unter 10000 DM. Prämienermäßigung: 0,6‰ bei Summen von 20000—39999 DM; 1,2‰ bei Summen von 40000 DM an. Bei Vers. o. U. (Tarif D 1⁰) 1,2‰ jährl. Zuschlag.

31: Prämienzuschlag: 1‰ bei Summen unter 5000 DM. Prämienermäßigung: 1‰ bei Summen von 20000–49999 DM; 2‰ bei Summen von 50000 DM an.

32: Prämienzuschlag: 1‰ bei Summen unter 10000 DM. Prämienermäßigung: 1‰ bei Summen von 20000 bis 49000 DM; 1,25‰ bei Summen von 50000 DM an.

32a: Prämienzuschlag: Bei Summen unter 10000 DM erhöht sich die Jahresprämie um 2,40 DM. Prämienermäßigung: 0,6‰ bei Summen von 25000—49999 DM; 1,2‰ bei Summen von 50000 DM an. Bei Vers. o. U. Fortfall der Wartezeit gegen 1‰ jährl. Zuschlag.

33: Prämienermäßigung: 0,6‰ bei Summen von 15000–24999 DM; 1,2‰ bei Summen von 25000–39999 DM; 1,8‰ bei Summen von 40000 DM an. Bei Vers. o. U. (Tarif II⁰) 1,2‰ jährl. Zuschlag. Bei Vers. m. U. von 5000 DM an auf Antrag Abkürzung der Vers.- oder Beitragszahlungsdauer durch Verwendung von Gewinnanteilen und freiwilligen Zuzahlungen (Fortschritts-Vers.).

Nr.	34	35	36	37	38
Name der Gesellschaft	Isar	Karlsruher	Kölnische	Lebensvers. Merkur	Leipziger Verein-Barmenia
Fälligkeit des Kapitals	85	85	85	†	85
Tarif der Gesellschaft	2	I m	T	S	11
Eintrittsalter					
20	178	182	178		179
21	182	186	182		183
22	186	190	186		187
23	190	195	191		191
24	195	199	195		196
25	200	204	200		201
26	205	209	206		206
27	211	215	211		211
28	217	221	217		217
29	224	227	224		223
30	231	234	231		230
31	238	242	239		237
32	246	250	247		245
33	255	258	255		254
34	264	267	264		263
35	274	277	274		273
36	284	288	285		284
37	296	299	296		296
38	308	311	308		308
39	321	324	322		321
40	335	339	336	367	336
41	351	354	351	378	351
42	368	370	368	396	368
43	386	388	386	413	386
44	405	408	406	436	406
45	427	429	428	460	428
46	451	453	451	483	452
47	477	479	478	506	478
48	506	508	507	541	508
49	539	541	540	570	541
50	576	577	577	611	578
51	617	619	618	652	620
52	665	666	666	704	668
53	720	721	721	757	724
54	784	785	786	826	789
55	861	861	863	902	866
Bemerkungen	Prämienzuschlag: 1,8‰ bei Summen von 2000—4999 DM; 3,6‰ bei Summen unter 2000 DM. Prämienermäßigung: 0,6‰ bei Summen von 20000—49999 DM; 1,2‰ bei Summen von 50000 DM an.	Prämienzuschlag: 1‰ bei Summen unter 10000 DM. Prämienermäßigung: 1‰ bei Summen von 20000 DM an. Bei weiblichen Vers. von 10000 DM Vers.-Se. an Prämienberechnung nach dem um 1 Jahr jüngeren Eintrittsalter.	Prämienzuschlag: 0,5‰ bei Summen unter 10000 DM. Prämienermäßigung: 0,5‰ bei Summen von 20000 bis 39999 DM; 1‰ bei Summen von 40000 DM an. Bei Vers. o. U. vom Eintrittsalter 51 an 2‰ jährl. Zuschlag.	Mindest-Vers.-Se. 5000 DM. Bei Tod durch Unfall doppelte Summe. Für Vers. bis 3000 DM besonderer Tarif.	Prämienzuschlag: 1‰ bei Summen von 5000—9999 DM; 2‰ bei Summen unter 5000 DM. Prämienermäßigung: 0,5‰ bei Summen von 20000—49999 DM; 1‰ bei Summen von 50000 DM an. Bei Vers. o. U. 2‰ jährl. Zuschlag. Für Vers. von 5000 DM an mit Recht auf freiwillige Zuzahlungen zur Abkürzung der Vers.- und Prämienzahlungsdauer.

39		40	42	43	44	
Magdeburger Allgemeine		Mannheimer	Münchener Verein	National	Nord-Deutsche	Eintrittsalter
†		†	85	85	85	
B 1 m. U.	B 1 n o. U.	I D (54)	II	T	12	
179	199	179	173	174	168	20
183	203	183	177	178	173	21
187	207	188	181	183	178	22
191	211	192	186	188	183	23
196	216	197	191	193	189	24
201	221	202	196	198	195	25
206	226	207	201	204	201	26
212	232	213	207	210	208	27
218	238	219	213	216	215	28
225	245	226	220	223	223	29
232	252	233	227	230	231	30
239	259	240	235	237	240	31
247	267	248	244	246	249	32
256	276	257	253	254	259	33
265	285	266	262	263	269	34
275	295	276	272	273	281	35
286	306	287	284	284	292	36
297	317	298	295	295	305	37
309	329	311	308	307	318	38
323	343	324	322	320	333	39
337	357	339	336	334	348	40
352	382	354	352	350	364	41
369	399	371	370	366	382	42
387	417	389	388	384	401	43
407	437	409	409	404	422	44
429	459	431	431	425	445	45
453	483	455	456	449	470	46
479	509	482	483	475	497	47
508	538	511	513	504	528	48
541	571	544	547	536	561	49
578	608	581	585	573	599	50
620	650	623	628	614	641	51
668	698	671	678	661	689	52
723	753	727	735	716	744	53
788	818	792	801	780	808	54
865	895	869	880	856	884	55

39 (B 1 m. U.): Prämienzuschlag: 1‰ bei Summen unter 10000 DM. Prämienermäßigung: 1‰ bei Summen von 50000 DM an.

39 (B 1 n o. U.): Prämienzuschlag: 1‰ bei Summen unter 5000 DM.

40: Prämienzuschlag: ½‰ bei Summen von 5000–9999 DM; 1½‰ bei Summen von 2000–4999 DM; 2½‰ bei Summen unter 2000 DM; bei Vers. o. U. ½‰ bei Summen von 10000 — 18000 DM. Prämienermäßigung: ½‰ bei Summen von 20000–29999 DM; 1‰ bei Summen von 30000–39999 DM; 1½‰ bei Summen von 40000 DM an.

42: Prämienzuschlag: 1‰ bei Summen von 5000–9999 DM; 2‰ bei Summen unter 5000 DM. Prämienermäßigung: 0,5‰ bei Summen von 20000 DM an. Bei Vers. o. U. 1‰ jährl. Zuschlag. Die Prämien enthalten noch den Zuschlag für die Vers.-Steuer von 2%.

43: Prämienzuschlag: ½‰ bei Summen von 5000—9999 DM; 1½‰ bei Summen unter 5000 DM. Prämienermäßigung: ½‰ bei Summen von 20000 DM an.

44: Prämienzuschlag: 1‰ bei Summen von 5000—9999 DM; 3‰ bei Summen von 2000—4999 DM; 4½‰ bei Summen von 1000—1999 DM. Prämienermäßigung: ½‰ bei Summen von 50000 DM an. Bei Vers. o. U. 2‰ jährl. Zuschlag.

Nr.	45		46	47	48	
Name der Gesellschaft	Nordstern		Nürnberger	Pensions-verein	Prima	
Fälligkeit des Kapitals	85		85	85	85	
Tarif der Gesellschaft	II Z m. U.	II Z o o. U.	4 ra	IV A (53)	G V m m. U.	G V o o. U.
Eintrittsalter						
20	178	183	182		180	190
21	182	187	187		184	194
22	186	191	191		188	198
23	190	195	195		193	203
24	194	199	200		198	208
25	199	204	205		203	213
26	204	209	211		208	218
27	209	214	216		214	224
28	215	220	223		220	230
29	221	226	229		227	237
30	228	238	237		234	245
31	235	245	244		242	253
32	243	253	252		250	262
33	251	261	261		259	271
34	260	270	271		268	281
35	269	279	281	276	279	293
36	280	290	292		289	304
37	291	301	303		301	317
38	303	313	316		314	331
39	315	325	330		327	345
40	329	344	344	341	342	361
41	344	359	360		358	378
42	360	375	377		375	396
43	378	393	396		393	415
44	397	412	416		414	437
45	418	433	438	438	436	460
46	441	456	462		460	485
47	466	481	489		487	513
48	495	510	519		517	544
49	527	542	553		551	579
50	562	582	591	595	589	619
51	619	639	633		631	663
52	667	687	682		680	714
53	723	743	739		737	773
54	788	808	805		803	841
55	866	886	883	897	882	922

II Z: Prämienzuschlag: 0,50‰ bei Summen von 6000—9999 DM; 1‰ bei Summen unter 6000 DM. Prämienermäßigung: 1‰ bei Summen von 20000 DM an; 1,50‰ bei Summen von 50000 DM an.

II Z o: Prämienzuschlag: 0,50‰ bei Summen von 6000—9999 DM; 1‰ bei Summen unter 6000 DM. Prämienermäßigung: 1‰ bei 20000 DM Vers.-Se.

4 ra: Prämienzuschlag: 1‰ bei Summen unter 10000 DM. Prämienermäßigung: 1‰ bei Summen von 20000—49999 DM; 1½‰ bei Summen von 50000 DM an.

IV A (53): Prämienzuschlag: 1‰ bei Summen unter 10000 DM. Prämienermäßigung: 1‰ bei Summen von 20000 DM an. Bei Vers. o. U. von 10000—20000 DM 1‰ jährl. Zuschlag.

G V m: Prämienzuschlag: 1‰ bei Summen von 2000—9999 DM; 2,2‰ bei Summen von 1000—1999 DM. Prämienermäßigung: 0,5‰ bei Summen von 15000—19999 DM; 1‰ bei Summen von 20000 DM an.

G V o: Prämienzuschlag: 1‰ bei Summen von 2000—9999 DM; 2,2‰ bei Summen von 1000—1999 DM.

	49	50	51	52	53	54
	Raiffeisen- u. Volks-banken-Vers.	Rheinisch-Westfälische	Schweizerische	Sparkassen-Versicherung	Universa	Vereinigte Leben
	85	†	†	85	†	†
Eintrittsalter	2101	G 1	230	I a	3	02
20	172	186	197	181		177
21	176	191	201	185		182
22	181	195	205	189		187
23	185	200	209	194		192
24	190	205	214	198		197
25	195	211	219	203		202
26	200	216	224	209		208
27	206	222	229	215		215
28	212	228	235	221		221
29	219	236	242	228		228
30	226	243	249	235		236
31	233	251	256	243		244
32	241	259	264	252		252
33	250	269	273	261		261
34	259	279	282	270		270
35	269	290	292	280	297	281
36	280	301	302	291		291
37	292	314	313	302		303
38	304	327	325	315		316
39	317	341	339	328		329
40	332	357	353	342	363	344
41	347	374	368	358		360
42	364	392	384	374		377
43	382	411	402	392		395
44	402	433	422	412		415
45	424	456	443	433	458	438
46	448	482	467	456		462
47	475	511	493	481		489
48	504	542	522	509		519
49	537	578	554	540		553
50	574	618	590	575	616	590
51	616	663	631	614		633
52	665	716	678	658		682
53	720	775	733	708		738
54	785	846	797	767		805
55	863	929	872	836	917	883

49: Prämienzuschlag: 0,50‰ bei Summen von 5000—9999 DM; 1,50‰ bei Summen von 3000—4999 DM; 2,50‰ bei Summen unter 3000 DM. Prämienermäßigung: 0,50‰ bei Summen von 20000 DM an.

50: Prämienzuschlag: 0,60‰ bei Summen unter 10000 DM. Prämienermäßigung: 0,60‰ bei Summen von 20000 DM an. Die Prämien enthalten noch den Zuschlag für die Vers.-Steuer von 2‰.

51: Prämienzuschlag: 1‰ bei Summen von 5000—9999 DM; 2‰ bei Summen unter 5000 DM. Prämienermäßigung: 0,5‰ bei Summen von 20000—49999 DM; 1‰ bei Summen von 50000 DM an. Bei Tod durch Unfall doppelte Summe, Mehrleistung jedoch höchstens 25000 DM. Bei Tod nach langer Krankheit Zusatzleistung gemäß S. 51, Ziff. 14.

52: Prämienzuschlag: 1‰ bei Summen von 5000—9999 DM; 2‰ bei Summen von 2000—4999 DM. Prämienermäßigung: ½‰ bei Summen von 20000—39999 DM; 1‰ bei Summen von 40000 DM an.

53: Bei Vers. o. U. 2,3‰ jährl. Zuschlag. Bei Tod durch Unfall doppelte Summe.

54: Prämienzuschlag: 1‰ bei Summen von 2000—4999 DM; 4‰ bei Summen unter 2000 DM. Bei Vers. o. U. von 5000 DM an 1‰ jährl. Zuschlag.

T 65 X.

Nr.	55	56	57	58	
Name der Gesellschaft	Victoria	Vita	Vohk	Volkshilfe	
Fälligkeit des Kapitals	85	†	85	85	
Tarif der Gesellschaft	D 2	II	Cm m. U. Co o. U.	St M m. U.	St O o. U.
Eintrittsalter					
20				198	213
21				202	218
22				207	223
23				212	228
24				217	233
25	206	210		223	239
26	212	215		229	244
27	218	221		235	251
28	223	226		242	258
29	229	233		249	265
30	236	239		257	273
31	242	246		266	281
32	250	254		275	290
33	259	262		285	300
34	268	271		294	310
35	277	280	297	306	322
36	287	290		318	334
37	298	301		331	346
38	310	313		344	361
39	323	325		360	376
40	337	339	366	376	392
41	352	353		393	409
42	368	369		412	428
43	385	387		433	449
44	405	405		454	470
45	426	426	464	480	495
46	449	449		506	521
47	474	475		535	552
48	503	503		568	585
49	536	534		606	621
50	571	570	620	648	666
51	611	610		697	714
52	656	656		750	764
53	711	709		810	827
54	774	772		888	902
55	849	846	909		
	Prämienzuschlag: 1‰ bei Summen unter 10000 DM. Prämienermäßigung: 1‰ bei Summen von 20000 DM an. Bei Vers. o. U. 1‰, vom Eintrittsalter 51 an 2‰ jährl. Zuschlag.	Prämienzuschlag: 1‰ bei Summen von 6000—9999 DM; 2‰ bei Summen von 2000—5999 DM. Prämienermäßigung: 1‰ bei Summen von 25000 DM an.	Prämienzuschlag: 1½‰ bei Summen unter 10000 DM. Prämienermäßigung: ½‰ bei Summen von 50000 DM an. Bei Vers. o. U. (Tarif Co) 1‰ jährl. Zuschlag.	Prämienermäßigung: 1‰ bei Summen von 20000 DM an. Bei Tod durch Unfall doppelte Summe. Die Prämien enthalten noch den Zuschlag für die Vers.-Steuer von 2%.	Bei Tod durch Unfall doppelte Summe. Die Prämien enthalten noch den Zuschlag für die Vers.-Steuer von 2%.

59	60	61	62	63	64	Eintrittsalter
Volkswohl-Bund	Vorsorge	Winterthur	Witwen- und Waisenkasse	Württemberg. Vers.verein	Öffentliche	
85	85	85	†	85	85	
E 1	2	3	T 3	L T	I a	
183	181	178	173	195	181	20
187	185	182	178	199	185	21
192	190	186	182	204	189	22
196	194	191	186	208	194	23
201	199	195	191	213	198	24
206	204	200	196	217	203	25
211	209	206	202	223	209	26
217	215	211	207	228	215	27
223	221	217	214	234	221	28
229	228	224	220	241	228	29
236	235	231	227	248	235	30
244	243	238	235	255	243	31
252	251	246	243	263	252	32
261	260	255	252	272	261	33
270	269	264	261	281	270	34
280	279	274	272	291	280	35
291	290	284	283	302	291	36
302	301	296	294	313	302	37
314	314	308	307	325	315	38
328	327	321	320	338	328	39
342	342	335	335	353	342	40
357	358	351	351	368	358	41
374	375	367	368	385	374	42
392	393	385	386	403	392	43
412	413	405	406	422	412	44
434	435	427	429	444	433	45
458	460	450	453	468	456	46
484	486	476	480	494	481	47
514	516	506	510	523	509	48
547	550	538	543	556	540	49
584	587	575	581	592	575	50
625	630	616	623	634	614	51
673	678	664	672	682	658	52
729	735	719	729	737	708	53
794	801	783	795	801	767	54
871	879	859	873	878	836	55

59: Prämienzuschlag: 1‰ bei Summen von 5000–9900 DM; 2‰ bei Summen von 2000–4900 DM. Prämienermäßigung: 1‰ bei Summen von 20000 DM an.

60: Prämienzuschlag: 1‰ bei Summen unter 10000 DM. Prämienermäßigung: 1‰ bei Summen von 20000 DM an. Bei Vers. o. U. vom Eintrittsalter 50 an 1‰ jährl. Zuschlag.

61: Prämienzuschlag: 0,5‰ bei Summen von 5000—9999 DM; 1‰ bei Summen von 3000—4999 DM; 4,— DM bei Summen unter 3000 DM. Prämienermäßigung: 0,5‰ bei Summen von 20000—49999 DM; 1‰ bei Summen von 50000 DM an.

62: Prämienzuschlag: 0,6‰ bei Summen von 5000—9999 DM; 1,2‰ bei Summen von 3000—4999 DM. Prämienermäßigung: 0,6‰ bei Summen von 20000—49999 DM; 1,2‰ bei Summen von 50000 DM an.

63: Prämienzuschlag: 1‰ bei Summen von 3000—9999 DM; 2‰ bei Summen von 2000—2999 DM. Prämienermäßigung: 1‰ bei Summen von 20000 DM an. Bei Vers. o. U. vom Eintrittsalter 46 an 2‰ jährl. Zuschlag. Bei Tod durch Unfall doppelte Summe.

64: Prämienzuschlag: 1‰ bei Summen von 5000—9999 DM; 2‰ bei Summen von 2000—4999 DM. Prämienermäßigung: ½‰ bei Summen von 20000—39999 DM; 1‰ bei Summen von 40000 DM an.

Todesfallversicherung

Nr.	1	2	3	4	5	6
Name der Gesellschaft	Aachener und Münchener	Agrippina	Albingia	Allgemeine Assekuranz	Allgemeine Rentenanstalt	Allianz
Fälligkeit des Kapitals	85	†	†	85	85	85
Tarif der Gesellschaft	3 z	3	I	G 1 C	R (57) m. U.	I Z M
Eintrittsalter						
20	191	180	183	205	194	191
21	196	184	187	209	198	196
22	201	189	192	214	203	200
23	205	194	197	220	208	205
24	211	200	203	226	214	211
25	216	206	208	232	219	216
26	222	212	215	238	226	223
27	229	219	221	246	232	229
28	236	226	229	253	239	236
29	244	234	237	261	247	244
30	252	242	245	270	256	252
31	261	251	254	280	265	261
32	270	261	264	290	274	271
33	281	271	275	301	285	281
34	292	283	286	313	296	293
35	304	295	299	325	309	305
36	317	309	312	339	322	318
37	332	324	327	353	337	333
38	347	340	343	369	353	349
39	364	357	361	386	370	366
40	383	377	380	405	389	385
41	404	398	401	425	410	406
42	427	421	425	448	434	429
43	452	447	451	472	460	455
44	481	477	480	501	489	483
45	513	504	513	532	522	516
46	550	541	551	567	559	553
47	592	584	594	608	602	595
48	640	634	644	655	652	645
49	698	692	703	708	711	703
50	766	757	774	772	780	772
	Prämienzuschlag: 1‰ bei Summen unter 6000 DM. Prämienermäßigung: 1‰ bei Summen von 20000 bis 49999 DM; 1,5‰ bei Summen von 50000 DM an. Bei Vers. o. U. vom Eintrittsalter 40 an 1‰, vom Eintrittsalter 50 an 2‰ jährl. Zuschlag.	Prämienzuschlag: 0,5‰ bei Summen von 2000—9999 DM; 2,5‰ bei Summen unter 2000 DM. Prämienermäßigung: 1‰ bei Summen von 20000 DM an.	Prämienzuschlag: 1‰ bei Summen unter 10000 DM. Prämienermäßigung: 1‰ bei Summen von 20000 DM an. Bei Vers. o. U. 1‰ jährl. Zuschlag.	Prämienzuschlag: 1‰ bei Summen unter 5000 DM. Prämienermäßigung: 1‰ bei Summen von 20000 DM an; 2‰ bei Summen von 40000 DM an. Bei Vers. o. U. 1,5‰ jährl. Zuschlag.	Prämienzuschlag: 0,75‰ bei Summen von 3000—9999 DM; 1,50‰ bei Summen von 2000—2999 DM. Prämienermäßigung: 0,75‰ bei Summen von 20000—49999 DM; 1,25‰ bei Summen von 50000—99999 DM; 1,75‰ bei Summen von 100000 DM an. Bei Tod durch Unfall doppelte Summe.	Prämienzuschlag: 0,5‰ bei Summen von 3000–9999 DM; 1,5‰ bei Summen unter 3000 DM. Prämienermäßigung: 1‰ bei Summen von 20000–49999 DM; 1,5‰ bei Summen von 50000 DM an. Bei Vers. o. U. vom Eintrittsalter 46 an 1,5‰ jährl. Zuschlag.

7	10	11	12		13	Eintrittsalter
Alte Leipziger	Basler	Bayerische Beamtenvers.	Berlinische		Bonner	
85	85	†	85		85	
7	Ld	I N	CIA/54 m. U.	CIA0/54 o. U.	T	
181	201	210	186	186	195	**20**
185	206	221	192	192	200	**21**
190	211	221	197	198	204	**22**
195	216	233	202	204	209	**23**
201	221	233	208	210	215	**24**
207	227	244	214	218	221	**25**
213	233	244	220	225	227	**26**
220	241	256	226	233	234	**27**
227	248	256	234	242	241	**28**
235	256	268	241	251	248	**29**
243	264	279	250	261	257	**30**
253	274	291	259	272	266	**31**
262	284	291	269	283	276	**32**
273	294	303	279	296	286	**33**
285	306	314	291	309	298	**34**
297	319	338	303	323	310	**35**
311	333	349	316	338	324	**36**
326	348	361	331	355	338	**37**
342	364	372	347	373	354	**38**
360	382	396	364	392	372	**39**
379	402	419	384	413	391	**40**
400	424	442	405	436	412	**41**
424	447	466	428	462	435	**42**
450	474	489	454	490	461	**43**
480	503	524	483	521	490	**44**
513	538	559	516	557	523	**45**
551	576	594	553	597	561	**46**
595	621	640	596	643	604	**47**
645	672	687	646	696	654	**48**
705	732	757	705	758	712	**49**
776	804	826	774	832	782	**50**
Prämienzuschlag: 0,50‰ bei Summen von 5000–9999 DM; 1,50‰ bei Summen von 3000–4999 DM; 2,50‰ bei Summen unter 3000 DM. Prämienermäßigung: 0,50‰ bei Summen von 20000—39999 DM; 1,50‰ bei Summen von 40000 DM an.	Prämienermäßigung: 0,5‰ bei Summen von 15000–24999 DM; 1‰ bei Summen von 25000–39999 DM; 1,5‰ bei Summen von 40000–59999 DM; 2‰ bei Summen von 60000 DM an.	Prämienzuschlag: 0,60‰ bei Summen von 5000–9999 DM; 1,20‰ bei Summen von 501–4999 DM; 1,80‰ bei Summen von 500 DM. Prämienermäßigung: 1,20‰ bei Summen von 20000–49999 DM; 1,80‰ bei Summen von 50000 DM an. Bei Tod durch Unfall doppelte Summe. Die Prämien enthalten noch den Zuschlag für die Vers.-Steuer von 2‰.	Prämienzuschlag: 1‰ bei Summen von 3000–9999 DM; 2‰ bei Summen von 2000–2999 DM. Prämienermäßigung: 1/2‰ bei Summen von 20000–49999 DM; 1‰ bei Summen von 50000 DM an.	Prämienzuschlag: 1‰ bei Summen von 3000–9999 DM; 2‰ bei Summen von 2000–2999 DM. Prämienermäßigung: 1/2‰ bei 20000 DM Vers.-Se.	Prämienermäßigung: 1‰ bei Summen von 20000 DM an. Bei Vers. o. U. 2‰ jährl. Zuschlag.	

T 60 III.

Todesfallversicherung

Nr.	14	15	16	17	18	19
Name der Gesellschaft	Braunschweigische	Concordia	Condor	Debeka	Der Anker	Deutsche Beamten, Berlin
Fälligkeit des Kapitals	85	85	†	85	†	85
Tarif der Gesellschaft	XI	C II	1	L I	D E	7
Eintrittsalter						
20	208	178	180	190	192	190
21	212	182	185	195	197	195
22	216	188	190	201	202	199
23	221	193	194	207	207	203
24	225	199	200	213	212	207
25	231	205	206	218	218	212
26	236	212	211	225	224	216
27	242	219	218	232	230	222
28	248	226	225	240	237	228
29	255	235	233	249	245	235
30	263	243	241	258	253	243
31	271	252	251	268	262	251
32	280	262	260	279	272	259
33	290	273	270	291	282	267
34	300	284	282	302	293	279
35	311	297	294	316	306	290
36	324	310	308	331	319	303
37	337	324	322	346	333	316
38	352	340	338	364	349	329
39	367	357	355	384	366	344
40	385	376	375	405	385	361
41	404	397	396	428	406	382
42	425	420	419	453	429	401
43	449	446	445	481	454	426
44	476	475	474	514	483	450
45	506	507	508	550	515	480
46	540	544	544	591	552	513
47	579	586	587	637	594	552
48	624	635	637	692	643	597
49	677	693	695	757	701	649
50	741	762	766	834	770	712
	Prämienermäßigung: 1‰ bei Summen von 11000 DM an; 2‰ bei Summen von 21000 DM an; 3‰ bei Summen von 50000 DM an. Bei Vers. o. U. 2‰ jährl. Zuschlag.	Prämienzuschlag: 1‰ bei Summen von 5000—9999 DM; 2‰ bei Summen von 3000—4999 DM. Prämienermäßigung: 0,80‰ bei Summen von 20000 DM an.	Prämienzuschlag: 1,2‰ bei Summen von 5000—9999 DM; 2,4‰ bei Summen unter 5000 DM. Prämienermäßigung: 1,2‰ bei Summen von 25000 DM an.	Prämienzuschlag: 1,2‰ bei Summen unter 10000 DM. Prämienermäßigung: 0,6‰ bei Summen von 20000 DM an.	Prämienermäßigung: 1‰ bei Summen von 20000—39999 DM; 2‰ bei Summen von 40000 DM an. Bei Vers. o. U. 1,5‰ jährl. Zuschlag.	Bei Vers. von 1700 DM bis 2000 DM Prämienerhöhung um etwa 1½‰, bei Vers. unter 1700 DM höhere Prämien. Prämienermäßigung: ½‰ bei Summen von 25000 DM an; 1‰ bei Summen von 50000 DM an; 1½‰ bei Summen von 100000 DM an.

Prämienzahlung bis 60 **T 60 IV.**

Eintrittsalter	20	21	22	23	24	25	26
	Deutsche Eisenbahn-Vers.-Kasse	Deutscher Herold	Deutscher Lloyd	Deutscher Ring	Eos	Evangelische Familienfürsorge	Friedrich Wilhelm
	†	†	85	85	85	85	†
	II	1	L 2	1	2	G 2	I An
20	165	202	184	183		183	184
21	170	207	189	188	199	188	189
22	175	212	193	192	204	193	194
23	180	217	198	197	210	198	199
24	184	222	204	203	216	203	204
25	190	228	209	208	222	209	210
26	196	234	216	214	229	215	216
27	204	241	222	221	236	221	223
28	211	248	229	228	244	229	230
29	218	256	237	236	252	236	238
30	226	264	246	244	261	245	246
31	236	273	255	253	271	254	255
32	246	283	264	263	281	263	265
33	256	294	275	273	292	274	275
34	267	305	286	285	304	285	286
35	280	317	298	297	317	297	299
36	294	331	312	310	331	311	312
37	308	346	326	325	346	325	327
38	324	362	342	340	362	341	343
39	342	379	360	358	379	358	360
40	361	398	379	377	398	377	379
41	382	419	400	398	419	398	400
42	405	443	423	421	442	421	423
43	432	469	449	447	468	447	449
44	460	498	478	475	496	476	478
45	493	531	511	508	528	508	511
46	531	568	548	545	565	545	548
47	573	611	591	587	606	588	591
48	624	661	640	637	654	637	640
49	682	720	698	695	710	695	698
50	752	789	768	764	775	764	768

20: Prämienzuschlag: 0,48 ‰ bei Summen von 4000—9900 DM; 0,96 ‰ bei Summen unter 4000 DM. Prämienermäßigung: 0,48 ‰ bei Summen von 20000 DM an. Die Prämien enthalten noch den Zuschlag für die Vers.-Steuer von 2 %.

21: Prämienzuschlag: 1/2 ‰ bei Summen unter 10000 DM. Prämienermäßigung: 1/2 ‰ bei Summen von 20000 bis 49999 DM; 1 1/2 ‰ bei Summen von 50000 DM an. Bei Vers. o. U. 1 1/2 ‰ jährl. Zuschlag.

22: Prämienzuschlag: 1 ‰ bei Summen von 3000—9999 DM; 3 ‰ bei Summen von 2000—2999 DM. Prämienermäßigung: 1/2 ‰ bei Summen von 20000—39999 DM; 1 ‰ bei Summen von 40000 DM an. Bei Vers. o. U. 2 ‰ jährl. Zuschlag.

23: Prämienzuschlag: 1 ‰ bei Summen unter 10000 DM. Prämienermäßigung: 0,5 ‰ bei Summen von 15000—19999 DM; 1 ‰ bei Summen von 20000 DM an.

24: Prämienzuschlag: 1 ‰ bei Summen von 3000—9999 DM. Prämienermäßigung: 0,5 ‰ bei Summen von 20000 DM an. Bei Vers. o. U. 1 ‰ jährl. Zuschlag.

25: Prämienzuschlag: 1 ‰ bei Summen unter 10000 DM. Prämienermäßigung: 1 ‰ bei Summen von 20000 DM an. Bei Vers. o. U. 1,5 ‰ jährl. Zuschlag.

26: Prämienzuschlag: 0,5 ‰ bei Summen von 5000—9999 DM; 1 ‰ bei Summen von 2000—4999 DM. Prämienermäßigung: 1 ‰ bei Summen von 20000 DM an.

Nr.	27	28	30	31	32	32a
Name der Gesellschaft	Gerling-Konzern	Gilde	Gladbacher	Gothaer	Hamburg-Mannheimer	Hamburg-Mannheimer (Dt. Anwalt-Vers.)
Fälligkeit des Kapitals	†	85	†	90	†	†
Tarif der Gesellschaft	K 1	A	D 1 m. U. D 1° o. U.	2	2 (56) m. U.	T—57
Eintrittsalter						
20	182	188	180	204	191	184
21	187	192	184	209	195	189
22	192	197	189	215	200	194
23	197	202	194	220	205	199
24	202	207	199	227	210	204
25	208	212	206	233	216	209
26	214	218	211	240	222	215
27	220	225	218	248	228	222
28	227	232	225	256	235	229
29	235	239	233	264	243	236
30	243	248	241	273	251	244
31	252	257	250	283	260	253
32	262	266	260	294	269	262
33	272	277	271	305	280	273
34	283	288	282	317	291	284
35	296	300	295	330	303	296
36	309	314	308	345	316	309
37	323	328	323	360	330	323
38	339	344	339	377	346	338
39	356	361	356	395	363	355
40	375	380	376	415	381	374
41	396	401	397	437	402	394
42	419	424	421	462	425	417
43	444	450	447	489	450	442
44	473	479	476	520	478	470
45	505	512	509	554	510	502
46	542	549	547	593	547	538
47	584	591	590	638	589	580
48	633	641	640	690	637	628
49	691	699	699	751	694	685
50	759	768	770	824	762	752
Bemerkungen	Prämienzuschlag: 0,50‰ bei Summen von 5000–9999 DM; 1‰ bei Summen von 2000–4999 DM; 3‰ bei Summen unter 2000 DM. Prämienermäßigung: 1‰ bei Summen von 20000 DM an.	Prämienzuschlag: 1‰ bei Summen von 5000–9999 DM; 3‰ bei Summen unter 5000 DM. Außerdem bei Vers. o. U. von 5000–10000 DM 1‰ jährl. Zuschlag.	Prämienzuschlag: 1,2‰ bei Summen unter 10000 DM. Prämienermäßigung: 0,6‰ bei Summen von 20000—39999 DM; 1,2‰ bei Summen von 40000 DM an. Bei Vers. o. U. (Tarif D 1°) 1,2‰ jährl. Zuschlag.	Prämienzuschlag: 1‰ bei Summen unter 5000 DM. Prämienermäßigung: 1‰ bei Summen von 20000–49999 DM; 2‰ bei Summen von 50000 DM an.	Prämienzuschlag: 1‰ bei Summen unter 10000 DM. Prämienermäßigung: 1‰ bei Summen von 20000 bis 49000 DM; 1,25‰ bei Summen von 50000 DM an.	Prämienzuschlag: Bei Summen unter 10000 DM erhöht sich die Jahresprämie um 2,40 DM. Prämienermäßigung: 0,6‰ bei Summen von 25000—49999 DM; 1,2‰ bei Summen von 50000 DM an. Bei Vers. o. U. Fortfall der Wartezeit gegen 1‰ jährl. Zuschlag.

33	34	35	36	37	38	
Hannoversche	Isar	Karlsruher	Kölnische	Lebensvers. Merkur	Leipziger Verein-Barmenia	Eintrittsalter
†	85	85	85	†	85	
II m. U. II° o. U.	2	I m	T	S	11	
180	185	189	186		186	20
184	190	194	190		191	21
189	194	198	195		195	22
194	199	203	200		200	23
199	205	209	206		206	24
204	210	214	211		211	25
210	216	221	217		217	26
217	223	227	224		223	27
224	230	234	231		230	28
231	238	242	239		238	29
240	246	250	247		246	30
248	255	259	256		255	31
258	265	269	266		265	32
268	275	279	277		276	33
279	287	290	288		287	34
291	299	303	300	326	300	35
304	312	316	314	343	313	36
318	327	330	328	355	328	37
334	342	346	344	372	344	38
351	360	363	362	390	361	39
369	379	382	381	407	380	40
390	400	403	402	431	402	41
412	423	426	425	454	425	42
438	448	452	451	483	451	43
466	477	481	480	512	480	44
497	510	513	513	547	513	45
532	547	550	550	582	551	46
571	589	592	593	629	594	47
617	639	641	642	675	644	48
671	697	699	701	733	703	49
736	766	768	770	809	773	50

33: Prämienermäßigung: 0,6 $^0/_{00}$ bei Summen von 15000–24999 DM; 1,2 $^0/_{00}$ bei Summen von 25000–39999 DM; 1,8 $^0/_{00}$ bei Summen von 40000 DM an. Bei Vers. o. U. (Tarif II°) 1,2 $^0/_{00}$ jährl. Zuschlag. Bei Vers. m. U. von 5000 DM an auf Antrag Abkürzung der Vers.- oder Beitragszahlungsdauer durch Verwendung von Gewinnanteilen und freiwilligen Zuzahlungen (Fortschritts-Vers.).

34: Prämienzuschlag: 1,8 $^0/_{00}$ bei Summen von 2000—4999 DM; 3,6 $^0/_{00}$ bei Summen unter 2000 DM. Prämienermäßigung: 0,6 $^0/_{00}$ bei Summen von 20000—49999 DM; 1,2 $^0/_{00}$ bei Summen von 50000 DM an.

35: Prämienzuschlag: 1 $^0/_{00}$ bei Summen unter 10000 DM. Prämienermäßigung: 1 $^0/_{00}$ bei Summen von 20000 DM an. Bei weiblichen Vers. von 10000 DM Vers.-Se. an Prämienberechnung nach dem um 1 Jahr jüngeren Eintrittsalter.

36: Prämienzuschlag: 0,5 $^0/_{00}$ bei Summen unter 10000 DM. Prämienermäßigung: 0,5 $^0/_{00}$ bei Summen von 20000—39999 DM; 1 $^0/_{00}$ bei Summen von 40000 DM an. Bei Vers. o. U. vom Eintrittsalter 51 an 2 $^0/_{00}$ jährl. Zuschlag.

37: Mindest-Vers.-Se. 5000 DM. Bei Tod durch Unfall doppelte Summe. Für Vers. bis 3000 DM besonderer Tarif.

38: Prämienzuschlag: 1 $^0/_{00}$ bei Summen von 5000—9999 DM; 2 $^0/_{00}$ bei Summen unter 5000 DM. Prämienermäßigung: 0,5 $^0/_{00}$ bei Summen von 20000—49999 DM; 1 $^0/_{00}$ bei Summen von 50000 DM an. Bei Vers. o. U. 2 $^0/_{00}$ jährl. Zuschlag.

Für Vers. von 5000 DM an mit Recht auf freiwillige Zuzahlungen zur Abkürzung der Vers.- und Prämienzahlungsdauer.

Nr.	39		40	42	43	44
Name der Gesellschaft	Magdeburger Allgemeine		Mannheimer	Münchener Verein	National	Nord-Deutsche
Fälligkeit des Kapitals	†		†	85	85	85
Tarif der Gesellschaft	B 1 m. U.	B 1 n o. U.	I D (54)	II	T	12
Eintrittsalter						
20	186	206	187	181	181	173
21	191	211	191	186	185	178
22	196	216	196	191	190	184
23	201	221	201	196	196	190
24	206	226	206	201	201	196
25	212	232	212	206	208	203
26	218	238	218	212	214	210
27	225	245	225	219	221	217
28	232	252	232	226	228	225
29	240	260	240	234	236	234
30	248	268	248	243	245	243
31	257	277	257	252	254	251
32	267	287	267	262	264	264
33	278	298	278	273	274	276
34	289	309	289	285	285	288
35	301	321	302	297	297	301
36	315	335	315	311	311	316
37	329	349	330	326	325	331
38	345	365	346	342	341	348
39	363	383	363	360	358	366
40	382	402	382	380	376	386
41	403	433	404	401	397	407
42	427	457	427	425	420	431
43	453	483	453	452	445	457
44	482	512	482	482	474	487
45	515	545	515	515	506	520
46	552	582	553	553	543	557
47	595	625	595	597	585	600
48	645	675	645	648	634	650
49	703	733	704	708	691	707
50	773	803	774	779	759	776

39 (B 1 m. U.): Prämienzuschlag: 1‰ bei Summen unter 10000 DM. Prämienermäßigung: 1‰ bei Summen von 50000 DM an.

39 (B 1 n o. U.): Prämienzuschlag: 1‰ bei Summen unter 5000 DM.

40: Prämienzuschlag: ½‰ bei Summen von 5000—9999 DM; 1½‰ bei Summen von 2000—4999 DM; 2½‰ bei Summen unter 2000 DM; bei Vers. o. U. ½‰ bei Summen von 10000—18000 DM. Prämienermäßigung: ½‰ bei Summen von 20000—29999 DM; 1‰ bei Summen von 30000—39999 DM; 1½‰ bei Summen von 40000 DM an.

42: Prämienzuschlag: 1‰ bei Summen von 5000—9999 DM; 2‰ bei Summen unter 5000 DM. Prämienermäßigung: 0,5‰ bei Summen von 20000 DM an. Bei Vers. o. U. 1‰ jährl. Zuschlag. Die Prämien enthalten noch den Zuschlag für die Vers.-Steuer von 2%.

43: Prämienzuschlag: ½‰ bei Summen von 5000—9999 DM; 1½‰ bei Summen unter 5000 DM. Prämienermäßigung: ½‰ bei Summen von 20000 DM an.

44: Prämienzuschlag: 1‰ bei Summen von 5000—9999 DM; 3‰ bei Summen von 2000—4999 DM; 4½‰ bei Summen von 1000—1999 DM. Prämienermäßigung: ½‰ bei Summen von 50000 DM an. Bei Vers. o. U. 2‰ jährl. Zuschlag.

45		46	47	48		
Nordstern		Nürnberger	Pensionsverein	Prima		
85		85	85	85		
II Z m. U.	II Z o o. U.	4 ra	IV A (53)	G V m m. U.	G V o o. U.	Eintrittsalter
181	186	190		188	198	20
186	191	194		192	202	21
190	195	199		197	207	22
195	200	204		202	212	23
200	205	210		208	218	24
205	210	216		214	224	25
211	216	222		220	230	26
217	222	229		227	237	27
224	229	236		234	244	28
231	236	244		242	253	29
239	249	253	247	251	262	30
247	257	262		260	272	31
257	267	272		270	282	32
267	277	282		281	293	33
277	287	294		293	306	34
289	299	307	303	305	319	35
302	312	320		319	334	36
316	326	335		334	350	37
331	341	352		350	367	38
347	357	369		368	386	39
366	381	389	387	388	407	40
386	401	410		409	429	41
408	423	434		433	454	42
432	447	460		460	482	43
460	475	490		489	512	44
491	506	524	526	523	547	45
546	561	562		561	586	46
589	604	605		605	631	47
639	654	656		656	683	48
698	713	715		716	744	49
768	788	787	796	787	817	50
Prämienzuschlag: 0,50‰ bei Summen von 6000—9999 DM; 1‰ bei Summen unter 6000 DM. Prämienermäßigung: 1‰ bei Summen von 20000 DM an; 1,50‰ bei Summen von 50000 DM an.	Prämienzuschlag: 0,50‰ bei Summen von 6000—9999 DM; 1‰ bei Summen unter 6000 DM. Prämienermäßigung: 1‰ bei 20000 DM Vers.-Se.	Prämienermäßigung: 1‰ bei Summen von 20000—49999 DM; 1½‰ bei Summen von 50000 DM an. Prämienzuschlag: 1‰ bei Summen unter 10000 DM.	Prämienzuschlag: 1‰ bei Summen unter 10000 DM. Prämienermäßigung: 1‰ bei Summen von 20000 DM an. Bei Vers. o. U. von 10000—20000 DM 1‰ jährl. Zuschlag.	Prämienzuschlag: 1‰ bei Summen von 2000—9999 DM; 2,2‰ bei Summen von 1000—1999 DM. Prämienermäßigung: 0,5‰ bei Summen von 15000—19999 DM; 1‰ bei Summen von 20000 DM an.	Prämienzuschlag: 1‰ bei Summen von 2000—9999 DM; 2,2‰ bei Summen von 1000—1999 DM.	

Nr.	49	50	51	52	53	54
Name der Gesellschaft	Raiffeisen- u. Volksbanken-Vers.	Rheinisch-Westfälische	Schweizerische	Sparkassen-Versicherung	Universa	Vereinigte Leben
Fälligkeit des Kapitals	85	†	†	85	†	†
Tarif der Gesellschaft	2101	G 1	230	I a	3	02
Eintrittsalter						
20	180		204	186		184
21	184		208	190		189
22	189		213	195		195
23	194		218	200		200
24	199		223	205		206
25	205	222	229	211		213
26	211		235	217		220
27	218		241	224		227
28	225		248	231		234
29	233		256	239		243
30	241	261	264	247	268	251
31	250		273	256		261
32	260		283	266		271
33	271		293	277		282
34	282		304	288		293
35	295	318	317	300	324	306
36	308		330	313		320
37	323		344	327		335
38	339		360	343		351
39	356		377	360		368
40	375	405	396	378	408	388
41	396		416	398		409
42	420		439	421		433
43	446		465	445		459
44	475		493	473		489
45	508	547	526	504	546	522
46	545		562	539		560
47	588		604	579		604
48	638		653	625		654
49	697		710	679		714
50	766	826	779	743	817	785

Nr. 49: Prämienzuschlag: 0,50 ‰ bei Summen von 5000—9999 DM; 1,50 ‰ bei Summen von 3000—4999 DM; 2,50 ‰ bei Summen unter 3000 DM. Prämienermäßigung: 0,50 ‰ bei Summen von 20000 DM an.

Nr. 50: Prämienzuschlag: 0,60 ‰ bei Summen unter 10000 DM. Prämienermäßigung: 0,60 ‰ bei Summen von 20000 DM an. Die Prämien enthalten noch den Zuschlag für die Vers.-Steuer von 2 %.

Nr. 51: Prämienzuschlag: 1 ‰ bei Summen von 5000—9999 DM; 2 ‰ bei Summen unter 5000 DM. Prämienermäßigung: 0,5 ‰ bei Summen von 20000—49999 DM; 1 ‰ bei Summen von 50000 DM an. Bei Tod durch Unfall doppelte Summe, Mehrleistung jedoch höchstens 25000 DM. Bei Tod nach langer Krankheit Zusatzleistung gemäß Seite 51, Ziffer 14.

Nr. 52: Prämienzuschlag: 1 ‰ bei Summen von 5000—9999 DM; 2 ‰ bei Summen von 2000—4999 DM. Prämienermäßigung: ½ ‰ bei Summen von 20000—39999 DM; 1 ‰ bei Summen von 40000 DM an.

Nr. 53: Bei Vers. o. U. 2,3 ‰ jährl. Zuschlag. Bei Tod durch Unfall doppelte Summe.

Nr. 54: Prämienzuschlag: 1 ‰ bei Summen von 2000—4999 DM; 4 ‰ bei Summen unter 2000 DM. Bei Vers. o. U. von 5000 DM an 1 ‰ jährl. Zuschlag.

55	56	57	58		59	
Victoria	Vita	Vohk	Volkshilfe		Volkswohl-Bund	Eintrittsalter
85	†	85	85		85	
D 2	II	Cm m. U. Co o. U.	St M m. U.	St O o. U.	E 1	
192	195		206	222	191	20
196	199		211	227	195	21
201	204		216	232	200	22
206	209		222	238	205	23
211	214		228	244	210	24
216	219		234	251	216	25
221	225		241	258	222	26
228	232		249	265	229	27
234	238		257	273	236	28
241	246		266	282	244	29
250	253	259	275	291	252	30
259	262		285	301	261	31
268	271		297	312	271	32
278	281		308	324	281	33
289	292		321	337	293	34
300	303	317	335	350	305	35
314	316		350	365	319	36
327	329		366	382	333	37
343	344		384	400	349	38
359	361		404	419	366	39
377	379	402	425	441	386	40
398	398		449	465	407	41
420	420		476	491	430	42
445	445		506	521	456	43
472	472		538	552	485	44
504	504	537	574	591	518	45
540	539		618	631	555	46
581	580		666	681	598	47
629	627		722	736	647	48
685	683		789	805	706	49
752	749	794			775	50

55: Prämienzuschlag: 1‰ bei Summen unter 10000 DM. Prämienermäßigung: 1‰ bei Summen von 20000 DM an. Bei Vers. o. U. 1‰ jährl. Zuschlag.

56: Prämienzuschlag: 1‰ bei Summen von 6000—9999 DM; 2‰ bei Summen von 2000—5999 DM. Prämienermäßigung: 1‰ bei Summen von 25000 DM an.

57: Prämienzuschlag: 1½‰ bei Summen unter 10000 DM. Prämienermäßigung: ½‰ bei Summen von 50000 DM an. Bei Vers. o. U. (Tarif Co) 1‰ jährl. Zuschlag.

58 (St M): Prämienermäßigung: 1‰ bei Summen von 20000 DM an. Bei Tod durch Unfall doppelte Summe. Die Prämien enthalten noch den Zuschlag für die Vers.-Steuer von 2‰.

58 (St O): Bei Tod durch Unfall doppelte Summe. Die Prämien enthalten noch den Zuschlag für die Vers.-Steuer von 2‰.

59: Prämienzuschlag: 1‰ bei Summen von 5000—9900 DM; 2‰ bei Summen von 2000—4900 DM. Prämienermäßigung: 1‰ bei Summen von 20000 DM an.

T 60 XI. Todesfallversicherung - Prämienzahlung bis 60

Nr.	60	61	62	63	64	Eintrittsalter
Name der Gesellschaft	Vorsorge	Winterthur	Witwen- und Waisenkasse	Württemberg. Vers.verein	Öffentliche	
Fälligkeit des Kapitals	85	85	†	85	85	
Tarif der Gesellschaft	2	3	T 3	LT	I a	
Eintrittsalter						
20	189	185	181		186	20
21	194	190	186		190	21
22	198	195	190		195	22
23	204	200	196		200	23
24	209	205	201		205	24
25	215	211	207		211	25
26	221	217	213		217	26
27	228	223	220		224	27
28	235	230	227		231	28
29	243	238	235		239	29
30	252	246	244	264	247	30
31	261	255	253		256	31
32	271	265	263		266	32
33	282	275	274		277	33
34	293	287	285		288	34
35	306	299	298	317	300	35
36	319	312	311		313	36
37	334	327	326		327	37
38	351	343	343		343	38
39	368	360	360		360	39
40	388	379	380	397	378	40
41	409	400	401		398	41
42	433	423	425		421	42
43	459	449	451		445	43
44	489	477	481		473	44
45	522	510	515	529	504	45
46	561	547	553		539	46
47	604	589	596		579	47
48	655	639	647		625	48
49	714	697	706		679	49
50	786	766	777		743	50

60: Prämienzuschlag: 1°/₀₀ bei Summen unter 10000 DM. Prämienermäßigung: 1°/₀₀ bei Summen von 20000 DM an. Bei Vers. o. U. vom Eintrittsalter 50 an 1°/₀₀ jährl. Zuschlag.

61: Prämienzuschlag: 0,5°/₀₀ bei Summen von 5000—9999 DM; 1°/₀₀ bei Summen von 3000—4999 DM; 4,— DM bei Summen unter 3000 DM. Prämienermäßigung: 0,5°/₀₀ bei Summen von 20000—49999 DM; 1°/₀₀ bei Summen von 50000 DM an.

62: Prämienzuschlag: 0,6°/₀₀ bei Summen von 5000—9999 DM; 1,2°/₀₀ bei Summen von 3000—4999 DM. Prämienermäßigung: 0,6°/₀₀ bei Summen von 20000—49999 DM; 1,2°/₀₀ bei Summen von 50000 DM an.

63: Prämienzuschlag: 1°/₀₀ bei Summen von 3000—9999 DM; 2°/₀₀ bei Summen von 2000—2999 DM. Prämienermäßigung: 1°/₀₀ bei Summen von 20000 DM an. Bei Vers. o. U. vom Eintrittsalter 46 an 2°/₀₀ jährl. Zuschlag. Bei Tod durch Unfall doppelte Summe.

64: Prämienzuschlag: 1°/₀₀ bei Summen von 5000—9999 DM; 2°/₀₀ bei Summen von 2000—4999 DM. Prämienermäßigung: ½°/₀₀ bei Summen von 20000—39999 DM; 1°/₀₀ bei Summen von 40000 DM an.

Eintrittsalter	1	2	3	4	5	Eintrittsalter
	Aachener und Münchener	Agrippina	Albingia	Allgemeine Assekuranz	Allgemeine Rentenanstalt	
	I z	I	II	G 3 m. U. G 3 S o. U.	T (57)	
20	204	194	196	216	206	20
21	209	199	201	221	211	21
22	214	204	207	227	216	22
23	220	210	212	233	221	23
24	225	215	218	239	227	24
25	231	222	224	246	233	25
26	238	228	231	253	240	26
27	245	235	238	260	247	27
28	252	243	246	269	254	28
29	260	251	254	277	262	29
30	268	260	262	287	271	30
31	278	269	272	297	280	31
32	287	279	282	307	290	32
33	298	290	292	318	300	33
34	309	302	304	331	312	34
35	321	314	316	344	324	35
36	334	327	330	357	337	36
37	348	342	344	372	351	37
38	362	357	359	388	366	38
39	379	374	376	404	382	39
40	396	392	394	423	400	40
41	415	411	413	442	419	41
42	435	432	434	463	439	42
43	458	455	457	486	462	43
44	482	480	483	512	487	44
45	509	508	510	539	514	45
46	538	539	541	570	544	46
47	571	572	575	603	577	47
48	608	610	612	640	614	48
49	649	653	655	682	655	49
50	695	693	702	729	702	50
51	748	747	757	783	755	51
52	808	809	819	843	816	52
53	879	880	892	914	887	53
54	961	965	977	996	971	54
55	1060	1060	1078	1095	1070	55

1: Prämienzuschlag: 1‰ bei Summen unter 6000 DM. Prämienermäßigung: 1‰ bei Summen von 20000 bis 49999 DM; 1,5‰ bei Summen von 50000 DM an. Bei Vers. o. U. vom Eintrittsalter 40 an 1‰, vom Eintrittsalter 50 an 2‰ jährl. Zuschlag.

2: Prämienzuschlag: 0,5‰ bei Summen von 2000—9999 DM; 2,5‰ bei Summen unter 2000 DM. Prämienermäßigung: 1‰ bei Summen von 20000 DM an.

3: Prämienzuschlag: 1‰ bei Summen unter 10000 DM. Prämienermäßigung: 1‰ bei Summen von 20000 DM an. Bei Vers. o. U. 1‰ jährl. Zuschlag.

4: Prämienzuschlag: 1‰ bei Summen unter 5000 DM. Prämienermäßigung: 1‰ bei Summen von 20000 DM an; 2‰ bei Summen von 40000 DM an. Bei Vers. o. U. (Tarif G 3 S) 1,5‰ jährl. Zuschlag.

5: Prämienzuschlag: 0,75‰ bei Summen von 3000—9999 DM; 1,50‰ bei Summen von 2000—2999 DM. Prämienermäßigung: 0,75‰ bei Summen von 20000—49999 DM; 1,25‰ bei Summen von 50000—99999 DM; 1,75‰ bei Summen von 100000 DM an. Bei Tod durch Unfall doppelte Summe.

Eintrittsalter	6	7	8	9	10	11
	Allianz	Alte Leipziger	Alte Vaterländische	Alte Volksfürsorge	Basler	Bayerische Beamtenvers.
	II Z M	6	GV	G II	G^d	II N
20	204	193		200	213	221
21	209	198		206	218	233
22	214	203		211	223	233
23	220	208		217	229	244
24	225	214		224	234	244
25	232	220		231	241	256
26	238	227		238	247	256
27	245	234		246	254	268
28	252	242		256	262	279
29	260	250		264	270	279
30	269	258	268	274	279	291
31	278	268	277	285	288	303
32	288	277	287	295	298	314
33	299	288	298	307	309	326
34	310	299	309	320	321	338
35	322	312	321	334	333	349
36	335	325	334	348	346	361
37	349	339	348	363	361	372
38	364	354	363	379	376	396
39	380	371	380	396	393	407
40	398	388	397	416	410	431
41	417	408	416	436	430	442
42	438	429	437	458	451	466
43	460	451	459	483	474	489
44	485	476	484	508	499	512
45	512	504	511	537	527	547
46	542	534	541	569	557	570
47	575	567	574	604	591	605
48	612	605	611	642	629	652
49	653	647	653	685	671	687
50	700	694	700	733	719	745
51	753	748	753		773	792
52	815	810	814		836	861
53	886	881	885		908	931
54	969	966	969		993	1024
55	1069	1066	1068		1095	1129

Zu 6 (Allianz): Prämienzuschlag: 0,5‰ bei Summen von 3000—9999 DM; 1,5‰ bei Summen unter 3000 DM. Prämienermäßigung: 1‰ bei Summen von 20000—49999 DM; 1,5‰ bei Summen von 50000 DM an. Bei Vers. o. U. vom Eintrittsalter 46 an 1,5‰, vom Eintrittsalter 51 an 2,5‰ jährl. Zuschlag.

Zu 7 (Alte Leipziger): Prämienzuschlag: 0,50‰ bei Summen von 5000—9999 DM; 1,50‰ bei Summen von 3000—4999 DM; 2,50‰ bei Summen unter 3000 DM. Prämienermäßigung: 0,50‰ bei Summen von 20000—39999 DM; 1,50‰ bei Summen von 40000 DM an.

Zu 8 (Alte Vaterländische): Prämienzuschlag: 1‰ bei Summen von 5000—9999 DM; 2‰ bei Summen von 3001—4999 DM. Prämienermäßigung: 1‰ bei Summen von 20000—49999 DM; 1,5‰ bei Summen von 50000 DM an. Bei Vers. o. U. vom Eintrittsalter 50 an 1,5‰ jährl. Zuschlag.

Zu 9 (Alte Volksfürsorge): Prämienzuschlag: 0,10‰ bei 9000 DM Vers.-Se.; 0,23‰ bei 8000 DM Vers.-Se.; 0,40‰ bei 7000 DM Vers.-Se.; 0,62‰ bei 6000 DM Vers.-Se.; 0,93‰ bei 5000 DM Vers.-Se.; 1,40‰ bei Summen unter 5000 DM. Prämienermäßigung: 0,93‰ für den 10000 DM übersteigenden Teil der Vers.-Se. Bei Tod durch Unfall doppelte Summe.

Zu 10 (Basler): Prämienermäßigung: 0,5‰ bei Summen von 15000—24999 DM; 1‰ bei Summen von 25000—39999 DM; 1,5‰ bei Summen von 40000—59999 DM; 2‰ bei Summen von 60000 DM an.

Zu 11 (Bayerische Beamtenvers.): Prämienzuschlag: 0,60‰ bei Summen von 5000—9999 DM; 1,20‰ bei Summen von 501—4999 DM; 1,80‰ bei Summen von 500 DM. Prämienermäßigung: 1,20‰ bei Summen von 20000—49999 DM; 1,80‰ bei Summen von 50000 DM an. Bei Tod durch Unfall doppelte Summe. Die Prämien enthalten noch den Zuschlag für die Vers.-Steuer von 2%.

12		13	14	15	16	17	
Berlinische		Bonner	Braunschweigische	Concordia	Condor	Debeka	Eintrittsalter
C I / 54 m. U.	C I 0/54 o. U.	E	XII	C I	2	L II	
195	195	208	223	191	193	201	20
201	201	213	227	196	198	206	21
207	207	218	232	202	203	211	22
213	213	224	237	207	208	217	23
220	220	230	243	214	214	223	24
227	227	236	249	220	221	229	25
235	235	242	255	227	226	236	26
242	243	250	261	235	233	244	27
249	252	257	269	242	241	251	28
257	261	265	276	251	250	260	29
266	271	274	284	260	258	270	30
275	282	283	293	269	267	279	31
285	293	293	303	279	277	289	32
295	305	304	313	290	288	300	33
307	318	315	324	301	299	313	34
319	331	327	336	313	311	325	35
332	345	340	348	326	324	339	36
346	361	355	362	340	338	353	37
361	377	370	376	355	353	370	38
377	395	386	392	371	369	387	39
395	414	404	409	389	388	406	40
414	434	423	428	408	406	427	41
435	456	444	448	428	428	448	42
458	480	467	470	451	450	472	43
482	506	492	494	475	475	499	44
510	535	519	521	502	503	527	45
540	566	549	550	532	533	559	46
573	601	583	583	565	566	594	47
610	640	620	619	602	603	634	48
652	683	662	660	643	645	678	49
699	731	710	706	690	692	728	50
752	786	763	758	742	746	784	51
814	848	825	818	803	808	849	52
885	921	897	888	874	880	925	53
969	1006	981	970	957	964	1015	54
1069	1107	1082	1068	1056	1064	1120	55

- 12 (C I / 54 m. U.): Prämienzuschlag: 1‰ bei Summen von 3000—9999 DM; 2‰ bei Summen von 2000—2999 DM. Prämienermäßigung: ½‰ bei Summen von 20000—49999 DM; 1‰ bei Summen von 50000 DM an.
- 12 (C I 0/54 o. U.): Prämienzuschlag: 1‰ bei Summen von 3000—9999 DM; 2‰ bei Summen von 2000—2999 DM. Prämienermäßigung: ½‰ bei 20000 DM Vers.-Se.
- 13: Prämienermäßigung: 1‰ bei Summen von 20000 DM an. Bei Vers. o. U. 2‰ jährl. Zuschlag.
- 14: Prämienermäßigung: 1‰ bei Summen von 11000 DM an; 2‰ bei Summen von 21000 DM an; 3‰ bei Summen von 50000 DM an. Bei Vers. o. U. 2‰ jährl. Zuschlag.
- 15: Prämienzuschlag: 1‰ bei Summen von 5000—9999 DM; 2‰ bei Summen von 3000—4999 DM. Prämienermäßigung: 0,80‰ bei Summen von 20000 DM an.
- 16: Prämienzuschlag: 1,2‰ bei Summen von 5000—9999 DM; 2,4‰ bei Summen unter 5000 DM. Prämienermäßigung: 1,2‰ bei Summen von 25000 DM an.
- 17: Prämienzuschlag: 1,2‰ bei Summen unter 10000 DM. Prämienermäßigung: 0,6‰ bei Summen von 20000 DM an.

Eintrittsalter	18	19	20	21	22	23
	Der Anker	Deutsche Beamten, Berlin	Deutsche Eisenbahn-Vers.-Kasse	Deutscher Herold	Deutscher Lloyd	Deutscher Ring
	C E	9	III	2	L 1	2
20	206	203	178	216	197	196
21	211	207	183	221	202	201
22	216	212	189	226	207	206
23	222	216	194	232	213	212
24	227	222	200	238	219	217
25	233	228	206	244	225	223
26	240	234	213	250	231	230
27	247	240	219	257	238	237
28	254	247	228	265	246	244
29	262	255	235	273	254	252
30	271	264	244	282	262	261
31	280	271	253	291	272	270
32	290	280	264	301	281	280
33	300	291	273	312	292	290
34	312	301	285	323	303	302
35	324	313	297	336	316	314
36	337	325	310	349	329	327
37	351	339	325	363	343	341
38	366	353	340	378	358	356
39	382	370	357	395	374	372
40	400	385	374	413	392	390
41	419	404	394	432	411	409
42	440	426	415	453	432	430
43	462	447	438	476	454	452
44	487	472	463	501	479	477
45	514	499	490	528	507	504
46	544	527	520	559	537	534
47	577	560	554	593	570	567
48	614	596	592	630	607	604
49	655	637	634	672	649	645
50	702	683	681	720	696	692
51	755	736	735	774	749	745
52	817	797	798	836	811	807
53	888	866	870	908	882	878
54	971	950	955	993	966	961
55	1071	1048	1057	1094	1066	1061

18: Prämienermäßigung: 1‰ bei Summen von 20000—39999 DM; 2‰ bei Summen von 40000 DM an. Bei Vers. o. U. 1,5‰ jährl. Zuschlag.

19: Bei Vers. von 1700 DM bis 2000 DM Prämienerhöhung um etwa 1½‰, bei Vers. unter 1700 DM höhere Prämien. Prämienermäßigung: ½‰ bei Summen von 25000 DM an; 1‰ bei Summen von 50000 DM an; 1½‰ bei Summen von 100000 DM an.

20: Prämienzuschlag: 0,48‰ bei Summen von 4000—9900 DM; 0,96‰ bei Summen unter 4000 DM. Prämienermäßigung: 0,48‰ bei Summen von 20000 DM an. Die Prämien enthalten noch den Zuschlag für die Vers.-Steuer von 2‰.

21: Prämienzuschlag: ½‰ bei Summen unter 10000 DM. Prämienermäßigung: ½‰ bei Summen von 20000 bis 49999 DM; 1½‰ bei Summen von 50000 DM an. Bei Vers. o. U. 1½‰ jährl. Zuschlag.

22: Prämienzuschlag: 1‰ bei Summen von 3000—9999 DM; 3‰ bei Summen von 2000—2999 DM. Prämienermäßigung: ½‰ bei Summen von 20000—39999 DM; 1‰ bei Summen von 40000 DM an. Bei Vers. o. U. 2‰ jährl. Zuschlag.

23: Prämienzuschlag: 1‰ bei Summen unter 10000 DM. Prämienermäßigung: 0,5‰ bei Summen von 15000—19999 DM; 1‰ bei Summen von 20000 DM an.

	24	25	26	27	28	29	30	
	Eos	Evangelische Familienfürsorge	Friedrich Wilhelm	Gerling-Konzern	Gilde	Gisela	Gladbacher	Eintrittsalter
	3	G 1	V A[D]	K 2	B	III	D 2 m. U. D 2° o. U.	
		197	198	196	202	210	192	20
	210	202	203	201	207	215	198	21
	216	207	208	206	213	221	202	22
	222	212	214	212	218	227	208	23
	228	218	220	217	224	233	214	24
	235	224	226	223	230	240	219	25
	242	230	232	230	237	246	226	26
	250	237	239	237	244	253	233	27
	258	245	247	244	251	261	241	28
	267	253	255	252	259	269	249	29
	276	261	264	261	268	277	257	30
	286	271	273	270	278	287	267	31
	297	280	283	280	288	296	276	32
	308	291	294	290	299	308	288	33
	320	302	305	302	311	319	299	34
	334	314	317	314	323	331	311	35
	347	327	330	327	337	344	324	36
	362	341	345	341	351	357	338	37
	378	356	360	356	367	372	354	38
	395	373	376	372	384	388	370	39
	413	390	394	390	402	406	388	40
	433	409	413	409	422	425	408	41
	454	430	434	429	444	445	428	42
	478	452	457	452	467	467	451	43
	503	477	482	477	493	491	476	44
	531	504	509	504	522	519	503	45
	562	534	539	534	553	548	533	46
	596	567	573	567	588	582	567	47
	634	604	610	604	627	619	605	48
	676	646	652	645	670	660	647	49
	723	693	700	692	719	706	694	50
	777	746	753	745	775	760	748	51
	838	807	815	806	840	821	810	52
	909	878	887	878	915	891	882	53
	993	962	971	961	1003	974	966	54
	1092	1061	1072	1061	1107	1073	1068	55

24: Prämienzuschlag: 1‰ bei Summen von 2000–9999 DM. Prämienermäßigung: 0,5‰ bei Summen von 20000 DM an. Bei Vers. o. U. 1‰ jährl. Zuschlag.

25: Prämienzuschlag: 1‰ bei Summen unter 10000 DM. Prämienermäßigung: 1‰ bei Summen von 20000 DM an. Bei Vers. o. U. 1,5‰ jährl. Zuschlag.

26: Prämienzuschlag: 0,5‰ bei Summen von 5000–9999 DM; 1‰ bei Summen von 2000–4999 DM. Prämienermäßigung: 1‰ bei Summen von 20000 DM an.

27: Prämienzuschlag: 0,50‰ bei Summen von 5000–9999 DM; 1‰ bei Summen von 2000–4999 DM; 3‰ bei Summen unter 2000 DM. Prämienermäßigung: 1‰ bei Summen von 20000 DM an.

28: Prämienzuschlag: 1‰ bei Summen von 5000–9999 DM; 3‰ bei Summen unter 5000 DM. Außerdem bei Vers. o. U. von 5000–10000 DM 1‰ jährl. Zuschlag.

29: Prämienzuschlag: 1‰ bei Summen von 2000–9900 DM. Bei Summen von 2000–2900 DM erhöht sich die Jahresprämie außerdem um 0,40 DM. Prämienermäßigung: 1‰ bei Summen von 20000 DM an.

30: Prämienzuschlag: 1,2‰ bei Summen unter 10000 DM. Prämienermäßigung: 0,6‰ bei Summen von 20000–39999 DM; 1,2‰ bei Summen von 40000 DM an. Bei Vers. o. U. (Tarif D2°) 1,2‰ jährl. Zuschlag.

Eintrittsalter	31	32		32a	33	34
	Gothaer	Hamburg-Mannheimer		Hamburg-Mannheimer (Dt. Anwalt-Vers.)	Hannoversche	Isar
	1	3 (56)	8	L-57	III m. U. III° o. U.	3
20	212	204		198	193	198
21	217	209		203	198	203
22	223	214		208	203	208
23	229	220		213	208	214
24	235	225		219	214	219
25	242	231		225	220	225
26	249	238		231	226	232
27	256	245		238	233	239
28	264	252		245	241	246
29	273	260		253	248	254
30	282	268		262	257	263
31	291	278		271	266	272
32	301	287		280	276	282
33	312	298		291	286	292
34	324	309		302	297	304
35	336	321	464	314	309	316
36	349	334		326	322	329
37	363	348		340	336	343
38	379	362		355	350	358
39	395	379		371	366	374
40	413	396	538	388	384	392
41	432	415		407	403	411
42	453	435		427	423	432
43	475	458		449	445	454
44	500	482		474	469	479
45	527	509	648	500	496	506
46	557	538		530	526	536
47	590	571		563	558	569
48	627	608		599	595	606
49	668	649		640	635	647
50	715	695	828	686	680	694
51	768	748		739	731	747
52	828	808		799	789	809
53	899	879		870	857	880
54	981	961		952	936	963
55	1080	1060	1176	1050	1031	1063

- 31 (Gothaer, 1): Prämienzuschlag: 1‰ bei Summen unter 5000 DM. Prämienermäßigung: 1‰ bei Summen von 20000—49999 DM; 2‰ bei Summen von 50000 DM an.
- 32 (Hamburg-Mannheimer, 3 (56)): Prämienzuschlag: 1‰ bei Summen unter 10000 DM. Prämienermäßigung: 1‰ bei Summen von 20000 bis 49000 DM; 1,25‰ bei Summen von 50000 DM an. Bei Vers. o. U. 1‰ jährl. Zuschlag.
- 32 (Hamburg-Mannheimer, 8): Die Prämien ermäßigen sich garantiert im 5. Vers.-jahr auf 88% der Anfangsprämie; im 6. auf 85% u. s. f., jedes Jahr um weitere 3%. Prämienermäßigung: 1‰ bei Summen von 20000 DM an. Bei Vers. o. U. 1‰ jährl. Zuschlag.
- 32a: Prämienzuschlag: Bei Summen unter 10000 DM erhöht sich die Jahresprämie um 2,40 DM. Prämienermäßigung: 0,6‰ bei Summen von 25000—49999 DM; 1,2‰ bei Summen von 50000 DM an. Bei Vers. o. U. Fortfall der Wartezeit gegen 1‰ jährl. Zuschlag.
- 33: Prämienermäßigung: 0,6‰ bei Summen von 15000—24999 DM; 1,2‰ bei Summen von 25000—39999 DM; 1,8‰ bei Summen von 40000 DM an. Bei Vers. o. U. (Tarif III°) 1,2‰ jährl. Zuschlag.
- 34: Prämienzuschlag: 1,8‰ bei Summen von 2000—4999 DM; 3,6‰ bei Summen unter 2000 DM. Prämienermäßigung: 0,6‰ bei Summen von 20000—49999 DM; 1,2‰ bei Summen von 50000 DM an.

35	36	37	38	39		Eintrittsalter
Karlsruher	Kölnische	Lebensvers. Merkur	Leipziger Verein-Barmenia	Magdeburger Allgemeine		
II m	G	E 65	12	B 2 m. U.	B 2 n o. U.	
202	198	227	198	199	219	20
207	202	227	203	203	223	21
212	208	233	208	209	229	22
217	213	239	213	214	234	23
223	219	244	218	220	240	24
229	225	250	224	226	246	25
235	231	256	230	232	252	26
242	238	268	237	239	259	27
249	245	274	244	247	267	28
257	253	279	252	255	275	29
266	262	291	261	263	283	30
275	271	297	270	272	292	31
285	281	308	280	282	302	32
295	291	320	290	293	313	33
306	302	332	302	304	324	34
318	314	343	314	316	336	35
331	327	355	327	329	349	36
345	341	372	341	343	363	37
360	356	384	356	358	378	38
376	372	402	372	374	394	39
393	390	419	390	392	412	40
412	409	442	409	411	441	41
433	429	460	430	432	462	42
455	451	483	452	454	484	43
479	476	506	477	479	509	44
506	503	535	504	506	536	45
536	533	565	534	536	566	46
569	565	599	567	569	599	47
605	602	640	604	606	636	48
646	643	681	645	647	677	49
693	690	727	692	694	724	50
745	742	780	745	747	777	51
806	803	844	807	808	838	52
876	874	914	878	879	909	53
959	957	1001	961	963	993	54
1057	1055	1100	1061	1062	1092	55

35: Prämienzuschlag: 1‰ bei Summen unter 10000 DM. Prämienermäßigung: 1‰ bei Summen von 20000 DM an. Bei weiblichen Vers. von 10000 DM Vers.-Se. an Prämienberechnung nach dem um 1 Jahr jüngeren Eintrittsalter.

36: Prämienzuschlag: 0,5‰ bei Summen unter 10000 DM. Prämienermäßigung: 0,5‰ bei Summen von 20000—39999 DM; 1‰ bei Summen von 40000 DM an. Bei Vers. o. U. vom Eintrittsalter 51 an 2‰ jährl. Zuschlag.

37: Mindest-Vers.-Se. 5000 DM. Bei Tod durch Unfall doppelte Summe. Für Vers. bis 5000 DM besonderer Tarif.

38: Prämienzuschlag: 1‰ bei Summen von 5000—9999 DM; 2‰ bei Summen unter 5000 DM. Prämienermäßigung: 0,5‰ bei Summen von 20000—49999 DM; 1‰ bei Summen von 50000 DM an. Bei Vers. o. U. 2‰ jährl. Zuschlag.

39 (B 2): Prämienzuschlag: 1‰ bei Summen unter 10000 DM. Prämienermäßigung: 1‰ bei Summen von 50000 DM an.

39 (B 2 n): Prämienzuschlag: 1‰ bei Summen unter 5000 DM.

Eintrittsalter	40 Mannheimer II D (54)	41 Münchener Leben N II m m. U. N II o o. U.	42 Münchener Verein I	43 National G	44 Nord-Deutsche 11
20	200	204		195	185
21	205	209		200	190
22	211	214		205	196
23	216	220		211	202
24	222	225		217	209
25	228	231		224	216
26	235	238	229	231	223
27	242	245	236	238	231
28	249	252	242	246	239
29	257	260	252	254	248
30	266	268	261	263	258
31	275	278	270	272	268
32	285	287	281	282	279
33	296	298	291	293	291
34	307	309	303	304	303
35	320	321	316	316	317
36	333	334	329	329	331
37	347	348	344	343	346
38	363	362	359	358	362
39	379	379	376	375	379
40	397	396	394	392	398
41	416	415	414	411	418
42	437	435	436	432	440
43	460	458	459	454	463
44	485	482	485	479	489
45	513	509	513	506	517
46	543	538	543	536	548
47	577	571	578	569	583
48	614	608	616	606	621
49	656	649	659	648	663
50	704	695	707	694	711
51	758	748	763	747	765
52	820	808	826	809	827
53	892	879	899	880	899
54	977	961	985	963	983
55	1078	1060	1088	1062	1083

40 Mannheimer: Prämienzuschlag: 1/2‰ bei Summen von 5000—9999 DM; 1 1/2‰ bei Summen von 2000—4999 DM; 2 1/2‰ bei Summen unter 2000 DM; bei Vers. o. U. 1/2‰ bei Summen von 10000—18000 DM. Bei Vers. o. U. Eintrittsalter 51—55 außerdem 3‰ jährl. Zuschlag. Prämienermäßigung: 1/2‰ bei Summen von 20000—29999 DM; 1‰ bei Summen von 30000—39999 DM; 1 1/2‰ bei Summen von 40000 DM an.

41 Münchener Leben: Prämienzuschlag: 1‰ bei Summen von 3000—9999 DM; 2‰ bei Summen von 2000—2999 DM; 3‰ bei Summen von 1000—1999 DM. Prämienermäßigung: 1‰ bei Summen von 20000—49999 DM; 1,5‰ bei Summen von 50000 DM an. Bei Vers. o. U. (Tarif N II o) 2‰ jährl. Zuschlag.

42 Münchener Verein: Prämienzuschlag: 1‰ bei Summen von 5000—9999 DM; 2‰ bei Summen unter 5000 DM. Prämienermäßigung: 0,5‰ bei Summen von 20000 DM an. Bei Vers. o. U. 1‰ jährl. Zuschlag. Die Prämien enthalten noch den Zuschlag für die Vers.-Steuer von 2%.

43 National: Prämienzuschlag: 1/2‰ bei Summen von 5000—9999 DM; 1 1/2‰ bei Summen unter 5000 DM. Prämienermäßigung: 1/2‰ bei Summen von 20000 DM an.

44 Nord-Deutsche: Prämienzuschlag: 1‰ bei Summen von 5000—9999 DM; 3‰ bei Summen von 2000—4999 DM; 4 1/2‰ bei Summen von 1000—1999 DM. Prämienermäßigung: 1/2‰ bei Summen von 50000 DM an. Bei Vers. o. U. 2‰ jährl. Zuschlag.

45 Nordstern: I Z m. U.[1]	45 Nordstern: I Z o o. U.[2]	45 Nordstern: I u Z m. U. vom 1.–3. Jahr[1]	45 Nordstern: I u Z m. U. vom 4. Jahr an[1]	45 Nordstern: I u Z o o. U. vom 1.–3. Jahr[2]	45 Nordstern: I u Z o o. U. vom 4. Jahr an[2]	46 Nürnberger: 4 r[3]	46 Nürnberger: 4 b[4]	Eintrittsalter
198	203	170	202	175	207	201	264	20
203	208	173	207	178	212	204	267	21
207	212	176	212	181	217	207	270	22
213	218	180	218	185	223	210	273	23
218	223	183	224	188	229	213	276	24
224	229	187	230	192	235	217	280	25
230	235	191	237	196	242	232	287	26
237	242	196	244	201	249	236	296	27
244	249	200	252	205	257	240	304	28
252	257	205	261	210	266	246	314	29
261	271	211	270	221	280	250	324	30
270	280	216	280	226	290	269	334	31
279	289	222	290	232	300	279	345	32
290	300	229	301	239	311	291	357	33
301	311	235	313	245	323	303	370	34
313	323	242	327	252	337	317	384	35
326	336	250	341	260	351	330	398	36
340	350	258	357	268	367	345	413	37
354	364	266	373	276	383	360	429	38
371	381	275	392	285	402	377	447	39
388	403	285	412	300	427	396	466	40
407	422	295	434	310	449	415	486	41
428	443	305	458	320	473	436	508	42
450	465	317	484	332	499	458	531	43
475	490	328	513	343	528	483	557	44
502	517	341	546	356	561	510	585	45
532	547	354	583	369	598	540	616	46
565	580	368	624	383	639	573	650	47
602	617	383	671	398	686	609	688	48
643	658	399	725	414	740	651	731	49
690	710	416	789	436	809	697	779	50
743	763	434	862	454	882	749	833	51
805	825	454	951	474	971	808	895	52
876	896					879	968	53
960	980					961	1053	54
1060	1080					1058	1154	55

[1] Prämienzuschlag: 0,50‰ bei Summen von 6000—9999 DM; 1‰ bei Summen unter 6000 DM. Prämienermäßigung: 1‰ bei Summen von 20000 DM an; 1,50‰ bei Summen von 50000 DM an.

[2] Prämienzuschlag: 0,50‰ bei Summen von 6000—9999 DM; 1‰ bei Summen unter 6000 DM. Prämienermäßigung: 1‰ bei 20000 DM Vers.-Se.

[3] Prämienzuschlag: 1‰ bei Summen unter 10000 DM. Prämienermäßigung: 1‰ bei Summen von 20000—49999 DM; 1½‰ bei Summen von 50000 DM an.

[4] Prämienzuschlag: ½‰ bei Summen unter 10000 DM. Prämienermäßigung: ½‰ bei Summen von 20000 bis 49999 DM; 1½‰ bei Summen von 50000 DM an. Bei vorzeitigem Tode erhöht sich die Vers.-Leistung um 10‰. Bei Tod durch Unfall doppelte Summe.

G 65 X.

Gemischte Versicherung

Eintrittsalter	47 Pensionsverein	48 Prima		49 Raiffeisen- und Volksbanken-Vers.	50 Rheinisch-Westfälische
	V (53)	G I m m. U.	G I o o. U.	2107	G 2
20	195	208	218	193	207
21	200	213	223	198	212
22	206	219	229	203	218
23	211	226	236	208	223
24	217	233	243	214	229
25	224	240	250	220	236
26	231	248	258	227	243
27	238	256	266	234	250
28	246	264	274	242	258
29	254	273	284	250	266
30	263	282	293	258	276
31	273	292	304	268	286
32	283	303	315	277	297
33	294	314	327	288	307
34	306	327	340	299	320
35	318	339	353	312	333
36	332	352	367	325	347
37	347	367	383	339	362
38	363	382	399	354	378
39	380	399	417	371	396
40	398	416	435	388	414
41	418	436	456	408	435
42	440	457	478	429	457
43	463	480	502	451	481
44	489	505	528	476	507
45	517	532	556	504	536
46	549	562	587	534	569
47	583	596	622	567	604
48	622	633	660	605	645
49	665	675	703	647	689
50	714	721	751	694	739
51	770	774	806	748	796
52	834	834	868	810	862
53	908	904	940	881	938
54	996	986	1024	966	1029
55	1100	1085	1125	1066	1136

47: Prämienzuschlag: 1‰ bei Summen unter 10000 DM. Prämienermäßigung: 1‰ bei Summen von 20000 DM an. Bei Vers. o. U. von 10000—20000 DM 1‰ jährl. Zuschlag.

48 (G I m): Prämienzuschlag: 1‰ bei Summen unter 10000 DM. Prämienermäßigung: 0,5‰ bei Summen von 15000–19999 DM; 1‰ bei Summen von 20000 DM an.

48 (G I o): Prämienzuschlag: 1‰ bei Summen unter 10000 DM.

49: Prämienzuschlag: 0,50‰ bei Summen von 5000—9999 DM; 1,50‰ bei Summen von 3000—4999 DM; 2,50‰ bei Summen unter 3000 DM. Prämienermäßigung: 0,50‰ bei Summen von 20000 DM an.

50: Prämienzuschlag: 0,60‰ bei Summen unter 10000 DM. Prämienermäßigung: 0,60‰ bei Summen von 20000 DM an. Die Prämien enthalten noch den Zuschlag für die Vers.-Steuer von 2%.

51	52	53	54	Eintrittsalter
Schweizerische	Sparkassen-Versicherung	Universa	Vereinigte Leben	
250	II	2	01	
217	195	217	197	20
222	200	222	203	21
227	205	228	208	22
233	210	234	215	23
238	216	240	221	24
244	222	245	228	25
251	229	252	235	26
258	236	260	242	27
265	244	267	250	28
273	252	276	259	29
282	261	286	268	30
291	270	295	277	31
300	280	305	287	32
311	291	316	298	33
322	302	328	310	34
334	314	341	322	35
347	327	355	336	36
361	341	369	350	37
376	357	385	365	38
392	373	402	382	39
410	390	420	400	40
429	409	441	419	41
449	430	462	441	42
472	452	486	464	43
496	477	511	489	44
523	504	540	517	45
553	533	571	547	46
586	566	607	581	47
623	602	645	619	48
664	642	689	661	49
710	687	738	709	50
763	738	794	764	51
824	797	858	827	52
895	865	933	899	53
978	944	1021	985	54
1077	1039	1124	1087	55

51: Prämienzuschlag: 1‰ bei Summen von 5000—9999 DM; 2‰ bei Summen unter 5000 DM. Prämienermäßigung: 0,5‰ bei Summen von 20000—49999 DM; 1‰ bei Summen von 50000 DM an. Bei Tod durch Unfall doppelte Summe, Mehrleistung jedoch höchstens 25000 DM. Bei Tod nach langer Krankheit Zusatzleistung gemäß S. 51, Ziff. 14.

52: Prämienzuschlag: 1‰ bei Summen von 5000—9999 DM; 2‰ bei Summen von 2000—4999 DM. Prämienermäßigung: 1/2‰ bei Summen von 20000—39999 DM; 1‰ bei Summen von 40000 DM an.

53: Bei Vers. o. U. 2,3‰ jährl. Zuschlag. Bei Tod durch Unfall doppelte Summe.

54: Prämienzuschlag: 1‰ bei Summen von 2000—4999 DM; 4‰ bei Summen unter 2000 DM. Bei Vers. o. U. von 5000 DM an 1‰ jährl. Zuschlag.

Eintrittsalter	55	56	57	58	
	Victoria	Vita	Vohk	Volkshilfe	
	D 1	III	Bm m. U. Bo o. U.	G M m. U.	G O o. U.
20		200		218	234
21		205		224	240
22		211		229	245
23		216		235	251
24		222		242	258
25	231	228	231	248	264
26	237	234	239	256	272
27	244	241	247	263	279
28	251	249	256	272	287
29	259	257	265	281	297
30	267	265	275	290	306
31	277	274	285	300	316
32	286	284	296	311	327
33	296	294	308	323	338
34	307	306	321	336	351
35	319	318	335	349	365
36	331	331	349	363	379
37	345	344	365	379	396
38	360	359	381	396	412
39	376	376	399	413	430
40	394	393	418	434	449
41	413	412	438	454	470
42	434	433	461	478	493
43	456	456	485	504	519
44	480	481	512	530	547
45	507	508	541	560	576
46	537	538	573	594	609
47	570	572	608	631	648
48	607	609	648	674	689
49	648	651	692	718	736
50	694	699	741	769	789
51	747	753	797	833	845
52	808	815	861	902	916
53	879	888	936	975	991
54	963	973	1023	1071	1090
55	1062	1075	1126		

55 (Victoria D 1): Prämienzuschlag: 1‰ bei Summen unter 10000 DM. Prämienermäßigung: 1‰ bei Summen von 20000 DM an. Bei Vers. o. U. 1‰, vom Eintrittsalter 51 an 2‰ jährl. Zuschlag.

56 (Vita III): Prämienzuschlag: 1‰ bei Summen von 6000—9999 DM; 2‰ bei Summen von 2000—5999 DM. Prämienermäßigung: 1‰ bei Summen von 25000 DM an.

57 (Vohk): Prämienzuschlag: 1½‰ bei Summen unter 10000 DM. Prämienermäßigung: ½‰ bei Summen von 50000 DM an. Bei Vers. o. U. (Tarif Bo) 1‰ jährl. Zuschlag.

58 (Volkshilfe G M): Prämienermäßigung: 1‰ bei Summen von 20000 DM an. Bei Tod durch Unfall doppelte Summe. Die Prämien enthalten noch den Zuschlag für die Vers.-Steuer von 2%.

58 (Volkshilfe G O): Bei Tod durch Unfall doppelte Summe. Die Prämien enthalten noch den Zuschlag für die Vers.-Steuer von 2%.

59	60	61	62	63	64	Eintrittsalter
Volkswohl-Bund	Vorsorge	Winterthur	Witwen- und Waisenkasse	Württembergischer Versicherungsverein	Öffentliche	
E 2	1	2	G 3	LG	II	
204	201	198	192	215	195	20
209	206	203	197	220	200	21
214	211	208	202	225	205	22
219	216	213	208	230	210	23
225	222	219	214	236	216	24
231	228	225	220	242	222	25
238	235	232	226	248	229	26
245	242	239	234	255	236	27
252	249	246	241	262	244	28
261	257	254	249	270	252	29
269	266	262	258	279	261	30
278	275	272	267	288	270	31
288	285	281	277	298	280	32
298	296	292	288	308	291	33
310	307	303	299	319	302	34
322	319	315	312	331	314	35
335	333	328	325	344	327	36
349	347	342	339	358	341	37
364	362	357	355	373	357	38
380	378	373	371	389	373	39
398	396	391	389	406	390	40
417	415	410	408	425	409	41
438	436	430	429	446	430	42
461	459	453	452	468	452	43
485	484	477	477	492	477	44
513	511	504	505	519	504	45
543	542	534	535	549	533	46
576	575	567	569	582	566	47
613	612	603	606	618	602	48
655	654	645	648	659	642	49
702	701	691	696	706	687	50
755	755	744	750	758	738	51
817	817	805	812	819	797	52
888	889	876	884	889	865	53
972	973	959	969	972	944	54
1072	1073	1058	1069	1070	1039	55

59: Prämienzuschlag: 1‰ bei Summen von 5000–9900 DM; 2‰ bei Summen von 2000–4900 DM. Prämienermäßigung: 1‰ bei Summen von 20000 DM an.

60: Prämienzuschlag: 1‰ bei Summen unter 10000 DM. Prämienermäßigung: 1‰ bei Summen von 20000 DM an. Bei Vers. o. U. vom Eintrittsalter 50 an 1‰ jährl. Zuschlag.

61: Prämienzuschlag: 0,5‰ bei Summen von 5000—9999 DM; 1‰ bei Summen von 3000—4999 DM; 4,— DM bei Summen unter 3000 DM. Prämienermäßigung: 0,5‰ bei Summen von 20000—49999 DM; 1‰ bei Summen von 50000 DM an.

62: Prämienzuschlag: 0,6‰ bei Summen von 5000–9999 DM; 1,2‰ bei Summen von 3000–4999 DM. Prämienermäßigung: 0,6‰ bei Summen von 20000–49999 DM; 1,2‰ bei Summen von 50000 DM an.

63: Prämienzuschlag: 1‰ bei Summen von 3000—9999 DM; 2‰ bei Summen von 2000—2999 DM. Prämienermäßigung: 1‰ bei Summen von 20000 DM an. Bei Vers. o. U. vom Eintrittsalter 46 an 2‰ jährl. Zuschlag. Bei Tod durch Unfall doppelte Summe.

64: Prämienzuschlag: 1‰ bei Summen von 5000–9999 DM; 2‰ bei Summen von 2000–4999 DM. Prämienermäßigung: 1/2‰ bei Summen von 20000–39999 DM; 1‰ bei Summen von 40000 DM an.

Eintrittsalter	1	2	3	4	5	6
	Aachener und Münchener	Agrippina	Albingia	Allgemeine Assekuranz	Allgemeine Rentenanstalt	Allianz
	1 z	1	II	G 3 m. U. G 3 S o. U.	T (57)	II Z M
20	225	216	218	233	227	226
21	232	222	224	239	234	232
22	238	229	231	246	240	238
23	245	236	238	253	247	245
24	252	243	245	261	254	252
25	260	251	253	269	262	260
26	268	260	262	278	270	269
27	277	269	271	287	279	278
28	286	279	282	297	289	287
29	297	289	292	308	299	298
30	308	301	303	320	311	309
31	320	313	316	333	323	321
32	333	327	329	346	336	334
33	347	341	343	361	350	348
34	362	357	359	377	365	364
35	379	374	376	395	382	380
36	397	392	394	413	400	398
37	416	412	415	433	420	418
38	437	434	437	455	442	440
39	461	459	461	478	465	463
40	487	485	487	505	491	489
41	515	515	517	533	520	518
42	547	547	549	565	552	550
43	582	583	586	601	588	586
44	622	624	626	641	628	626
45	667	664	673	687	673	671
46	718	716	726	738	725	723
47	777	776	786	797	784	783
48	845	846	857	866	854	852
49	926	929	941	947	936	934
50	1023	1023	1041	1044	1034	1032

1: Prämienzuschlag: 1‰ bei Summen unter 6000 DM. Prämienermäßigung: 1‰ bei Summen von 20000 bis 49999 DM; 1,5‰ bei Summen von 50000 DM an. Bei Vers. o. U. vom Eintrittsalter 40 an 1‰, vom Eintrittsalter 50 an 2‰ jährl. Zuschlag.

2: Prämienzuschlag: 0,5‰ bei Summen von 2000—9999 DM; 2,5‰ bei Summen unter 2000 DM. Prämienermäßigung: 1‰ bei Summen von 20000 DM an.

3: Prämienzuschlag: 1‰ bei Summen unter 10000 DM. Prämienermäßigung: 1‰ bei Summen von 20000 DM an. Bei Vers. o. U. 1‰ jährl. Zuschlag.

4: Prämienzuschlag: 1‰ bei Summen unter 5000 DM. Prämienermäßigung: 1‰ bei Summen von 20000 DM an; 2‰ bei Summen von 40000 DM an. Bei Vers. o. U. (Tarif G 3 S) 1,5‰ jährl. Zuschlag.

5: Prämienzuschlag: 0,75‰ bei Summen von 3000—9999 DM; 1,50‰ bei Summen von 2000—2999 DM. Prämienermäßigung: 0,75‰ bei Summen von 20000—49999 DM; 1,25‰ bei Summen von 50000—99999 DM; 1,75‰ bei Summen von 100000 DM an. Bei Tod durch Unfall doppelte Summe.

6: Prämienzuschlag: 0,5‰ bei Summen von 3000—9999 DM; 1,5‰ bei Summen unter 3000 DM. Prämienermäßigung: 1‰ bei Summen von 20000—49999 DM; 1,5‰ bei Summen von 50000 DM an. Bei Vers. o. U. vom Eintrittsalter 46 an 1,5‰ jährl. Zuschlag.

7	8	9	10	11	
Alte Leipziger	Alte Vaterländische	Alte Volksfürsorge	Basler	Bayerische Beamtenvers.	Eintrittsalter
6	GV	G II	Gd	II N	
214	225	218	235	244	20
221	231	225	241	256	21
227	238	232	248	256	22
234	244	239	255	268	23
241	252	247	262	279	24
249	260	257	270	279	25
258	268	266	279	291	26
267	277	275	288	303	27
277	287	287	298	314	28
287	297	297	308	326	29
299	308	310	320	338	30
311	320	324	332	349	31
324	333	338	345	361	32
338	348	353	360	372	33
354	363	370	376	384	34
371	380	388	393	407	35
389	398	408	411	419	36
409	418	429	431	442	37
431	439	451	453	466	38
455	463	477	477	489	39
481	489	504	504	524	40
510	518	534	533	547	41
542	549	568	566	582	42
578	585	605	602	617	43
619	625	647	643	663	44
665	671	693	689	710	45
717	722		742	757	46
777	782		803	826	47
847	851		874	896	48
930	933		957	978	49
1029	1031		1057	1083	50
Prämienzuschlag: 0,50‰ bei Summen von 5000–9999 DM; 1,50‰ bei Summen von 3000–4999 DM; 2,50‰ bei Summen unter 3000 DM. Prämienermäßigung: 0,50‰ bei Summen von 20000–39999 DM; 1,50‰ bei Summen von 40000 DM an.	Prämienzuschlag: 1‰ bei Summen von 5000–9999 DM; 2‰ bei Summen von 3001–4999 DM. Prämienermäßigung: 1‰ bei Summen von 20000–49999 DM; 1,5‰ bei Summen von 50000 DM an. Bei Vers. o. U. vom Eintrittsalter 50 an 1,5‰ jährl. Zuschlag.	Prämienzuschlag: 0,10‰ bei 9000 DM Vers.-Se.; 0,23‰ bei 8000 DM Vers.-Se.; 0,40‰ bei 7000 DM Vers.-Se.; 0,62‰ bei 6000 DM Vers.-Se.; 0,93‰ bei 5000 DM Vers.-Se.; 1,40‰ bei Summen unter 5000 DM. Prämienermäßigung: 0,93‰ für den 10000 DM übersteigenden Teil der Vers.-Se. Bei Tod durch Unfall doppelte Summe.	Prämienermäßigung: 0,5‰ bei Summen von 15000–24999 DM; 1‰ bei Summen von 25000–39999 DM; 1,5‰ bei Summen von 40000–59999 DM; 2‰ bei Summen von 60000 DM an.	Prämienzuschlag: 0,60‰ bei Summen von 5000–9999 DM; 1,20‰ bei Summen von 501–4999 DM; 1,80‰ bei Summen von 500 DM. Prämienermäßigung: 1,20‰ bei Summen von 20000–49999 DM; 1,80‰ bei Summen von 50000 DM an. Bei Tod durch Unfall doppelte Summe. Die Prämien enthalten noch den Zuschlag für die Vers.-Steuer von 2%.	

G 60

Eintrittsalter	12		13	14	15	16	17
	Berlinische		Bonner	Braun-schweigische	Concordia	Condor	Debeka
	C I/54 m. U.	C I 0/54 o. U.	E	XII	C I	2	L II
20	214	214	230	243	212	214	223
21	221	221	236	249	218	221	229
22	229	229	243	255	225	226	236
23	236	236	250	261	233	233	243
24	245	245	257	268	240	240	251
25	254	254	265	276	249	248	259
26	263	263	273	284	257	256	268
27	273	273	282	292	267	266	278
28	284	284	292	302	277	276	288
29	295	295	303	312	288	286	299
30	306	308	314	323	299	298	310
31	318	321	326	334	312	309	323
32	331	336	340	347	325	322	337
33	345	351	354	361	339	337	352
34	361	368	369	376	355	352	368
35	378	386	386	392	371	369	386
36	396	405	405	409	389	387	406
37	416	426	425	429	409	407	427
38	437	449	446	450	430	428	449
39	461	474	470	473	454	452	474
40	487	501	497	498	480	479	501
41	516	531	526	526	509	508	533
42	548	564	558	558	540	539	566
43	584	601	594	593	576	574	604
44	624	642	634	632	616	615	646
45	670	689	680	676	661	661	694
46	722	742	733	727	712	713	749
47	781	803	793	786	771	773	812
48	851	874	863	854	840	842	885
49	933	957	946	935	922	925	973
50	1032	1056	1045	1031	1019	1022	1076

- 12 (C I/54 m. U.): Prämienzuschlag: 1‰ bei Summen von 3000–9999 DM; 2‰ bei Summen von 2000–2999 DM. Prämienermäßigung: ½‰ bei Summen von 20000–49999 DM; 1‰ bei Summen von 50000 DM an.
- 12 (C I 0/54 o. U.): Prämienzuschlag: 1‰ bei Summen von 3000–9999 DM; 2‰ bei Summen von 2000–2999 DM. Prämienermäßigung: ½‰ bei 20000 DM Vers.-Se.
- 13: Prämienermäßigung: 1‰ bei Summen von 20000 DM an. Bei Vers. o. U. 2‰ jährl. Zuschlag.
- 14: Prämienermäßigung: 1‰ bei Summen von 11000 DM an; 2‰ bei Summen von 21000 DM an; 3‰ bei Summen von 50000 DM an. Bei Vers. o. U. 2‰ jährl. Zuschlag.
- 15: Prämienzuschlag: 1‰ bei Summen von 5000—9999 DM; 2‰ bei Summen von 3000—4999 DM. Prämienermäßigung: 0,80‰ bei Summen von 20000 DM an.
- 16: Prämienzuschlag: 1,2‰ bei Summen von 5000—9999 DM; 2,4‰ bei Summen unter 5000 DM. Prämienermäßigung: 1,2‰ bei Summen von 25000 DM an.
- 17: Prämienzuschlag: 1,2‰ bei Summen unter 10000 DM. Prämienermäßigung: 0,6‰ bei Summen von 20000 DM an.

Endalter 60 **G 60 IV.**

Eintrittsalter	18	19	20	21	22	23	24
	Der Anker	Deutsche Beamten, Berlin	Deutsche Eisenbahn-Vers.-Kasse	Deutscher Herold	Deutscher Lloyd	Deutscher Ring	Eos
	C E	9	III	2	L 1	2	3
20	228	221	200	238	219	218	
21	234	227	206	244	225	224	228
22	240	233	212	251	231	230	235
23	247	240	219	258	238	237	242
24	254	247	226	265	246	244	250
25	262	254	235	273	254	252	258
26	271	261	243	281	262	261	267
27	280	269	252	291	271	270	277
28	289	278	262	300	281	279	287
29	300	288	272	311	291	290	298
30	311	299	284	322	302	301	310
31	323	311	296	335	315	313	323
32	336	324	309	348	328	326	337
33	350	337	324	362	342	340	351
34	366	351	339	378	358	356	367
35	382	368	356	395	374	372	385
36	400	384	374	413	392	390	403
37	420	404	394	433	412	410	424
38	442	426	416	455	434	432	446
39	465	447	440	479	458	455	470
40	491	473	466	506	484	481	496
41	520	501	495	535	513	510	525
42	552	532	528	567	545	542	558
43	588	566	564	603	581	578	594
44	628	606	603	644	621	618	634
45	673	651	650	690	667	663	680
46	725	702	702	743	719	715	732
47	784	760	762	803	779	774	792
48	854	829	832	874	848	844	861
49	936	910	915	957	931	926	943
50	1034	1006	1014	1056	1029	1024	1040
	Prämienermäßigung: 1‰ bei Summen von 20000—39999 DM; 2‰ bei Summen von 40000 DM an. Bei Vers. o. U. 1,5‰ jährl. Zuschlag.	Bei Vers. von 1700 DM bis 2000 DM Prämienerhöhung um etwa 1½%, bei Vers. unter 1700 DM höhere Prämien. Prämienermäßigung: ½‰ bei Summen von 25000 DM an; 1‰ bei Summen von 50000 DM an; 1½‰ bei Summen von 100000 DM an.	Prämienzuschlag: 0,48‰ bei Summen von 4000—9900 DM; 0,96‰ bei Summen unter 4000 DM. Prämienermäßigung: 0,48‰ bei Summen von 20000 DM an. Die Prämien enthalten noch den Zuschlag für die Vers.-Steuer von 2%.	Prämienzuschlag: ½‰ bei Summen unter 10000 DM. Prämienermäßigung: ½‰ bei Summen von 20000 bis 49999 DM; 1½‰ bei Summen von 50000 DM an. Bei Vers. o. U. 1½‰ jährl. Zuschlag.	Prämienzuschlag: 1‰ bei Summen von 3000—9999 DM; 3‰ bei Summen von 2000—2999 DM. Prämienermäßigung: ½‰ bei Summen von 20000—39999 DM; 1‰ bei Summen von 40000 DM an. Bei Vers. o. U. 2‰ jährl. Zuschlag.	Prämienzuschlag: 1‰ bei Summen unter 10000 DM. Prämienermäßigung: 0,5‰ bei Summen von 15000—19999 DM; 1‰ bei Summen von 20000 DM an.	Prämienzuschlag: 1‰ bei Summen von 2000—9999 DM. Prämienermäßigung: 0,5‰ bei Summen von 20000 DM an. Bei Vers. o. U. 1‰ jährl. Zuschlag.

Eintrittsalter	25	26	27	28	29	30
	Evangelische Familienfürsorge	Friedrich Wilhelm	Gerling-Konzern	Gilde	Gisela	Gladbacher
	G 1	V A^{n}	K 2	B	III	D 2 m. U. D 2^{0} o. U.
20	218	220	217	224	228	214
21	224	226	224	230	234	219
22	231	233	230	237	242	226
23	237	240	237	244	249	233
24	245	247	244	251	256	240
25	253	255	252	259	264	248
26	261	263	260	268	273	257
27	270	272	269	277	282	266
28	280	282	279	287	292	275
29	290	293	289	298	303	286
30	301	304	301	309	313	297
31	313	316	313	322	326	309
32	326	330	326	335	339	322
33	341	344	340	350	353	337
34	356	359	355	366	368	353
35	373	376	372	383	385	369
36	391	395	390	402	403	387
37	411	415	410	423	422	408
38	432	436	432	445	444	429
39	456	460	455	470	467	453
40	482	486	481	497	492	479
41	511	516	510	528	521	508
42	542	548	542	561	552	540
43	578	584	578	598	587	576
44	618	624	618	641	627	616
45	664	670	663	688	672	662
46	715	722	715	743	724	714
47	775	783	774	805	783	775
48	844	853	844	878	852	844
49	926	936	926	965	934	927
50	1024	1035	1024	1068	1032	1025
	Prämienzuschlag: 1 °/oo bei Summen unter 10000 DM. Prämienermäßigung: 1 °/oo bei Summen von 20000 DM an. Bei Vers. o. U. 1,5 °/oo jährl. Zuschlag.	Prämienzuschlag: 0,5 °/oo bei Summen von 5000–9999 DM; 1 °/oo bei Summen von 2000–4999 DM. Prämienermäßigung: 1 °/oo bei Summen von 20000 DM an.	Prämienzuschlag: 0,50 °/oo bei Summen von 5000–9999 DM; 1 °/oo bei Summen von 2000–4999 DM; 3 °/oo bei Summen unter 2000 DM. Prämienermäßigung: 1 °/oo bei Summen von 20000 DM an.	Prämienzuschlag: 1 °/oo bei Summen von 5000–9999 DM; 3 °/oo bei Summen unter 5000 DM. Außerdem bei Vers. o. U. von 5000–10000 DM 1 °/oo jährl. Zuschlag.	Prämienzuschlag: 1 °/oo bei Summen von 2000–9900 DM. Bei Summen von 2000–2900 DM erhöht sich die Jahresprämie außerdem um 0,40 DM. Prämienermäßigung: 1 °/oo bei Summen von 20000 DM an.	Prämienzuschlag: 1,2 °/oo bei Summen unter 10000 DM. Prämienermäßigung: 0,6 °/oo bei Summen von 20000—39999 DM; 1,2 °/oo bei Summen von 40 000 DM an. Bei Vers. o. U. (Tarif D2^{0}) 1,2 °/oo jährl. Zuschlag.

31	32		32a	33	34	
Gothaer	Hamburg-Mannheimer		Hamburg-Mannheimer (Dt. Anwalt-Vers.)	Hannoversche	Isar	Eintrittsalter
1	3 (56)	8	L - 57	III m. U. III⁰ o. U.	3	
233	225		219	214	219	20
239	232		225	220	226	21
246	238		231	227	232	22
253	245		238	233	239	23
261	251		245	241	246	24
269	260		253	248	254	25
278	268		261	257	263	26
288	277		270	265	271	27
298	286		279	275	281	28
309	297		289	285	292	29
320	308	448	300	296	303	30
333	320		312	308	315	31
346	333		325	321	328	32
361	347		339	335	342	33
376	362		354	350	358	34
393	379	517	371	367	374	35
411	397		388	384	392	36
431	416		408	404	412	37
453	437		429	425	434	38
476	461		452	448	457	39
502	487	623	478	474	483	40
531	515		506	502	512	41
563	547		537	534	544	42
598	582		573	569	580	43
638	622		612	608	620	44
683	667	797	656	653	665	45
735	718		707	702	717	46
794	777		766	758	776	47
863	845		834	825	846	48
944	926		915	902	928	49
1041	1023	1138	1011	996	1026	50

31: Prämienzuschlag: 1‰ bei Summen unter 5000 DM. Prämienermäßigung: 1‰ bei Summen von 20000 – 49999 DM; 2‰ bei Summen von 50000 DM an.

32 (3 (56)): Prämienzuschlag: 1‰ bei Summen unter 10000 DM. Prämienermäßigung: 1‰ bei Summen von 20000 bis 49000 DM; 1,25‰ bei Summen von 50000 DM an. Bei Vers. o. U. 1‰ jährl. Zuschlag.

32 (8): Die Prämien ermäßigen sich garantiert im 5. Vers.-Jahr auf 88% der Anfangsprämie; im 6. auf 85% u. s. f., jedes Jahr um weitere 3%. Prämienermäßigung: 1‰ bei Summen von 20000 DM an. Bei Vers. o. U. 1‰ jährl. Zuschlag.

32a: Prämienzuschlag: Bei Summen unter 10000 DM erhöht sich die Jahresprämie um 2,40 DM. Prämienermäßigung: 0,6‰ bei Summen von 25000—49999 DM; 1,2‰ bei Summen von 50000 DM an. Bei Vers. o. U. Fortfall der Wartezeit gegen 1‰ jährl. Zuschlag.

33: Prämienermäßigung: 0,6‰ bei Summen von 15000 – 24999 DM; 1,2‰ bei Summen von 25000 – 39999 DM; 1,8‰ bei Summen von 40000 DM an. Bei Vers. o. U. (Tarif III⁰) 1,2‰ jährl. Zuschlag.

34: Prämienzuschlag: 1,8‰ bei Summen von 2000—4999 DM; 3,6‰ bei Summen unter 2000 DM. Prämienermäßigung: 0,6‰ bei Summen von 20000—49999 DM; 1,2‰ bei Summen von 50000 DM an.

Eintrittsalter	35	36	37	38	39	
	Karlsruher	Kölnische	Lebensvers. Merkur	Leipziger Verein-Barmenia	Magdeburger Allgemeine	
	II m	G	E	12	B 2 m. U.	B 2 n o. U.
20	223	219		218	220	240
21	229	225		224	226	246
22	235	231		231	232	252
23	242	238		237	239	259
24	249	245		244	247	267
25	257	253		252	254	274
26	265	261		261	263	283
27	274	270		269	272	292
28	284	280		279	281	301
29	294	290		290	292	312
30	305	301	332	301	303	323
31	317	313	343	313	315	335
32	330	326	355	326	328	348
33	344	340	367	340	342	362
34	359	356	384	356	358	378
35	376	372	402	372	374	394
36	394	390	419	390	393	413
37	413	410	442	410	412	432
38	435	431	460	432	434	454
39	458	455	489	455	457	477
40	484	481	512	481	483	503
41	512	509	541	510	512	542
42	544	541	576	542	544	574
43	579	576	611	578	580	610
44	619	616	652	618	620	650
45	664	661	698	663	665	695
46	715	712	751	715	717	747
47	774	771	809	774	776	806
48	843	840	879	844	846	876
49	924	921	960	926	928	958
50	1021	1019	1059	1024	1025	1055

35 (Karlsruher): **Prämienzuschlag: 1‰ bei Summen unter 10000 DM. Prämienermäßigung: 1‰ bei Summen von 20000 DM an.** Bei weiblichen Vers. von 10000 DM Vers.-Se. an Prämienberechnung nach dem um 1 Jahr jüngeren Eintrittsalter.

36 (Kölnische): Prämienzuschlag: 0,5‰ bei Summen unter 10000 DM. Prämienermäßigung: 0,5‰ bei Summen von 20000 bis 39999 DM; 1‰ bei Summen von 40000 DM an.

37 (Lebensvers. Merkur): Mindest-Vers.-Se. 5000 DM. Bei Tod durch Unfall doppelte Summe. Für Vers. bis 5000 DM besonderer Tarif.

38 (Leipziger Verein-Barmenia): Prämienzuschlag: 1‰ bei Summen von 5000—9999 DM; 2‰ bei Summen unter 5000 DM. Prämienermäßigung: 0,5‰ bei Summen von 20000—49999 DM; 1‰ bei Summen von 50000 DM an. Bei Vers. o. U. 2‰ jährl. Zuschlag.

39 (Magdeburger Allgemeine), B 2 m. U.: Prämienzuschlag: 1‰ bei Summen unter 10000 DM. Prämienermäßigung: 1‰ bei Summen von 50000 DM an.

39 (Magdeburger Allgemeine), B 2 n o. U.: Prämienzuschlag: 1‰ bei Summen unter 5000 DM.

Eintrittsalter	40	41	42	43	44
	Mannheimer	Münchener Leben	Münchener Verein	National	Nord-Deutsche
	II D (54)	N II m m. U. N II o o. U.	I	G	11
20	222	225		216	203
21	228	232	222	222	209
22	235	238	229	229	216
23	242	245	236	237	224
24	249	252	243	244	232
25	257	260	252	252	240
26	266	268	261	261	250
27	275	277	269	271	259
28	285	286	279	281	270
29	295	297	290	291	281
30	307	308	302	303	293
31	319	320	314	315	306
32	332	333	328	328	321
33	347	347	342	343	336
34	362	362	359	358	352
35	379	379	376	375	370
36	398	397	395	393	389
37	418	416	415	412	409
38	439	437	437	434	432
39	463	461	462	458	456
40	490	487	489	484	483
41	519	515	518	512	512
42	552	547	551	544	545
43	588	582	588	580	581
44	628	622	630	620	622
45	674	667	676	665	668
46	727	718	730	717	722
47	788	777	792	777	781
48	858	845	863	846	851
49	941	926	948	928	933
50	1041	1023	1049	1026	1032

40 Mannheimer: Prämienzuschlag: ½‰ bei Summen von 5000–9999 DM; 1½‰ bei Summen von 2000–4999 DM; 2½‰ bei Summen unter 2000 DM; bei Vers. o. U. ½‰ bei Summen von 10000–18000 DM. Prämienermäßigung: ½‰ bei Summen von 20000–29999 DM; 1‰ bei Summen von 30000–39999 DM; 1½‰ bei Summen von 40000 DM an.

41 Münchener Leben: Prämienzuschlag: 1‰ bei Summen von 3000—9999 DM; 2‰ bei Summen von 2000—2999 DM; 3‰ bei Summen von 1000—1999 DM. Prämienermäßigung: 1‰ bei Summen von 20000—49999 DM; 1,5‰ bei Summen von 50000 DM an. Bei Vers. o. U. (Tarif N II o) 2‰ jährl. Zuschlag.

42 Münchener Verein: Prämienzuschlag: 1‰ bei Summen von 5000–9999 DM; 2‰ bei Summen unter 5000 DM. Prämienermäßigung: 0,5‰ bei Summen von 20000 DM an. Bei Vers. o. U. 1‰ jährl. Zuschlag. Die Prämien enthalten noch den Zuschlag für die Vers.-Steuer von 2%.

43 National: Prämienzuschlag: ½‰ bei Summen von 5000—9999 DM; 1½‰ bei Summen unter 5000 DM. Prämienermäßigung: ½‰ bei Summen von 20000 DM an.

44 Nord-Deutsche: Prämienzuschlag: 1‰ bei Summen von 5000–9999 DM; 3‰ bei Summen von 2000–4999 DM; 4½‰ bei Summen von 1000—1999 DM. Prämienermäßigung: ½‰ bei Summen von 50000 DM an. Bei Vers. o. U. 2‰ jährl. Zuschlag.

Eintrittsalter	45 Nordstern IZ m. U.	45 Nordstern IZo o. U.	45 Nordstern IuZ m. U. vom 1.–3. Jahr	45 Nordstern IuZ m. U. vom 4. Jahr an	45 Nordstern IuZo o. U. vom 1.–3. Jahr	45 Nordstern IuZo o. U. vom 4. Jahr an	46 Nürnberger 4 r	46 Nürnberger 4 b
20	216	221	170	224	175	229	222	280
21	222	227	173	230	178	235	225	283
22	228	233	176	237	181	242	229	288
23	234	239	180	244	185	249	234	293
24	242	247	183	252	188	257	240	299
25	249	254	187	261	192	266	246	305
26	257	262	191	270	196	275	261	314
27	266	271	196	280	201	285	268	324
28	276	281	200	290	205	295	275	335
29	286	291	205	302	210	307	282	347
30	297	307	211	314	221	324	291	360
31	309	319	216	328	226	338	311	373
32	322	332	222	343	232	353	325	387
33	336	346	229	359	239	369	340	403
34	351	361	235	377	245	387	356	420
35	368	378	242	396	252	406	374	438
36	386	396	250	417	260	427	392	457
37	405	415	258	441	268	451	412	478
38	427	437	266	467	276	477	434	501
39	450	460	275	495	285	505	458	526
40	476	491	285	528	300	543	484	553
41	505	520	295	564	310	579	513	583
42	537	552	305	605	320	620	545	616
43	572	587	317	652	332	667	581	653
44	612	627	328	705	343	720	620	694
45	658	673	341	768	356	783	664	740
46	710	725	354	843	369	858	715	793
47	769	784	368	931	383	946	775	855
48	839	854					843	926
49	921	936					923	1009
50	1019	1039					1019	1109

IZ m. U.: Prämienzuschlag: 0,50‰ bei Summen von 6000—9999 DM; 1‰ bei Summen unter 6000 DM. Prämienermäßigung: 1‰ bei Summen von 20000 DM an; 1,50‰ bei Summen von 50000 DM an.

IZo o. U.: Prämienzuschlag: 0,50‰ bei Summen von 6000—9999 DM; 1‰ bei Summen unter 6000 DM. Prämienermäßigung: 1‰ bei 20000 DM Vers.-Se.

IuZ m. U.: Prämienzuschlag: 0,50‰ bei Summen von 6000—9999 DM; 1‰ bei Summen unter 6000 DM. Prämienermäßigung: 1‰ bei Summen von 20000 DM an; 1,50‰ bei Summen von 50000 DM an.

IuZo o. U.: Prämienzuschlag: 0,50‰ bei Summen von 6000—9999 DM; 1‰ bei Summen unter 6000 DM. Prämienermäßigung: 1‰ bei 20000 DM Vers.-Se.

4 r: Prämienzuschlag: 1/2‰ bei Summen unter 10000 DM. Prämienermäßigung: 1/2‰ bei Summen von 20000—49999 DM; 1 1/2‰ bei Summen von 50000 DM an.

4 b: Prämienzuschlag: 1/2‰ bei Summen unter 10000 DM. Prämienermäßigung: 1/2‰ bei Summen von 20000 bis 49999 DM; 1 1/2‰ bei Summen von 50000 DM an. Bei vorzeitigem Tode erhöht sich die Vers.-Leistung um 10%. Bei Tod durch Unfall doppelte Summe.

47	48		49	50	51	52	
Pensionsverein	Prima		Raiffeisen- und Volksbanken-Vers.	Rheinisch-Westfälische	Schweizerische	Sparkassen-Versicherung	Eintrittsalter
V (53)	G I m m. U.	G I o o. U.	2107	G 2	250	II	
217	227	237	214	229	238	212	20
224	234	244	221	236	245	218	21
230	241	251	227	243	251	224	22
238	249	259	234	250	258	231	23
245	257	267	241	258	265	238	24
253	266	276	249	266	273	246	25
262	275	285	258	275	281	254	26
272	285	295	267	285	290	263	27
282	296	306	277	294	300	273	28
293	307	318	287	306	310	283	29
304	319	330	299	318	321	294	30
317	332	344	311	332	333	306	31
331	346	358	324	346	346	319	32
346	361	373	338	360	360	333	33
362	377	390	354	377	376	349	34
379	394	408	371	394	392	365	35
398	412	427	389	414	410	383	36
419	432	448	409	435	430	402	37
441	454	471	431	457	451	424	38
466	478	496	455	483	475	447	39
493	504	523	481	511	501	477	40
523	533	553	510	541	529	506	41
557	565	586	542	576	561	537	42
594	601	623	578	614	597	572	43
636	642	665	619	656	636	611	44
683	687	711	665	705	682	655	45
737	740	765	717	761	733	706	46
800	800	826	777	824	792	764	47
872	869	896	847	898	861	832	48
958	952	980	930	986	943	911	49
1060	1049	1079	1029	1091	1040	1006	50

47: Prämienzuschlag: 1 °/oo bei Summen unter 10000 DM. Prämienermäßigung: 1 °/oo bei Summen von 20000 DM an. Bei Vers. o. U. von 10000—20000 DM 1 °/oo jährl. Zuschlag.

48 (G I m): Prämienzuschlag: 1 °/oo bei Summen unter 10000 DM. Prämienermäßigung: 0,5 °/oo bei Summen von 15000 – 19999 DM; 1 °/oo bei Summen von 20000 DM an.

48 (G I o): Prämienzuschlag: 1 °/oo bei Summen unter 10000 DM.

49: Prämienzuschlag: 0,50 °/oo bei Summen von 5000—9999 DM; 1,50 °/oo bei Summen von 3000—4999 DM; 2,50 °/oo bei Summen unter 3000 DM. Prämienermäßigung: 0,50 °/oo bei Summen von 20000 DM an.

50: Prämienzuschlag: 0,60 °/oo bei Summen unter 10000 DM. Prämienermäßigung: 0,60 °/oo bei Summen von 20000 DM an. Die Prämien enthalten noch den Zuschlag für die Vers.-Steuer von 2 °/o.

51: Prämienzuschlag: 1 °/oo bei Summen von 5000—9999 DM; 2 °/oo bei Summen unter 5000 DM. Prämienermäßigung: 0,5 °/oo bei Summen von 20000—49999 DM; 1 °/oo bei Summen von 50000 DM an. Bei Tod durch Unfall doppelte Summe, Mehrleistung jedoch höchstens 25000 DM. Bei Tod nach langer Krankheit Zusatzleistung gemäß S. 51, Ziff. 14.

52: Prämienzuschlag: 1 °/oo bei Summen von 5000 – 9999 DM; 2 °/oo bei Summen von 2000 – 4999 DM. Prämienermäßigung: 1/2 °/oo bei Summen von 20000 – 39999 DM; 1 °/oo bei Summen von 40000 DM an.

Eintrittsalter	53	54	55	56	57	58	
	Universa	Vereinigte Leben	Victoria	Vita	Vohk	Volkshilfe	
	2	01	D 1	III	Bm m. U. Bo o. U.	G M m. U.	G O o. U.
20	240	219	225	222	218	241	258
21	245	225	231	228	225	248	264
22	252	232	237	234	231	255	272
23	259	240	244	241	239	263	279
24	267	248	251	249	247	271	287
25	275	256	258	257	256	280	296
26	285	265	266	265	265	289	305
27	294	275	275	274	275	299	315
28	304	285	285	284	286	310	326
29	314	296	295	294	298	321	338
30	327	308	306	306	310	334	349
31	340	320	318	318	323	347	363
32	354	334	331	331	338	362	378
33	367	348	345	345	353	377	393
34	384	364	359	361	370	394	410
35	402	381	376	377	388	413	428
36	420	400	394	396	408	433	449
37	441	420	413	415	429	456	470
38	464	442	435	437	452	480	495
39	488	466	458	461	477	506	521
40	516	492	484	487	504	535	550
41	546	522	513	516	535	566	582
42	579	554	544	549	568	603	618
43	617	591	580	585	606	641	655
44	659	631	620	626	648	685	701
45	707	678	665	672	696	736	750
46	761	730	717	725	750	794	810
47	824	791	776	786	813	857	875
48	896	862	845	857	885	937	952
49	983	945	927	941	971	1025	1043
50	1085	1045	1024	1041	1073		
Bemerkungen	Bei Vers. o. U. 2,3‰ jährl. Zuschlag. Bei Tod durch Unfall doppelte Summe.	Prämienzuschlag: 1‰ bei Summen von 2000–4999 DM; 4‰ bei Summen unter 2000 DM. Bei Vers. o. U. von 5000 DM an 1‰ jährl. Zuschlag.	Prämienzuschlag: 1‰ bei Summen unter 10000 DM. Prämienermäßigung: 1‰ bei Summen von 20000 DM an. Bei Vers. o. U. 1‰ jährl. Zuschlag.	Prämienzuschlag: 1‰ bei Summen von 6000—9999 DM; 2‰ bei Summen von 2000—5999 DM. Prämienermäßigung: 1‰ bei Summen von 25000 DM an.	Prämienzuschlag: 1½‰ bei Summen unter 10000 DM. Prämienermäßigung: ½‰ bei Summen von 50000 DM an. Bei Vers. o. U. (Tarif Bo) 1‰ jährl. Zuschlag.	Prämienermäßigung: 1‰ bei Summen von 20000 DM an. Bei Tod durch Unfall doppelte Summe. Die Prämien enthalten noch den Zuschlag für die Vers.-Steuer von 2%.	Bei Tod durch Unfall doppelte Summe. Die Prämien enthalten noch den Zuschlag für die Vers.-Steuer von 2%.

59	60	61	62	63	64	
Volkswohl-Bund	Vorsorge	Winterthur	Witwen- und Waisenkasse	Württembergischer Versicherungsverein	Öffentliche	Eintrittsalter
E 2	1	2	G 3	LG	II	
225	222	219	210	236	212	20
231	228	225	215	242	218	21
238	235	232	221	248	224	22
245	242	239	226	255	231	23
252	249	246	233	262	238	24
260	257	254	240	270	246	25
268	266	262	250	278	254	26
277	275	271	260	287	263	27
287	284	281	271	297	273	28
298	295	291	283	307	283	29
309	306	302	296	318	294	30
321	319	314	309	330	306	31
334	332	327	324	343	319	32
348	346	341	338	357	333	33
364	362	357	354	372	349	34
381	378	373	371	389	365	35
399	397	391	389	407	383	36
419	417	411	409	426	402	37
440	438	432	431	448	424	38
464	462	456	455	471	447	39
490	489	482	481	497	477	40
519	518	510	510	525	506	41
551	550	542	543	557	537	42
587	586	577	579	592	572	43
627	626	617	620	632	611	44
673	672	662	666	677	655	45
725	724	714	718	728	706	46
785	785	773	778	787	764	47
854	855	842	849	856	832	48
937	937	924	932	937	911	49
1035	1036	1021	1031	1034	1006	50

59: Prämienzuschlag: 1‰ bei Summen von 5000–9900 DM; 2‰ bei Summen von 2000–4900 DM. Prämienermäßigung: 1‰ bei Summen von 20000 DM an.

60: Prämienzuschlag: 1‰ bei Summen unter 10000 DM. Prämienermäßigung: 1‰ bei Summen von 20000 DM an. Bei Vers. o. U. vom Eintrittsalter 50 an 1‰ jährl. Zuschlag.

61: Prämienzuschlag: 0,5‰ bei Summen von 5000—9999 DM; 1‰ bei Summen von 3000—4999 DM; 4,— DM bei Summen unter 3000 DM. Prämienermäßigung: 0,5‰ bei Summen von 20000—49999 DM; 1‰ bei Summen von 50000 DM an.

62: Prämienzuschlag: 0,6‰ bei Summen von 5000–9999 DM; 1,2‰ bei Summen von 3000–4999 DM. Prämienermäßigung: 0,6‰ bei Summen von 20000–49999 DM; 1,2‰ bei Summen von 50000 DM an.

63: Prämienzuschlag: 1‰ bei Summen von 3000—9999 DM; 2‰ bei Summen von 2000—2999 DM. Prämienermäßigung: 1‰ bei Summen von 20000 DM an. Bei Vers. o. U. vom Eintrittsalter 46 an 2‰ jährl. Zuschlag. Bei Tod durch Unfall doppelte Summe.

64: Prämienzuschlag: 1‰ bei Summen von 5000–9999 DM; 2‰ bei Summen von 2000–4999 DM. Prämienermäßigung: ½‰ bei Summen von 20000–39999 DM; 1‰ bei Summen von 40000 DM an.

Eintrittsalter	1	2	3	4	5
	Aachener und Münchener	Agrippina	Albingia	Allgemeine Assekuranz	Allgemeine Rentenanstalt
	1 z	1	II	G 3 m. U. G 3 S o. U.	T (57)
20	256	247	249	259	258
21	264	255	258	267	266
22	272	264	267	275	275
23	282	273	276	285	284
24	291	284	286	295	294
25	302	294	297	306	304
26	313	306	308	317	316
27	325	319	321	330	328
28	339	332	335	344	342
29	353	347	350	359	356
30	369	364	366	375	372
31	386	381	384	392	390
32	405	401	403	412	409
33	425	422	424	433	429
34	448	445	448	456	452
35	473	471	473	482	478
36	501	500	502	510	506
37	532	532	534	541	537
38	566	567	569	575	572
39	605	608	610	614	611
40	649	646	655	659	656
41	700	698	707	709	707
42	758	757	767	767	765
43	826	826	837	835	834
44	906	908	919	914	915
45	1002	1000	1018	1010	1012

1: Prämienzuschlag: 1‰ bei Summen unter 6000 DM. Prämienermäßigung: 1‰ bei Summen von 20000 bis 49999 DM; 1,5‰ bei Summen von 50000 DM an. Bei Vers. o. U. vom Eintrittsalter 40 an 1‰ jährl. Zuschlag.

2: Prämienzuschlag: 0,5‰ bei Summen von 2000—9999 DM; 2,5‰ bei Summen unter 2000 DM. Prämienermäßigung: 1‰ bei Summen von 20000 DM an.

3: Prämienzuschlag: 1‰ bei Summen unter 10000 DM. Prämienermäßigung: 1‰ bei Summen von 20000 DM an. Bei Vers. o. U. 1‰ jährl. Zuschlag.

4: Prämienzuschlag: 1‰ bei Summen unter 5000 DM. Prämienermäßigung: 1‰ bei Summen von 20000 DM an; 2‰ bei Summen von 40000 DM an. Bei Vers. o. U. (Tarif G 3 S) 1,5‰ jährl. Zuschlag.

5: Prämienzuschlag: 0,75‰ bei Summen von 3000—9999 DM; 1,50‰ bei Summen von 2000—2999 DM. Prämienermäßigung: 0,75‰ bei Summen von 20000—49999 DM; 1,25‰ bei Summen von 50000—99999 DM; 1,75‰ bei Summen von 100000 DM an. Bei Tod durch Unfall doppelte Summe.

	6	7	8	9	10	11	
	Allianz	Alte Leipziger	Alte Vaterländische	Alte Volksfürsorge	Basler	Bayerische Beamtenvers.	Eintrittsalter
	II Z M	6	GV	G II	Gd	II N	
	256	245	256	246	266	279	20
	264	254	264	254	274	291	21
	273	262	272	264	283	291	22
	282	272	282	274	292	303	23
	292	282	291	285	303	314	24
	303	292	302	296	313	326	25
	314	304	313	308	325	338	26
	327	316	326	322	338	349	27
	340	330	339	336	351	361	28
	355	345	354	352	366	384	29
	371	361	370	368	383	396	30
	388	378	387	387	400	407	31
	407	398	406	408	420	431	32
	428	419	427	430	441	454	33
	451	442	450	453	464	477	34
	476	467	475	480	490	501	35
	504	496	503	511	518	535	36
	535	527	534	543	550	570	37
	570	562	569	579	586	605	38
	609	602	609	620	626	640	39
	654	647	653	666	672	687	40
	705	699	704		724	745	41
	764	758	763		784	803	42
	832	827	831		853	873	43
	913	909	912		936	954	44
	'010	1007	1009		1035	1059	45

6: Prämienzuschlag: 0,5‰ bei Summen von 3000–9999 DM; 1,5‰ bei Summen unter 3000 DM. Prämienermäßigung: 1‰ bei Summen von 20000–49999 DM; 1,5‰ bei Summen von 50000 DM an.

7: Prämienzuschlag: 0,50‰ bei Summen von 5000–9999 DM; 1,50‰ bei Summen von 3000–4999 DM; 2,50‰ bei Summen unter 3000 DM. Prämienermäßigung: 0,50‰ bei Summen von 20000–39999 DM; 1,50‰ bei Summen von 40000 DM an.

8: Prämienzuschlag: 1‰ bei Summen von 5000–9999 DM; 2‰ bei Summen von 3001–4999 DM. Prämienermäßigung: 1‰ bei Summen von 20000–49999 DM; 1,5‰ bei Summen von 50000 DM an.

9: Prämienzuschlag: 0,10‰ bei 9000 DM Vers.-Se.; 0,23‰ bei 8000 DM Vers.-Se.; 0,40‰ bei 7000 DM Vers.-Se.; 0,62‰ bei 6000 DM Vers.-Se.; 0,93‰ bei 5000 DM Vers.-Se.; 1,40‰ bei Summen unter 5000 DM. Prämienermäßigung: 0,93‰ für den 10000 DM übersteigenden Teil der Vers.-Se. Bei Tod durch Unfall doppelte Summe.

10: Prämienermäßigung: 0,5‰ bei Summen von 15000–24999 DM; 1‰ bei Summen von 25000–39999 DM; 1,5‰ bei Summen von 40000–59999 DM; 2‰ bei Summen von 60000 DM an.

11: Prämienzuschlag: 0,60‰ bei Summen von 5000–9999 DM; 1,20‰ bei Summen von 501–4999 DM; 1,80‰ bei Summen von 500 DM. Prämienermäßigung: 1,20‰ bei Summen von 20000–49999 DM; 1,80‰ bei Summen von 50000 DM an. Bei Tod durch Unfall doppelte Summe. Die Prämien enthalten noch den Zuschlag für die Vers.-Steuer von 2%.

G 55

Eintrittsalter	12		13	14	15	16	17
	Berlinische		Bonner	Braunschweigische	Concordia	Condor	Debeka
	C I/54 m. U.	C I 0/54 o. U.	E	XII	C I	2	L II
20	243	243	261	272	242	245	254
21	252	252	269	280	251	253	264
22	261	261	278	288	260	261	272
23	271	271	287	297	269	270	282
24	282	282	297	306	280	281	293
25	294	294	308	316	291	291	303
26	306	306	319	327	302	302	316
27	319	319	332	339	315	314	329
28	334	334	345	352	329	328	343
29	350	350	360	367	344	343	358
30	367	367	376	382	360	359	375
31	385	385	394	399	378	376	393
32	404	405	413	417	397	395	414
33	425	427	434	438	418	415	435
34	448	451	457	460	441	438	459
35	473	478	483	485	466	464	486
36	502	507	511	512	494	491	516
37	533	539	543	543	525	523	549
38	568	575	578	577	560	558	585
39	607	616	618	615	599	597	627
40	652	661	663	659	643	641	675
41	703	713	714	709	694	693	728
42	762	773	774	767	752	752	790
43	831	842	843	834	821	820	862
44	912	925	924	914	901	900	947
45	1010	1023	1022	1009	997	997	1049

12 (C I/54 m. U.): Prämienzuschlag: 1‰ bei Summen von 3000–9999 DM; 2‰ bei Summen von 2000–2999 DM. Prämienermäßigung: 1/2‰ bei Summen von 20000–49999 DM; 1‰ bei Summen von 50000 DM an.

12 (C I 0/54 o. U.): Prämienzuschlag: 1‰ bei Summen von 3000–9999 DM; 2‰ bei Summen von 2000–2999 DM. Prämienermäßigung: 1/2‰ bei 20000 DM Vers.-Se.

13: Prämienermäßigung: 1‰ bei Summen von 20000 DM an. Bei Vers. o. U. 2‰ jährl. Zuschlag.

14: Prämienermäßigung: 1‰ bei Summen von 11000 DM an; 2‰ bei Summen von 21000 DM an; 3‰ bei Summen von 50000 DM an. Bei Vers. o. U. 2‰ jährl. Zuschlag.

15: Prämienzuschlag: 1‰ bei Summen von 5000—9999 DM; 2‰ bei Summen von 3000—4999 DM. Prämienermäßigung: 0,80‰ bei Summen von 20000 DM an.

16: Prämienzuschlag: 1,2‰ bei Summen von 5000—9999 DM; 2,4‰ bei Summen unter 5000 DM. Prämienermäßigung: 1,2‰ bei Summen von 25000 DM an.

17: Prämienzuschlag: 1,2‰ bei Summen unter 10000 DM. Prämienermäßigung: 0,6‰ bei Summen von 20000 DM an.

18	19	20	21	22	23	
Der Anker	Deutsche Beamten, Berlin	Deutsche Eisenbahn-Vers.-Kasse	Deutscher Herold	Deutscher Lloyd	Deutscher Ring	Eintrittsalter
C E	9	III	2	L 1	2	
258	249	230	269	250	248	20
266	258	238	277	258	256	21
275	266	247	286	266	265	22
284	273	256	295	276	274	23
294	282	266	305	286	284	24
305	292	277	316	296	295	25
316	304	289	328	308	306	26
328	316	301	340	320	318	27
342	327	314	354	334	332	28
356	342	330	369	348	346	29
372	357	345	385	364	362	30
390	374	363	402	382	380	31
409	391	381	422	401	399	32
430	411	403	443	422	420	33
452	434	426	466	445	442	34
478	457	451	492	470	468	35
506	486	480	520	498	496	36
537	515	511	552	530	527	37
572	550	546	587	565	562	38
611	589	585	627	604	601	39
656	631	631	673	649	646	40
707	681	682	724	700	697	41
765	739	741	784	759	755	42
834	806	810	853	828	824	43
915	885	891	936	910	905	44
1012	981	990	1034	1007	1002	45

18: Prämienermäßigung: 1‰ bei Summen von 20000—39999 DM; 2‰ bei Summen von 40000 DM an. Bei Vers. o. U. 1,5‰ jährl. Zuschlag.

19: Bei Vers. von 1700 DM bis 2000 DM Prämienerhöhung um etwa 1½%, bei Vers. unter 1700 DM höhere Prämien. Prämienermäßigung: ½‰ bei Summen von 25000 DM an; 1‰ bei Summen von 50000 DM an; 1½‰ bei Summen von 100000 DM an.

20: Prämienzuschlag: 0,48‰ bei Summen von 4000—9900 DM; 0,96‰ bei Summen unter 4000 DM. Prämienermäßigung: 0,48‰ bei Summen von 20000 DM an. Die Prämien enthalten noch den Zuschlag für die Vers.-Steuer von 2%.

21: Prämienzuschlag: ½‰ bei Summen unter 10000 DM. Prämienermäßigung: ½‰ bei Summen von 20000 bis 49999 DM; 1½‰ bei Summen von 50000 DM an. Bei Vers. o. U. 1½‰ jährl. Zuschlag.

22: Prämienzuschlag: 1‰ bei Summen von 3000—9999 DM; 3‰ bei Summen von 2000—2999 DM. Prämienermäßigung: ½‰ bei Summen von 20000—39999 DM; 1‰ bei Summen von 40000 DM an. Bei Vers. o. U. 2‰ jährl. Zuschlag.

23: Prämienzuschlag: 1‰ bei Summen unter 10000 DM. Prämienermäßigung: 0,5‰ bei Summen von 15000—19999 DM; 1‰ bei Summen von 20000 DM an.

Eintrittsalter	24	25	26	27	28	29
	Eos	Evangelische Familienfürsorge	Friedrich Wilhelm	Gerling-Konzern	Gilde	Gisela
	3	G 1	V A n	K 2	B	III
20		249	251	248	255	255
21	256	257	259	256	263	264
22	265	265	268	265	272	272
23	274	275	277	274	282	282
24	284	284	287	284	292	292
25	295	295	298	295	303	303
26	307	306	309	306	314	314
27	320	319	322	318	327	327
28	334	332	335	332	341	341
29	349	347	350	346	356	355
30	365	363	366	362	373	371
31	383	380	384	380	391	388
32	402	399	403	399	411	407
33	424	420	424	419	432	428
34	447	443	447	442	456	451
35	473	468	473	468	483	475
36	501	496	501	496	512	504
37	533	527	533	527	545	534
38	568	562	568	562	582	569
39	607	601	608	601	623	608
40	652	646	653	646	670	652
41	703	697	704	697	723	703
42	761	755	763	755	785	761
43	829	824	833	824	857	829
44	910	905	914	905	942	909
45	1007	1002	1012	1002	1044	1006
	Prämienzuschlag: 1‰ bei Summen von 2000–9999 DM. Prämienermäßigung: 0,5‰ bei Summen von 20000 DM an. Bei Vers. o. U. 1‰ jährl. Zuschlag.	Prämienzuschlag: 1‰ bei Summen unter 10000 DM. Prämienermäßigung: 1‰ bei Summen von 20000 DM an. Bei Vers. o. U. 1,5‰ jährl. Zuschlag.	Prämienzuschlag: 0,5‰ bei Summen von 5000–9999 DM; 1‰ bei Summen von 2000–4999 DM. Prämienermäßigung: 1‰ bei Summen von 20000 DM an.	Prämienzuschlag: 0,50‰ bei Summen von 5000–9999 DM; 1‰ bei Summen von 2000–4999 DM; 3‰ bei Summen unter 2000 DM. Prämienermäßigung: 1‰ bei Summen von 20000 DM an.	Prämienzuschlag: 1‰ bei Summen von 5000–9999 DM; 3‰ bei Summen unter 5000 DM. Außerdem bei Vers. o. U. von 5000–10000 DM 1‰ jährl. Zuschlag.	Prämienzuschlag: 1‰ bei Summen von 2000–9900 DM. Bei Summen von 2000–2900 DM erhöht sich die Jahresprämie außerdem um 0,40 DM. Prämienermäßigung: 1‰ bei Summen von 20000 DM an.

30	31	32		32a	33	Eintrittsalter
Gladbacher	Gothaer	Hamburg-Mannheimer		Hamburg-Mannheimer (Dt. Anwalt-Vers.)	Hannoversche	
D 2 m. U. D 2° o. U.	1	3 (56)	8	L—57	III m. U. III° o. U.	
245	262	256		249	244	20
252	271	264		257	252	21
260	280	272		265	261	22
270	289	282		274	270	23
280	300	291		284	280	24
290	311	302	441	294	290	25
302	323	313		306	301	26
314	335	325		317	314	27
328	349	339		331	327	28
343	364	353		345	341	29
359	380	369	506	361	357	30
376	398	386		378	374	31
395	417	405		396	393	32
416	438	425		416	413	33
438	461	448		439	436	34
465	487	473	608	464	461	35
492	515	501		491	488	36
524	546	532		522	519	37
559	580	566		556	553	38
598	620	605		595	592	39
644	664	649	778	639	636	40
695	715	700		689	685	41
753	773	758		746	740	42
822	841	826		813	806	43
903	921	906		892	882	44
1000	1017	1002	1115	988	975	45
Prämienzuschlag: 1,2‰ bei Summen unter 10000 DM. Prämienermäßigung: 0,6‰ bei Summen von 20000—39999 DM; 1,2‰ bei Summen von 40000 DM an. Bei Vers. o. U. (Tarif D 2°) 1,2‰ jährl. Zuschlag.	Prämienzuschlag: 1‰ bei Summen unter 5000 DM. Prämienermäßigung: 1‰ bei Summen von 20000—49999 DM; 2‰ bei Summen von 50000 DM an.	Prämienzuschlag: 1‰ bei Summen unter 10000 DM. Prämienermäßigung: 1‰ bei Summen von 20000 bis 49000 DM; 1,25‰ bei Summen von 50000 DM an. Bei Vers. o. U. 1‰ jährl. Zuschlag.	Die Prämien ermäßigen sich garantiert im 5. Vers.-Jahr auf 88% der Anfangsprämie; im 6. auf 85%, u. s. f., jedes Jahr um weitere 3%. Prämienermäßigung: 1‰ bei Summen von 20000 DM an. Bei Vers. o. U. 1‰ jährl. Zuschlag.	Prämienzuschlag: Bei Summen unter 10000 DM erhöht sich die Jahresprämie um 2,40 DM. Prämienermäßigung: 0,6‰ bei Summen von 25000—49999 DM; 1,2‰ bei Summen von 50000 DM an. Bei Vers. o. U. Fortfall der Wartezeit gegen 1‰ jährl. Zuschlag.	Prämienermäßigung: 0,6‰ bei Summen von 15000—24999 DM; 1,2‰ bei Summen von 25000—39999 DM; 1,8‰ bei Summen von 40000 DM an. Bei Vers. o. U. (Tarif III°) 1,2‰ jährl. Zuschlag.	

Eintrittsalter	34	35	36	37	38	39	
	Isar	Karlsruher	Kölnische	Lebens-vers. Merkur	Leipziger Verein-Barmenia	Magdeburger Allgemeine	
	3	II m	G	E	12	B 2 m. U.	B 2 n o. U.
20	250	253	249		248	251	271
21	258	261	257		256	259	279
22	267	270	266		265	267	287
23	276	279	275		274	276	296
24	286	289	285		284	286	306
25	297	299	295	326	295	297	317
26	308	310	307	338	306	308	328
27	320	323	319	349	318	321	341
28	334	336	332	361	332	334	354
29	348	350	347	378	346	349	369
30	364	366	363	390	362	365	385
31	382	383	380	407	380	382	402
32	401	402	399	431	399	401	421
33	422	423	419	448	420	422	442
34	444	445	442	471	442	445	465
35	470	470	467	501	468	470	490
36	498	498	495	524	496	498	518
37	529	529	526	559	527	529	549
38	564	564	560	594	562	564	584
39	603	603	599	634	601	603	623
40	648	647	644	675	646	648	668
41	699	697	694	727	697	699	729
42	757	755	752	786	755	757	787
43	826	823	820	856	824	826	856
44	907	903	901	937	905	907	937
45	1004	999	997	1036	1002	1003	1033

34 (Isar): Prämienzuschlag: 1,8‰ bei Summen von 2000—4999 DM; 3,6‰ bei Summen unter 2000 DM. Prämienermäßigung: 0,6‰ bei Summen von 20000—49999 DM; 1,2‰ bei Summen von 50000 DM an.

35 (Karlsruher): **Prämienzuschlag: 1‰ bei Summen unter 10000 DM. Prämienermäßigung: 1‰ bei Summen von 20000 DM an.** Bei weiblichen Vers. von 10000 DM Vers.-Se. an Prämienberechnung nach dem um 1 Jahr jüngeren Eintrittsalter.

36 (Kölnische): Prämienzuschlag: 0,5‰ bei Summen unter 10000 DM. Prämienermäßigung: 0,5‰ bei Summen von 20000—39999 DM; 1‰ bei Summen von 40000 DM an.

37 (Lebensvers. Merkur): Mindest-Vers.-Se. 5000 DM. Bei Tod durch Unfall doppelte Summe. Für Vers. bis 5000 DM besonderer Tarif.

38 (Leipziger Verein-Barmenia): Prämienzuschlag: 1‰ bei Summen von 5000—9999 DM; 2‰ bei Summen unter 5000 DM. Prämienermäßigung: 0,5‰ bei Summen von 20000—49999 DM; 1‰ bei Summen von 50000 DM an. Bei Vers. o. U. 2‰ jährl. Zuschlag.

39 (Magdeburger Allgemeine), B 2 m. U.: Prämienzuschlag: 1‰ bei Summen unter 10000 DM. Prämienermäßigung: 1‰ bei Summen von 50000 DM an.

39, B 2 n o. U.: Prämienzuschlag: 1‰ bei Summen unter 5000 DM.

40	41	42	43	44	
Mannheimer	Münchener Leben	Münchener Verein	National	Nord-Deutsche	Eintrittsalter
II D (54)	N II m m. U. N II o o. U.	I	G	11	
253	256	247	246	230	20
261	264	256	255	238	21
270	272	265	264	247	22
279	282	274	273	257	23
289	291	284	284	268	24
300	302	295	295	279	25
312	313	307	307	291	26
324	325	320	319	304	27
338	339	334	333	318	28
353	353	349	348	334	29
369	369	365	364	350	30
387	386	383	382	368	31
406	405	403	401	388	32
427	425	424	422	410	33
450	448	448	445	434	34
476	473	474	470	460	35
505	501	503	498	488	36
536	532	535	529	520	37
572	566	571	564	556	38
612	605	612	603	596	39
657	649	658	648	641	40
709	700	711	699	692	41
768	758	771	758	751	42
838	826	842	826	820	43
920	906	925	907	901	44
1018	1002	1025	1004	998	45
Prämienzuschlag: ½‰ bei Summen von 5000–9999 DM; 1½‰ bei Summen von 2000–4999 DM; 2½‰ bei Summen unter 2000 DM; bei Vers. o. U. ½‰ bei Summen von 10000–18000 DM. Prämienermäßigung: ½‰ bei Summen von 20000–29999 DM; 1‰ bei Summen von 30000–39999 DM; 1½‰ bei Summen von 40000 DM an.	Prämienzuschlag: 1‰ bei Summen von 3000–9999 DM; 2‰ bei Summen von 2000–2999 DM; 3‰ bei Summen von 1000–1999 DM. Prämienermäßigung: 1‰ bei Summen von 20000–49999 DM; 1,5‰ bei Summen von 50000 DM an. Bei Vers. o. U. (Tarif N II o) 2‰ jährl. Zuschlag.	Prämienzuschlag: 1‰ bei Summen von 5000–9999 DM; 2‰ bei Summen unter 5000 DM. Prämienermäßigung: 0,5‰ bei Summen von 20000 DM an. Bei Vers. o. U. 1‰ jährl. Zuschlag. Die Prämien enthalten noch den Zuschlag für die Vers.-Steuer von 2%.	Prämienzuschlag: ½‰ bei Summen von 5000–9999 DM; 1½‰ bei Summen unter 5000 DM. Prämienermäßigung: ½‰ bei Summen von 20000 DM an.	Prämienzuschlag: 1‰ bei Summen von 5000–9999 DM; 3‰ bei Summen von 2000–4999 DM; 4½‰ bei Summen von 1000–1999 DM. Prämienermäßigung: ½‰ bei Summen von 50000 DM an. Bei Vers. o. U. 2‰ jährl. Zuschlag.	

Eintrittsalter	45 Nordstern: I Z m. U.	45 Nordstern: I Z o o. U.	45 Nordstern: I u Z m. U. vom 1.–3. Jahr	45 Nordstern: I u Z m. U. vom 4. Jahr an	45 Nordstern: I u Zo o. U. vom 1.–3. Jahr	45 Nordstern: I u Zo o. U. vom 4. Jahr an	46 Nürnberger: 4 r	46 Nürnberger: 4 b
20	243	248	170	256	175	261	246	305
21	251	256	173	265	178	270	252	311
22	259	264	176	275	181	280	258	318
23	268	273	180	285	185	290	266	326
24	278	283	183	296	188	301	274	334
25	288	293	187	309	192	314	282	343
26	299	304	191	321	196	326	301	356
27	311	316	196	336	201	341	310	369
28	325	330	200	351	205	356	322	384
29	339	344	205	369	210	374	334	400
30	355	365	211	387	221	397	348	417
31	372	382	216	408	226	418	372	436
32	391	401	222	431	232	441	391	456
33	412	422	229	457	239	467	412	478
34	434	444	235	485	245	495	436	503
35	460	470	242	518	252	528	461	529
36	488	498	250	554	260	564	490	559
37	519	529	258	595	268	605	521	591
38	554	564	266	642	276	652	557	628
39	593	603	275	695	285	705	595	668
40	638	653	285	759	300	774	639	714
41	688	703	295	833	310	848	690	767
42	747	762	305	923	320	938	748	827
43	816	831					815	897
44	897	912					895	980
45	994	1009					991	1079

I Z m. U.: Prämienzuschlag: 0,50‰ bei Summen von 6000—9999 DM; 1‰ bei Summen unter 6000 DM. Prämienermäßigung: 1‰ bei Summen von 20000 DM an; 1,50‰ bei Summen von 50000 DM an.

I Z o o. U.: Prämienzuschlag: 0,50‰ bei Summen von 6000—9999 DM; 1‰ bei Summen unter 6000 DM. Prämienermäßigung: 1‰ bei 20000 DM Vers.-Se.

I u Z m. U.: Prämienzuschlag: 0,50‰ bei Summen von 6000—9999 DM; 1‰ bei Summen unter 6000 DM. Prämienermäßigung: 1‰ bei Summen von 20000 DM an; 1,50‰ bei Summen von 50000 DM an.

I u Zo o. U.: Prämienzuschlag: 0,50‰ bei Summen von 6000—9999 DM; 1‰ bei Summen unter 6000 DM. Prämienermäßigung: 1‰ bei 20000 DM Vers.-Se.

4 r: Prämienzuschlag: 1/2‰ bei Summen unter 10000 DM. Prämienermäßigung: 1/2‰ bei Summen von 20000 bis 49999 DM; 1 1/2‰ bei Summen von 50000 DM an.

4 b: Prämienzuschlag: 1/2‰ bei Summen unter 10000 DM. Prämienermäßigung: 1/2‰ bei Summen von 20000 bis 49999 DM; 1 1/2‰ bei Summen von 50000 DM an. Bei vorzeitigem Tode erhöht sich die Vers.-Leistung um 10%. Bei Tod durch Unfall doppelte Summe.

47	48		49	50	51	52	
Pensionsverein	Prima		Raiffeisen- u. Volksbanken-Vers.	Rheinisch-Westfälische	Schweizerische	Sparkassen-Versicherung	Eintrittsalter
V (53)	G I m m. U.	G I o o. U.	2107	G 2	250	II	
249	255	265	245	262	269	243	20
258	264	274	254	270	277	250	21
267	273	283	262	279	286	258	22
276	283	293	272	290	295	267	23
287	294	304	282	300	305	277	24
298	306	316	292	311	315	287	25
310	318	328	304	323	326	298	26
323	332	342	316	336	339	310	27
337	346	356	330	350	352	324	28
352	361	372	345	367	367	338	29
368	378	389	361	383	383	354	30
387	396	407	378	401	400	371	31
406	416	428	398	421	419	389	32
428	437	450	419	445	439	410	33
452	461	474	442	468	462	432	34
479	486	500	467	496	487	457	35
508	514	529	496	525	515	485	36
540	546	562	527	559	546	515	37
577	581	598	562	596	581	549	38
618	621	639	602	638	620	588	39
665	665	684	647	685	664	631	40
718	717	737	699	739	715	681	41
779	776	797	758	802	773	738	42
850	844	866	827	875	841	805	43
935	926	949	909	961	922	884	44
1036	1023	1047	1007	1065	1018	979	45

- 47: Prämienzuschlag: 1‰ bei Summen unter 10000 DM. Prämienermäßigung: 1‰ bei Summen von 20000 DM an. Bei Vers. o. U. von 10000—20000 DM 1‰ jährl. Zuschlag.
- 48 (G I m): Prämienzuschlag: 1‰ bei Summen unter 10000 DM. Prämienermäßigung: 0,5‰ bei Summen von 15000—19999 DM; 1‰ bei Summen von 20000 DM an.
- 48 (G I o): Prämienzuschlag: 1‰ bei Summen unter 10000 DM.
- 49: Prämienzuschlag: 0,50‰ bei Summen von 5000—9999 DM; 1,50‰ bei Summen von 3000—4999 DM; 2,50‰ bei Summen unter 3000 DM. Prämienermäßigung: 0,50‰ bei Summen von 20000 DM an.
- 50: Prämienzuschlag: 0,60‰ bei Summen unter 10000 DM. Prämienermäßigung: 0,60‰ bei Summen von 20000 DM an. Die Prämien enthalten noch den Zuschlag für die Vers.-Steuer von 2%.
- 51: Prämienzuschlag: 1‰ bei Summen von 5000—9999 DM; 2‰ bei Summen unter 5000 DM. Prämienermäßigung: 0,5‰ bei Summen von 20000—49999 DM; 1‰ bei Summen von 50000 DM an. Bei Tod durch Unfall doppelte Summe, Mehrleistung jedoch höchstens 25000 DM. Bei Tod nach langer Krankheit Zusatzleistung gemäß Seite 51, Ziffer 14.
- 52: Prämienzuschlag: 1‰ bei Summen von 5000—9999 DM; 2‰ bei Summen von 2000—4999 DM. Prämienermäßigung: ½‰ bei Summen von 20000—39999 DM; 1‰ bei Summen von 40000 DM an.

Eintrittsalter	53	54	55	56	57	58	
	Universa	Vereinigte Leben	Victoria	Vita	Vohk	Volkshilfe	
	2	01	D 1	III	Bm m. U. Bo o. U.	G M m. U.	G O o. U.
20	271	249	255	252	245		
21	280	258	263	261	254		
22	289	267	271	269	263		
23	298	277	280	279	273		
24	309	287	289	289	283		
25	320	299	300	300	295		
26	332	311	311	311	307		
27	344	324	323	324	320		
28	359	338	337	337	335		
29	374	353	351	352	351		
30	391	370	366	368	367	401	418
31	409	388	383	386	386		
32	429	407	402	405	406		
33	450	428	423	426	429		
34	475	452	445	449	453		
35	501	477	470	475	480	519	533
36	531	506	498	504	510		
37	563	538	529	535	543		
38	600	573	563	571	579		
39	642	613	603	611	620		
40	688	658	647	656	667	714	731
41	742	710	698	708	720		
42	803	770	756	768	781		
43	874	840	825	838	852		
44	960	922	906	921	936		
45	1061	1020	1002	1021	1037	1111	1121

53: Bei Vers. o. U. 2,3°/₀₀ jährl. Zuschlag. Bei Tod durch Unfall doppelte Summe.

54: Prämienzuschlag: 1°/₀₀ bei Summen von 2000—4999 DM; 4°/₀₀ bei Summen unter 2000 DM. Bei Vers. o. U. von 5000 DM an 1°/₀₀ jährl. Zuschlag.

55: Prämienzuschlag: 1°/₀₀ bei Summen unter 10000 DM. Prämienermäßigung: 1°/₀₀ bei Summen von 20000 DM an. Bei Vers. o. U. 1°/₀₀ jährl. Zuschlag.

56: Prämienzuschlag: 1°/₀₀ bei Summen von 6000—9999 DM; 2°/₀₀ bei Summen von 2000—5999 DM. Prämienermäßigung: 1°/₀₀ bei Summen von 25000 DM an.

57: Prämienzuschlag: 1½°/₀₀ bei Summen unter 10000 DM. Prämienermäßigung: ½°/₀₀ bei Summen von 50000 DM an. Bei Vers. o. U. (Tarif Bo) 1°/₀₀ jährl. Zuschlag.

58 GM: Bei Tod durch Unfall doppelte Summe. Die Prämien enthalten noch den Zuschlag für die Vers.-Steuer von 2°/₀. Prämienermäßigung: 1°/₀₀ bei Summen von 20000 DM an.

58 GO: Bei Tod durch Unfall doppelte Summe. Die Prämien enthalten noch den Zuschlag für die Vers.-Steuer von 2°/₀.

59	60	61	62	63	64	Eintrittsalter
Volkswohl-Bund	Vorsorge	Winterthur	Witwen- und Waisenkasse	Württembergischer Versicherungsverein	Öffentliche	
E 2	1	2	G 3	LG	II	
256	253	250	236	266	243	20
264	261	258	245	274	250	21
273	270	266	253	283	258	22
282	279	276	263	292	267	23
292	289	285	273	302	277	24
303	300	296	283	312	287	25
314	312	307	295	323	298	26
326	324	320	306	336	310	27
340	338	333	321	349	324	28
355	352	348	336	363	338	29
371	369	363	352	379	354	30
388	386	381	370	396	371	31
407	405	399	390	415	389	32
428	426	420	411	436	410	33
451	449	443	436	458	432	34
477	475	468	461	483	457	35
505	503	496	490	511	485	36
536	535	527	521	542	515	37
571	570	562	557	577	549	38
611	610	601	596	616	588	39
655	655	645	642	660	631	40
707	706	696	693	710	681	41
766	765	754	753	768	738	42
834	835	822	822	836	805	43
916	916	903	904	916	884	44
1013	1014	999	1002	1012	979	45
Prämienzuschlag: 1‰ bei Summen von 5000–9900 DM; 2‰ bei Summen von 2000–4900 DM. Prämienermäßigung: 1‰ bei Summen von 20000 DM an.	Prämienzuschlag: 1‰ bei Summen unter 10000 DM. Prämienermäßigung: 1‰ bei Summen von 20000 DM an.	Prämienzuschlag: 0,5‰ bei Summen von 5000—9999 DM; 1‰ bei Summen von 3000—4999 DM; 4,— DM bei Summen unter 3000 DM. Prämienermäßigung: 0,5‰ bei Summen von 20000—49999 DM; 1‰ bei Summen von 50000 DM an.	Prämienzuschlag: 0,6‰ bei Summen von 5000–9999 DM; 1,2‰ bei Summen von 3000–4999 DM. Prämienermäßigung: 0,6‰ bei Summen von 20000–49999 DM; 1,2‰ bei Summen von 50000 DM an.	Prämienzuschlag: 1‰ bei Summen von 3000—9999 DM; 2‰ bei Summen von 2000—2999 DM. Prämienermäßigung: 1‰ bei Summen von 20000 DM an. Bei Tod durch Unfall doppelte Summe.	Prämienzuschlag: 1‰ bei Summen von 5000–9999 DM; 2‰ bei Summen von 2000–4999 DM. Prämienermäßigung: ½‰ bei Summen von 20000–39999 DM; 1‰ bei Summen von 40000 DM an.	

Eintrittsalter	1 Aachener und Münchener	2 Agrippina	3 Albingia	4 Allgemeine Assekuranz	5 Allgemeine Renten-anstalt	6 Allianz
	I z	I	II	G 3 m. U. G 3 S o. U.	T (57)	II Z M
20	300	292	294	298	302	300
21	311	304	306	308	313	312
22	323	316	318	321	326	324
23	336	329	332	333	339	337
24	350	344	346	348	353	351
25	365	359	362	363	368	366
26	381	376	379	380	385	383
27	399	395	398	398	403	401
28	419	416	418	419	423	422
29	442	439	441	441	446	444
30	466	464	466	466	470	469
31	493	492	494	493	498	496
32	523	523	525	523	528	526
33	557	558	560	558	562	561
34	595	597	600	596	601	599
35	639	636	644	640	645	643
36	689	687	696	690	696	694
37	746	745	755	747	754	752
38	814	814	825	815	822	820
39	893	895	906	894	902	900
40	989	987	1005	989	998	997
Bemerkungen	Prämienzuschlag: 1‰ bei Summen unter 6000 DM. Prämienermäßigung: 1‰ bei Summen von 20000 bis 49999 DM; 1,5‰ bei Summen von 50000 DM an. Bei Vers. o. U. vom Eintrittsalter 40 an 1‰ jährl. Zuschlag.	Prämienzuschlag: 0,5‰ bei Summen von 2000—9999 DM; 2,5‰ bei Summen unter 2000 DM. Prämienermäßigung: 1‰ bei Summen von 20000 DM an.	Prämienzuschlag: 1‰ bei Summen unter 10000 DM. Prämienermäßigung: 1‰ bei Summen von 20000 DM an. Bei Vers. o. U. 1‰ jährl. Zuschlag.	Prämienzuschlag: 1‰ bei Summen unter 5000 DM. Prämienermäßigung: 1‰ bei Summen von 20000 DM an; 2‰ bei Summen von 40000 DM an. Bei Vers. o. U. (Tarif G 3 S) 1,5‰ jährl. Zuschlag.	Prämienzuschlag: 0,75‰ bei Summen von 3000—9999 DM; 1,50‰ bei Summen von 2000—2999 DM. Prämienermäßigung: 0,75‰ bei Summen von 20000—49999 DM; 1,25‰ bei Summen von 50000—99999 DM; 1,75‰ bei Summen von 100000 DM an. Bei Tod durch Unfall doppelte Summe.	Prämienzuschlag: 0,5‰ bei Summen von 3000—9999 DM; 1,5‰ bei Summen unter 3000 DM. Prämienermäßigung: 1‰ bei Summen von 20000—49999 DM; 1,5‰ bei Summen von 50000 DM an.

	7	8	9	10	11	
	Alte Leipziger	**Alte Vaterländische**	**Alte Volksfürsorge**	**Basler**	**Bayerische Beamtenvers.**	**Eintrittsalter**
	6	G V	G II	Gd	II N	
	290	300	287	311	326	**20**
	301	311	299	323	338	**21**
	314	323	311	335	349	**22**
	327	336	325	348	361	**23**
	341	350	341	363	372	**24**
	357	366	357	378	396	**25**
	374	382	374	395	407	**26**
	392	401	394	414	431	**27**
	412	421	415	435	442	**28**
	435	443	438	457	466	**29**
	460	468	465	483	501	**30**
	488	495	493	510	524	**31**
	518	526	526	542	559	**32**
	553	560	562	576	594	**33**
	592	599	601	616	629	**34**
	637	643	648	661	675	**35**
	688	693		712	733	**36**
	746	751		772	792	**37**
	815	819		841	861	**38**
	896	900		923	943	**39**
	994	996		1021	1036	**40**
	Prämienzuschlag: 0,50‰ bei Summen von 5000–9999 DM; 1,50‰ bei Summen von 3000–4999 DM; 2,50‰ bei Summen unter 3000 DM. Prämienermäßigung: 0,50‰ bei Summen von 20000–39999 DM; 1,50‰ bei Summen von 40000 DM an.	Prämienzuschlag: 1‰ bei Summen von 5000—9999 DM; 2‰ bei Summen von 3001—4999 DM. Prämienermäßigung: 1‰ bei Summen von 20000—49999 DM; 1,5‰ bei Summen von 50000 DM an.	Prämienzuschlag: 0,10‰ bei 9000 DM Vers.-Se.; 0,23‰ bei 8000 DM Vers.-Se.; 0,40‰ bei 7000 DM Vers.-Se.; 0,62‰ bei 6000 DM Vers.-Se.; 0,93‰ bei 5000 DM Vers.-Se.; 1,40‰ bei Summen unter 5000 DM. Prämienermäßigung: 0,93‰ für den 10000 DM übersteigenden Teil der Vers.-Se. Bei Tod durch Unfall doppelte Summe.	**Prämienermäßigung: 0,5‰ bei Summen von 15000–24999 DM; 1‰ bei Summen von 25000–39999 DM; 1,5‰ bei Summen von 40000–59999 DM; 2‰ bei Summen von 60000 DM an.**	Prämienzuschlag: 0,60‰ bei Summen von 5000–9999 DM; 1,20‰ bei Summen von 501–4999 DM; 1,80‰ bei Summen von 500 DM. Prämienermäßigung: 1,20‰ bei Summen von 20000–49999 DM; 1,80‰ bei Summen von 50000 DM an. Bei Tod durch Unfall doppelte Summe. Die Prämien enthalten noch den Zuschlag für die Vers.-Steuer von 2%.	

Eintrittsalter	12		13	14	15	16	17
	Berlinische		Bonner	Braunschweigische	Concordia	Condor	Debeka
	CI/54 m. U.	CI0/54 o. U.	E	XII	CI	2	LII
20	285	285	306	314	286	289	301
21	297	297	317	325	297	299	313
22	310	310	329	337	310	312	325
23	324	324	342	349	323	324	339
24	339	339	357	363	338	338	355
25	355	355	372	378	354	354	371
26	373	373	389	394	371	370	388
27	392	392	408	412	390	389	407
28	413	413	428	432	410	408	428
29	436	436	450	453	433	432	452
30	462	462	475	477	458	456	478
31	491	491	503	504	485	483	507
32	522	522	534	534	516	513	538
33	558	558	569	568	550	548	575
34	598	598	608	605	589	586	615
35	642	643	652	649	633	631	662
36	692	694	703	698	683	680	715
37	751	754	762	755	741	739	776
38	819	823	831	822	809	807	848
39	900	904	912	901	888	887	933
40	996	1001	1009	996	984	983	1034

12 (CI/54 m. U.): Prämienzuschlag: 1‰ bei Summen von 3000–9999 DM; 2‰ bei Summen von 2000–2999 DM. Prämienermäßigung: 1/2‰ bei Summen von 20000–49999 DM; 1‰ bei Summen von 50000 DM an.

12 (CI0/54 o. U.): Prämienzuschlag: 1‰ bei Summen von 3000–9999 DM; 2‰ bei Summen von 2000–2999 DM. Prämienermäßigung: 1/2‰ bei 20000 DM Vers.-Se.

13: Prämienermäßigung: 1‰ bei Summen von 20000 DM an. Bei Vers. o. U. 2‰ jährl. Zuschlag.

14: Prämienermäßigung: 1‰ bei Summen von 11000 DM an; 2‰ bei Summen von 21000 DM an; 3‰ bei Summen von 50000 DM an. Bei Vers. o. U. 2‰ jährl. Zuschlag.

15: Prämienzuschlag: 1‰ bei Summen von 5000—9999 DM; 2‰ bei Summen von 3000—4999 DM. Prämienermäßigung: 0,80‰ bei Summen von 20000 DM an.

16: Prämienzuschlag: 1,2‰ bei Summen von 5000—9999 DM; 2,4‰ bei Summen unter 5000 DM. Prämienermäßigung: 1,2‰ bei Summen von 25000 DM an.

17: Prämienzuschlag: 1,2‰ bei Summen unter 10000 DM. Prämienermäßigung: 0,6‰ bei Summen von 20000 DM an.

Eintrittsalter	18	19	20	21	22	23
	Der Anker	Deutsche Beamten, Berlin	Deutsche Eisenbahn-Vers.-Kasse	Deutscher Herold	Deutscher Lloyd	Deutscher Ring
	C E	9	III	2	L 1	2
20	302	290	274	314	294	292
21	314	301	286	325	305	304
22	326	312	298	337	317	316
23	339	325	312	351	331	329
24	353	337	325	365	345	343
25	368	352	340	381	360	358
26	385	369	357	398	377	375
27	403	385	376	416	395	393
28	424	404	396	437	416	414
29	446	427	418	459	438	436
30	470	449	444	484	463	460
31	498	476	471	512	490	488
32	528	506	501	543	521	518
33	563	539	536	578	556	553
34	601	577	574	617	595	591
35	645	621	619	662	639	635
36	696	669	669	713	689	686
37	754	727	728	772	748	744
38	822	793	796	841	816	812
39	902	871	877	923	897	892
40	999	967	974	1021	994	989
	Prämienermäßigung: 1‰ bei Summen von 20000—39999 DM; 2‰ bei Summen von 40000 DM an. Bei Vers. o. U. 1,5‰ jährl. Zuschlag.	Bei Vers. von 1700 DM bis 2000 DM Prämienerhöhung um etwa 1½‰, bei Vers. unter 1700 DM höhere Prämien. Prämienermäßigung: ½‰ bei Summen von 25000 DM an; 1‰ bei Summen von 50000 DM an; 1½‰ bei Summen von 100000 DM an.	Prämienzuschlag: 0,48‰ bei Summen von 4000—9900 DM; 0,96‰ bei Summen unter 4000 DM. Prämienermäßigung: 0,48‰ bei Summen von 20000 DM an. Die Prämien enthalten noch den Zuschlag für die Vers.-Steuer von 2%.	Prämienzuschlag: ½‰ bei Summen unter 10000 DM. Prämienermäßigung: ½‰ bei Summen von 20000 bis 49999 DM; 1½‰ bei Summen von 50000 DM an. Bei Vers. o. U. 1½‰ jährl. Zuschlag.	Prämienzuschlag: 1‰ bei Summen von 3000—9999 DM; 3‰ bei Summen von 2000—2999 DM. Prämienermäßigung: ½‰ bei Summen von 20000—39999 DM; 1‰ bei Summen von 40000 DM an. Bei Vers. o. U. 2‰ jährl. Zuschlag.	Prämienzuschlag: 1‰ bei Summen unter 10000 DM. Prämienermäßigung: 0,5‰ bei Summen von 15000—19999 DM; 1‰ bei Summen von 20000 DM an.

Eintrittsalter	24	25	26	27	28	29
	Eos	Evangelische Familienfürsorge	Friedrich Wilhelm	Gerling-Konzern	Gilde	Gisela
	3	Gl	V An	K 2	B	III
20		293	295	292	300	295
21	298	304	307	304	312	307
22	310	316	319	316	324	319
23	323	329	332	329	338	332
24	338	343	347	343	352	346
25	354	359	362	358	368	362
26	370	375	379	375	386	379
27	389	394	398	393	405	397
28	409	414	418	413	426	417
29	432	436	440	436	449	440
30	457	461	465	460	475	465
31	484	488	493	488	504	492
32	515	519	524	518	536	523
33	550	553	559	553	572	556
34	589	592	598	591	612	595
35	633	636	642	635	658	639
36	684	686	693	686	711	689
37	742	744	752	744	773	747
38	810	812	820	812	844	814
39	890	893	902	892	929	894
40	985	989	999	989	1030	991
	Prämienzuschlag: 1‰ bei Summen von 2000–9999 DM. Bei Vers. o. U. 1‰ jährl. Zuschlag. Prämienermäßigung: 0,5‰ bei Summen von 20000 DM an.	Prämienzuschlag: 1‰ bei Summen unter 10000 DM. Bei Vers. o. U. 1,5‰ jährl. Zuschlag. Prämienermäßigung: 1‰ bei Summen von 20000 DM an.	Prämienzuschlag: 0,5‰ bei Summen von 5000 bis 9999 DM; 1‰ bei Summen von 2000 bis 4999 DM. Prämienermäßigung: 1‰ bei Summen von 20000 DM an.	Prämienzuschlag: 0,50‰ bei Summen von 5000–9999 DM; 1‰ bei Summen von 2000–4999 DM; 3‰ bei Summen unter 2000 DM. Prämienermäßigung: 1‰ bei Summen von 20000 DM an.	Prämienzuschlag: 1‰ bei Summen von 5000–9999 DM; 3‰ bei Summen unter 5000 DM. Außerdem bei Vers. o. U. von 5000–10000 DM 1‰ jährl. Zuschlag.	Prämienzuschlag: 1‰ bei Summen von 2000–9900 DM. Bei Summen von 2000–2900 DM erhöht sich die Jahresprämie außerdem um 0,40 DM. Prämienermäßigung: 1‰ bei Summen von 20000 DM an.

30	31	32		32a	33	Eintrittsalter
Gladbacher	Gothaer	Hamburg-Mannheimer		Hamburg-Mannheimer (Dt. Anwalt-Vers.)	Hannoversche	
D 2 m. U. D 2⁰ o. U.	1	3 (56)	8	L — 57	III m. U. III⁰ o. U.	
288	305	300	439	292	288	**20**
299	317	311		303	299	**21**
312	329	323		315	311	**22**
324	343	336		328	324	**23**
339	357	350		341	338	**24**
354	373	365	501	356	353	**25**
371	390	381		373	369	**26**
389	409	399		391	387	**27**
410	429	419		411	407	**28**
431	452	441		432	429	**29**
457	477	466	599	456	453	**30**
484	504	493		483	480	**31**
515	535	523		513	510	**32**
549	569	557		547	544	**33**
588	608	595		585	582	**34**
632	652	639	767	628	626	**35**
682	702	689		677	674	**36**
740	760	746		734	729	**37**
809	827	814		801	794	**38**
890	907	893		879	870	**39**
986	1002	989	1102	974	962	**40**
Prämienzuschlag: 1,2‰ bei Summen unter 10000 DM. Prämienermäßigung: 0,6‰ bei Summen von 20000—39999 DM; 1,2‰ bei Summen von 40000 DM an. Bei Vers. o. U. (Tarif D 2⁰) 1,2‰ jährl. Zuschlag.	Prämienzuschlag: 1‰ bei Summen unter 5000 DM. Prämienermäßigung: 1‰ bei Summen von 20000—49999 DM; 2‰ bei Summen von 50000 DM an.	Prämienzuschlag: 1‰ bei Summen unter 10000 DM. Prämienermäßigung: 1‰ bei Summen von 20000 bis 49000 DM; 1,25‰ bei Summen von 50000 DM an. Bei Vers. o. U. 1‰ jährl. Zuschlag.	Die Prämien ermäßigen sich garantiert im 5. Vers.-Jahr auf 88% der Anfangsprämie; im 6. auf 85% u. s. f., jedes Jahr um weitere 3%. Prämienermäßigung: 1‰ bei Summen von 20000 DM an. Bei Vers. o. U. 1‰ jährl. Zuschlag.	Prämienzuschlag: Bei Summen unter 10000 DM erhöht sich die Jahresprämie um 2,40 DM. Prämienermäßigung: 0,6‰ bei Summen von 25000—49999 DM; 1,2‰ bei Summen von 50000 DM an. Bei Vers. o. U. Fortfall der Wartezeit gegen 1‰ jährl. Zuschlag.	Prämienermäßigung: 0,6‰ bei Summen von 15000—24999 DM; 1,2‰ bei Summen von 25000—39999 DM; 1,8‰ bei Summen von 40000 DM an. Bei Vers. o. U. (Tarif III⁰) 1,2‰ jährl. Zuschlag.	

Eintrittsalter	34	35	36	37	38	39	
	Isar	Karlsruher	Kölnische	Lebensvers. Merkur	Leipziger Verein-Barmenia	Magdeburger Allgemeine	
	3	II m	G	E	12	B 2 m. U.	B 2 n o. U.
20	294	297	293	320	292	295	315
21	306	308	304	332	304	306	326
22	318	320	316	343	316	318	338
23	331	333	329	355	329	331	351
24	345	347	343	372	343	345	365
25	360	362	358	390	358	360	380
26	377	379	375	402	375	377	397
27	395	397	393	425	393	396	416
28	415	417	413	442	414	416	436
29	438	439	435	466	436	438	458
30	462	463	460	489	460	463	483
31	490	490	487	518	488	490	510
32	520	521	517	547	518	520	540
33	555	554	551	582	553	555	575
34	593	593	590	623	591	593	613
35	637	636	633	669	635	637	657
36	688	686	683	716	686	688	708
37	746	744	741	774	744	746	766
38	814	811	808	844	812	814	834
39	894	891	888	925	892	894	914
40	991	986	984	1024	989	990	1010

34 (Isar): Prämienzuschlag: 1,8‰ bei Summen von 2000—4999 DM; 3,6‰ bei Summen unter 2000 DM. Prämienermäßigung: 0,6‰ bei Summen von 20000—49999 DM; 1,2‰ bei Summen von 50000 DM an.

35 (Karlsruher): Prämienzuschlag: 1‰ bei Summen unter 10000 DM. Prämienermäßigung: 1‰ bei Summen von 20000 DM an. Bei weiblichen Vers. von 10000 DM Vers.-Se. an Prämienberechnung nach dem um 1 Jahr jüngeren Eintrittsalter.

36 (Kölnische): Prämienzuschlag: 0,5‰ bei Summen unter 10000 DM. Prämienermäßigung: 0,5‰ bei Summen von 20000—39999 DM; 1‰ bei Summen von 40000 DM an.

37 (Lebensvers. Merkur): Mindest-Vers.-Se. 5000 DM. Bei Tod durch Unfall doppelte Summe. Für Vers. bis 5000 DM besonderer Tarif.

38 (Leipziger Verein-Barmenia): Prämienzuschlag: 1‰ bei Summen von 5000—9999 DM; 2‰ bei Summen unter 5000 DM. Prämienermäßigung: 0,5‰ bei Summen von 20000—49999 DM; 1‰ bei Summen von 50000 DM an. Bei Vers. o. U. 2‰ jährl. Zuschlag.

39 (Magdeburger Allgemeine, B 2 m. U.): Prämienzuschlag: 1‰ bei Summen unter 10000 DM. Prämienermäßigung: 1‰ bei Summen von 50000 DM an.

39 (Magdeburger Allgemeine, B 2 n o. U.): Prämienzuschlag: 1‰ bei Summen unter 5000 DM.

40	41	42	43	44	Eintrittsalter
Mannheimer	Münchener Leben	Münchener Verein	National	Nord-Deutsche	
II D (54)	N II m m. U. N II o o. U.	I	G	11	
298	300	293	290	271	20
309	311	304	302	282	21
322	323	317	314	295	22
335	336	330	328	308	23
349	350	345	342	323	24
365	365	361	358	339	25
382	381	378	375	356	26
401	399	397	394	375	27
421	419	418	415	396	28
444	441	441	437	418	29
469	466	466	462	444	30
496	493	495	490	472	31
527	523	526	520	503	32
562	557	561	555	538	33
602	595	601	594	577	34
646	639	647	638	622	35
697	689	699	688	673	36
757	746	759	746	731	37
825	814	829	814	800	38
907	893	912	894	880	39
1005	989	1012	991	977	40

40 (Mannheimer): Prämienzuschlag: ½‰ bei Summen von 5000—9999 DM; 1½‰ bei Summen von 2000—4999 DM; 2½‰ bei Summen unter 2000 DM; bei Vers. o. U. ½‰ bei Summen von 10000—18000 DM. Prämienermäßigung: ½‰ bei Summen von 20000—29999 DM; 1‰ bei Summen von 30000—39999 DM; 1½‰ bei Summen von 40000 DM an.

41 (Münchener Leben): Prämienzuschlag: 1‰ bei Summen von 3000—9999 DM; 2‰ bei Summen von 2000—2999 DM; 3‰ bei Summen von 1000—1999 DM. Prämienermäßigung: 1‰ bei Summen von 20000—49999 DM; 1,5‰ bei Summen von 50000 DM an. Bei Vers. o. U. (Tarif N II o) 2‰ jährl. Zuschlag.

42 (Münchener Verein): Prämienzuschlag: 1‰ bei Summen von 5000—9999 DM; 2‰ bei Summen unter 5000 DM. Prämienermäßigung: 0,5‰ bei Summen von 20000 DM an. Bei Vers. o. U. 1‰ jährl. Zuschlag. Die Prämien enthalten noch den Zuschlag für die Vers.-Steuer von 2%.

43 (National): Prämienzuschlag: ½‰ bei Summen von 5000—9999 DM; 1½‰ bei Summen unter 5000 DM. Prämienermäßigung: ½‰ bei Summen von 20000 DM an.

44 (Nord-Deutsche): Prämienzuschlag: 1‰ bei Summen von 5000—9999 DM; 3‰ bei Summen von 2000—4999 DM; 4½‰ bei Summen von 1000—1999 DM. Prämienermäßigung: ½‰ bei Summen von 50000 DM an. Bei Vers. o. U. 2‰ jährl. Zuschlag.

Eintrittsalter	45						46	
	Nordstern						Nürnberger	
	IZ m. U.	IZo o. U.	IuZ m. U. vom 1.–3. Jahr	IuZ m. U. vom 4. Jahr an	IuZo o. U. vom 1.–3. Jahr	IuZo o. U. vom 4. Jahr an	4 r	4 b
20	283	288	170	306	175	311	282	343
21	294	299	173	319	178	324	292	353
22	306	311	176	334	181	339	303	364
23	319	324	180	349	185	354	314	376
24	333	338	183	366	188	371	327	389
25	348	353	187	385	192	390	340	403
26	365	370	191	405	196	410	362	421
27	383	388	196	427	201	432	379	441
28	403	408	200	453	205	458	397	462
29	425	430	205	481	210	486	417	486
30	450	460	211	513	221	523	439	512
31	477	487	216	549	226	559	473	541
32	507	517	222	590	232	600	504	573
33	542	552	229	637	239	647	538	609
34	580	590	235	691	245	701	577	649
35	624	634	242	754	252	764	621	695
36	675	685	250	830	260	840	671	747
37	733	743	258	920	268	930	729	807
38	801	811					796	877
39	882	892					875	959
40	978	993					970	1058

IZ m. U.: Prämienzuschlag: 0,50‰ bei Summen von 6000—9999 DM; 1‰ bei Summen unter 6000 DM. Prämienermäßigung: 1‰ bei Summen von 20000 DM an; 1,50‰ bei Summen von 50000 DM an.

IZo o. U.: Prämienzuschlag: 0,50‰ bei Summen von 6000—9999 DM; 1‰ bei Summen unter 6000 DM. Prämienermäßigung: 1‰ bei 20000 DM Vers.-Se.

IuZ m. U.: Prämienzuschlag: 0,50‰ bei Summen von 6000—9999 DM; 1‰ bei Summen unter 6000 DM. Prämienermäßigung: 1‰ bei Summen von 20000 DM an; 1,50‰ bei Summen von 50000 DM an.

IuZo o. U.: Prämienzuschlag: 0,50‰ bei Summen von 6000—9999 DM; 1‰ bei Summen unter 6000 DM. Prämienermäßigung: 1‰, bei 20000 DM Vers.-Se.

4 r: Prämienzuschlag: 1/2‰ bei Summen unter 10000 DM. Prämienermäßigung: 1/2‰ bei Summen von 20000—49999 DM; 1 1/2‰ bei Summen von 50000 DM an.

4 b: Prämienzuschlag: 1/2‰ bei Summen unter 10000 DM. Prämienermäßigung: 1/2‰ bei Summen von 20000 bis 49999 DM; 1 1/2‰ bei Summen von 50000 DM an. Bei vorzeitigem Tode erhöht sich die Vers.-Leistung um 10%. Bei Tod durch Unfall doppelte Summe.

47	48		49	50	51	52	
Pensions-verein	Prima		Raiffeisen- u. Volks-banken-Vers.	Rheinisch-Westfälische	Schweizerische	Sparkassen-Versicherung	Eintrittsalter
V (53)	G I m m. U.	G I o o. U.	2107	G 2	250	II	
295	297	307	290	308	313	286	20
307	309	319	301	320	324	297	21
320	322	332	314	333	336	308	22
333	336	346	327	347	349	321	23
348	351	361	341	362	363	334	24
364	367	377	357	378	378	349	25
381	385	395	374	396	395	365	26
401	404	414	392	415	413	383	27
422	425	435	412	438	433	403	28
445	448	459	435	461	456	425	29
471	473	484	460	486	480	449	30
499	501	513	488	516	507	475	31
531	533	545	518	548	538	505	32
567	568	580	553	585	572	539	33
607	607	620	592	626	610	577	34
653	651	665	637	673	654	620	35
706	702	717	688	726	704	669	36
767	761	777	746	788	762	726	37
838	829	846	815	861	830	792	38
921	910	928	896	946	909	870	39
1022	1007	1026	994	1049	1005	965	40

47 (Pensionsverein): Prämienzuschlag: 1‰ bei Summen unter 10000 DM. Prämienermäßigung: 1‰ bei Summen von 20000 DM an. Bei Vers. o. U. von 10000—20000 DM 1‰ jährl. Zuschlag.

48 (Prima, G I m m. U.): Prämienzuschlag: 1‰ bei Summen unter 10000 DM. Prämienermäßigung: 0,5‰ bei Summen von 15000—19999 DM; 1‰ bei Summen von 20000 DM an.

48 (Prima, G I o o. U.): Prämienzuschlag: 1‰ bei Summen unter 10000 DM.

49 (Raiffeisen- u. Volksbanken-Vers.): Prämienzuschlag: 0,50‰ bei Summen von 5000—9999 DM; 1,50‰ bei Summen von 3000—4999 DM; 2,50‰ bei Summen unter 3000 DM. Prämienermäßigung: 0,50‰ bei Summen von 20000 DM an.

50 (Rheinisch-Westfälische): Prämienzuschlag: 0,60‰ bei Summen unter 10000 DM. Prämienermäßigung: 0,60‰ bei Summen von 20000 DM an. Die Prämien enthalten noch den Zuschlag für die Vers.-Steuer von 2%.

51 (Schweizerische): Prämienzuschlag: 1‰ bei Summen von 5000—9999 DM; 2‰ bei Summen unter 5000 DM. Prämienermäßigung: 0,5‰ bei Summen von 20000—49999 DM; 1‰ bei Summen von 50000 DM an. Bei Tod durch Unfall doppelte Summe, Mehrleistung jedoch höchstens 25000 DM. Bei Tod nach langer Krankheit Zusatzleistung gemäß Seite 51, Ziffer 14.

52 (Sparkassen-Versicherung): Prämienzuschlag: 1‰ bei Summen von 5000—9999 DM; 2‰ bei Summen von 2000—4999 DM. Prämienermäßigung: ½‰ bei Summen von 20000—39999 DM; 1‰ bei Summen von 40000 DM an.

Eintrittsalter	53	54	55	56	57	58	
	Universa	Vereinigte Leben	Victoria	Vita	Vohk	Volkshilfe	
	2	01	D 1	III	Bm m. U. Bo o. U.	G M m. U.	G O o. U.
20	318	293	297	296	286		
21	329	305	308	308	298		
22	342	318	320	321	310		
23	356	332	333	334	324		
24	370	347	347	348	339		
25	386	363	362	364	355	397	412
26	404	380	378	381	373		
27	423	399	397	400	392		
28	445	420	417	421	414		
29	468	443	438	443	437		
30	493	468	463	468	463	510	526
31	522	497	490	496	492		
32	554	528	520	528	524		
33	590	563	554	563	560		
34	631	602	593	602	601		
35	677	647	637	647	647	701	718
36	729	698	687	699	699		
37	790	757	745	758	760		
38	862	826	813	828	831		
39	946	907	893	910	914		
40	1047	1005	989	1009	1014	1090	1111

53: Bei Vers. o. U. 2,3‰ jährl. Zuschlag. Bei Tod durch Unfall doppelte Summe.

54: Prämienzuschlag: 1‰ bei Summen von 2000—4999 DM; 4‰ bei Summen unter 2000 DM. Bei Vers. o. U. von 5000 DM an 1‰ jährl. Zuschlag.

55: Prämienzuschlag: 1‰ bei Summen unter 10000 DM. Prämienermäßigung: 1‰ bei Summen von 20000 DM an. Bei Vers. o. U. 1‰ jährl. Zuschlag.

56: Prämienzuschlag: 1‰ bei Summen von 6000—9999 DM; 2‰ bei Summen von 2000—5999 DM. Prämienermäßigung: 1‰ bei Summen von 25000 DM an.

57: Prämienzuschlag: 1 1/2‰ bei Summen unter 10000 DM. Prämienermäßigung: 1/2‰ bei Summen von 50000 DM an. Bei Vers. o. U. (Tarif Bo) 1‰ jährl. Zuschlag.

58 (G M): Prämienermäßigung: 1‰ bei Summen von 20000 DM an. Bei Tod durch Unfall doppelte Summe. Die Prämien enthalten noch den Zuschlag für die Vers.-Steuer von 2%.

58 (G O): Bei Tod durch Unfall doppelte Summe. Die Prämien enthalten noch den Zuschlag für die Vers.-Steuer von 2%.

59	60	61	62	63	64	
Volkswohl-Bund	Vorsorge	Winterthur	Witwen- und Waisenkasse	Württembergischer Versicherungsverein	Öffentliche	Eintrittsalter
E 2	1	2	G 3	L G	II	
300	298	294	281	310	286	20
	309	305	292	321	297	21
	321	317	305	333	308	22
	335	330	318	346	321	23
	349	344	332	360	334	24
366	364	359	348	375	349	25
	381	376	365	392	365	26
	400	394	383	410	383	27
	420	414	404	430	403	28
	443	436	426	452	425	29
469	468	461	451	476	449	30
	495	488	479	503	475	31
	526	518	510	534	505	32
	561	553	545	567	539	33
	600	591	584	606	577	34
645	644	635	628	649	620	35
	695	685	679	699	669	36
	754	743	738	757	726	37
	822	810	807	824	792	38
	903	890	888	904	870	39
1000	1001	986	986	999	965	40

59: Prämienzuschlag: 1‰ bei Summen von 5000—9900 DM; 2‰ bei Summen von 2000—4900 DM. Prämienermäßigung: 1‰ bei Summen von 20000 DM an.

60: Prämienzuschlag: 1‰ bei Summen unter 10000 DM. Prämienermäßigung: 1‰ bei Summen von 20000 DM an.

61: Prämienzuschlag: 0,5‰ bei Summen von 5000—9999 DM; 1‰ bei Summen von 3000—4999 DM; 4,— DM bei Summen unter 3000 DM. Prämienermäßigung: 0,5‰ bei Summen von 20000—49999 DM; 1‰ bei Summen von 50000 DM an.

62: Prämienzuschlag: 0,6‰ bei Summen von 5000—9999 DM; 1,2‰ bei Summen von 3000—4999 DM. Prämienermäßigung: 0,6‰ bei Summen von 20000—49999 DM; 1,2‰ bei Summen von 50000 DM an.

63: Prämienzuschlag: 1‰ bei Summen von 3000—9999 DM; 2‰ bei Summen von 2000—2999 DM. Prämienermäßigung: 1‰ bei Summen von 20000 DM an. Bei Tod durch Unfall doppelte Summe.

64: Prämienzuschlag: 1‰ bei Summen von 5000—9999 DM; 2‰ bei Summen von 2000—4999 DM. Prämienermäßigung: ½‰ bei Summen von 20000—39999 DM; 1‰ bei Summen von 40000 DM an.

Eintrittsalter	1	2	3	4	5	6
	Aachener und Münchener	Agrippina	Albingia	Allgemeine Assekuranz	Allgemeine Renten-anstalt	Allianz
	I z	I	II	G 3 m. U. G 3 S o. U.	T (57)	II Z M
20	300	292	294	298	302	300
21	300	292	295	299	303	301
22	300	293	295	300	303	301
23	301	293	296	302	303	302
24	301	294	296	304	304	302
25	302	294	297	306	304	303
26	303	295	298	308	305	304
27	304	296	299	311	306	305
28	305	297	300	314	307	306
29	306	299	301	317	309	307
30	308	301	303	320	311	309
31	310	303	305	324	313	311
32	312	305	307	329	315	313
33	315	308	310	333	317	316
34	318	311	313	338	320	319
35	321	314	316	344	324	322
36	324	318	320	350	327	326
37	328	322	324	356	331	330
38	333	326	329	363	336	334
39	338	331	334	370	341	339
40	343	337	339	377	346	344
41	349	343			352	350
42	355	349			358	357
43	362	357			365	364
44	370	365			373	372
45	378	373			382	380
46	388	383			391	390
47	398	394			402	400
48	409	405			413	411
49	422	418			425	424
50	435	432			439	437
51	450	447			454	452
52	466	463			470	468
53	483	481			488	486
54	502	501			507	505
55	522	522			527	525

Anm. zu 1: Prämienzuschlag: 1‰ bei Summen unter 6000 DM. Prämienermäßigung: 1‰ bei Summen von 20000 bis 49999 DM; 1,5‰ bei Summen von 50000 DM an. Bei Vers. o. U. vom Eintrittsalter 40 an 1‰, vom Eintrittsalter 50 an 2‰ jährl. Zuschlag.

Anm. zu 2: Prämienzuschlag: 0,5‰ bei Summen von 2000—9999 DM; 2,5‰ bei Summen unter 2000 DM. Prämienermäßigung: 1‰ bei Summen von 20000 DM an.

Anm. zu 3: Prämienzuschlag: 1‰ bei Summen unter 10000 DM. Prämienermäßigung: 1‰ bei Summen von 20000 DM an. Bei Vers. o. U. 1‰ jährl. Zuschlag.

Anm. zu 4: Prämienzuschlag: 1‰ bei Summen unter 5000 DM. Prämienermäßigung: 1‰ bei Summen von 20000 DM an; 2‰ bei Summen von 40000 DM an. Bei Vers. o. U. (Tarif G 3 S) 1,5‰ jährl. Zuschlag.

Anm. zu 5: Prämienzuschlag: 0,75‰ bei Summen von 3000—9999 DM; 1,50‰ bei Summen von 2000—2999 DM. Prämienermäßigung: 0,75‰ bei Summen von 20000—49999 DM; 1,25‰ bei Summen von 50000—99999 DM; 1,75‰ bei Summen von 100000 DM an. Bei Tod durch Unfall vor vollendetem 65. Lebensjahr doppelte Summe.

Anm. zu 6: Prämienzuschlag: 0,5‰ bei Summen von 3000—9999 DM; 1,5‰ bei Summen unter 3000 DM. Prämienermäßigung: 1‰ bei Summen von 20000—49999 DM; 1,5‰ bei Summen von 50000 DM an. Bei Vers. o. U. vom Eintrittsalter 46 an 1,5‰, vom Eintrittsalter 51 an 2,5‰ jährl. Zuschlag.

Eintrittsalter	7 Alte Leipziger 6	8 Alte Vaterländische GV	9 Alte Volksfürsorge GII	10 Basler Gd	11 Bayerische Beamtenvers. IIN
20	290	300	287	311	326
21	290	300	288	311	
22	291	300	291	312	
23	291	301	292	312	
24	292	301	294	313	
25	292	302	296	313	326
26	293	303	299	314	
27	294	304	301	315	
28	295	305	303	316	
29	297	307	307	318	
30	299	308	310	320	338
31	301	310	314	322	
32	303	313	318	324	
33	305	315	323	327	
34	308	318	328	330	
35	312	321	334	333	349
36	315	325	339	337	
37	319	329	345	341	
38	324	333	352	345	
39	329	338	359	350	
40	334	344	366	356	372
41	340		374	362	
42	347		384	368	
43	354		393	376	
44	362		402	384	
45	371		414	392	407
46	380				
47	391				
48	402				
49	415				
50	428				477
51	443				
52	460				
53	477				
54	497				
55	517				570

7: Prämienzuschlag: 0,50‰ bei Summen von 5000–9999 DM; 1,50‰ bei Summen von 3000–4999 DM; 2,50‰ bei Summen unter 3000 DM. Prämienermäßigung: 0,50‰ bei Summen von 20000–39999 DM; 1,50‰ bei Summen von 40000 DM an.

8: Prämienzuschlag: 1‰ bei Summen von 5000–9999 DM; 2‰ bei Summen von 3001–4999 DM. Prämienermäßigung: 1‰ bei Summen von 20000–49999 DM; 1,5‰ bei Summen von 50000 DM an. Bei Vers. o. U. vom Eintrittsalter 50 an 1,5‰ jährl. Zuschlag.

9: Prämienzuschlag: 0,10‰ bei 9000 DM Vers.-Se.; 0,23‰ bei 8000 DM Vers.-Se.; 0,40‰ bei 7000 DM Vers.-Se.; 0,62‰ bei 6000 DM Vers.-Se.; 0,93‰ bei 5000 DM Vers.-Se.; 1,40‰ bei Summen unter 5000 DM. Prämienermäßigung: 0,93‰ für den 10000 DM übersteigenden Teil der Vers.-Se. Bei Tod durch Unfall doppelte Summe.

10: Prämienermäßigung: 0,5‰ bei Summen von 15000–24999 DM; 1‰ bei Summen von 25000–39999 DM; 1,5‰ bei Summen von 40000–59999 DM; 2‰ bei Summen von 60000 DM an.

11: Prämienzuschlag: 0,60‰ bei Summen von 5000–9999 DM; 1,20‰ bei Summen von 501–4999 DM; 1,80‰ bei Summen von 500 DM. Prämienermäßigung: 1,20‰ bei Summen von 20000–49999 DM; 1,80‰ bei Summen von 50000 DM an. Bei Tod durch Unfall vor vollendetem 65. Lebensjahr doppelte Summe. Die Prämien enthalten noch den Zuschlag für die Vers.-Steuer von 2%.

G 30

Eintrittsalter	12		13	14	15	16	17
	Berlinische		Bonner	Braunschweigische	Concordia	Condor	Debeka
	C I / 54 m. U. [a]	C I 0/54 o. U. [b]	E [c]	XII [d]	C I [e]	2 [f]	L II [g]
20	285	285	306	314	286	289	301
21	287	287	306	315	286	289	301
22	288	288	306	315	287	289	302
23	290	290	307	315	288	290	302
24	292	292	307	316	289	290	303
25	294	294	308	316	291	291	303
26	296	296	309	317	292	292	304
27	298	298	310	318	293	292	306
28	301	301	311	319	295	294	307
29	304	304	312	321	297	296	309
30	306	308	314	323	299	298	310
31	308	312	316	325	302	299	313
32	310	316	318	327	304	301	315
33	313	321	321	329	307	305	318
34	316	326	324	332	310	307	322
35	319	331	327	336	313	311	325
36	323	337	331	339	317	315	329
37	327	343	335	343	321	319	334
38	331	350	339	348	325	323	338
39	336	357	344	352	330	329	344
40	341	364	350	358	335	335	350
41	347	373	356	364	341	341	357
42	354	382	362	370	348	347	364
43	361	392	369	377	355	355	372
44	369	402	377	385	363	364	381
45	377	414	386	394	371	373	391
46	387	426		403		382	
47	397	439		413		394	
48	409	454		425		405	
49	421	469		437		419	
50	435	486		451		433	
51	450	504		465		449	
52	466	523		481		466	
53	483	543		499		485	
54	503	565		518		504	
55	523	589				526	

[a] Prämienzuschlag: 1‰ bei Summen von 3000–9999 DM; 2‰ bei Summen von 2000–2999 DM. Prämienermäßigung: ½‰ bei Summen von 20000–49999 DM; 1‰ bei Summen von 50000 DM an.

[b] Prämienzuschlag: 1‰ bei Summen von 3000–9999 DM; 2‰ bei Summen von 2000–2999 DM. Prämienermäßigung: ½‰ bei 20000 DM Vers.-Se.

[c] Prämienermäßigung: 1‰ bei Summen von 20000 DM an. Bei Vers. o. U. 2‰ jährl. Zuschlag.

[d] Prämienermäßigung: 1‰ bei Summen von 11000 DM an; 2‰ bei Summen von 21000 DM an; 3‰ bei Summen von 50000 DM an. Bei Vers. o. U. 2‰ jährl. Zuschlag.

[e] Prämienzuschlag: 1‰ bei Summen von 5000—9999 DM; 2‰ bei Summen von 3000—4999 DM. Prämienermäßigung: 0,80‰ bei Summen von 20000 DM an.

[f] Prämienzuschlag: 1,2‰ bei Summen von 5000—9999 DM; 2,4‰ bei Summen unter 5000 DM. Prämienermäßigung: 1,2‰ bei Summen von 25000 DM an.

[g] Prämienzuschlag: 1,2‰ bei Summen unter 10000 DM. Prämienermäßigung: 0,6‰ bei Summen von 20000 DM an.

18	19	20	21	22	23	
Der Anker	**Deutsche Beamten, Berlin**	**Deutsche Eisenbahn-Vers.-Kasse**	**Deutscher Herold**	**Deutscher Lloyd**	**Deutscher Ring**	Eintrittsalter
C E	9	III	2	L 1	2	
302	290	274	314	294	292	20
303	291		314	294	293	21
303	291		314	295	293	22
303	291		315	295	293	23
304	292		315	296	294	24
305	292	277	316	296	295	25
305	293		317	297	295	26
306	294		318	298	296	27
308	296		319	299	298	28
309	298		321	301	299	29
311	299	284	322	302	301	30
313	301		324	304	303	31
315	304		327	307	305	32
318	306		329	309	308	33
321	310		332	312	311	34
324	313	297	336	316	314	35
327	317		339	319	317	36
331	322		343	323	321	37
336	325		348	328	326	38
341	331		353	333	331	39
346	337		358	338	336	40
352	343		364		342	41
359	350		371		349	42
366	358		378		356	43
373	366		386		363	44
382	376		395		372	45
392						46
402						47
413						48
426						49
439						50
						51
						52
						53
						54
						55

18 (Der Anker): Prämienermäßigung: 1‰ bei Summen von 20000—39999 DM; 2‰ bei Summen von 40000 DM an. Bei Vers. o. U. 1,5‰ jährl. Zuschlag.

19 (Deutsche Beamten, Berlin): Bei Vers. von 1700 DM bis 2000 DM Prämienerhöhung um etwa 1 ½%, bei Vers. unter 1700 DM höhere Prämien. Prämienermäßigung: ½‰ bei Summen von 25000 DM an; 1‰ bei Summen von 50000 DM an; 1 ½‰ bei Summen von 100000 DM an.

20 (Deutsche Eisenbahn-Vers.-Kasse): Prämienzuschlag: 0,48‰ bei Summen von 4000—9900 DM; 0,96‰ bei Summen unter 4000 DM. Prämienermäßigung: 0,48‰ bei Summen von 20000 DM an. Die Prämien enthalten noch den Zuschlag für die Vers.-Steuer von 2%.

21 (Deutscher Herold): Prämienzuschlag: ½‰ bei Summen unter 10000 DM. Prämienermäßigung: ½‰ bei Summen von 20000 bis 49999 DM; 1½‰ bei Summen von 50000 DM an. Bei Vers. o. U. 1½‰ jährl. Zuschlag.

22 (Deutscher Lloyd): Prämienzuschlag: 1‰ bei Summen von 3000—9999 DM; 3‰ bei Summen von 2000—2999 DM. Prämienermäßigung: ½‰ bei Summen von 20000—39999 DM; 1‰ bei Summen von 40000 DM an. Bei Vers. o. U. 2‰ jährl. Zuschlag.

23 (Deutscher Ring): Prämienzuschlag: 1‰ bei Summen unter 10000 DM. Prämienermäßigung: 0,5‰ bei Summen von 15000—19999 DM; 1‰ bei Summen von 20000 DM an.

Eintrittsalter	24	25	26	27	28	29
	Eos	Evangelische Familienfürsorge	Friedrich Wilhelm	Gerling-Konzern	Gilde	Gisela
	3	G 1	V An	K 2	B	III
20		293	295	292	300	295
21	288	293	296	293	301	296
22	290	293	296	293	301	297
23	291	294	297	293	301	300
24	293	294	297	294	302	301
25	295	295	298	295	303	303
26	298	296	299	295	303	305
27	300	297	300	296	305	306
28	303	298	301	298	306	309
29	306	300	302	299	307	311
30	310	301	304	301	309	313
31	314	303	306	303	311	316
32	318	306	308	305	314	320
33	323	308	311	308	317	323
34	328	311	314	310	320	327
35	334	314	317	314	323	331
36	339	318	321	317	327	335
37	346	322	325	321	331	340
38	352	326	329	326	336	345
39	360	331	334	331	341	351
40	368	337	340	336	347	356
41		342	346	342	353	364
42		349	352	348	360	371
43		356	359	356	368	379
44		364	367	363	376	388
45		372	376	372	385	397
46		382	386	381	396	408
47		392	396	392	407	420
48		404	408	403	419	432
49		416	420	416	432	446
50		430	434	429	446	461
51		444		444	462	477
52		461		460	479	494
53		478		478	498	513
54		497		497	518	534
55		518		517	540	556

24 (Eos): Prämienzuschlag: 1‰ bei Summen von 2000—9999 DM. Prämienermäßigung: 0,5‰ bei Summen von 20000 DM an. Bei Vers. o. U. 1‰ jährl. Zuschlag.

25 (Evangelische Familienfürsorge): Prämienzuschlag: 1‰ bei Summen unter 10000 DM. Prämienermäßigung: 1‰ bei Summen von 20000 DM an. Bei Vers. o. U. 1,5‰ jährl. Zuschlag.

26 (Friedrich Wilhelm): Prämienzuschlag: 0,5‰ bei Summen von 5000—9999 DM; 1‰ bei Summen von 2000—4999 DM. Prämienermäßigung: 1‰ bei Summen von 20000 DM an.

27 (Gerling-Konzern): Prämienzuschlag: 0,50‰ bei Summen von 5000—9999 DM; 1‰ bei Summen von 2000—4999 DM; 3‰ bei Summen unter 2000 DM. Prämienermäßigung: 1‰ bei Summen von 20000 DM an.

28 (Gilde): Prämienzuschlag: 1‰ bei Summen von 5000—9999 DM; 3‰ bei Summen unter 5000 DM. Außerdem bei Vers. o. U. von 5000—10000 DM 1‰ jährl. Zuschlag.

29 (Gisela): Prämienzuschlag: 1‰ bei Summen von 2000—9900 DM. Bei Summen von 2000—2900 DM erhöht sich die Jahresprämie außerdem um 0,40 DM. Prämienermäßigung: 1‰ bei Summen von 20000 DM an.

30	31	32		32 a	33	Eintrittsalter
Gladbacher	Gothaer	Hamburg-Mannheimer		Hamburg-Mannheimer (Deutsche Anwalt-Vers.)	Hannoversche	
D 2 m. U. / $D\ 2^0$ o. U.	1	3 (56)	8	L - 57	III m. U. / III^0 o. U.	
288	305	300	439	292	288	20
289	306	300	439	293	288	21
289	307	300	440	293	289	22
289	308	301	440	293	289	23
290	309	301	441	294	289	24
290	311	302	441	294	290	25
291	312	303	443	295	291	26
292	314	304	444	296	292	27
294	316	305	445	297	293	28
296	318	306	447	299	295	29
297	320	308	448	300	296	30
299	323	310	451	302	298	31
302	326	312	454	305	300	32
305	329	315	457	307	303	33
307	332	318	461	310	306	34
311	336	321	464	314	309	35
315	340	324	469	317	313	36
319	344	328	474	321	317	37
323	349	333	479	326	321	38
329	355	338	485	331	326	39
335	360	343	490	336	331	40
341	367			342	337	41
348	374			348	343	42
355	381			356	350	43
363	390			363	358	44
372	399			372	366	45
382	409			382	376	46
394	419			392	386	47
405	431			403	397	48
419	444			416	409	49
434	457			430	423	50
449				445		51
466				461		52
485				479		53
506				498		54
527	546			519		55

30 (Gladbacher): Prämienzuschlag: 1,2‰ bei Summen unter 10000 DM. Prämienermäßigung: 0,6‰ bei Summen von 20000—39999 DM; 1,2‰ bei Summen von 40000 DM an. Bei Vers. o. U. (Tarif $D\ 2^0$) 1,2‰ jährl. Zuschlag.

31 (Gothaer): Prämienzuschlag: 1‰ bei Summen unter 5000 DM. Prämienermäßigung: 1‰ bei Summen von 20000—49999 DM; 2‰ bei Summen von 50000 DM an.

32 (Hamburg-Mannheimer), 3 (56): Prämienzuschlag: 1‰ bei Summen unter 10000 DM. Prämienermäßigung: 1‰ bei Summen von 20000 bis 49000 DM; 1,25‰ bei Summen von 50000 DM an. Bei Vers. o. U. 1‰ jährl. Zuschlag.

32 (Hamburg-Mannheimer), 8: Die Prämien ermäßigen sich garantiert im 5. Vers.-Jahr auf 88% der Anfangsprämie; im 6. auf 85% u. s. f., jedes Jahr um weitere 3%. Prämienermäßigung: 1‰ bei Summen von 20000 DM an. Bei Vers. o. U. 1‰ jährl. Zuschlag.

32 a (Hamburg-Mannheimer, Deutsche Anwalt-Vers.): Prämienzuschlag: Bei Summen unter 10000 DM erhöht sich die Jahresprämie um 2,40 DM. Prämienermäßigung: 0,6‰ bei Summen von 25000—49999 DM; 1,2‰ bei Summen von 50000 DM an. Bei Vers. o. U. Fortfall der Wartezeit gegen 1‰ jährl. Zuschlag.

33 (Hannoversche): Prämienermäßigung: 0,6‰ bei Summen von 15000—24999 DM; 1,2‰ bei Summen von 25000—39999 DM; 1,8‰ bei Summen von 40000 DM an. Bei Vers. o. U. (Tarif III^0) 1,2‰ jährl. Zuschlag. Bei Vers. m. U. von 5000 DM an auf Antrag Abkürzung der Vers.- und Beitragszahlungsdauer durch Verwendung von Gewinnanteilen und freiwilligen Zuzahlungen (Fortschritts-Vers.).

Eintrittsalter	34	35	36	37	38	39	
	Isar	Karlsruher	Kölnische	Lebensvers. Merkur	Leipziger Verein - Barmenia	Magdeburger Allgemeine	
	3	II m	G	E 30	12	B 2 m. U.	B 2 n o. U.
20	294	297	293	320	292	295	315
21	295	297	293	320	293	295	315
22	295	298	294	320	293	295	315
23	295	298	294	320	293	296	316
24	296	298	295	320	294	296	316
25	297	299	295	326	295	297	317
26	297	300	296	326	295	298	318
27	298	301	297	326	296	299	319
28	300	302	298	326	298	300	320
29	301	304	300	326	299	301	321
30	303	305	301	332	301	303	323
31	305	307	303	332	303	305	325
32	307	309	306	332	305	307	327
33	310	312	308	338	308	310	330
34	313	315	311	338	311	313	333
35	316	318	314	343	314	316	336
36	319	322	318	349	317	320	340
37	323	326	322	349	321	324	344
38	328	330	326	355	326	328	348
39	333	335	331	361	331	333	353
40	338	340	336	367	336	338	358
41	344	346	342	372	342	344	374
42	351	352	349	378	349	351	381
43	358	359	356	384	356	358	388
44	365	367	364	396	363	366	396
45	374	376	372	402	372	374	404
46		385	381	413	382	384	414
47		395	392	425	392	394	424
48		407	403	436	403	405	435
49		419	415	448	416	418	448
50		432	429	466	429	431	461
51		447	443		444		
52		463	459		460		
53		480	477		478		
54		499	496		497		
55		520	516	553	517		

34: Prämienzuschlag: 1,8‰ bei Summen von 2000—4999 DM; 3,6‰ bei Summen unter 2000 DM. Prämienermäßigung: 0,6‰ bei Summen von 20000—49999 DM; 1,2‰ bei Summen von 50000 DM an.

35: Prämienzuschlag: 1‰ bei Summen unter 10000 DM. Prämienermäßigung: 1‰ bei Summen von 20000 DM an. Bei weiblichen Vers. von 10000 DM Vers.-Se. an Prämienberechnung nach dem um 1 Jahr jüngeren Eintrittsalter.

36: Prämienzuschlag: 0,5‰ bei Summen unter 10000 DM. Prämienermäßigung: 0,5‰ bei Summen von 20000—39999 DM; 1‰ bei Summen von 40000 DM an. Bei Vers. o. U. vom Eintrittsalter 51 an 2‰ jährl. Zuschlag.

37: Mindest-Vers.-Se. 5000 DM. Bei Tod durch Unfall doppelte Summe. Für Vers. bis 5000 DM besonderer Tarif.

38: Prämienzuschlag: 1‰ bei Summen von 5000—9999 DM; 2‰ bei Summen unter 5000 DM. Prämienermäßigung: 0,5‰ bei Summen von 20000—49999 DM; 1‰ bei Summen von 50000 DM an. Bei Vers. o. U. 2‰ jährl. Zuschlag.

39 (B 2 m. U.): Prämienzuschlag: 1‰ bei Summen unter 10000 DM. Prämienermäßigung: 1‰ bei Summen von 50000 DM an.

39 (B 2 n o. U.): Prämienzuschlag: 1‰ bei Summen unter 5000 DM.

40	41	42	43	44	
Mannheimer	Münchener Leben	Münchener Verein	National	Nord-Deutsche	Eintrittsalter
II D (54)	N II m m. U. N II o o. U.	I	G	11	
298	300	293	290	271	20
298	300	293	291	272	21
299	300	294	292	273	22
299	301	294	293	275	23
300	301	295	294	277	24
300	302	295	295	279	25
301	303	296	296	281	26
302	304	297	297	284	27
303	305	298	299	287	28
305	306	300	301	290	29
307	308	302	303	293	30
309	310	304	305	297	31
311	312	306	307	302	32
314	315	309	310	306	33
316	318	312	313	311	34
320	321	316	316	317	35
323	324	320	320	323	36
328	328	324	324	329	37
332	333	329	328	335	38
337	338	334	333	343	39
342	343	339	339	350	40
348	349	346	344	359	41
355	355	353	351	368	42
362	362	360	358	378	43
370	370	368	366	388	44
379	378	378	374	400	45
	388		384	412	46
	398		394	426	47
	409		406	440	48
	422		418	456	49
	435		432	472	50
	450		446	490	51
	466		462	509	52
	483		480	530	53
	502		499	552	54
	522		520	575	55

40 (Mannheimer): Prämienzuschlag: 1/2 ‰ bei Summen von 5000—9999 DM; 1 1/2 ‰ bei Summen von 2000—4999 DM; 2 1/2 ‰ bei Summen unter 2000 DM; bei Vers. o. U. 1/2 ‰ bei Summen von 10000—18000 DM. Prämienermäßigung: 1/2 ‰ bei Summen von 20000—29999 DM; 1 ‰ bei Summen von 30000—39999 DM; 1 1/2 ‰ bei Summen von 40000 DM an.

41 (Münchener Leben): Prämienzuschlag: 1 ‰ bei Summen von 3000—9999 DM; 2 ‰ bei Summen von 2000—2999 DM; 3 ‰ bei Summen von 1000—1999 DM. Prämienermäßigung: 1 ‰ bei Summen von 20000—49999 DM; 1,5 ‰ bei Summen von 50000 DM an. Bei Vers. o. U. (Tarif N II o) 2 ‰ jährl. Zuschlag.

42 (Münchener Verein): Prämienzuschlag: 1 ‰ bei Summen von 5000—9999 DM; 2 ‰ bei Summen unter 5000 DM. Prämienermäßigung: 0,5 ‰ bei Summen von 20000 DM an. Bei Vers. o. U. 1 ‰ jährl. Zuschlag. Die Prämien enthalten noch den Zuschlag für die Vers.-Steuer von 2 %.

43 (National): Prämienzuschlag: 1/2 ‰ bei Summen von 5000—9999 DM; 1 1/2 ‰ bei Summen unter 5000 DM. Prämienermäßigung: 1/2 ‰ bei Summen von 20000 DM an.

44 (Nord-Deutsche): Prämienzuschlag: 1 ‰ bei Summen von 5000—9999 DM; 3 ‰ bei Summen von 2000—4999 DM; 4 1/2 ‰ bei Summen von 1000—1999 DM. Prämienermäßigung: 1/2 ‰ bei Summen von 50000 DM an. Bei Vers. o. U. 2 ‰ jährl. Zuschlag.

Eintrittsalter	45						46	
	Nordstern						Nürnberger	
	I Z m. U.	I Z o. U.	I u Z m. U. vom 1.–3. Jahr	I u Z m. U. vom 4. Jahr an	I u Z o. U. vom 1.–3. Jahr	I u Z o. U. vom 4. Jahr an	4 r	4 b
20	283	288	170	306	175	311	282	343
21	284	289	173	307	178	312	282	343
22	285	290	176	307	181	312	282	343
23	286	291	180	307	185	312	282	343
24	287	292	183	308	188	313	282	343
25	288	293	187	309	192	314	282	343
26	289	294	191	309	196	314	291	346
27	291	296	196	310	201	315	291	349
28	293	298	200	311	205	316	291	352
29	295	300	205	313	210	318	291	356
30	297	307	211	314	221	324	291	360
31	299	309	216	316	226	326	303	364
32	302	312	222	318	232	328	306	368
33	305	315	229	321	239	331	311	373
34	309	319	235	323	245	333	316	378
35	313	323	242	327	252	337	317	384
36	316	326	250	330	260	340	322	389
37	321	331	258	333	268	343	328	396
38	325	335	266	337	276	347	334	402
39	330	340	275	341	285	351	341	409
40	336	351	285	346	300	361	349	417
41	342	357	295	352	310	367	356	425
42	348	363	305	357	320	372	365	434
43	356	371	317	364	332	379	374	443
44	363	378	328	371	343	386	383	453
45	372	387	341	379	356	394	394	464
46	382	397					405	476
47	392	407					417	488
48	404	419					430	502
49	417	432					445	517
50	430	450					460	533
51	445	465					472	551
52	462	482					484	569
53	479	499					495	590
54	499	519					507	612
55	520	540					519	636

I Z m. U.: Prämienzuschlag: 0,50‰ bei Summen von 6000—9999 DM; 1‰ bei Summen unter 6000 DM. Prämienermäßigung: 1‰ bei Summen von 20000 DM an; 1,50‰ bei Summen von 50000 DM an.

I Z o. U.: Prämienzuschlag: 0,50‰ bei Summen von 6000—9999 DM; 1‰ bei Summen unter 6000 DM. Prämienermäßigung: 1‰ bei 20000 DM Vers.-Se.

I u Z m. U.: Prämienzuschlag: 0,50‰ bei Summen von 6000—9999 DM; 1‰ bei Summen unter 6000 DM. Prämienermäßigung: 1‰ bei Summen von 20000 DM an; 1,50‰ bei Summen von 50000 DM an.

I u Z o. U.: Prämienzuschlag: 0,50‰ bei Summen von 6000—9999 DM; 1‰ bei Summen unter 6000 DM. Prämienermäßigung: 1‰ bei 20000 DM Vers.-Se.

4 r: Prämienzuschlag: bis Eintrittsalter 34 Jahre 1/2‰, ab Eintrittsalter 35 Jahre 1‰ bei Summen unter 10000 DM. Prämienermäßigung: bis Eintrittsalter 34 Jahre 1/2‰, ab Eintrittsalter 35 Jahre 1‰ bei Summen von 20000—49999 DM; 1 1/2‰ bei Summen von 50000 DM an.

4 b: Prämienzuschlag: 1/2‰ bei Summen unter 10000 DM. Prämienermäßigung: 1/2‰ bei Summen von 20000 bis 49999 DM; 1 1/2‰ bei Summen von 50000 DM an. Bei vorzeitigem Tode erhöht sich die Vers.-Leistung um 10%. Bei Tod durch Unfall vor vollendetem 70. Lebensjahr doppelte Summe.

47	48		49	50	51	52	
Pensionsverein	Prima		Raiffeisen- u. Volksbanken-Vers.	Rheinisch-Westfälische	Schweizerische	Sparkassen-Versicherung	Eintrittsalter
V A (53)	G I m m. U.	G I o o. U.	2107	G 2	250	II	
295	297	307	290	308	313	286	20
296	299	309	290	308	313	282	21
296	300	310	291	309	314	283	22
296	302	312	291	309	314	284	23
297	304	314	292	311	314	285	24
298	306	316	292	311	315	287	25
299	308	318	293	312	316	284	26
300	311	321	294	313	317	286	27
301	314	324	295	314	318	288	28
303	316	327	297	316	320	291	29
304	319	330	299	318	321	294	30
307	323	334	301	320	323	298	31
309	326	338	303	323	326	301	32
312	330	343	305	326	328	305	33
315	335	348	308	329	331	310	34
318	339	353	312	333	334	314	35
322	344	359	315	336	338	319	36
327	349	365	319	341	342	325	37
331	354	371	324	347	346	331	38
337	360	378	329	351	351	338	39
342	367	386	334	358	356	345	40
	374	394	340	364		353	41
	381	402	347	372		361	42
	390	412	354	379		370	43
	399	422	362	389		380	44
	409	433	371	398		390	45
	420	445				402	46
	432	458				414	47
	444	471				427	48
	458	486				441	49
	472	502				456	50
	487	519				472	51
	504	538				489	52
	522	558				507	53
	541	579				526	54
	562	602				547	55

47: Prämienzuschlag: 1‰ bei Summen unter 10000 DM. Prämienermäßigung: 1‰ bei Summen von 20000 DM an. Bei Vers. o. U. von 10000—20000 DM 1‰ jährl. Zuschlag.

48 (G I m m. U.): Prämienzuschlag: 1‰ bei Summen unter 10000 DM. Prämienermäßigung: 0,5‰ bei Summen von 15000—19999 DM; 1‰ bei Summen von 20000 DM an.

48 (G I o o. U.): Prämienzuschlag: 1‰ bei Summen unter 10000 DM.

49: Prämienzuschlag: 0,50‰ bei Summen von 5000—9999 DM; 1,50‰ bei Summen von 3000—4999 DM; 2,50‰ bei Summen unter 3000 DM. Prämienermäßigung: 0,50‰ bei Summen von 20000 DM an.

50: Prämienzuschlag: 0,60‰ bei Summen unter 10000 DM. Prämienermäßigung: 0,60‰ bei Summen von 20000 DM an. Die Prämien enthalten noch den Zuschlag für die Vers.-Steuer von 2%.

51: Prämienzuschlag: 1‰ bei Summen von 5000—9999 DM; 2‰ bei Summen unter 5000 DM. Prämienermäßigung: 0,5‰ bei Summen von 20000—49999 DM; 1‰ bei Summen von 50000 DM an. Bei Tod durch Unfall doppelte Summe, Mehrleistung jedoch höchstens 25000 DM. Bei Tod nach langer Krankheit vor Vollendung des 65. Lebensjahres Zusatzleistung gemäß Seite 51, Ziffer 14.

52: Prämienzuschlag: 1‰ bei Summen von 5000—9999 DM; 2‰ bei Summen von 2000—4999 DM. Prämienermäßigung: ½‰ bei Summen von 20000—39999 DM; 1‰ bei Summen von 40000 DM an.

Eintrittsalter	53	54	55	56	57	58	
	Universa	Vereinigte Leben	Victoria	Vita	Vohk	Volkshilfe	
	2	01	D1	III	Bm m. U. Bo o. U.	GM m. U.	GO o. U.
20	318	293	297	296	286		
21	318	294	298	297	287		
22	318	295	298	298	289		
23	319	296	298	298	291		
24	319	297	299	299	293		
25	320	299	300	300	295		
26	320	300	300	300	297		
27	321	302	301	302	300		
28	324	304	303	303	303		
29	325	306	304	304	306		
30	327	308	306	306	310	334	349
31	329	310	308	308	314		
32	332	313	310	310	319		
33	334	316	313	312	324		
34	338	319	316	315	329		
35	341	322	319	318	335	349	365
36	344	326	323	321			
37	349	331	327	325			
38	354	335	331	329			
39	359	340	336	333			
40	365	346	342	338			
41	371	352	348	344			
42	378	359	354	350			
43	386	367	361	356			
44	394	375	369	364			
45	403	384	378	372			
46	414	394					
47	425	406					
48	437	418					
49	450	431					
50	465	445					
51		461					
52		478					
53		497					
54		517					
55		539					

53 (Universa): Bei Vers. o. U. 2,3‰ jährl. Zuschlag. Bei Tod durch Unfall vor vollendetem 70. Lebensjahr doppelte Summe.

54 (Vereinigte Leben): Prämienzuschlag: 1‰ bei Summen von 2000–4999 DM; 4‰ bei Summen unter 2000 DM. Bei Vers. o. U. von 5000 DM an 1‰ jährl. Zuschlag.

55 (Victoria): Prämienzuschlag: 1‰ bei Summen unter 10000 DM. Prämienermäßigung: 1‰ bei Summen von 20000 DM an. Bei Vers. o. U. 1‰, vom Eintrittsalter 51 an 2‰ jährl. Zuschlag.

56 (Vita): Prämienzuschlag: 1‰ bei Summen von 6000—9999 DM; 2‰ bei Summen von 2000—5999 DM. Prämienermäßigung: 1‰ bei Summen von 25000 DM an.

57 (Vohk): Prämienzuschlag: 1½‰ bei Summen unter 10000 DM. Prämienermäßigung: ½‰ bei Summen von 50000 DM an. Bei Vers. o. U. (Tarif Bo) 1‰ jährl. Zuschlag.

58 (Volkshilfe), GM m. U.: Prämienermäßigung: 1‰ bei Summen von 20000 DM an. Bei Tod durch Unfall vor vollendetem 70. Lebensjahr doppelte Summe. Die Prämien enthalten noch den Zuschlag für die Vers.-Steuer von 2‰.

58 (Volkshilfe), GO o. U.: Bei Tod durch Unfall vor vollendetem 70. Lebensjahr doppelte Summe. Die Prämien enthalten noch den Zuschlag für die Vers.-Steuer von 2‰.

59	60	61	62	63	64	Eintrittsalter
Volkswohl-Bund	Vorsorge	Winterthur	Witwen- und Waisenkasse	Württembergischer Versicherungsverein	Öffentliche	
E 2	1	2	G 3	L G	II	
300	298	294	281	310	286	20
301	298	294		310	282	21
301	299	294		311	283	22
301	299	295		311	284	23
302	299	295		311	285	24
303	300	296	283	312	287	25
303	301	297		313	284	26
304	302	298		314	286	27
306	303	299		315	288	28
307	305	300		317	291	29
309	306	302	296	318	294	30
311	308	304		320	298	31
313	311	306		322	301	32
316	313	309		325	305	33
319	316	312		328	310	34
322	319	315	312	331	314	35
326	323	319		335	319	36
330	327	323		339	325	37
334	332	327		343	331	38
339	337	332		348	338	39
344	342	337	335	353	345	40
	348			359	353	41
	355			365	361	42
	362			372	370	43
	370			380	380	44
	378			389	390	45
	388			398	402	46
	398			408	414	47
	410			420	427	48
	422			432	441	49
	436			450	456	50
	451				472	51
	467				489	52
	485				507	53
	504				526	54
	525				547	55

59: Prämienzuschlag: 1‰ bei Summen von 5000–9900 DM; 2‰ bei Summen von 2000–4900 DM. Prämienermäßigung: 1‰ bei Summen von 20000 DM an.

60: Prämienzuschlag: 1‰ bei Summen unter 10000 DM. Prämienermäßigung: 1‰ bei Summen von 20000 DM an. Bei Vers. o. U. vom Eintrittsalter 50 an 1‰ jährl. Zuschlag.

61: Prämienzuschlag: 0,5‰ bei Summen von 5000—9999 DM; 1‰ bei Summen von 3000—4999 DM; 4,— DM bei Summen unter 3000 DM. Prämienermäßigung: 0,5‰ bei Summen von 20000—49999 DM; 1‰ bei Summen von 50000 DM an.

62: Prämienzuschlag: 0,6‰ bei Summen von 5000–9999 DM; 1,2‰ bei Summen von 3000–4999 DM. Prämienermäßigung: 0,6‰ bei Summen von 20000–49999 DM; 1,2‰ bei Summen von 50000 DM an.

63: Prämienzuschlag: 1‰ bei Summen von 3000—9999 DM; 2‰ bei Summen von 2000—2999 DM. Prämienermäßigung: 1‰ bei Summen von 20000 DM an. Bei Vers. o. Ü. vom Eintrittsalter 46 an 2‰ jährl. Zuschlag. Bei Tod durch Unfall vor vollendetem 70. Lebensjahr doppelte Summe.

64: Prämienzuschlag: 1‰ bei Summen von 5000–9999 DM; 2‰ bei Summen von 2000–4999 DM. Prämienermäßigung: ½‰ bei Summen von 20000–39999 DM; 1‰ bei Summen von 40000 DM an.

Eintrittsalter	1	2	3	4	5	6
	Aachener und Münchener	Agrippina	Albingia	Allgemeine Assekuranz	Allgemeine Renten-anstalt	Allianz
	1 z	1	II	G 3 m. U. G 3 S o. U.	T (57)	II ZM
20	364	358	361	357	367	365
21	364	359	361	358	367	366
22	364	359	361	359	367	366
23	364	359	361	360	367	366
24	364	359	361	362	368	366
25	365	359	362	363	368	366
26	365	360	362	365	369	367
27	366	360	363	367	369	367
28	367	361	364	370	370	368
29	368	362	365	372	371	369
30	369	364	366	375	372	371
31	370	365	367	378	374	372
32	372	367	369	382	375	374
33	374	369	371	386	377	376
34	376	371	373	390	380	378
35	379	374	376	395	382	380
36	381	377	379	399	385	383
37	385	380	382	405	388	386
38	388	383	386	410	391	390
39	392	387	390	416	395	394
40	396	392	394	423	400	398
41	401	396	399	430	404	403
42	406	402	404	437	409	408
43	411	407	410	446	415	413
44	418	414	416	455	421	420
45	424	421	423	465	428	427
46	432	429			436	434
47	440	437			444	443
48	450	447			454	452
49	460	457			464	462
50	471	469			475	474
51	483	482			488	486
52	497	496			501	500
53	512	511			517	515
54	528	528			533	531
55	546	546			551	549

1: Prämienzuschlag: 1‰ bei Summen unter 6000 DM. Prämienermäßigung: 1‰ bei Summen von 20000 bis 49999 DM; 1,5‰ bei Summen von 50000 DM an. Bei Vers. o. U. vom Eintrittsalter 40 an 1‰, vom Eintrittsalter 50 an 2‰ jährl. Zuschlag.

2: Prämienzuschlag: 0,5‰ bei Summen von 2000—9999 DM; 2,5‰ bei Summen unter 2000 DM. Prämienermäßigung: 1‰ bei Summen von 20000 DM an.

3: Prämienzuschlag: 1‰ bei Summen unter 10000 DM. Prämienermäßigung: 1‰ bei Summen von 20000 DM an. Bei Vers. o. U. 1‰ jährl. Zuschlag.

4: Prämienzuschlag: 1‰ bei Summen unter 5000 DM. Prämienermäßigung: 1‰ bei Summen von 20000 DM an; 2‰ bei Summen von 40000 DM an. Bei Vers. o. U. (Tarif G 3 S) 1,5‰ jährl. Zuschlag.

5: Prämienzuschlag: 0,75‰ bei Summen von 3000—9999 DM; 1,50‰ bei Summen von 2000—2999 DM. Prämienermäßigung: 0,75‰ bei Summen von 20000—49999 DM; 1,25‰ bei Summen von 50000—99999 DM; 1,75‰ bei Summen von 100000 DM an. Bei Tod durch Unfall vor vollendetem 65. Lebensjahr doppelte Summe.

6: Prämienzuschlag: 0,5‰ bei Summen von 3000—9999 DM; 1,5‰ bei Summen unter 3000 DM. Prämienermäßigung: 1‰ bei Summen von 20000—49999 DM; 1,5‰ bei Summen von 50000 DM an. Bei Vers. o. U. vom Eintrittsalter 46 an 1,5‰, vom Eintrittsalter 51 an 2,5‰ jährl. Zuschlag.

7	8	9	10	11	Eintrittsalter
Alte Leipziger	Alte Vaterländische	Alte Volks-fürsorge	Basler	Bayerische Beamtenvers.	
6	GV	G II	G d	IIN	
356	365	351	377	384	20
356	365	351	377		21
356	365	352	378		22
356	365	353	378		23
356	365	356	378		24
357	366	357	378	396	25
357	366	359	379		26
358	367	360	379		27
358	368	363	380		28
360	369	366	381		29
361	370	368	383	396	30
362	371	372	384		31
364	373	375	386		32
366	375	379	388		33
368	377	384	390		34
371	380	388	393	407	35
374	383	393	396		36
377	386	398	399		37
380	389	403	402		38
384	393	409	406		39
388	397	416	410	431	40
393	402	423	415		41
398	407	430	420		42
404	413	438	426		43
410	419	446	433		44
417	426	456	440	454	45
425		466	448		46
434		477	456		47
443		488	466		48
454		501	476		49
465		515	488	512	50
478					51
491					52
507					53
523					54
542				594	55

7: Prämienzuschlag: 0,50‰ bei Summen von 5000—9999 DM; 1,50‰ bei Summen von 3000—4999 DM; 2,50‰ bei Summen unter 3000 DM. Prämienermäßigung: 0,50‰ bei Summen von 20000—39999 DM; 1,50‰ bei Summen von 40000 DM an.

8: Prämienzuschlag: 1‰ bei Summen von 5000—9999 DM; 2‰ bei Summen von 3001—4999 DM. Prämienermäßigung: 1‰ bei Summen von 20000—49999 DM; 1,5‰ bei Summen von 50000 DM an. Bei Vers. o. U. vom Eintrittsalter 50 an 1,5‰ jährl. Zuschlag.

9: Prämienzuschlag: 0,10‰ bei 9000 DM Vers.-Se.; 0,23‰ bei 8000 DM Vers.-Se.; 0,40‰ bei 7000 DM Vers.-Se.; 0,62‰ bei 6000 DM Vers.-Se.; 0,93‰ bei 5000 DM Vers.-Se.; 1,40‰ bei Summen unter 5000 DM. Prämienermäßigung: 0,93‰ für den 10000 DM übersteigenden Teil der Vers.-Se. Bei Tod durch Unfall doppelte Summe.

10: Prämienermäßigung: 0,5‰ bei Summen von 15000—24999 DM; 1‰ bei Summen von 25000—39999 DM; 1,5‰ bei Summen von 40000—59999 DM; 2‰ bei Summen von 60000 DM an.

11: Prämienzuschlag: 0,60‰ bei Summen von 5000—9999 DM; 1,20‰ bei Summen von 501—4999 DM; 1,80‰ bei Summen von 500 DM. Prämienermäßigung: 1,20‰ bei Summen von 20000—49999 DM; 1,80‰ bei Summen von 50000 DM an. Bei Tod durch Unfall vor vollendetem 65. Lebensjahr doppelte Summe. Die Prämien enthalten noch den Zuschlag für die Vers.-Steuer von 2‰.

Eintrittsalter	12 Berlinische C I/54 m. U.	12 Berlinische CIO/54 o. U.	13 Bonner E	14 Braunschweigische XII	15 Concordia C I	16 Condor 2	17 Debeka L II
20	349	349	371	377	350	353	368
21	350	350	371	377	350	353	370
22	351	351	371	377	351	353	370
23	352	352	372	377	352	353	370
24	353	353	372	378	353	353	370
25	355	355	372	378	354	354	371
26	357	357	373	378	355	354	371
27	359	359	373	379	356	355	372
28	361	361	374	380	357	355	372
29	364	364	375	381	359	357	373
30	367	367	376	382	360	359	375
31	369	370	378	383	362	360	377
32	371	373	380	385	364	361	379
33	373	377	381	387	366	364	381
34	375	381	384	389	369	366	384
35	378	386	386	392	371	369	386
36	380	391	389	395	374	372	389
37	384	396	392	398	377	375	393
38	387	401	396	401	381	379	396
39	391	407	400	405	385	383	401
40	395	414	404	409	389	388	406
41	400	421	409	414	393	392	412
42	405	428	414	419	399	398	417
43	411	436	420	425	404	404	423
44	417	445	426	431	410	411	430
45	424	455	433	438	417	418	438
46	432	466	441	446	425	426	446
47	440	477	449	454	433	435	457
48	449	490	459	464	443	445	467
49	460	503	469	474	453	456	479
50	471	518	480	485	464	468	492
51	484	533		498		481	
52	497	550		511		496	
53	513	569		526		512	
54	529	588		543		529	
55	547	610		561		549	

12 (C I/54 m. U.): Prämienzuschlag: 1 °/₀₀ bei Summen von 3000–9999 DM; 2 °/₀₀ bei Summen von 2000–2999 DM. Prämienermäßigung: ½ °/₀₀ bei Summen von 20000–49999 DM; 1 °/₀₀ bei Summen von 50000 DM an.

12 (CIO/54 o. U.): Prämienzuschlag: 1 °/₀₀ bei Summen von 3000–9999 DM; 2 °/₀₀ bei Summen von 2000–2999 DM. Prämienermäßigung: ½ °/₀₀ bei 20000 DM Vers.-Se.

13: Prämienermäßigung: 1 °/₀₀ bei Summen von 20000 DM an. Bei Vers. o. U. 2 °/₀₀ jährl. Zuschlag.

14: Prämienermäßigung: 1 °/₀₀ bei Summen von 11000 DM an; 2 °/₀₀ bei Summen von 21000 DM an; 3 °/₀₀ bei Summen von 50000 DM an. Bei Vers. o. U. 2 °/₀₀ jährl. Zuschlag.

15: Prämienzuschlag: 1 °/₀₀ bei Summen von 5000—9999 DM; 2 °/₀₀ bei Summen von 3000—4999 DM. Prämienermäßigung: 0,80 °/₀₀ bei Summen von 20000 DM an.

16: Prämienzuschlag: 1,2 °/₀₀ bei Summen von 5000—9999 DM; 2,4 °/₀₀ bei Summen unter 5000 DM. Prämienermäßigung: 1,2 °/₀₀ bei Summen von 25000 DM an.

17: Prämienzuschlag: 1,2 °/₀₀ bei Summen unter 10000 DM. Prämienermäßigung: 0,6 °/₀₀ bei Summen von 20000 DM an.

18	19	20	21	22	23	
Der Anker	Deutsche Beamten, Berlin	Deutsche Eisenbahn-Vers.-Kasse	Deutscher Herold	Deutscher Lloyd	Deutscher Ring	Eintrittsalter
CE	9	III	2	L 1	2	
367	351	339	380	359	357	20
367	351		380	359	357	21
368	351		380	359	358	22
368	351		380	360	358	23
368	352		380	360	358	24
368	352	340	381	360	358	25
369	352		381	361	359	26
369	353		382	361	359	27
370	355		383	362	360	28
371	356		384	363	361	29
372	357	345	385	364	362	30
374	358		386	366	364	31
376	361		388	368	366	32
377	363		390	369	367	33
380	365		392	372	370	34
382	368	356	395	374	372	35
385	371		398	377	375	36
388	375		401	380	378	37
392	378		404	384	382	38
396	382		408	388	386	39
400	385	374	413	392	390	40
404	391		417	397	394	41
410	397		423	402	400	42
415	403		428	407	405	43
422	410		435	414	412	44
429	417		442	421	419	45
436	426		450		426	46
445	435		458		435	47
454	444		468		444	48
464	456		478		454	49
475	468		489		465	50
488						51
502						52
517						53
533						54
551						55

18: Prämienermäßigung: 1°/₀₀ bei Summen von 20000—39999 DM; 2°/₀₀ bei Summen von 40000 DM an. Bei Vers. o. U. 1,5°/₀₀ jährl. Zuschlag.

19: Bei Vers. von 1700 DM bis 2000 DM Prämienerhöhung um etwa 1½ %, bei Vers. unter 1700 DM höhere Prämien. Prämienermäßigung: ½°/₀₀ bei Summen von 25000 DM an; 1°/₀₀ bei Summen von 50000 DM an; 1½°/₀₀ bei Summen von 100000 DM an.

20: Prämienzuschlag: 0,48°/₀₀ bei Summen von 4000—9900 DM; 0,96°/₀₀ bei Summen unter 4000 DM. Prämienermäßigung: 0,48°/₀₀ bei Summen von 20000 DM an. Die Prämien enthalten noch den Zuschlag für die Vers.-Steuer von 2%.

21: Prämienzuschlag: ½°/₀₀ bei Summen unter 10000 DM. Prämienermäßigung: ½°/₀₀ bei Summen von 20000—49999 DM; 1½°/₀₀ bei Summen von 50000 DM an. Bei Vers. o. U. 1½°/₀₀ jährl. Zuschlag.

22: Prämienzuschlag: 1°/₀₀ bei Summen von 3000—9999 DM; 3°/₀₀ bei Summen von 2000—2999 DM. Prämienermäßigung: ½°/₀₀ bei Summen von 20000—39999 DM; 1°/₀₀ bei Summen von 40000 DM an. Bei Vers. o. U. 2°/₀₀ jährl. Zuschlag.

23: Prämienzuschlag: 1°/₀₀ bei Summen unter 10000 DM. Prämienermäßigung: 0,5°/₀₀ bei Summen von 15000—19999 DM; 1°/₀₀ bei Summen von 20000 DM an.

Eintrittsalter	24	25	26	27	28	29
	Eos	Evangelische Familienfürsorge	Friedrich Wilhelm	Gerling-Konzern	Gilde	Gisela
	3	G 1	VA n	K 2	B	III
20		358	361	357	367	355
21	348	358	361	357	368	357
22	349	358	361	357	368	359
23	350	358	361	358	368	360
24	352	358	362	358	368	361
25	354	359	362	358	368	362
26	355	359	363	359	369	364
27	357	360	363	359	370	365
28	360	361	364	360	370	367
29	362	362	365	361	372	369
30	365	363	366	362	373	371
31	368	364	368	364	374	373
32	372	366	369	365	376	375
33	376	368	371	367	378	379
34	380	370	374	370	381	382
35	385	373	376	372	383	385
36	390	376	379	375	387	388
37	395	379	382	378	390	392
38	401	382	386	382	394	396
39	407	386	390	385	398	401
40	413	390	394	390	402	406
41	420	395	399	394	407	411
42	428	400	404	400	413	416
43	437	406	410	405	419	424
44	446	412	416	411	426	431
45	456	419	423	418	433	439
46		427	431	426	441	448
47		435	439	434	450	457
48		444	449	444	460	468
49		455	459	454	471	480
50		466	470	465	483	492
51		478	483	478	497	506
52		492	497	492	511	522
53		507	512	507	527	537
54		524	529	523	545	556
55		542	547	541	564	576

24 (Eos): Prämienzuschlag: 1°/oo bei Summen von 2000–9999 DM. Prämienermäßigung: 0,5°/oo bei Summen von 20000 DM an. Bei Vers. o. U. 1°/oo jährl. Zuschlag.

25 (Evangelische Familienfürsorge): Prämienzuschlag: 1°/oo bei Summen unter 10000 DM. Prämienermäßigung: 1°/oo bei Summen von 20000 DM an. Bei Vers. o. U. 1,5°/oo jährl. Zuschlag.

26 (Friedrich Wilhelm): Prämienzuschlag: 0,5°/oo bei Summen von 5000–9999 DM; 1°/oo bei Summen von 2000–4999 DM. Prämienermäßigung: 1°/oo bei Summen von 20000 DM an.

27 (Gerling-Konzern): Prämienzuschlag: 0,50°/oo bei Summen von 5000–9999 DM; 1°/oo bei Summen von 2000–4999 DM; 3°/oo bei Summen unter 2000 DM. Prämienermäßigung: 1°/oo bei Summen von 20000 DM an.

28 (Gilde): Prämienzuschlag: 1°/oo bei Summen von 5000–9999 DM; 3°/oo bei Summen unter 5000 DM. Außerdem bei Vers. o. U. von 5000–10000 DM 1°/oo jährl. Zuschlag.

29 (Gisela): Prämienzuschlag: 1°/oo bei Summen von 2000–9900 DM. Bei Summen von 2000—2900 DM erhöht sich die Jahresprämie außerdem um 0,40 DM. Prämienermäßigung: 1°/oo bei Summen von 20 000 DM an.

	30	31	32		32a	33
	Gladbacher	Gothaer	Hamburg-Mannheimer		Hamburg-Mannheimer (Dt. Anwalt-Vers.)	Hannoversche
Eintrittsalter	D 2 m. U. D 2⁰ o. U.	1	3 (56)	8	L—57	III m. U. III⁰ o. U.
20	353	369	364	500	356	352
21	353	370	364	501	356	352
22	353	370	364	501	356	352
23	353	371	364	501	356	352
24	354	372	364	501	356	352
25	354	373	365	501	356	353
26	354	374	365	502	357	353
27	355	375	366	503	357	354
28	356	377	367	504	358	355
29	357	379	368	505	359	356
30	359	380	369	506	361	357
31	360	383	370	508	362	358
32	362	385	372	511	364	360
33	364	387	374	513	366	362
34	366	390	376	515	368	364
35	369	393	379	517	371	367
36	372	396	381	521	373	369
37	376	400	385	526	376	372
38	379	404	388	530	380	376
39	384	408	392	534	384	380
40	388	413	396	538	388	384
41	393	418	401	544	393	388
42	398	423	406	551	398	393
43	404	430	411	558	404	399
44	411	436	418	564	410	405
45	419	444	424	571	417	412
46	427	452			425	420
47	436	461			434	428
48	445	471			443	437
49	457	481			453	447
50	469	493			465	458
51	482	506			477	471
52	496	520			491	484
53	512	535			507	499
54	531	551			523	515
55	550	570			542	533

30: Prämienzuschlag: 1,2‰ bei Summen unter 10000 DM. Prämienermäßigung: 0,6‰ bei Summen von 20000—39999 DM; 1,2‰ bei Summen von 40000 DM an. Bei Vers. o. U. (Tarif D 2⁰) 1,2‰ jährl. Zuschlag.

31: Prämienzuschlag: 1‰ bei Summen unter 5000 DM. Prämienermäßigung: 1‰ bei Summen von 20000—49999 DM; 2‰ bei Summen von 50000 DM an.

32 (3 (56)): Prämienzuschlag: 1‰ bei Summen unter 10000 DM. Prämienermäßigung: 1‰ bei Summen von 20000 bis 49000 DM; 1,25‰ bei Summen von 50000 DM an. Bei Vers. o. U. 1‰ jährl. Zuschlag.

32 (8): Die Prämien ermäßigen sich garantiert im 5. Vers.-Jahr auf 88% der Anfangsprämie; im 6. auf 85% u. s. f.; jedes Jahr um weitere 3%. Prämienermäßigung: 1‰ bei Summen von 20000 DM an. Bei Vers. o. U. 1‰ jährl. Zuschlag.

32a: Prämienzuschlag: Bei Summen unter 10000 DM erhöht sich die Jahresprämie um 2,40 DM. Prämienermäßigung: 0,6‰ bei Summen von 25000—49999 DM; 1,2‰ bei Summen von 50000 DM an. Bei Vers. o. U. Fortfall der Wartezeit gegen 1‰ jährl. Zuschlag.

33: Prämienermäßigung: 0,6‰ bei Summen von 15000—24999 DM; 1,2‰ bei Summen von 25000—39999 DM; 1,8‰ bei Summen von 40000 DM an. Bei Vers. o. U. (Tarif III⁰) 1,2‰ jährl. Zuschlag. Bei Vers. m. U. von 5000 DM an auf Antrag Abkürzung der Vers.- und Beitragszahlungsdauer durch Verwendung von Gewinnanteilen und freiwilligen Zuzahlungen (Fortschritts-Vers.).

Eintrittsalter	34 Isar 3	35 Karlsruher II m	36 Kölnische G	37 Lebensvers. Merkur E 25	38 Leipziger Verein-Barmenia 12	39 Magdeburger Allgemeine B 2 m. U.	39 Magdeburger Allgemeine B 2 n o. U.
20	359	361	357	384	357	359	379
21	359	361	358	384	357	360	380
22	360	361	358	384	358	360	380
23	360	362	358	384	358	360	380
24	360	362	358	390	358	360	380
25	360	362	358	390	358	360	380
26	361	363	359	390	359	361	381
27	361	363	359	390	359	362	382
28	362	364	360	390	360	362	382
29	363	365	361	390	361	363	383
30	364	366	363	390	362	365	385
31	366	368	364	396	364	366	386
32	368	369	366	396	366	368	388
33	369	371	368	396	367	370	390
34	372	373	370	402	370	372	392
35	374	376	372	402	372	374	394
36	377	379	375	407	375	377	397
37	380	382	378	407	378	380	400
38	384	385	382	413	382	384	404
39	388	389	385	413	386	388	408
40	392	393	390	419	390	392	412
41	396	398	394	425	394	397	427
42	402	403	399	431	400	402	432
43	407	409	405	436	405	407	437
44	414	415	411	442	412	414	444
45	420	422	418	448	419	421	451
46	428	429	426	460	426	428	458
47	437	438	434	466	435	437	467
48	446	447	443	477	444	446	476
49	456	457	454	489	454	456	486
50	467	468	465	501	465	468	498
51		480	477	512	478	480	510
52		494	491	530	492	494	524
53		509	506	541	507	509	539
54		525	522	559	523	525	555
55		543	540	582	541	543	573

34: Prämienzuschlag: 1,8‰ bei Summen von 2000—4999 DM; 3,6‰ bei Summen unter 2000 DM. Prämienermäßigung: 0,6‰ bei Summen von 20000—49999 DM; 1,2‰ bei Summen von 50000 DM an.

35: Prämienzuschlag: 1‰ bei Summen unter 10000 DM. Prämienermäßigung: 1‰ bei Summen von 20000 DM an. Bei weiblichen Vers. von 10000 DM Vers.-Se. an Prämienberechnung nach dem um 1 Jahr jüngeren Eintrittsalter.

36: Prämienzuschlag: 0,5‰ bei Summen unter 10000 DM. Prämienermäßigung: 0,5‰ bei Summen von 20000—39999 DM; 1‰ bei Summen von 40000 DM an. Bei Vers. o. U. vom Eintrittsalter 51 an 2‰ jährl. Zuschlag.

37: Mindest-Vers.-Se. 5000 DM. Bei Tod durch Unfall doppelte Summe. Für Vers. bis 5000 DM besonderer Tarif.

38: Prämienzuschlag: 1‰ bei Summen von 5000—9999 DM; 2‰ bei Summen unter 5000 DM. Prämienermäßigung: 0,5‰ bei Summen von 20000—49999 DM; 1‰ bei Summen von 50000 DM an. Bei Vers. o. U. 2‰ jährl. Zuschlag.

39 B 2: Prämienzuschlag: 1‰ bei Summen unter 10000 DM. Prämienermäßigung: 1‰ bei Summen von 50000 DM an.

39 B 2 n: Prämienzuschlag: 1‰ bei Summen unter 5000 DM.

40	41	42	43	44	
Mannheimer	Münchener Leben	Münchener Verein	National	Nord-Deutsche	Eintrittsalter
II D (54)	N IIm m. U. N IIo o. U.	I	G	11	
364	364	360	355	332	20
364	364	360	355	333	21
364	364	360	356	334	22
364	364	360	357	336	23
365	364	360	357	337	24
365	365	361	358	339	25
365	365	361	359	340	26
366	366	362	360	342	27
367	367	363	361	345	28
368	368	364	363	347	29
369	369	365	364	350	30
371	370	367	366	354	31
372	372	369	368	357	32
374	374	371	370	361	33
377	376	373	372	365	34
379	379	376	375	370	35
382	382	379	377	375	36
385	385	382	381	380	37
389	388	386	384	385	38
393	392	390	388	391	39
397	396	394	392	398	40
402	401	399	397	405	41
407	406	405	402	412	42
413	411	411	408	421	43
419	418	418	414	430	44
426	424	425	421	440	45
434	432	433	428	450	46
442	440	442	437	462	47
452	450	452	446	474	48
462	460	463	456	488	49
474	471	475	468	503	50
	483		480	518	51
	497		494	535	52
	512		509	554	53
	528		526	574	54
	546		544	595	55

40 (Mannheimer): Prämienzuschlag: 1/2‰ bei Summen von 5000—9999 DM; 1 1/2‰ bei Summen von 2000—4999 DM; 2 1/2‰ bei Summen unter 2000 DM; bei Vers. o. U. 1/2‰ bei Summen von 10000—18000 DM. Prämienermäßigung: 1/2‰ bei Summen von 20000—29999 DM; 1‰ bei Summen von 30000—39999 DM; 1 1/2‰ bei Summen von 40000 DM an.

41 (Münchener Leben): Prämienzuschlag: 1‰ bei Summen von 3000—9999 DM; 2‰ bei Summen von 2000—2999 DM; 3‰ bei Summen von 1000—1999 DM. Prämienermäßigung: 1‰ bei Summen von 20000—49999 DM; 1,5‰ bei Summen von 50000 DM an. Bei Vers. o. U. (Tarif N II o) 2‰ jährl. Zuschlag.

42 (Münchener Verein): Prämienzuschlag: 1‰ bei Summen von 5000—9999 DM; 2‰ bei Summen unter 5000 DM. Prämienermäßigung: 0,5‰ bei Summen von 20000 DM an. Bei Vers. o. U. 1‰ jährl. Zuschlag. Die Prämien enthalten noch den Zuschlag für die Vers.-Steuer von 2%.

43 (National): Prämienzuschlag: 1/2‰ bei Summen von 5000—9999 DM; 1 1/2‰ bei Summen unter 5000 DM. Prämienermäßigung: 1/2‰ bei Summen von 20000 DM an.

44 (Nord-Deutsche): Prämienzuschlag: 1‰ bei Summen von 5000—9999 DM; 3‰ bei Summen von 2000—4999 DM; 4 1/2‰ bei Summen von 1000—1999 DM. Prämienermäßigung: 1/2‰ bei Summen von 50000 DM an. Bei Vers. o. U. 2‰ jährl. Zuschlag.

Eintrittsalter	45 Nordstern						46 Nürnberger	
	I Z m. U.	IZo o. U.	IuZ m. U. vom 1.—3. Jahr	IuZ m. U. vom 4. Jahr an	IuZo o. U. vom 1.—3. Jahr	IuZo o. U. vom 4. Jahr an	4 r	4b
20	347	352	170	387	175	392	340	403
21	347	352	173	386	178	391	340	403
22	347	352	176	386	181	391	340	403
23	348	353	180	386	185	391	340	403
24	348	353	183	385	188	390	340	403
25	348	353	187	385	192	390	340	403
26	349	354	191	385	196	390	348	405
27	350	355	196	385	201	390	348	408
28	352	357	200	386	205	391	348	411
29	353	358	205	387	210	392	348	414
30	355	365	211	387	221	397	348	417
31	357	367	216	388	226	398	357	421
32	359	369	222	390	232	400	361	425
33	362	372	229	392	239	402	365	429
34	364	374	235	393	245	403	369	433
35	368	378	242	396	252	406	374	438
36	371	381	250	398	260	408	379	443
37	375	385	258	401	268	411	383	448
38	379	389	266	404	276	414	388	453
39	383	393	275	408	285	418	394	459
40	388	403	285	412	300	427	396	466
41	393	408	295	415	310	430	401	472
42	398	413	305	420	320	435	409	480
43	404	419	317	424	332	439	416	487
44	410	425	328	430	343	445	425	496
45	418	433	341	436	356	451	433	505
46	425	440	354	442	369	457	443	515
47	434	449	368	450	383	465	452	525
48	443	458	383	458	398	473	464	537
49	454	469	399	468	414	483	477	550
50	466	486	416	478	436	498	490	564
51	478	498					504	579
52	492	512					520	595
53	508	528					538	614
54	524	544					556	633
55	543	563					577	654

I Z m. U.: Prämienzuschlag: 0,50‰ bei Summen von 6000—9999 DM; 1‰ bei Summen unter 6000 DM. Prämienermäßigung: 1‰ bei Summen von 20000 DM an; 1,50‰ bei Summen von 50000 DM an.

IZo o. U.: Prämienzuschlag: 0,50‰ bei Summen von 6000—9999 DM; 1‰ bei Summen unter 6000 DM. Prämienermäßigung: 1‰ bei 20000 DM Vers.-Se.

IuZ m. U.: Prämienzuschlag: 0,50‰ bei Summen von 6000—9999 DM; 1‰ bei Summen unter 6000 DM. Prämienermäßigung: 1‰ bei Summen von 20000 DM an; 1,50‰ bei Summen von 50000 DM an.

IuZo o. U.: Prämienzuschlag: 0,50‰ bei Summen von 6000—9999 DM; 1‰ bei Summen unter 6000 DM. Prämienermäßigung: 1‰ bei 20000 DM Vers.-Se.

4 r: Prämienzuschlag: bis Eintrittsalter 39 Jahre 1/2‰, ab Eintrittsalter 40 Jahre 1‰ bei Summen unter 10000 DM. Prämienermäßigung: bis Eintrittsalter 39 Jahre 1/2‰, ab Eintrittsalter 40 Jahre 1‰ bei Summen von 20000—49999 DM; 1 1/2‰ bei Summen von 50000 DM an.

4b: Prämienzuschlag: 1/2‰ bei Summen unter 10000 DM. Prämienermäßigung: 1/2‰ bei Summen von 20000 bis 49999 DM; 1 1/2‰ bei Summen von 50000 DM an. Bei vorzeitigem Tode erhöht sich die Vers.-Leistung um 10%. Bei Tod durch Unfall vor vollendetem 70. Lebensjahr doppelte Summe.

Eintrittsalter	47 Pensionsverein V A (53)	48 Prima G I m m. U.	48 Prima G I o o. U.	49 Raiffeisen- u. Volksbanken-Vers. 2107	50 Rheinisch-Westfälische G 2	51 Schweizerische 250	52 Sparkassen-Versicherung II
20	363	361	371	356	377	377	345
21	363	361	371	356	377	378	345
22	363	363	373	356	377	378	346
23	363	364	374	356	378	378	347
24	364	365	375	356	378	378	348
25	364	367	377	357	378	378	349
26	364	369	379	357	379	379	345
27	365	371	381	358	379	379	347
28	366	373	383	358	380	380	349
29	367	375	386	360	382	381	351
30	368	378	389	361	383	383	354
31	370	381	392	362	385	384	351
32	372	384	396	364	386	386	354
33	374	387	399	366	389	388	358
34	376	391	404	368	391	390	361
35	379	394	408	371	394	392	365
36	382	398	413	374	398	395	369
37	386	402	418	377	401	398	374
38	389	406	423	380	405	402	379
39	393	411	429	384	410	406	384
40	398	416	435	388	414	410	390
41	403	422	442	393	420	414	397
42	409	429	450	398	426	420	404
43	415	435	457	404	432	425	411
44	421	443	466	410	439	431	420
45	429	451	475	418	447	438	429
46		460	485	425	455		438
47		470	496	434	465		449
48		481	508	443	476		460
49		492	520	454	488		472
50		504	534	465	500		485
51		517	549				498
52		531	565				513
53		547	583				529
54		564	602				546
55		582	622				565

47: Prämienzuschlag: 1‰ bei Summen unter 10000 DM. Prämienermäßigung: 1‰ bei Summen von 20000 DM an. Bei Vers. o. U. von 10000—20000 DM 1‰ jährl. Zuschlag.

48 (G I m): Prämienzuschlag: 1‰ bei Summen unter 10000 DM. Prämienermäßigung: 0,5‰ bei Summen von 15000—19999 DM; 1‰ bei Summen von 20000 DM an.

48 (G I o): Prämienzuschlag: 1‰ bei Summen unter 10000 DM.

49: Prämienzuschlag: 0,50‰ bei Summen von 5000—9999 DM; 1,50‰ bei Summen von 3000—4999 DM; 2,50‰ bei Summen unter 3000 DM. Prämienermäßigung: 0,50‰ bei Summen von 20000 DM an.

50: Prämienzuschlag: 0,60‰ bei Summen unter 10000 DM. Prämienermäßigung: 0,60‰ bei Summen von 20000 DM an. Die Prämien enthalten noch den Zuschlag für die Vers.-Steuer von 2‰.

51: Prämienzuschlag: 1‰ bei Summen von 5000—9999 DM; 2‰ bei Summen unter 5000 DM. Prämienermäßigung: 0,5‰ bei Summen von 20000—49999 DM; 1‰ bei Summen von 50000 DM an. Bei Tod durch Unfall doppelte Summe, Mehrleistung jedoch höchstens 25000 DM. Bei Tod nach langer Krankheit vor Vollendung des 65. Lebensjahres Zusatzleistung gemäß Seite 51, Ziffer 14.

52: Prämienzuschlag: 1‰ bei Summen von 5000—9999 DM; 2‰ bei Summen von 2000—4999 DM. Prämienermäßigung: 1/2‰ bei Summen von 20000—39999 DM; 1‰ bei Summen von 40000 DM an.

Eintrittsalter	53	54	55	56	57	58	
	Universa	Vereinigte Leben	Victoria	Vita	Vohk	Volkshilfe	
	2	01	D 1	III	Bm m. U. Bo o. U.	G M m. U.	G O o. U.
20	386	358	361	362	349	396	412
21	386	359	361	362	350	396	412
22	386	360	361	363	351	396	412
23	386	361	362	363	352	396	412
24	386	362	362	364	353	396	412
25	386	363	362	364	355	397	412
26	387	364	362	365	357	397	413
27	387	365	363	365	359	398	413
28	388	366	364	366	361	398	415
29	389	368	365	367	364	400	416
30	391	370	366	368	367	401	418
31	393	372	367	370	371	404	419
32	394	374	369	371	375	405	421
33	396	376	371	373	379	408	424
34	399	378	373	375	383	410	427
35	402	381	376	377	388	413	428
36	404	384	379	380	393	416	433
37	408	388	382	383	399	421	436
38	412	391	386	386	405	424	441
39	416	395	390	389	411	428	444
40	420	400	394	393	418	434	449
41	426	405	399	397		439	454
42	431	411	404	402		446	461
43	438	417	410	408		452	468
44	445	423	416	413		459	476
45	452	431	423	420		468	483
46	460	439	431	427		476	491
47	469	448	440	435		485	502
48	479	458	450	444		497	512
49	490	469	460	454		510	526
50	502	481	471	465			
51	515	494					
52	530	509					
53	546	525					
54	564	543					
55	584	562					

53 (Universa): Bei Vers. o. U. 2,3‰ jährl. Zuschlag. Bei Tod durch Unfall vor vollendetem 70. Lebensjahr doppelte Summe.

54 (Vereinigte Leben): Prämienzuschlag: 1‰ bei Summen von 2000—4999 DM; 4‰ bei Summen unter 2000 DM. Bei Vers. o. U. von 5000 DM an 1‰ jährl. Zuschlag.

55 (Victoria): Prämienzuschlag: 1‰ bei Summen unter 10000 DM. Prämienermäßigung: 1‰ bei Summen von 20000 DM an. Bei Vers. o. U. 1‰, vom Eintrittsalter 51 an 2‰ jährl. Zuschlag.

56 (Vita): Prämienzuschlag: 1‰ bei Summen von 6000—9999 DM; 2‰ bei Summen von 2000—5999 DM. Prämienermäßigung: 1‰ bei Summen von 25000 DM an.

57 (Vohk): Prämienzuschlag: 1½‰ bei Summen unter 10000 DM. Prämienermäßigung: ½‰ bei Summen von 50000 DM an. Bei Vers. o. U. (Tarif Bo) 1‰ jährl. Zuschlag.

58 (Volkshilfe) G M: Prämienermäßigung: 1‰ bei Summen von 20000 DM an. Bei Tod durch Unfall vor vollendetem 70. Lebensjahr doppelte Summe. Die Prämien enthalten noch den Zuschlag für die Vers.-Steuer von 2%.

58 (Volkshilfe) G O: Bei Tod durch Unfall vor vollendetem 70. Lebensjahr doppelte Summe. Die Prämien enthalten noch den Zuschlag für die Vers.-Steuer von 2%.

59	60	61	62	63	64	
Volks-wohl-Bund	Vorsorge	Winterthur	Witwen- und Waisenkasse	Württembergischer Versicherungsverein	Öffentliche	Eintrittsalter
E 2	1	2	G 3	L G	II	
366	363	358	347	374	345	20
366	364	358		374	345	21
366	364	359		374	346	22
366	364	359		375	347	23
366	364	359		375	348	24
366	364	359	348	375	349	25
367	365	360		376	345	26
368	365	360		376	347	27
368	366	361		377	349	28
369	367	362		378	351	29
371	369	363	352	379	354	30
372	370	365		381	351	31
374	372	366		382	354	32
376	374	368		384	358	33
378	376	371		386	361	34
381	378	373	371	389	365	35
383	381	376		392	369	36
387	385	379		395	374	37
390	388	383		398	379	38
394	392	386		402	384	39
398	396	391	389	406	390	40
403	401	395		411	397	41
408	406	400		416	404	42
414	412	406		422	411	43
420	418	412		428	420	44
427	425	419	419	435	429	45
	433			442	438	46
	441			451	449	47
	451			460	460	48
	461			470	472	49
	473			481	485	50
	485			493	498	51
	499			507	513	52
	514			522	529	53
	531			538	546	54
	549			556	565	55

59: Prämienzuschlag: 1‰ bei Summen von 5000–9900 DM; 2‰ bei Summen von 2000–4900 DM. Prämienermäßigung: 1‰ bei Summen von 20000 DM an.

60: Prämienzuschlag: 1‰ bei Summen unter 10000 DM. Prämienermäßigung: 1‰ bei Summen von 20000 DM an. Bei Vers. o. U. vom Eintrittsalter 50 an 1‰ jährl. Zuschlag.

61: Prämienzuschlag: 0,5‰ bei Summen von 5000—9999 DM; 1‰ bei Summen von 3000—4999 DM; 4,— DM bei Summen unter 3000 DM. Prämienermäßigung: 0,5‰ bei Summen von 20000—49999 DM; 1‰ bei Summen von 50000 DM an.

62: Prämienzuschlag: 0,6‰ bei Summen von 5000–9999 DM; 1,2‰ bei Summen von 3000–4999 DM. Prämienermäßigung: 0,6‰ bei Summen von 20000–49999 DM; 1,2‰ bei Summen von 50000 DM an.

63: Prämienzuschlag: 1‰ bei Summen von 3000—9999 DM; 2‰ bei Summen von 2000—2999 DM. Prämienermäßigung: 1‰ bei Summen von 20000 DM an. Bei Vers. o. U. vom Eintrittsalter 46 an 2‰ jährl. Zuschlag. Bei Tod durch Unfall vor vollendetem 70. Lebensjahr doppelte Summe.

64: Prämienzuschlag: 1‰ bei Summen von 5000–9999 DM; 2‰ bei Summen von 2000–4999 DM. Prämienermäßigung: ½‰ bei Summen von 20000–39999 DM; 1‰ bei Summen von 40000 DM an.

Eintrittsalter	1	2	3	4	5	6
	Aachener und Münchener	**Agrippina**	**Albingia**	**Allgemeine Assekuranz**	**Allgemeine Renten-anstalt**	**Allianz**
	1 z	1	II	G 3 m. U. G 3 S o. U.	T (57)	II Z M
20	463	461	464	452	468	466
21	463	461	464	453	468	466
22	463	461	464	453	468	466
23	463	461	464	454	468	466
24	463	461	464	455	468	466
25	463	461	464	456	468	466
26	464	461	464	458	468	466
27	464	462	464	459	468	467
28	464	462	464	461	469	467
29	465	463	465	463	469	468
30	466	464	466	466	470	469
31	467	465	467	468	471	470
32	468	466	468	471	473	471
33	470	468	470	475	474	472
34	471	469	471	478	476	474
35	473	471	473	482	478	476
36	475	473	476	486	480	478
37	478	476	478	490	482	480
38	480	479	481	495	485	483
39	483	482	484	500	488	486
40	487	485	487	505	491	489
41	490	489	491	511	495	493
42	494	493	495	517	499	497
43	499	497	500	524	503	502
44	503	503	505	531	508	506
45	509	508	510	539	514	512
46	515	514	516	548	520	518
47	521	521	523	558	526	525
48	529	529	531	569	534	532
49	537	537	539	580	542	540
50	546	546	548	592	551	549
51	556	556			561	559
52	567	568			572	570
53	579	580			584	583
54	592	594			598	596
55	607	609			613	611
Anmerkungen	Prämienzuschlag: 1‰ bei Summen unter 6000 DM. Prämienermäßigung: 1‰ bei Summen von 20000 bis 49999 DM; 1,5‰ bei Summen von 50000 DM an. Bei Vers. o. U. vom Eintrittsalter 40 an 1‰, vom Eintrittsalter 50 an 2‰ jährl. Zuschlag.	Prämienzuschlag: 0,5‰ bei Summen von 2000—9999 DM; 2,5‰ bei Summen unter 2000 DM. Prämienermäßigung: 1‰ bei Summen von 20000 DM an.	Prämienzuschlag: 1‰ bei Summen unter 10000 DM. Prämienermäßigung: 1‰ bei Summen von 20000 DM an. Bei Vers. o. U. 1‰ jährl. Zuschlag.	Prämienzuschlag: 1‰ bei Summen unter 5000 DM. Prämienermäßigung: 1‰ bei Summen von 20000 DM an; 2‰ bei Summen von 40000 DM an. Bei Vers. o. U. (Tarif G 3S) 1,5‰ jährl. Zuschlag.	Prämienzuschlag: 0,75‰ bei Summen von 3000—9999 DM; 1,50‰ bei Summen von 2000—2999 DM. Prämienermäßigung: 0,75‰ bei Summen von 20000—49999 DM; 1,25‰ bei Summen von 50000—99999 DM; 1,75‰ bei Summen von 100000 DM an. Bei Tod durch Unfall vor vollendetem 65. Lebensjahr doppelte Summe.	Prämienzuschlag: 0,5‰ bei Summen von 3000—9999 DM; 1,5‰ bei Summen unter 3000 DM. Prämienermäßigung: 1‰ bei Summen von 20000—49999 DM; 1,5‰ bei Summen von 50000 DM an. Bei Vers. o. U. vom Eintrittsalter 46 an 1,5‰, vom Eintrittsalter 51 an 2,5‰ jährl. Zuschlag.

7	8	9	10	11	
Alte Leipziger	Alte Vaterländische	Alte Volksfürsorge	Basler	Bayerische Beamtenvers.	Eintrittsalter
6	GV	G II	Gd	II N	
457	465	451	480	489	20
457	465	451	480		21
457	465	452	480		22
457	465	452	480		23
457	465	453	480		24
457	465	455	480	489	25
458	466	457	480		26
458	466	458	481		27
458	466	460	481		28
459	467	463	482		29
460	468	465	483	501	30
461	469	467	484		31
462	470	470	485		32
464	472	473	486		33
465	473	477	488		34
467	475	480	490	501	35
469	477	485	492		36
472	480	488	495		37
475	482	493	497		38
478	485	499	500		39
481	489	504	504	524	40
485	492	509	508		41
489	496	515	512		42
493	501	522	516		43
498	506	529	521		44
504	511	537	527	547	45
510	517	545	533		46
517	524	555	540		47
524	531	564	547		48
532	540	575	556		49
541	549	586	565	582	50
552		599	575		51
563		612	586		52
575		627	599		53
589		642	613		54
604		659	628	652	55

7: Prämienzuschlag: 0,50‰ bei Summen von 5000–9999 DM; 1,50‰ bei Summen von 3000–4999 DM; 2,50‰ bei Summen unter 3000 DM. Prämienermäßigung: 0,50‰ bei Summen von 20000–39999 DM; 1,50‰ bei Summen von 40000 DM an.

8: Prämienzuschlag: 1‰ bei Summen von 5000–9999 DM; 2‰ bei Summen von 3001–4999 DM. Prämienermäßigung: 1‰ bei Summen von 20000–49999 DM; 1,5‰ bei Summen von 50000 DM an. Bei Vers. o. U. vom Eintrittsalter 50 an 1,5‰ jährl. Zuschlag.

9: Prämienzuschlag: 0,10‰ bei 9000 DM Vers.-Se.; 0,23‰ bei 8000 DM Vers.-Se.; 0,40‰ bei 7000 DM Vers.-Se.; 0,62‰ bei 6000 DM Vers.-Se.; 0,93‰ bei 5000 DM Vers.-Se.; 1,40‰ bei Summen unter 5000 DM. Prämienermäßigung: 0,93‰ für den 10000 DM übersteigenden Teil der Vers.-Se. Bei Tod durch Unfall doppelte Summe.

10: Prämienermäßigung: 0,5‰ bei Summen von 15 000–24 999 DM; 1‰ bei Summen von 25 000–39 999 DM; 1,5‰ bei Summen von 40 000–59 999 DM; 2‰ bei Summen von 60 000 DM an.

11: Prämienzuschlag: 0,60‰ bei Summen von 5000–9999 DM; 1,20‰ bei Summen von 501–4999 DM; 1,80‰ bei Summen von 500 DM. Prämienermäßigung: 1,20‰ bei Summen von 20 000–49 999 DM; 1,80‰ bei Summen von 50 000 DM an. Bei Tod durch Unfall vor vollendetem 65. Lebensjahr doppelte Summe. Die Prämien enthalten noch den Zuschlag für die Vers.-Steuer von 2%.

Eintrittsalter	12 Berlinische C I/54 m. U.	12 Berlinische CI 0/54 o. U.	13 Bonner E	14 Braunschweigische XII	15 Concordia C I	16 Condor 2	17 Debeka L II
20	449	449	473	475	450	453	474
21	449	449	473	475	450	453	474
22	450	450	473	475	450	453	474
23	451	451	473	475	451	453	474
24	452	452	473	475	452	453	474
25	453	453	473	475	452	453	474
26	454	454	473	475	453	453	476
27	456	456	473	475	454	453	476
28	458	458	474	476	455	455	476
29	460	460	475	476	456	455	477
30	462	462	475	477	458	456	478
31	465	465	476	478	459	457	479
32	468	468	478	480	461	458	480
33	470	471	479	481	462	460	483
34	472	474	481	483	464	461	484
35	473	478	483	485	466	464	486
36	476	482	485	487	468	466	488
37	478	486	487	489	471	468	492
38	481	491	490	492	474	472	494
39	484	495	493	495	477	474	498
40	487	501	497	498	480	479	501
41	491	506	500	502	484	482	506
42	495	513	504	506	488	487	510
43	499	519	509	510	492	491	515
44	504	527	514	515	497	496	521
45	510	535	519	521	502	503	527
46	516	544	525	527	508	509	534
47	522	553	532	534	515	516	542
48	530	564	540	541	522	524	550
49	538	575	548	549	530	533	559
50	547	587	557	558	539	542	570
51	557	600	567	568	549	554	582
52	568	615	578	579	560	565	594
53	581	630	591	592	572	578	608
54	594	647	604	605	586	593	623
55	609	666	619	620	601	609	640

12 (C I/54 m. U.): Prämienzuschlag: 1‰ bei Summen von 3000–9999 DM; 2‰ bei Summen von 2000–2999 DM. Prämienermäßigung: ½‰ bei Summen von 20 000–49 999 DM; 1‰ bei Summen von 50 000 DM an.

12 (CI 0/54 o. U.): Prämienzuschlag: 1‰ bei Summen von 3000–9999 DM; 2‰ bei Summen von 2000–2999 DM. Prämienermäßigung: ½‰ bei 20000 DM Vers.-Se.

13: Prämienermäßigung: 1‰ bei Summen von 20 000 DM an. Bei Vers. o. Ü. 2‰ jährl. Zuschlag.

14: Prämienermäßigung: 1‰ bei Summen von 11 000 DM an; 2‰ bei Summen von 21 000 DM an; 3‰ bei Summen von 50 000 DM an. Bei Vers. o. Ü. 2‰ jährl. Zuschlag.

15: Prämienzuschlag: 1‰ bei Summen von 5000—9999 DM; 2‰ bei Summen von 3000—4999 DM. Prämienermäßigung: 0,80‰ bei Summen von 20000 DM an.

16: Prämienzuschlag: 1,2‰ bei Summen von 5000—9999 DM; 2,4‰ bei Summen unter 5000 DM. Prämienermäßigung: 1,2‰ bei Summen von 25000 DM an.

17: Prämienzuschlag: 1,2‰ bei Summen unter 10000 DM. Prämienermäßigung: 0,6‰ bei Summen von 20000 DM an.

18	19	20	21	22	23	
Der Anker	Deutsche Beamten, Berlin	Deutsche Eisenbahn-Vers.-Kasse	Deutscher Herold	Deutscher Lloyd	Deutscher Ring	Eintrittsalter
C E	9	III	2	L 1	2	
468	447	440	482	461	458	20
468	447		482	461	458	21
468	447		482	461	458	22
468	447		482	461	458	23
468	447		482	461	458	24
468	447	440	482	461	458	25
468	447		482	461	458	26
468	448		482	461	458	27
469	448		483	461	459	28
470	449		484	462	460	29
470	449	444	484	463	460	30
472	450		485	464	462	31
473	453		487	465	463	32
474	454		488	467	464	33
476	456		490	468	466	34
478	457	451	492	470	468	35
480	460		494	472	470	36
482	463		497	475	472	37
485	466		499	478	475	38
488	469		502	481	478	39
491	473	466	506	484	481	40
495	478		509	488	485	41
499	482		513	492	489	42
503	487		518	496	493	43
508	492		523	501	498	44
514	499	490	528	507	504	45
520	504		535	513	510	46
527	512		541	519	517	47
534	520		549	527	524	48
542	528		557	535	532	49
551	539		566	544	541	50
561	550		576		551	51
572	561		588		562	52
584	574		600		574	53
598	590		614		588	54
613	606		629		603	55

18: Prämienermäßigung: 1‰ bei Summen von 20000—39999 DM; 2‰ bei Summen von 40000 DM an. Bei Vers. o. U. 1,5‰ jährl. Zuschlag.

19: Bei Vers. von 1700 DM bis 2000 DM Prämienerhöhung um etwa 1½‰, bei Vers. unter 1700 DM höhere Prämien. Prämienermäßigung: ½‰ bei Summen von 25000 DM an; 1‰ bei Summen von 50000 DM an; 1½‰ bei Summen von 100000 DM an.

20: Prämienzuschlag: 0,48‰ bei Summen von 4000—9900 DM; 0,96‰ bei Summen unter 4000 DM. Prämienermäßigung: 0,48‰ bei Summen von 20000 DM an. Die Prämien enthalten noch den Zuschlag für die Vers.-Steuer von 2%.

21: Prämienzuschlag: ½‰ bei Summen unter 10000 DM. Prämienermäßigung: ½‰ bei Summen von 20000—49999 DM; 1½‰ bei Summen von 50000 DM an. Bei Vers. o. U. 1½‰ jährl. Zuschlag.

22: Prämienzuschlag: 1‰ bei Summen von 3000—9999 DM; 3‰ bei Summen von 2000—2999 DM. Prämienermäßigung: ½‰ bei Summen von 20000—39999 DM; 1‰ bei Summen von 40000 DM an. Bei Vers. o. U. 2‰ jährl. Zuschlag.

23: Prämienzuschlag: 1‰ bei Summen unter 10000 DM. Prämienermäßigung: 0,5‰ bei Summen von 15000—19999 DM; 1‰ bei Summen von 20000 DM an.

Eintrittsalter	24 Eos 3	25 Evangelische Familienfürsorge G 1	26 Friedrich Wilhelm V A n	27 Gerling-Konzern K 2	28 Gilde B	29 Gisela III
20		458	463	458	472	452
21	444	458	463	458	472	453
22	444	458	463	458	472	454
23	445	458	463	458	472	455
24	446	458	463	458	472	456
25	447	458	463	458	472	457
26	449	459	463	458	473	459
27	450	459	463	458	473	460
28	452	459	464	459	473	462
29	454	460	464	459	474	463
30	457	461	465	460	475	465
31	459	462	466	461	476	466
32	462	463	468	463	477	468
33	466	465	469	464	479	471
34	469	466	471	466	481	473
35	473	468	473	468	483	475
36	477	470	475	470	485	479
37	481	473	477	472	488	482
38	486	475	480	475	491	485
39	491	478	483	478	494	488
40	496	482	486	481	497	492
41	502	485	490	485	501	496
42	508	489	494	489	506	501
43	515	494	499	493	510	506
44	523	499	504	498	516	512
45	531	504	509	504	522	519
46	540	510	515	510	528	526
47	550	517	522	516	535	533
48	561	524	530	524	543	542
49	572	533	538	532	552	551
50	584	542	547	541	562	562
51		552	557	551	572	573
52		563	568	562	584	586
53		575	581	574	597	600
54		588	594	588	612	614
55		603	609	603	628	631

24 (Eos): Prämienzuschlag: 1 ‰ bei Summen von 2000–9999 DM. Prämienermäßigung: 0,5 ‰ bei Summen von 20 000 DM an. Bei Vers. o. U. 1 ‰ jährl. Zuschlag.

25 (Evangelische Familienfürsorge): Prämienzuschlag: 1 ‰ bei Summen unter 10000 DM. Prämienermäßigung: 1 ‰ bei Summen von 20000 DM an. Bei Vers. o. U. 1,5 ‰ jährl. Zuschlag.

26 (Friedrich Wilhelm): Prämienzuschlag: 0,5 ‰ bei Summen von 5000–9999 DM; 1 ‰ bei Summen von 2000–4999 DM. Prämienermäßigung: 1 ‰ bei Summen von 20000 DM an.

27 (Gerling-Konzern): Prämienzuschlag: 0,50 ‰ bei Summen von 5000–9999 DM; 1 ‰ bei Summen von 2000–4999 DM; 3 ‰ bei Summen unter 2000 DM. Prämienermäßigung: 1 ‰ bei Summen von 20 000 DM an.

28 (Gilde): Prämienzuschlag: 1 ‰ bei Summen von 5000–9999 DM; 3 ‰ bei Summen unter 5000 DM. Außerdem bei Vers. o. U. von 5000–10 000 DM 1 ‰ jährl. Zuschlag.

29 (Gisela): Prämienzuschlag: 1 ‰ bei Summen von 2000–9900 DM. Bei Summen von 2000–2900 DM erhöht sich die Jahresprämie außerdem um 0,40 DM. Prämienermäßigung: 1 ‰ bei Summen von 20000 DM an.

30	31	32		32a	33	Eintrittsalter
Gladbacher	Gothaer	Hamburg-Mannheimer		Hamburg-Mannheimer (Dt. Anwalt-Vers.)	Hannoversche	
D 2 m. U. $D\,2^0$ o. U.	1	3 (56)	8	L—57	III m. U. III^0 o. U.	
453	468	464	597	454	451	20
453	469	464	597	454	451	21
453	469	464	597	454	451	22
453	469	464	597	454	451	23
453	470	464	597	454	451	24
453	471	464	597	454	451	25
454	472	464	597	454	451	26
454	473	464	598	455	451	27
454	474	464	598	455	452	28
455	475	465	599	456	453	29
457	477	466	599	456	453	30
458	478	467	601	458	454	31
459	480	468	603	459	456	32
460	482	470	604	460	457	33
462	484	471	606	462	459	34
465	487	473	608	464	461	35
467	489	475	611	466	463	36
469	492	478	614	469	465	37
473	495	480	617	471	468	38
475	498	483	620	474	471	39
479	502	487	623	478	474	40
483	506	490	628	481	478	41
487	511	494	633	485	482	42
492	516	499	638	490	486	43
498	521	503	643	495	491	44
503	527	509	648	500	496	45
510	534	515	656	507	502	46
517	541	521	665	514	509	47
525	549	529	673	521	516	48
534	557	537	681	529	524	49
543	567	546	690	538	533	50
555	577			549	543	51
566	589			560	554	52
580	601			573	566	53
594	615			586	579	54
610	630			601	593	55

30 (Gladbacher): Prämienzuschlag: 1,2‰ bei Summen unter 10000 DM. Prämienermäßigung: 0,6‰ bei Summen von 20000—39999 DM; 1,2‰ bei Summen von 40000 DM an. Bei Vers. o. U. (Tarif $D\,2^0$) 1,2‰ jährl. Zuschlag.

31 (Gothaer): Prämienzuschlag: 1‰ bei Summen unter 5000 DM. Prämienermäßigung: 1‰ bei Summen von 20000—49999 DM; 2‰ bei Summen von 50000 DM an.

32 (Hamburg-Mannheimer, 3 (56)): Prämienzuschlag: 1‰ bei Summen unter 10000 DM. Prämienermäßigung: 1‰ bei Summen von 20000 bis 49000 DM; 1,25‰ bei Summen von 50000 DM an. Bei Vers. o. U. 1‰ jährl. Zuschlag.

32 (Hamburg-Mannheimer, 8): Die Prämien ermäßigen sich garantiert im 5. Vers.-Jahr auf 88% der Anfangsprämie; im 6. auf 85% u.s.f., jedes Jahr um weitere 3%. Prämienermäßigung: 1‰ bei Summen von 20000 DM an. Bei Vers. o. U. 1‰ jährl. Zuschlag.

32a (Hamburg-Mannheimer, Dt. Anwalt-Vers.): Prämienzuschlag: Bei Summen unter 10000 DM erhöht sich die Jahresprämie um 2,40 DM. Prämienermäßigung: 0,6‰ bei Summen von 25000—49999 DM; 1,2‰ bei Summen von 50000 DM an. Bei Vers. o. U. Fortfall der Wartezeit gegen 1‰ jährl. Zuschlag.

33 (Hannoversche): Prämienermäßigung: 0,6‰ bei Summen von 15000—24999 DM; 1,2‰ bei Summen von 25000—39999 DM; 1,8‰ bei Summen von 40000 DM an. Bei Vers. o. U. (Tarif III^0) 1,2‰ jährl. Zuschlag.

Eintrittsalter	34	35	36	37	38	39	
	Isar	Karlsruher	Kölnische	Lebensvers. Merkur	Leipziger Verein-Barmenia	Magdeburger Allgemeine	
	3	II m	G	E 20	12	B 2 m. U.	B 2 n o. U.
20	460	461	457	489	458	460	480
21	460	461	457	489	458	460	480
22	460	461	457	489	458	460	480
23	460	461	457	489	458	460	480
24	460	461	457	489	458	460	480
25	460	461	457	489	458	460	480
26	460	461	457	489	458	460	480
27	460	461	458	489	458	461	481
28	461	462	458	489	459	461	481
29	462	462	459	489	460	462	482
30	462	463	460	489	460	463	483
31	463	464	461	489	461	464	484
32	465	465	462	495	463	465	485
33	466	467	463	495	464	466	486
34	468	469	465	495	466	468	488
35	470	470	467	501	468	470	490
36	472	473	469	501	470	472	492
37	474	475	472	501	472	475	495
38	477	478	474	506	475	477	497
39	480	481	477	506	478	480	500
40	483	484	481	512	481	483	503
41	487	488	484	518	485	487	517
42	491	492	488	518	489	491	521
43	495	496	493	524	493	496	526
44	500	501	497	530	498	501	531
45	506	506	503	535	504	506	536
46	512	512	509	541	510	512	542
47	519	519	515	547	517	519	549
48	526	526	523	559	524	526	556
49	534	534	531	565	532	534	564
50	543	543	540	576	541	543	573
51	553	553	550	588	551	553	583
52	564	564	561	599	562	564	594
53	576	576	573	611	574	577	607
54	590	589	586	623	588	590	620
55	605	604	601	640	603	605	635

34 (Isar): Prämienzuschlag: 1,8‰ bei Summen von 2000—4999 DM; 3,6‰ bei Summen unter 2000 DM. Prämienermäßigung: 0,6‰ bei Summen von 20000—49999 DM; 1,2‰ bei Summen von 50000 DM an.

35 (Karlsruher): Prämienzuschlag: 1 ‰ bei Summen unter 10000 DM. Prämienermäßigung: 1 ‰ bei Summen von 20000 DM an. Bei weiblichen Vers. von 10000 DM Vers.-Se. an Prämienberechnung nach dem um 1 Jahr jüngeren Eintrittsalter

36 (Kölnische): Prämienzuschlag: 0,5‰ bei Summen unter 10000 DM. Prämienermäßigung: 0,5‰ bei Summen von 20000 bis 39999 DM; 1‰ bei Summen von 40000 DM an. Bei Vers. o. U. vom Eintrittsalter 51 an 2‰ jährl. Zuschlag.

37 (Lebensvers. Merkur): Mindest-Vers.-Se. 5000 DM. Bei Tod durch Unfall doppelte Summe. Für Vers. bis 5000 DM besonderer Tarif.

38 (Leipziger Verein-Barmenia): Prämienzuschlag: 1‰ bei Summen von 5000—9999 DM; 2‰ bei Summen unter 5000 DM. Prämienermäßigung: 0,5‰ bei Summen von 20000—49999 DM; 1‰ bei Summen von 50000 DM an. Bei Vers. o. U. 2‰ jährl. Zuschlag.

39 (Magdeburger Allgemeine, B 2 m. U.): Prämienzuschlag: 1‰ bei Summen unter 10000 DM. Prämienermäßigung: 1‰ bei Summen von 50000 DM an.

39 (Magdeburger Allgemeine, B 2 n o. U.): Prämienzuschlag: 1‰ bei Summen unter 5000 DM.

40	41	42	43	44	
Mannheimer	Münchener Leben	Münchener Verein	National	Nord-Deutsche	Eintrittsalter
II D (54)	N II m m. U. N II o o. U.	I	G	11	
466	464	464	455	430	20
466	464	464	456	431	21
466	464	464	456	431	22
466	464	464	456	432	23
466	464	464	457	433	24
466	464	464	458	435	25
466	464	464	458	436	26
467	464	464	459	437	27
467	464	465	460	439	28
468	465	465	461	441	29
469	466	466	462	444	30
470	467	467	463	446	31
471	468	468	465	449	32
472	470	470	466	453	33
474	471	472	468	456	34
476	473	474	470	460	35
478	475	476	472	464	36
481	478	479	475	468	37
483	480	482	477	473	38
487	483	485	480	478	39
490	487	489	484	483	40
494	490	493	487	488	41
498	494	497	491	495	42
502	499	502	496	502	43
507	504	507	501	509	44
513	509	513	506	517	45
519	515	519	512	526	46
526	521	526	519	536	47
533	529	534	526	546	48
541	537	543	534	558	49
551	546	552	543	570	50
561	556	563	553	583	51
572	567	575	564	598	52
584	579	588	577	613	53
598	592	602	590	630	54
613	607	617	605	649	55

Mannheimer: Prämienzuschlag: 1/2 ‰ bei Summen von 5000—9999 DM; 1 1/2 ‰ bei Summen von 2000—4999 DM; 2 1/2 ‰ bei Summen unter 2000 DM; bei Vers. o. U. 1/2 ‰ bei Summen von 10000—18000 DM. Prämienermäßigung: 1/2 ‰ bei Summen von 20000—29999 DM; 1 ‰ bei Summen von 30000—39999 DM; 1 1/2 ‰ bei Summen von 40000 DM an.

Münchener Leben: Prämienzuschlag: 1 ‰ bei Summen von 3000—9999 DM; 2 ‰ bei Summen von 2000—2999 DM; 3 ‰ bei Summen von 1000—1999 DM. Prämienermäßigung: 1 ‰ bei Summen von 20000—49999 DM; 1,5 ‰ bei Summen von 50000 DM an. Bei Vers. o. U. (Tarif N II o) 2 ‰ jährl. Zuschlag.

Münchener Verein: Prämienzuschlag: 1 ‰ bei Summen von 5000—9999 DM; 2 ‰ bei Summen unter 5000 DM. Prämienermäßigung: 0,5 ‰ bei Summen von 20000 DM an. Bei Vers. o. U. 1 ‰ jährl. Zuschlag. Die Prämien enthalten noch den Zuschlag für die Vers.-Steuer von 2 %.

National: Prämienzuschlag: 1/2 ‰ bei Summen von 5000—9999 DM; 1 1/2 ‰ bei Summen unter 5000 DM. Prämienermäßigung: 1/2 ‰ bei Summen von 20000 DM an.

Nord-Deutsche: Prämienzuschlag: 1 ‰ bei Summen von 5000—9999 DM; 3 ‰ bei Summen von 2000—4999 DM; 4 1/2 ‰ bei Summen von 1000—1999 DM. Prämienermäßigung: 1/2 ‰ bei Summen von 50000 DM an. Bei Vers. o. U. 2 ‰ jährl. Zuschlag.

Eintrittsalter	45 Nordstern: IZ m. U.	45 Nordstern: IZo o. U.	45 Nordstern: IuZ m. U. vom 1.-3. Jahr	45 Nordstern: IuZ m. U. vom 4. Jahr an	45 Nordstern: IuZo o. U. vom 1.-3. Jahr	45 Nordstern: IuZo o. U. vom 4. Jahr an	46 Nürnberger: 4 r	46 Nürnberger: 4 b
20	447	452	170	520	175	525	433	500
21	447	452	173	519	178	524	433	500
22	447	452	176	518	181	523	433	500
23	447	452	180	517	185	522	433	500
24	447	452	183	516	188	521	433	500
25	447	452	187	515	192	520	433	500
26	447	452	191	515	196	520	439	502
27	447	452	196	514	201	519	439	504
28	448	453	200	513	205	518	439	506
29	449	454	205	513	210	518	439	509
30	450	460	211	513	221	523	439	512
31	451	461	216	514	226	524	448	515
32	453	463	222	514	232	524	451	518
33	455	465	229	515	239	525	455	522
34	457	467	235	516	245	526	457	525
35	460	470	242	518	252	528	461	529
36	462	472	250	519	260	529	466	534
37	465	475	258	521	268	531	470	538
38	469	479	266	523	276	533	475	543
39	472	482	275	525	285	535	480	548
40	476	491	285	528	300	543	484	553
41	480	495	295	530	310	545	489	558
42	485	500	305	534	320	549	495	564
43	490	505	317	537	332	552	502	571
44	496	511	328	541	343	556	508	578
45	502	517	341	546	356	561	510	585
46	508	523	354	550	369	565	518	593
47	515	530	368	556	383	571	527	602
48	522	537	383	562	398	577	535	611
49	531	546	399	568	414	583	546	622
50	540	560	416	576	436	596	556	633
51	550	570	434	584	454	604	568	645
52	561	581	454	593	474	613	581	659
53	574	594	474	605	494	625	596	674
54	588	608	496	616	516	636	611	690
55	603	623	520	629	540	649	629	708

IZ m. U.: Prämienzuschlag: 0,50‰ bei Summen von 6000—9999 DM; 1‰ bei Summen unter 6000 DM. Prämienermäßigung: 1‰ bei Summen von 20000 DM an; 1,50‰ bei Summen von 50000 DM an.

IZo o. U.: Prämienzuschlag: 0,50‰ bei Summen von 6000—9999 DM; 1‰ bei Summen unter 6000 DM. Prämienermäßigung: 1‰ bei 20000 DM Vers.-Se.

IuZ m. U.: Prämienzuschlag: 0,50‰ bei Summen von 6000—9999 DM; 1‰ bei Summen unter 6000 DM. Prämienermäßigung: 1‰ bei Summen von 20000 DM an; 1,50‰ bei Summen von 50000 DM an.

IuZo o. U.: Prämienzuschlag: 0,50‰ bei Summen von 6000—9999 DM; 1‰ bei Summen unter 6000 DM. Prämienermäßigung: 1‰ bei 20000 DM Vers.-Se.

4 r: Prämienzuschlag: bis Eintrittsalter 44 Jahre ½‰, ab Eintrittsalter 45 Jahre 1‰ bei Summen unter 10000 DM. Prämienermäßigung: bis Eintrittsalter 44 Jahre ½‰, ab Eintrittsalter 45 Jahre 1‰ bei Summen von 20000—49999 DM; 1½‰ bei Summen von 50000 DM an.

4 b: Prämienzuschlag: ½‰ bei Summen unter 10000 DM. Prämienermäßigung: ½‰ bei Summen von 20000 bis 49999 DM; 1½‰ bei Summen von 50000 DM an. Bei vorzeitigem Tode erhöht sich die Vers.-Leistung um 10%. Bei Tod durch Unfall vor vollendetem 70. Lebensjahr doppelte Summe.

47	48		49	50	51	52	Eintrittsalter
Pensionsverein	Prima		Raiffeisen- u. Volksbanken-Vers.	Rheinisch-Westfälische	Schweizerische	Sparkassen-Versicherung	
V A (53	G I m m. U.	G I o o. U.	2107	G 2	250	II	
468	460	470	458	484	478	438	20
468	461	471	458	484	478	439	21
468	462	472	458	484	478	439	22
468	463	473	458	484	478	439	23
468	464	474	458	484	478	440	24
468	465	475	458	484	478	441	25
468	466	476	458	484	478	442	26
468	468	478	458	484	478	443	27
469	470	480	458	485	479	445	28
470	471	482	459	486	479	447	29
471	473	484	460	486	480	449	30
472	475	487	461	488	481	446	31
473	478	490	462	490	482	448	32
475	481	493	464	491	484	451	33
476	484	497	465	493	485	454	34
479	486	500	467	496	487	457	35
481	489	504	469	498	489	461	36
484	492	508	472	500	492	464	37
486	496	513	475	504	495	468	38
490	500	518	478	507	498	473	39
493	504	523	481	511	501	477	40
497	509	529	485	516	504	478	41
501	514	535	489	520	508	483	42
506	519	541	493	525	513	490	43
512	526	549	498	531	518	496	44
517	532	556	504	536	523	504	45
524	539	564	510	543	529	512	46
531	547	573	517	552	536	520	47
539	556	583	524	560	543	529	48
548	566	594	532	569	551	539	49
558	575	605	541	580	560	550	50
	585	617	552	591		561	51
	597	631	563	604		573	52
	609	645	575	618		586	53
	623	661	589	633		600	54
	638	678	604	651		615	55

47: Prämienzuschlag: 1°/oo bei Summen unter 10000 DM. Prämienermäßigung: 1°/oo bei Summen von 20000 DM an. Bei Vers. o. U. von 10000—20000 DM 1°/oo jährl. Zuschlag.

48: Prämienzuschlag: 1 °/oo bei Summen unter 10 000 DM. Prämienermäßigung: 0,5 °/oo bei Summen von 15 000 – 19 999 DM; 1 °/oo bei Summen von 20 000 DM an.

48 (G I o o. U.): Prämienzuschlag: 1 °/oo bei Summen unter 10 000 DM.

49: Prämienzuschlag: 0,50°/oo bei Summen von 5000—9999 DM; 1,50°/oo bei Summen von 3000—4999 DM; 2,50°/oo bei Summen unter 3000 DM. Prämienermäßigung: 0,50°/oo bei Summen von 20000 DM an.

50: Prämienzuschlag: 0,60°/oo bei Summen unter 10000 DM. Prämienermäßigung: 0,60°/oo bei Summen von 20000 DM an. Die Prämien enthalten noch den Zuschlag für die Vers.-Steuer von 2°/o.

51: Prämienzuschlag: 1°/oo bei Summen von 5000—9999 DM; 2°/oo bei Summen unter 5000 DM. Prämienermäßigung: 0,5°/oo bei Summen von 20000—49999 DM; 1°/oo bei Summen von 50000 DM an. Bei Tod durch Unfall doppelte Summe, Mehrleistung jedoch höchstens 25000 DM. Bei Tod nach langer Krankheit vor Vollendung des 65. Lebensjahres Zusatzleistung gemäß Seite 51, Ziffer 14.

52: Prämienzuschlag: 1°/oo bei Summen von 5000—9999 DM; 2°/oo bei Summen von 2000—4999 DM. Prämienermäßigung: 1/2°/oo bei Summen von 20000—39999 DM; 1°/oo bei Summen von 40000 DM an.

Eintrittsalter	53 Universa 2	54 Vereinigte Leben 01	55 Victoria D 1	56 Vita III	57 Vohk Bm m. U. Bo o. U.	58 Volkshilfe G M m. U.	58 Volkshilfe G O o. U.
20	491	460	460	464	449	506	521
21	491	460	460	465	450	506	521
22	491	461	460	465	450	506	521
23	491	461	460	465	451	506	521
24	491	462	460	465	452	506	521
25	491	463	461	466	453	506	521
26	491	464	461	466	455	506	521
27	492	465	461	466	457	506	524
28	492	466	461	467	459	508	524
29	493	467	462	468	461	508	524
30	493	468	463	468	463	510	526
31	494	470	464	469	466	510	526
32	497	472	465	471	469	512	528
33	498	473	466	472	472	515	530
34	500	475	468	473	476	515	530
35	501	477	470	475	480	519	533
36	503	480	472	477	484	521	535
37	507	483	475	479	489	524	540
38	509	485	478	482	494	526	542
39	513	489	481	484	499	530	545
40	516	492	484	487	504	535	550
41	521	496	488	490	510	538	555
42	524	501	492	494	517	542	560
43	529	505	496	498	524	547	563
44	535	511	501	503	532	555	571
45	540	517	507	508	541	560	576
46	547	523	513	514		568	585
47	554	530	520	520		576	591
48	562	538	527	527		585	600
49	571	547	536	535		594	609
50	581	557	545	543		606	621
51	591	568	555	553		618	634
52	604	580	566	563		631	645
53	616	593	579	575		645	659
54	631	607	592	588		662	677
55	647	623	607	602			

53 (Universa): Bei Vers. o. U. 2,3°/₀₀ jährl. Zuschlag. Bei Tod durch Unfall vor vollendetem 70. Lebensjahr doppelte Summe.

54 (Vereinigte Leben): Prämienzuschlag: 1°/₀₀ bei Summen von 2000–4999 DM; 4°/₀₀ bei Summen unter 2000 DM. Bei Vers. o. U. von 5000 DM an 1°/₀₀ jährl. Zuschlag.

55 (Victoria): Prämienzuschlag: 1°/₀₀ bei Summen unter 10 000 DM. Prämienermäßigung: 1°/₀₀ bei Summen von 20 000 DM an. Bei Vers. o. U. 1°/₀₀, vom Eintrittsalter 51 an 2°/₀₀ jährl. Zuschlag.

56 (Vita): Prämienzuschlag: 1°/₀₀ bei Summen von 6000—9999 DM; 2°/₀₀ bei Summen von 2000—5999 DM. Prämienermäßigung: 1°/₀₀ bei Summen von 25000 DM an.

57 (Vohk): Prämienzuschlag: 1½°/₀₀ bei Summen unter 10 000 DM. Prämienermäßigung: ½°/₀₀ bei Summen von 50 000 DM an. Bei Vers. o. U. (Tarif Bo) 1°/₀₀ jährl. Zuschlag.

58 (Volkshilfe, G M): Prämienermäßigung: 1°/₀₀ bei Summen von 20000 DM an. Bei Tod durch Unfall vor vollendetem 70. Lebensjahr doppelte Summe. Die Prämien enthalten noch den Zuschlag für die Vers.-Steuer von 2%.

58 (Volkshilfe, G O): Bei Tod durch Unfall vor vollendetem 70. Lebensjahr doppelte Summe. Die Prämien enthalten noch den Zuschlag für die Vers.-Steuer von 2%.

59	60	61	62	63	64	
Volkswohl-Bund	Vorsorge	Winterthur	Witwen- und Waisenkasse	Württembergischer Versicherungsverein	Öffentliche	Eintrittsalter
E 2	1	2	G 3	L G	II	
467	465	458		474	438	20
467	465	458		474	439	21
467	465	458		474	439	22
467	465	458		474	439	23
467	465	458		474	440	24
467	465	458	449	474	441	25
467	465	459		474	442	26
467	466	459		474	443	27
468	466	459		475	445	28
468	467	460		475	447	29
469	468	461	451	476	449	30
470	469	462		477	446	31
471	470	463		478	448	32
473	471	465		480	451	33
475	473	466		482	454	34
477	475	468	461	483	457	35
479	477	470		486	461	36
481	480	473		488	464	37
484	482	475		491	468	38
487	485	478		494	473	39
490	489	482	481	497	477	40
494	492	485		501	478	41
498	496	489		505	483	42
502	501	494		509	490	43
507	506	499		514	496	44
513	511	504	505	519	504	45
519	517	510		525	512	46
526	524	517		532	520	47
533	532	524		539	529	48
541	540	532		547	539	49
550	549	541	544	556	550	50
	559			566	561	51
	570			577	573	52
	583			589	586	53
	596			602	600	54
	611			617	615	55

59: Prämienzuschlag: 1‰ bei Summen von 5000–9900 DM; 2‰ bei Summen von 2000–4900 DM. Prämienermäßigung: 1‰ bei Summen von 20000 DM an.

60: Prämienzuschlag: 1‰ bei Summen unter 10000 DM. Prämienermäßigung: 1‰ bei Summen von 20000 DM an. Bei Vers. o. U. vom Eintrittsalter 50 an 1‰ jährl. Zuschlag.

61: Prämienzuschlag: 0,5‰ bei Summen von 5000—9999 DM; 1‰ bei Summen von 3000—4999 DM; 4,— DM bei Summen unter 3000 DM. Prämienermäßigung: 0,5‰ bei Summen von 20000—49999 DM; 1‰ bei Summen von 50000 DM an.

62: Prämienzuschlag: 0,6‰ bei Summen von 5000—9999 DM; 1,2‰ bei Summen von 3000—4999 DM. Prämienermäßigung: 0,6‰ bei Summen von 20000—49999 DM; 1,2‰ bei Summen von 50000 DM an.

63: Prämienzuschlag: 1‰ bei Summen von 3000—9999 DM; 2‰ bei Summen von 2000—2999 DM. Prämienermäßigung: 1‰ bei Summen von 20000 DM an. Bei Vers. o. U. vom Eintrittsalter 46 an 2‰ jährl. Zuschlag. Bei Tod durch Unfall vor vollendetem 70. Lebensjahr doppelte Summe.

64: Prämienzuschlag: 1‰ bei Summen von 5000—9999 DM; 2‰ bei Summen von 2000—4999 DM; Prämienermäßigung: 1/2‰ bei Summen von 20000—39999 DM; 1‰ bei Summen von 40000 DM an.

Eintrittsalter	1	2	3	4	5	6
	Aachener und Münchener	Agrippina	Albingia	Allgemeine Assekuranz	Allgemeine Rentenanstalt	Allianz
	4 z	2	V	G 3 A m. U. G 3 AS o. U.	M (57)	III ZM
20	453	454	452	441	457	455
21	453	454	452	441	457	455
22	453	454	452	441	457	455
23	453	454	452	442	457	455
24	453	454	452	442	457	455
25	453	454	452	443	457	455
26	453	454	452	443	457	455
27	453	454	452	444	457	455
28	453	454	453	445	457	456
29	454	454	453	446	458	456
30	454	454	454	447	458	457
31	455	459	454	448	459	457
32	455	459	455	449	460	458
33	456	459	456	451	461	459
34	457	459	457	453	461	460
35	458	459	458	454	463	461
36	460	469	459	456	464	462
37	461	469	460	458	465	464
38	463	469	462	460	467	465
39	464	469	464	463	469	467
40	466	469	466	465	471	469
41	468	472	468	468	473	471
42	471	474	470	471	475	473
43	473	478	473	474	478	476
44	476	481	476	478	480	479
45	479	485	479	482	484	482
46	483	489	482	486	487	485
47	487	494	486	491	491	489
48	491	499	491	496	495	494
49	496	505	495	501	500	498
50	501	512	501	507	505	504
51	506	519				510
52	513	527				516
53	520	535				523
54	528	545				531
55	536	556				540

1 Prämienzuschlag: 1‰ bei Summen unter 6000 DM. Prämienermäßigung: 1‰ bei Summen von 20000 bis 49999 DM; 1,5‰ bei Summen von 50000 DM an. Bei Vers. o. U. vom Eintrittsalter 40 an 0,5‰, vom Eintrittsalter 50 an 1,5‰ jährl. Zuschlag.

2 Bei Tod des Versicherten wird zusätzlich sofort ein Sterbegeld in Höhe einer Jahresprämie gezahlt. Prämienzuschlag: 0,5‰ bei Summen von 2000—9999 DM; 2,5‰ bei Summen unter 2000 DM. Prämienermäßigung: 1‰ bei Summen von 20000 DM an.

3 Prämienzuschlag: 1‰ bei Summen unter 10000 DM. Prämienermäßigung: 1‰ bei Summen von 20000 DM an. Bei Vers. o. U. 1‰ jährl. Zuschlag.

4 Prämienzuschlag: 1‰ bei Summen unter 5000 DM. Prämienermäßigung: 1‰ bei Summen von 20000 DM an; 2‰ bei Summen von 40000 DM an. Bei Vers. o. U. (Tarif G 3 A S) 1,5‰ jährl. Zuschlag.

5 Prämienzuschlag: 0,75‰ bei Summen von 3000—9999 DM; 1,50‰ bei Summen von 2000—2999 DM. Prämienermäßigung: 0,75‰ bei Summen von 20000—49999 DM; 1,25‰ bei Summen von 50000—99999 DM; 1,75‰ bei Summen von 100000 DM an. Bei Tod durch Unfall vor vollendetem 65. Lebensjahr doppelte Summe.

6 Prämienzuschlag: 0,5‰ bei Summen von 3000—9999 DM; 1,5‰ bei Summen unter 3000 DM. Prämienermäßigung: 1‰ bei Summen von 20000—49999 DM; 1,5‰ bei Summen von 50000 DM an. Bei Vers. o. U. vom Eintrittsalter 46 an 1‰, vom Eintrittsalter 51 an 2‰ jährl. Zuschlag.

7	10	11	12		13	Eintrittsalter
Alte Leipziger	Basler	Bayerische Beamtenvers.	Berlinische		Bonner	
8	Td	III N	C I F/54 m. U.	C I F O/54 o. U.	F	
446	470	477	440	440	451	20
446	470	477	440	440	451	21
446	470	477	440	440	451	22
446	470	477	441	441	451	23
446	470	477	441	441	451	24
446	470	477	442	442	451	25
446	470	477	443	443	451	26
446	471	477	444	444	452	27
447	471	477	445	445	452	28
447	471	477	446	446	452	29
447	472	477	447	447	453	30
448	472	477	449	449	453	31
449	473	489	450	450	454	32
450	474	489	452	452	455	33
451	475	489	454	454	456	34
452	477	489	456	456	457	35
453	478	489	459	459	458	36
454	479	489	461	461	460	37
456	481	489	462	464	461	38
458	483	489	464	466	463	39
459	485	501	466	469	465	40
462	488	501	468	473	467	41
464	490	501	470	476	470	42
466	493	501	473	480	472	43
469	496	501	476	484	475	44
472	500	512	479	489	478	45
476	504	512	482	494	482	46
480	508	512	486	500	486	47
484	513	524	491	506	490	48
489	518	524	495	512	495	49
494	524	535	500	519	500	50
500	530	535	506	527	506	51
506	537	547	513	535	513	52
513	545	559	520	544	520	53
521	554	559	527	554	528	54
529	563	570	536	564	537	55

Alte Leipziger: Prämienzuschlag: 0,50‰ bei Summen von 5000–9999 DM; 1,50‰ bei Summen von 3000–4999 DM; 2,50‰ bei Summen unter 3000 DM. Prämienermäßigung: 0,50‰ bei Summen von 20000—39999 DM; 1,50‰ bei Summen von 40000 DM an.

Basler: Prämienermäßigung: 0,5‰ bei Summen von 15 000–24 999 DM; 1‰ bei Summen von 25 000–39 999 DM; 1,5‰ bei Summen von 40 000–59 999 DM; 2‰ bei Summen von 60 000 DM an.

Bayerische Beamtenvers.: Prämienzuschlag: 0,60‰ bei Summen von 5000–9999 DM; 1,20‰ bei Summen von 501–4999 DM; 1,80‰ bei Summen von 500 DM. Prämienermäßigung: 1,20‰ bei Summen von 20 000–49 999 DM; 1,80‰ bei Summen von 50 000 DM an. Bei Tod durch Unfall vor vollendetem 65. Lebensjahr doppelte Summe. Die Prämien enthalten noch den Zuschlag für die Vers.-Steuer von 2%.

Berlinische C I F/54 m. U.: Prämienzuschlag: 1‰ bei Summen von 3000–9999 DM; 2‰ bei Summen von 2000–2999 DM. Prämienermäßigung: ½‰ bei Summen von 20000–49999 DM; 1‰ bei Summen von 50000 DM an.

Berlinische C I F O/54 o. U.: Prämienzuschlag: 1‰ bei Summen von 3000–9999 DM; 2‰ bei Summen von 2000–2999 DM. Prämienermäßigung: ½‰ bei 20000 DM Vers.-Se.

Bonner: Prämienermäßigung: 1‰ bei Summen von 20 000 DM an. Bei Vers. o. U. 2‰ jährl. Zuschlag.

F 20

Eintrittsalter	14 Braunschweigische XIII	15 Concordia C III	16 Condor 5	17 Debeka L III	18 Der Anker H E	19 Deutsche Beamten, Berlin 5
20	462	442	442	464	457	434
21	462	442	442	464	457	434
22	462	442	442	464	457	434
23	462	443	442	464	457	434
24	462	443	442	464	457	434
25	462	443	442	464	457	434
26	462	444	442	464	457	434
27	462	444	442	464	457	434
28	463	445	442	464	457	434
29	463	446	443	465	458	435
30	463	446	443	465	458	435
31	464	447	444	466	459	436
32	465	448	444	467	459	436
33	465	449	445	469	460	437
34	466	450	446	470	461	439
35	467	452	448	471	462	439
36	468	453	449	472	464	440
37	470	454	451	474	465	442
38	471	456	452	476	466	443
39	473	458	455	478	468	444
40	474	460	456	480	470	446
41	476	462	458	483	472	448
42	478	464	461	486	474	450
43	481	467	464	488	477	453
44	483	469	467	492	480	455
45	486	473	471	497	483	459
46	489	476	474	500	486	461
47	493	480	479	505	490	465
48	497	484	483	510	494	469
49	501	489	488	516	499	473
50	506	494	494	522	504	478
51	511	500	499	529	510	485
52	516	507	506	537	516	491
53	523	514	514	545	523	496
54	530	522	524	555	531	502
55	538	530	533	565	539	511

14: Prämienermäßigung: 1‰ bei Summen von 11 000 DM an; 2‰ bei Summen von 21 000 DM an; 3‰ bei Summen von 50 000 DM an. Bei Vers. o. Ü. 2‰ jährl. Zuschlag.

15: Prämienzuschlag: 1‰ bei Summen von 5000—9999 DM; 2‰ bei Summen von 3000—4999 DM. Prämienermäßigung: 0,80‰ bei Summen von 20000 DM an.

16: Prämienzuschlag: 1,2‰ bei Summen von 5000—9999 DM; 2,4‰ bei Summen unter 5000 DM. Prämienermäßigung: 1,2‰ bei Summen von 25000 DM an.

17: Prämienzuschlag: 1,2‰ bei Summen unter 10000 DM. Prämienermäßigung: 0,6‰ bei Summen von 20000 DM an.

18: Prämienzuschlag: 1‰ bei Summen unter 2000 DM. Prämienermäßigung: 1‰ bei Summen von 20000 bis 39999 DM; 2‰ bei Summen von 40000 DM an. Bei Vers. o. U. 1,5‰ jährl. Zuschlag.

19: Bei Vers. von 1700 DM bis 2000 DM Prämienerhöhung um etwa 1½‰, bei Vers. unter 1700 DM höhere Prämien. Prämienermäßigung: ½‰ bei Summen von 25000 DM an; 1‰ bei Summen von 50000 DM an; 1½‰ bei Summen von 100000 DM an.

20	21	22	23	24	25	26	Eintrittsalter
Deutsche Eisenbahn-Vers.-Kasse	Deutscher Herold	Deutscher Lloyd	Deutscher Ring	Eos	Evangelische Familienfürsorge	Friedrich Wilhelm	
V	3	L 3	3	4	G 3	IV A n	
429	471	450	447		448	452	20
429	471	450	447	432	448	452	21
429	471	450	447	432	448	452	22
429	471	450	447	432	448	452	23
429	471	450	447	433	448	452	24
429	471	450	447	433	448	452	25
429	471	450	447	434	448	452	26
429	471	450	447	435	448	452	27
429	471	450	447	436	448	452	28
429	472	450	448	437	448	453	29
429	472	451	448	438	449	453	30
433	473	452	449	439	450	454	31
433	474	452	449	441	450	455	32
433	475	453	450	442	451	456	33
433	476	454	451	444	452	457	34
433	477	455	452	446	453	458	35
440	478	457	454	447	455	459	36
440	479	458	455	450	456	460	37
440	481	459	456	452	458	462	38
440	483	461	458	454	459	464	39
440	485	463	460	457	461	466	40
451	487	465	462	459	463	468	41
451	489	468	464	462	466	470	42
451	492	470	467	466	468	473	43
451	495	473	470	469	471	476	44
451	498	476	473	473	474	479	45
	502	480	476	478	478	482	46
	506	484	480	482	482	486	47
	510	488	484	487	486	491	48
	515	493	489	493	491	496	49
	520	498	494	499	496	501	50
	526		500		502	507	51
	533		506		508	513	52
	540		513		516	521	53
	548		521		523	529	54
	557		529		532	537	55

20: Prämienzuschlag: 0,48 ‰ bei Summen von 4000—9900 DM; 0,96 ‰ bei Summen unter 4000 DM. Prämienermäßigung: 0,48 ‰ bei Summen von 20 000 DM an. Die Prämien enthalten noch den Zuschlag für die Vers.-Steuer von 2 ‰.

21: Prämienzuschlag: 1/2 ‰ bei Summen unter 10 000 DM. Prämienermäßigung: 1/2 ‰ bei Summen von 20 000 bis 49 999 DM; 1 1/2 ‰ bei Summen von 50 000 DM an. Bei Vers. o. U. 1 1/2 ‰ jährl. Zuschlag.

22: Prämienzuschlag: 1 ‰ bei Summen von 3000—9999 DM; 3 ‰ bei Summen von 2000—2999 DM. Prämienermäßigung: ½ ‰ bei Summen von 20000—39 999 DM; 1 ‰ bei Summen von 40 000 DM an. Bei Vers. o. U. 2 ‰ jährl. Zuschlag.

23: Prämienzuschlag: 1 ‰ bei Summen unter 10000 DM. Prämienermäßigung: 0,5 ‰ bei Summen von 15 000—19 999 DM; 1 ‰ bei Summen von 20000 DM an.

24: Prämienzuschlag: 1 ‰ bei Summen von 2000—9999 DM. Prämienermäßigung: 0,5 ‰ bei Summen von 20 000 DM an. Bei Vers. o. U. 1 ‰ jährl. Zuschlag.

25: Prämienzuschlag: 1 ‰ bei Summen unter 10000 DM. Prämienermäßigung: 1 ‰ bei Summen von 20000 DM an. Bei Vers. o. U. 1,5 ‰ jährl. Zuschlag.

26: Prämienzuschlag: 0,5 ‰ bei Summen von 5000—9999 DM; 1 ‰ bei Summen von 2000—4999 DM. Prämienermäßigung: 1 ‰ bei Summen von 20000 DM an.

Eintrittsalter	27	28	29	30	31	32
	Gerling-Konzern	Glide	Gisela	Gladbacher	Gothaer	Hamburg-Mannheimer
	K 3	C	IV	D 3 m. U. D 3° o. U.	3	5 (56)
20	447	459		442	459	453
21	447	459		442	459	453
22	447	459		442	460	453
23	447	459		442	460	453
24	447	459		442	460	453
25	447	459	442	442	461	453
26	447	459	443	443	461	453
27	447	459	443	443	462	453
28	448	459	444	443	463	453
29	448	460	445	443	463	454
30	448	460	446	444	464	454
31	449	461	446	444	465	455
32	450	462	447	445	466	455
33	451	462	448	446	467	456
34	452	463	449	447	468	457
35	453	464	451	449	470	458
36	454	466	452	450	471	460
37	455	467	453	451	473	461
38	457	469	455	453	475	463
39	459	470	456	455	477	464
40	461	472	459	457	479	466
41	463	474	461	459	481	468
42	465	476	463	462	484	471
43	468	479	465	465	486	473
44	471	482	468	468	489	476
45	474	485	471	471	493	479
46	477	488	474	475	497	483
47	481	492	479	479	501	487
48	485	496	482	484	505	491
49	490	501	487	490	510	496
50	496	506	491	495	515	501
51	501	511	497	501	521	
52	508	517	503	508	528	
53	515	524	509	516	535	
54	523	532	516	525	543	
55	531	540	525	534	551	
Bemerkungen	Prämienzuschlag: 0,50 ‰ bei Summen von 5000—9999 DM; 1 ‰ bei Summen von 2000—4999 DM; 3 ‰ bei Summen unter 2000 DM. Prämienermäßigung: 1 ‰ bei Summen von 20 000 DM an.	Prämienzuschlag: 1 ‰ bei Summen von 5000—9999 DM; 3 ‰ bei Summen unter 5000 DM. Außerdem bei Vers. o. U. von 5000—10 000 DM 1 ‰ jährl. Zuschlag.	Prämienzuschlag: 1 ‰ bei Summen von 2000—9900 DM. Bei Summen von 2000—2900 DM erhöht sich die Jahresprämie außerdem um 0,40 DM. Prämienermäßigung: 1 ‰ bei Summen von 20000 DM an.	Prämienzuschlag: 1,2 ‰ bei Summen unter 10000 DM. Prämienermäßigung: 0,6 ‰ bei Summen von 20000—39999 DM; 1,2 ‰ bei Summen von 40000 DM an. Bei Vers. o. U. (Tarif D 3°) 1,2 ‰ jährl. Zuschlag.	Prämienzuschlag: 1 ‰ bei Summen unter 5000 DM. Prämienermäßigung: 1 ‰ bei Summen von 20 000—49 999 DM; 2 ‰ bei Summen von 50 000 DM an.	Prämienzuschlag: 1 ‰ bei Summen unter 10000 DM. Prämienermäßigung: 1 ‰ bei Summen von 20000 bis 49000 DM; 1,25 ‰ bei Summen von 50000 DM an. Bei Vers. o. U. 1 ‰ jährl. Zuschlag.

32a	33	34	35	36	38	
Hamburg-Mannheimer (Dt. Anwalt-Vers.)	Hannoversche	Isar	Karlsruher	Kölnische	Leipziger Verein-Barmenia	Eintrittsalter
So—57	IV m. U. IV° o. U.	4	IV m	F	13	
437	440	449	450	440	447	20
437	440	449	450	440	447	21
437	440	449	450	440	447	22
437	440	449	450	440	447	23
437	440	449	450	440	447	24
437	440	449	450	440	447	25
437	440	449	450	440	447	26
437	440	449	450	440	447	27
438	440	450	451	441	447	28
438	441	450	451	441	448	29
439	441	451	452	441	448	30
439	442	451	452	442	449	31
440	442	452	453	442	449	32
441	443	453	454	443	450	33
442	444	454	455	444	451	34
443	445	455	456	445	452	35
445	447	456	457	446	454	36
446	448	457	459	447	455	37
448	449	459	460	448	456	38
449	451	461	462	450	458	39
451	453	463	464	452	460	40
454	455	465	466	454	462	41
456	457	467	468	456	464	42
459	460	470	471	458	467	43
462	462	473	474	461	470	44
465	466	476	477	464	473	45
469	469	479	481	467	476	46
473	473	483	484	470	480	47
477	477	488	489	474	484	48
482	481	492	494	478	489	49
488	486	498	499	483	494	50
494	492	503	505	488	500	51
501	498	510	511	494	506	52
508	505	517	518	501	513	53
516	513	525	526	508	521	54
525	521	534	535	515	529	55

32a: Bei Vers. o. U. Fortfall der Wartezeit gegen 1 °/oo jährl. Zuschlag.

33: Prämienermäßigung: 0,6 °/oo bei Summen von 15000—24999 DM; 1,2 °/oo bei Summen von 25000—39999 DM; 1,8 °/oo bei Summen von 40000 DM an. Bei Vers. o. U. (Tarif IV°) 1,2 °/oo jährl. Zuschlag.

34: Prämienzuschlag: 1,8 °/oo bei Summen von 2000—4999 DM; 3,6 °/oo bei Summen unter 2000 DM. Prämienermäßigung: 0,6 °/oo bei Summen von 20000—49999 DM; 1,2 °/oo bei Summen von 50000 DM an.

35: Prämienzuschlag: 1 °/oo bei Summen unter 10000 DM. Prämienermäßigung: 1 °/oo bei Summen von 20000 DM an. Bei weiblichen Vers. von 10000 DM Vers.-Se. an Prämienberechnung nach dem um 1 Jahr jüngeren Eintrittsalter.

36: Prämienzuschlag: 0,5 °/oo bei Summen unter 10000 DM. Prämienermäßigung: 0,5 °/oo bei Summen von 20000—39999 DM; 1 °/oo bei Summen von 40000 DM an. Bei Vers. o. U. vom Eintrittsalter 51 an 2 °/oo jährl. Zuschlag.

38: Prämienzuschlag: 1 °/oo bei Summen von 5000—9999 DM; 2 °/oo bei Summen unter 5000 DM. Prämienermäßigung: 0,5 °/oo bei Summen von 20000—49999 DM; 1 °/oo bei Summen von 50000 DM an. Bei Vers. o. U. 2 °/oo jährl. Zuschlag.

Eintrittsalter	39		40	41	42	43	44
	Magdeburger Allgemeine		Mannheimer	Münchener Leben	Münchener Verein	National	Nord-Deutsche
	B 3 m. U.	B 3 n o. U.	V D	N III m m. U. N III o o. U.	III	Z	13
20	450	470	434	452	452	446	415
21	450	470	434	452	452	446	415
22	450	470	434	452	452	447	415
23	450	470	435	452	452	447	415
24	450	470	435	452	452	447	415
25	450	470	436	452	452	448	415
26	450	470	436	452	452	448	420
27	450	470	437	453	452	448	420
28	450	470	438	453	452	449	420
29	451	471	439	453	452	450	420
30	451	471	440	454	453	450	420
31	452	472	441	454	453	451	427
32	453	473	443	455	454	452	427
33	453	473	444	456	455	453	427
34	454	474	446	457	456	454	427
35	456	476	448	458	457	455	427
36	457	477	450	459	458	456	438
37	458	478	452	460	459	457	438
38	460	480	454	462	461	459	438
39	462	482	456	464	463	461	438
40	464	484	459	465	465	463	438
41	466	496	462	468	467	465	455
42	468	498	465	470	469	467	455
43	471	501	468	472	472	469	455
44	474	504	472	475	475	472	455
45	477	507	475	478	478	475	455
46	481	511	480	482	482	479	480
47	485	515	484	485	486	483	480
48	489	519	489	489	490	487	480
49	494	524	495	494	495	492	480
50	500	530	501	499	500	497	480
51	506	536	507	505	506	502	518
52	512	542	514	511	512	509	518
53	520	550	522	518	520	516	518
54	528	558	530	525	528	524	518
55	537	567	539	534		532	518

B 3 m. U.: Prämienzuschlag: 1 °/oo bei Summen unter 10000 DM. Prämienermäßigung: 1 °/oo bei Summen von 50 000 DM an.

B 3 n o. U.: Prämienzuschlag: 1 °/oo bei Summen unter 5000 DM.

40: Prämienzuschlag: 2 °/oo bei Summen unter 1000 DM. Prämienermäßigung: 1 °/oo bei Summen von 25 000—49 999 DM; 2 °/oo bei Summen von 50 000 DM an.

41: Prämienzuschlag: 1 °/oo bei Summen von 3000—9999 DM; 2 °/oo bei Summen von 2000—2999 DM; 3 °/oo bei Summen von 1000—1999 DM. Prämienermäßigung: 1 °/oo bei Summen von 20000—49999 DM; 1,5 °/oo bei Summen von 50000 DM an. Bei Vers. o. U. (Tarif N III o) 2 °/oo jährl. Zuschlag.

42: Prämienzuschlag: 1 °/oo bei Summen von 5000—9999 DM; 2 °/oo bei Summen unter 5000 DM. Prämienermäßigung: 0,5 °/oo bei Summen von 20000 DM an. Bei Vers. o. U. 1 °/oo jährl. Zuschlag. Die Prämien enthalten noch den Zuschlag für die Vers.-Steuer von 2 °/o.

43: Prämienzuschlag: ½ °/oo bei Summen von 5000—9999 DM; 1 ½ °/oo bei Summen unter 5000 DM. Prämienermäßigung: ½ °/oo bei Summen von 20000 DM an.

44: Prämienzuschlag: 1/2 °/oo bei Vers. m. U. von 5000—9999 DM; 2 1/2 °/oo bei Vers. m. U. von 2000—4999 DM; 4 °/oo bei Vers. m. U. unter 2000 DM. Bei Vers. o. U. 3 1/2 °/oo, bei Summen unter 2000 DM 5 °/oo jährl. Zuschlag.

45		46		47	48	49	50	
Nordstern		Nürnberger		Pensions-verein	Prima	Raiffeisen- u. Volks-banken-Vers.	Rheinisch-West-fälische	Eintrittsalter
III Z m. U.	III Z o o. U.	6 r	6 b	VI (53)	G II	2131	G 3	
435	440	412	478	455	462	446	471	20
435	440	412	478	456	462	446	471	21
435	440	412	478	456	462	446	471	22
435	440	412	478	456	462	446	471	23
435	440	412	478	456	462	446	471	24
435	440	412	478	456	462	446	471	25
435	440	413	479	456	462	446	471	26
435	440	414	480	456	462	447	471	27
435	440	416	482	456	462	447	472	28
436	441	417	483	456	462	447	472	29
436	446	419	485	457	463	448	474	30
437	447	420	486	458	464	448	474	31
438	448	422	488	458	465	449	475	32
440	450	424	490	459	466	450	476	33
441	451	426	492	460	467	451	477	34
443	453	428	494	461	468	452	478	35
444	454	430	496	463	469	453	479	36
446	456	432	498	464	470	455	481	37
448	458	434	501	466	472	456	483	38
450	460	436	503	467	474	458	485	39
453	468	439	506	469	476	460	486	40
455	470	442	509	471	478	462	489	41
458	473	445	512	474	480	465	492	42
461	476	448	515	477	483	467	495	43
464	479	452	519	479	486	470	498	44
468	483	451	523	483	489	473	502	45
471	486	454	527	486	493	477	506	46
475	490	459	532	490	497	481	510	47
479	494	464	537	495	501	485	514	48
483	498	469	542	499	506	490	520	49
488	508	475	548	505	512	495	526	50
494	514	481	555		518	501	533	51
500	520	488	562		525	508	540	52
507	527	496	570		532	515	548	53
514	534	503	578		540	523	557	54
523	543	512	587		549	532	567	55

Nordstern III Z m. U.: Prämienzuschlag: 0,50°/oo bei Summen von 6000—9999 DM; 1°/oo bei Summen unter 6000 DM. Prämienermäßigung: 1°/oo bei Summen von 20000 DM an; 1,50°/oo bei Summen von 50000 DM an.

Nordstern III Z o. U.: Prämienzuschlag: 0,50°/oo bei Summen von 6000—9999 DM; 1°/oo bei Summen unter 6000 DM. Prämienermäßigung: 1°/oo bei 20000 DM Vers.-Se.

Nürnberger 6 r: Prämienzuschlag: bis Eintrittsalter 44 Jahre ½°/oo, ab Eintrittsalter 45 Jahre 1°/oo bei Summen unter 10000 DM. Prämienermäßigung: bis Eintrittsalter 44 Jahre ½°/oo, ab Eintrittsalter 45 Jahre 1°/oo bei Summen von 20000—49999 DM; 1½°/oo bei Summen von 50000 DM an.

Nürnberger 6 b: Prämienzuschlag: ½°/oo bei Summen unter 10000 DM. Prämienermäßigung: ½°/oo bei Summen von 20000 bis 49999 DM; 1½°/oo bei Summen von 50000 DM an. Bei vorzeitigem Tode erhöht sich die Vers.-Leistung um 10°/o. Bei Tod durch Unfall vor vollendetem 70. Lebensjahr doppelte Summe.

Pensionsverein: Prämienzuschlag: 1°/oo bei Summen unter 10000 DM. Prämienermäßigung: 1°/oo bei Summen von 20000 DM an. Bei Vers. o. U. von 10000—20000 DM 1°/oo jährl. Zuschlag.

Prima: Prämienzuschlag: 1,20°/oo bei Summen unter 5000 DM. Prämienermäßigung: 0,60°/oo bei Summen von mehr als 10000 DM bis 20000 DM; 1,20°/oo bei Summen von mehr als 20000 DM. Bei Vers. o. U. 2,50°/oo jährl. Zuschl.

Raiffeisen- u. Volksbanken-Vers.: Prämienzuschlag: 0,50°/oo bei Summen von 5000—9999 DM; 1,50°/oo bei Summen von 3000—4999 DM; 2,50°/oo bei Summen unter 3000 DM. Prämienermäßigung: 0,50°/oo bei Summen von 20000 DM an.

Rheinisch-Westfälische: Prämienzuschlag: 0,60°/oo bei Summen unter 10000 DM. Prämienermäßigung: 0,60°/oo bei Summen von 20000 DM an. Die Prämien enthalten noch den Zuschlag für die Vers.-Steuer von 2°/o.

Eintrittsalter	51	52	53	54	55	56	57
	Schweizerische	Sparkassen-Versicherung	Universa	Vereinigte Leben	Victoria	Vita	Vohk
	270	III	5	31	D 4	IV	D m m. U. D o o. U.
20	467	422	479	450	448	449	437
21	467	422	479	450	448	449	437
22	467	423	479	451	448	449	438
23	467	423	479	451	448	450	438
24	467	424	479	451	448	450	439
25	467	424	479	452	448	450	439
26	467	425	479	452	448	450	440
27	467	426	479	453	449	450	441
28	467	427	479	454	449	451	442
29	468	428	479	454	449	451	443
30	468	429	480	455	450	451	444
31	469	425	480	456	450	452	445
32	470	427	482	457	451	452	447
33	470	428	483	458	452	453	448
34	471	430	484	459	453	454	450
35	473	432	485	460	454	455	452
36	474	434	486	462	455	456	454
37	475	436	487	463	456	457	456
38	477	438	490	465	457	458	459
39	478	441	491	467	459	460	461
40	480	444	493	469	461	461	464
41	483	442	495	471	463	463	467
42	485	445	498	474	465	465	470
43	487	448	500	477	468	467	474
44	490	452	503	480	471	469	478
45	494	456	507	483	474	472	482
46	497	460	510	487	477	475	
47	501	465	515	491	481	478	
48	505	470	520	496	485	482	
49	510	475	524	501	490	486	
50	515	481	530	507	495	490	
51		487	536	513	500		
52		494	543	520	506		
53		501	550	528	513		
54		508	558	536	521		
55		517	567	545	530		

51: Prämienzuschlag: 1 ‰ bei Summen von 5000—9999 DM; 2 ‰ bei Summen unter 5000 DM. Prämienermäßigung: 0,5 ‰ bei Summen von 20000—49999 DM; 1 ‰ bei Summen von 50000 DM an. Bei Tod durch Unfall doppelte Summe, Mehrleistung jedoch höchstens 25000 DM. Bei Tod nach langer Krankheit vor Vollendung des 65. Lebensjahres Zusatzleistung gemäß Seite 51, Ziffer 14.

52: Prämienzuschlag: 1 ‰ bei Summen von 5000—9999 DM; 2 ‰ bei Summen von 2000—4999 DM. Prämienermäßigung: 1/2 ‰ bei Summen von 20000—39999 DM; 1 ‰ bei Summen von 40000 DM an.

53: Bei Vers. o. U. 2,3 ‰ jährl. Zuschlag. Bei Tod durch Unfall vor vollendetem 70. Lebensjahr doppelte Summe.

54: Prämienzuschlag: 1 ‰ bei Summen von 2000—4999 DM; 4 ‰ bei Summen unter 2000 DM. Bei Vers. o. U. von 5000 DM an 1 ‰ jährl. Zuschlag.

55: Prämienzuschlag: 1 ‰ bei Summen unter 10 000 DM. Prämienermäßigung: 1 ‰ bei Summen von 20 000 DM an. Bei Vers. o. U. 1 ‰, vom Eintrittsalter 51 an 2 ‰ jährl. Zuschlag.

56: Prämienzuschlag: 1 ‰ bei Summen von 6000—9999 DM; 1,5 ‰ bei Summen von 2000—5999 DM. Prämienermäßigung: 1 ‰ bei Summen von 25000 DM an.

57: Prämienzuschlag: 1 1/2 ‰ bei Summen unter 10 000 DM. Prämienermäßigung: 1/2 ‰ bei Summen von 50 000 DM an. Bei Vers. o. U. (Tarif Do) 1 ‰ jährl. Zuschlag.

58		59	60	61	62	63	64	
Volkshilfe		Volkswohl-Bund	Vorsorge	Winterthur	Witwen- und Waisenkasse	Württembergischer Vers.verein	Öffentliche	Eintrittsalter
F M m. U.	F O o. U.	E 3	3	5	F 3	L K	III	
493	510	456	454	448	446	463	422	20
493	510	456	454	448	446	463	422	21
493	510	456	454	448	446	463	423	22
493	510	456	454	448	446	463	423	23
493	510	456	454	448	446	463	424	24
493	510	456	454	448	446	463	424	25
493	510	456	454	448	446	463	425	26
495	510	456	454	448	447	464	426	27
495	510	456	454	448	447	464	427	28
495	510	457	455	449	447	464	428	29
495	512	457	455	449	448	465	429	30
497	512	458	456	450	448	465	425	31
497	515	459	456	450	449	466	427	32
500	515	459	457	451	450	467	428	33
500	517	460	458	452	451	468	430	34
502	517	462	459	453	452	469	432	35
504	519	463	461	455	453	470	434	36
504	521	464	462	456	455	472	436	37
506	521	466	464	458	456	473	438	38
508	524	468	465	459	458	475	441	39
510	526	470	467	461	460	477	444	40
515	528	472	469	464	462	479	442	41
517	533	474	472	466	465	482	445	42
519	535	477	474	468	467	484	448	43
524	538	480	477	471	470	487	452	44
526	542	483	480	475	474	490	456	45
530	547	486	484	478	477	494	460	46
535	552	490	488	482	481	498	465	47
540	558	495	492	486	486	502	470	48
547	563	499	497	491	491	507	475	49
552	568	505	502	496	496	513	481	50
560	576		508		502	519	487	51
568	585		514		509	525	494	52
576	594		521		516	532	501	53
588	603		529		524	540	508	54
			537		533	549	517	55

58 F M: Prämienermäßigung: 1‰ bei Summen von 20000 DM an. Bei Tod durch Unfall vor vollendetem 70. Lebensjahr doppelte Summe. Die Prämien enthalten noch den Zuschlag für die Vers.-Steuer von 2%.

58 F O: Bei Tod durch Unfall vor vollendetem 70. Lebensjahr doppelte Summe. Die Prämien enthalten noch den Zuschlag für die Vers.-Steuer von 2%.

59: Prämienzuschlag: 1‰ bei Summen von 5000—9900 DM; 2‰ bei Summen von 2000—4900 DM. Prämienermäßigung: 1‰ bei Summen von 20000 DM an.

60: Prämienzuschlag: 1‰ bei Summen unter 10000 DM. Prämienermäßigung: 1‰ bei Summen von 20000 DM an. Bei Vers. o. U. vom Eintrittsalter 50 an 1‰ jährl. Zuschlag.

61: Prämienzuschlag: 0,5‰ bei Summen von 5000—9999 DM; 1‰ bei Summen von 3000—4999 DM; 4,— DM bei Summen unter 3000 DM. Prämienermäßigung: 0,5‰ bei Summen von 20000—49999 DM; 1‰ bei Summen von 50000 DM an.

62: Prämienzuschlag: 0,6‰ bei Summen von 5000—9999 DM; 1,2‰ bei Summen von 3000—4999 DM. Prämienermäßigung: 0,6‰ bei Summen von 20000—49999 DM; 1,2‰ bei Summen von 50000 DM an.

63: Prämienzuschlag: 1‰ bei Summen von 3000—9999 DM; 2‰ bei Summen von 2000—2999 DM. Prämienermäßigung: 1‰ bei Summen von 20000 DM an. Bei Vers. o. U. vom Eintrittsalter 46 an 2‰ jährl. Zuschlag. Bei Tod durch Unfall vor vollendetem 70. Lebensjahr doppelte Summe.

64: Prämienzuschlag: 1‰ bei Summen von 5000—9999 DM; 2‰ bei Summen von 2000—4999 DM. Prämienermäßigung: 1/2‰ bei Summen von 20000—39999 DM; 1‰ bei Summen von 40000 DM an.

Eintrittsalter	1	2	3	4	5	6
	Aachener und Münchener	Agrippina	Albingia	Allgemeine Assekuranz	Allgemeine Rentenanstalt	Allianz
	4 z	2	V	G 3 A m. U. G 3 A S o. U.	M (57)	III Z M
20	625	625	630	609	631	630
21	625	625	630	609	631	630
22	625	625	630	609	631	630
23	625	625	630	610	631	630
24	625	625	630	610	631	630
25	625	625	630	611	631	630
26	625	625	630	611	631	630
27	625	625	630	612	631	630
28	625	625	630	612	631	630
29	625	625	630	613	631	630
30	626	625	630	614	632	630
31	626	629	631	615	632	630
32	627	629	631	617	633	631
33	627	629	632	618	633	632
34	628	629	633	620	634	632
35	629	629	634	622	635	633
36	630	638	635	624	636	634
37	631	638	636	626	637	636
38	633	638	638	628	639	637
39	634	638	639	630	640	639
40	636	638	641	632	642	640
41	638	640	643	635	644	642
42	640	643	645	638	646	644
43	642	646	647	641	648	646
44	645	649	650	645	651	649
45	647	652	652	648	654	652
46	650	656	656	652	657	655
47	654	660	659	657	660	658
48	658	665	663	662	664	662
49	662	670	667	667	668	666
50	666	676	672	673	673	671
51	672	683	677	679	678	676
52	677	690	683	686	684	682
53	684	698	689	693	690	689
54	691	707	697	701	697	696
55	698	717	704	710	705	703

1 (Aachener und Münchener): Prämienzuschlag: 1‰ bei Summen unter 6000 DM. Prämienermäßigung: 1‰ bei Summen von 20000 bis 49999 DM; 1,5‰ bei Summen von 50000 DM an. Bei Vers. o. U. vom Eintrittsalter 40 an 0,5‰, vom Eintrittsalter 50 an 1,5‰ jährl. Zuschlag.

2 (Agrippina): Bei Tod des Versicherten wird zusätzlich sofort ein Sterbegeld in Höhe einer Jahresprämie gezahlt. Prämienzuschlag: 0,5‰ bei Summen von 2000—9999 DM; 2,5‰ bei Summen unter 2000 DM. Prämienermäßigung: 1‰ bei Summen von 20000 DM an.

3 (Albingia): Prämienzuschlag: 1‰ bei Summen unter 10000 DM. Prämienermäßigung: 1‰ bei Summen von 20000 DM an. Bei Vers. o. U. 1‰ jährl. Zuschlag.

4 (Allgemeine Assekuranz): Prämienzuschlag: 1‰ bei Summen unter 5000 DM. Prämienermäßigung: 1‰ bei Summen von 20 000 DM an; 2‰ bei Summen von 40 000 DM an. Bei Vers. o. U. (Tarif G 3 A S) 1,5‰ jährl. Zuschlag.

5 (Allgemeine Rentenanstalt): Prämienzuschlag: 0,75‰ bei Summen von 3000—9999 DM; 1,50‰ bei Summen von 2000—2999 DM. Prämienermäßigung: 0,75‰ bei Summen von 20 000—49 999 DM; 1,25‰ bei Summen von 50 000—99 999 DM; 1,75‰ bei Summen von 100 000 DM an. Bei Tod durch Unfall vor vollendetem 65. Lebensjahr doppelte Summe.

6 (Allianz): Prämienzuschlag: 0,5‰ bei Summen von 3000—9999 DM; 1,5‰ bei Summen unter 3000 DM. Prämienermäßigung: 1‰ bei Summen von 20000—49999 DM; 1,5‰ bei Summen von 50000 DM an. Bei Vers. o. U. vom Eintrittsalter 46 an 1‰, vom Eintrittsalter 51 an 2‰ jährl. Zuschlag.

7	10	11	12		13	Eintrittsalter
Alte Leipziger	Basler	Bayerische Beamtenvers.	Berlinische		Bonner	
8	Td	III N	CIF/54 m. U.	CIFO/54 o. U.	F	
622	648	663	614	614	627	20
622	648	663	614	614	627	21
622	648	663	614	614	627	22
622	648	663	614	614	627	23
622	648	663	615	615	627	24
622	648	663	615	615	627	25
622	648	663	616	616	627	26
622	648	663	617	617	627	27
622	648	663	618	618	627	28
622	648	663	619	619	627	29
623	648	663	620	620	628	30
623	649	663	621	621	628	31
624	649	663	623	623	629	32
624	650	663	625	625	630	33
625	651	663	627	627	630	34
626	652	663	629	629	631	35
627	653	663	631	631	633	36
628	654	663	633	633	634	37
630	656	663	635	635	635	38
631	658	675	637	638	637	39
633	659	675	638	641	638	40
635	661	675	640	644	640	41
637	664	675	642	647	642	42
639	666	675	644	651	645	43
642	669	687	647	654	647	44
644	672	687	650	659	650	45
647	675	687	653	663	653	46
651	679	687	656	669	657	47
655	683	698	660	674	661	48
659	688	698	664	680	665	49
664	693	710	669	687	670	50
669	698	710	674	694	675	51
674	704	722	680	702	681	52
681	711	722	686	710	687	53
688	719	733	693	719	694	54
696	727	745	701	729	702	55

Alte Leipziger: Prämienzuschlag: 0,50‰ bei Summen von 5000—9999 DM; 1,50‰ bei Summen von 3000—4999 DM; 2,50‰ bei Summen unter 3000 DM. Prämienermäßigung: 0,50‰ bei Summen von 20000—39999 DM; 1,50‰ bei Summen von 40000 DM an.

Basler: Prämienermäßigung: 0,5‰ bei Summen von 15 000—24 999 DM; 1‰ bei Summen von 25 000—39 999 DM; 1,5‰ bei Summen von 40 000—59 999 DM; 2‰ bei Summen von 60 000 DM an.

Bayerische Beamtenvers.: Prämienzuschlag: 0,60‰ bei Summen von 5000—9999 DM; 1,20‰ bei Summen von 501—4999 DM; 1,80‰ bei Summen von 500 DM. Prämienermäßigung: 1,20‰ bei Summen von 20 000—49 999 DM; 1,80‰ bei Summen von 50 000 DM an. Bei Tod durch Unfall vor vollendetem 65. Lebensjahr doppelte Summe. Die Prämien enthalten noch den Zuschlag für die Vers.-Steuer von 2%.

Berlinische CIF/54: Prämienzuschlag: 1‰ bei Summen von 3000—9999 DM; 2‰ bei Summen von 2000—2999 DM. Prämienermäßigung: 1/2‰ bei Summen von 20000—49999 DM; 1‰ bei Summen von 50000 DM an.

Berlinische CIFO/54: Prämienzuschlag: 1‰ bei Summen von 3000—9999 DM; 2‰ bei Summen von 2000—2999 DM. Prämienermäßigung: 1/2‰ bei 20000 DM Vers.-Se.

Bonner: Prämienermäßigung: 1‰ bei Summen von 20 000 DM an. Bei Vers. o. U. 2‰ jährl. Zuschlag.

F 15

Eintrittsalter	14 Braunschweigische XIII	15 Concordia C III	16 Condor 5	17 Debeka L III	18 Der Anker H E	19 Deutsche Beamten, Berlin 5	20 Deutsche Eisenbahn-Vers.-Kasse V
20	633	614	615	647	631	603	604
21	633	615	615	647	631	603	604
22	633	615	615	647	631	603	604
23	633	615	615	647	631	603	604
24	633	615	615	647	631	603	604
25	633	616	615	647	631	603	604
26	633	616	615	647	631	603	604
27	633	617	615	647	631	603	604
28	633	617	615	647	631	603	604
29	633	618	615	647	631	603	604
30	634	618	616	647	631	604	604
31	634	619	616	648	632	604	606
32	634	620	617	648	632	604	606
33	635	621	617	649	633	605	606
34	636	622	618	650	634	606	606
35	637	623	619	651	635	608	606
36	638	624	620	653	636	608	612
37	639	625	622	654	637	609	612
38	640	627	624	656	639	611	612
39	642	628	625	657	640	612	612
40	643	630	627	659	642	613	612
41	645	632	629	662	644	616	622
42	647	634	631	664	646	617	622
43	649	636	634	668	648	621	622
44	651	639	637	670	650	622	622
45	654	642	640	673	653	625	622
46	657	645	643	677	656	628	639
47	660	648	647	682	659	631	639
48	663	652	650	686	663	635	639
49	667	656	655	691	667	639	639
50	672	661	661	697	672	644	639
51	676	666	667	703	677	649	
52	682	672	672	710	683	654	
53	687	678	679	718	689	661	
54	694	685	687	726	696	668	
55	701	693	695	735	704	675	

14 (Braunschweigische): Prämienermäßigung: 1 °/oo bei Summen von 11 000 DM an; 2 °/oo bei Summen von 21 000 DM an; 3 °/oo bei Summen von 50 000 DM an. Bei Vers. o. Ü. 2 °/oo jährl. Zuschlag.

15 (Concordia): Prämienzuschlag: 1 °/oo bei Summen von 5000—9999 DM; 2 °/oo bei Summen von 3000—4999 DM. Prämienermäßigung: 0,80 °/oo bei Summen von 20000 DM an.

16 (Condor): Prämienzuschlag: 1,2 °/oo bei Summen von 5000—9999 DM; 2,4 °/oo bei Summen unter 5000 DM. Prämienermäßigung: 1,2 °/oo bei Summen von 25000 DM an.

17 (Debeka): Prämienzuschlag: 1,2 °/oo bei Summen unter 10000 DM. Prämienermäßigung: 0,6 °/oo bei Summen von 20000 DM an.

18 (Der Anker): Prämienzuschlag: 1 °/oo bei Summen unter 2000 DM. Prämienermäßigung: 1 °/oo bei Summen von 20000 bis 39999 DM; 2 °/oo bei Summen von 40000 DM an. Bei Vers. o. Ü. 1,5 °/oo jährl. Zuschlag.

19 (Deutsche Beamten, Berlin): Bei Vers. von 1700 DM bis 2000 DM Prämienerhöhung um etwa 1 ½ °/o, bei Vers. unter 1700 DM höhere Prämien. Prämienermäßigung: ½ °/oo bei Summen von 25000 DM an; 1 °/oo bei Summen von 50000 DM an; 1 ½ °/oo bei Summen von 100000 DM an.

20 (Deutsche Eisenbahn-Vers.-Kasse): Prämienzuschlag: 0,48 °/oo bei Summen von 4000—9900 DM; 0,96 °/oo bei Summen unter 4000 DM. Prämienermäßigung: 0,48 °/oo bei Summen von 20000 DM an. Die Prämien enthalten noch den Zuschlag für die Vers.-Steuer von 2 °/o.

	21	22	23	24	25	26
Eintrittsalter	Deutscher Herold	Deutscher Lloyd	Deutscher Ring	Eos	Evangelische Familien-fürsorge	Friedrich Wilhelm
	3	L 3	3	4	G 3	IV A n
20	648	625	621		622	628
21	648	625	621	602	622	628
22	648	625	621	602	622	628
23	648	625	621	602	622	628
24	648	625	621	602	622	628
25	648	625	621	603	622	628
26	648	625	621	603	622	628
27	648	625	621	604	622	628
28	648	625	621	605	622	628
29	648	625	621	606	622	628
30	648	625	621	607	622	628
31	649	625	622	608	623	629
32	649	626	622	610	623	629
33	650	627	623	611	624	630
34	651	628	624	613	625	631
35	652	629	625	615	626	632
36	653	630	626	617	627	633
37	654	631	627	619	628	634
38	656	632	629	621	629	636
39	657	634	630	623	631	637
40	659	636	632	625	633	639
41	661	637	634	628	635	641
42	663	640	636	631	637	643
43	665	642	638	634	639	645
44	668	644	640	638	641	648
45	671	647	643	641	644	651
46	674	650	646	646	647	654
47	677	654	649	650	651	657
48	681	658	653	655	655	661
49	686	662	657	660	659	665
50	690	667	662	666	664	670
51	696	672	667	672	669	675
52	701	678	673	679	674	681
53	708	684	679	687	681	688
54	715	691	686	695	688	695
55	723	699	694	704	696	703

21 (Deutscher Herold): Prämienzuschlag: ½ ‰ bei Summen unter 10 000 DM. Prämienermäßigung: ½ ‰ bei Summen von 20 000 bis 49 999 DM; 1½ ‰ bei Summen von 50 000 DM an. Bei Vers. o. U. 1½ ‰ jährl. Zuschlag.

22 (Deutscher Lloyd): Prämienzuschlag: 1 ‰ bei Summen von 3000—9999 DM; 3 ‰ bei Summen von 2000—2999 DM. Prämienermäßigung: ½ ‰ bei Summen von 20000—39999 DM; 1 ‰ bei Summen von 40000 DM an. Bei Vers. o. U. 2 ‰ jährl. Zuschlag.

23 (Deutscher Ring): Prämienzuschlag: 1 ‰ bei Summen unter 10000 DM. Prämienermäßigung: 0,5 ‰ bei Summen von 15000—19999 DM; 1 ‰ bei Summen von 20000 DM an.

24 (Eos): Prämienzuschlag: 1 ‰ bei Summen von 2000—9999 DM. Prämienermäßigung: 0,5 ‰ bei Summen von 20 000 DM an. Bei Vers. o. U. 1 ‰ jährl. Zuschlag.

25 (Evangelische Familienfürsorge): Prämienzuschlag: 1 ‰ bei Summen unter 10000 DM. Prämienermäßigung: 1 ‰ bei Summen von 20000 DM an. Bei Vers. o. U. 1,5 ‰ jährl. Zuschlag.

26 (Friedrich Wilhelm): Prämienzuschlag: 0,5 ‰ bei Summen von 5000—9999 DM; 1 ‰ bei Summen von 2000—4999 DM. Prämienermäßigung: 1 ‰ bei Summen von 20000 DM an.

Eintrittsalter	27	28	29	30	31	32
	Gerling-Konzern	Gilde	Gisela	Gladbacher	Gothaer	Hamburg-Mannheimer
	K 3	C	IV	D 3 m. U. D 3⁰ o. U.	3	5 (56)
20	621	642		616	631	625
21	621	642		616	631	625
22	621	642		616	631	625
23	621	642		616	632	625
24	621	642		616	632	625
25	621	642	614	616	632	625
26	621	642	615	616	633	625
27	621	642	615	616	633	625
28	621	642	616	616	634	625
29	621	642	617	616	634	625
30	622	642	617	617	635	626
31	622	643	619	617	636	626
32	623	643	620	618	637	627
33	623	644	621	618	638	627
34	624	645	622	620	639	628
35	625	646	623	621	640	629
36	626	647	624	622	642	630
37	628	648	626	623	643	631
38	629	650	627	625	645	633
39	630	651	629	626	646	634
40	632	653	630	629	648	636
41	634	655	632	631	651	638
42	636	657	634	633	653	640
43	638	659	636	636	655	642
44	641	661	640	638	658	645
45	644	664	642	641	661	647
46	647	667	645	645	665	650
47	650	671	649	648	668	654
48	654	674	652	653	672	658
49	658	679	656	657	677	662
50	663	683	662	663	682	666
51	668	688	667	669	687	672
52	674	694	672	674	693	677
53	680	700	679	681	699	684
54	687	707	685	689	707	691
55	695	715	692	698	715	698

27: Prämienzuschlag: 0,50 ‰ bei Summen von 5000–9999 DM; 1 ‰ bei Summen von 2000–4999 DM; 3 ‰ bei Summen unter 2000 DM. Prämienermäßigung: 1 ‰ bei Summen von 20 000 DM an.

28: Prämienzuschlag: 1 ‰ bei Summen von 5000–9999 DM; 3 ‰ bei Summen unter 5000 DM. Außerdem bei Vers. o. U. von 5000–10 000 DM 1 ‰ jährl. Zuschlag.

29: Prämienzuschlag: 1 ‰ bei Summen von 2000–9900 DM. Bei Summen von 2000–2900 DM erhöht sich die Jahresprämie außerdem um 0,40 DM. Prämienermäßigung: 1 ‰ bei Summen von 20000 DM an.

30: Prämienzuschlag: 1,2 ‰ bei Summen unter 10000 DM. Prämienermäßigung: 0,6 ‰ bei Summen von 20000—39999 DM; 1,2 ‰ bei Summen v. 40000 DM an. Bei Vers. o.U. (Tarif D 3⁰) 1,2 ‰ jährl. Zuschlag.

31: Prämienzuschlag: 1 ‰ bei Summen unter 5000 DM. Prämienermäßigung: 1 ‰ bei Summen von 20000–49999 DM; 2 ‰ bei Summen von 50000 DM an.

32: Prämienzuschlag: 1 ‰ bei Summen unter 10000 DM. Prämienermäßigung: 1 ‰ bei Summen von 20000 bis 49000 DM; 1,25 ‰ bei Summen von 50000 DM an. Bei Vers. o. U. 1 ‰ jährl. Zuschlag.

32a	33	34	35	36	38	39		Eintrittsalter
Hamburg-Mannheimer (Dt. Anwalt-Vers.)	Hannoversche	Isar	Karlsruher	Kölnische	Leipziger Verein-Barmenia	Magdeburger Allgemeine		
S o—57	IV m. U. IV⁰ o. U.	4	IV m	F	13	B 3 m. U.	B 3 n o. U.	
607	612	624	623	623	621	623	643	20
607	612	624	623	623	621	623	643	21
607	612	624	623	623	621	623	643	22
607	612	624	623	623	621	623	643	23
607	612	624	623	623	621	623	643	24
607	612	624	623	623	621	623	643	25
607	612	624	623	623	621	623	643	26
607	612	624	623	623	621	623	643	27
607	612	624	623	623	621	624	644	28
608	612	624	623	623	621	624	644	29
608	612	624	623	623	621	624	644	30
609	612	624	623	623	622	625	645	31
609	613	625	624	624	622	625	645	32
610	614	625	625	624	623	626	646	33
611	614	626	625	625	624	627	647	34
612	615	627	627	626	625	628	648	35
613	616	628	628	627	626	629	649	36
614	618	630	629	628	627	630	650	37
616	619	631	630	629	629	632	652	38
617	620	632	632	631	630	633	653	39
619	622	634	633	633	632	635	655	40
621	624	636	635	635	634	637	667	41
623	626	638	637	637	636	639	669	42
626	628	640	640	639	638	641	671	43
628	630	643	642	641	640	644	674	44
631	633	646	645	643	643	647	677	45
635	636	649	648	646	646	650	680	46
638	639	652	651	649	649	653	683	47
642	642	656	655	653	653	657	687	48
647	646	660	660	657	657	662	692	49
652	651	665	664	662	662	666	696	50
657	655	670	669	667	667	672	702	51
663	661	676	675	672	673	678	708	52
670	666	682	682	678	679	684	714	53
677	673	689	689	684	686	691	721	54
686	680	697	696	692	694	699	729	55

32a: Bei Vers. o. U. Fortfall der Wartezeit gegen 1‰ jährl. Zuschlag.

33: Prämienermäßigung: 0,6‰ bei Summen von 15000–24999 DM; 1,2‰ bei Summen von 25000–39999 DM; 1,8‰ bei Summen von 40000 DM an. Bei Vers. o. U. (Tarif IV⁰) 1,2‰ jährl. Zuschlag.

34: Prämienzuschlag: 1,8‰ bei Summen von 2000—4999 DM; 3,6‰ bei Summen unter 2000 DM. Prämienermäßigung: 0,6‰ bei Summen von 20000—49999 DM; 1,2‰ bei Summen von 50000 DM an.

35: Prämienzuschlag: 1‰ bei Summen unter 10 000 DM. Prämienermäßigung: 1‰ bei Summen von 20 000 DM an. Bei weiblichen Vers. von 10000 DM Vers.-Se. an Prämienberechnung nach dem um 1 Jahr jüngeren Eintrittsalter.

36: Prämienzuschlag: 0,5‰ bei Summen unter 10 000 DM. Prämienermäßigung: 0,5‰ bei Summen von 20000 bis 39999 DM; 1‰ bei Summen von 40000 DM an. Bei Vers. o. U. vom Eintrittsalter 51 an 2‰ jährl. Zuschlag.

38: Prämienzuschlag: 1‰ bei Summen von 5000—9999 DM; 2‰ bei Summen unter 5000 DM. Prämienermäßigung: 0,5‰ bei Summen von 20000—49999 DM; 1‰ bei Summen von 50000 DM an. Bei Vers. o. U. 2‰ jährl. Zuschlag.

39 (B 3): Prämienzuschlag: 1‰ bei Summen unter 10000 DM. Prämienermäßigung: 1‰ bei Summen von 50 000 DM an.

39 (B 3 n): Prämienzuschlag: 1‰ bei Summen unter 5000 DM.

Eintrittsalter	40	41	43	44	45	
	Mannheimer	Münchener Leben	National	Nord-Deutsche	Nordstern	
	V D	N III m m. U. N III o o. U.	Z	13	III Z m. U.	III Zo o. U.
20	603	625	620	587	608	613
21	603	625	620	587	608	613
22	603	625	620	587	608	613
23	604	625	620	587	608	613
24	604	625	621	587	608	613
25	604	625	621	587	608	613
26	605	625	621	591	608	613
27	606	625	622	591	608	613
28	606	625	622	591	609	614
29	607	625	623	591	609	614
30	608	625	623	591	609	619
31	610	626	624	598	610	620
32	611	626	625	598	610	620
33	613	627	625	598	611	621
34	614	628	626	598	612	622
35	616	629	627	598	613	623
36	618	630	628	608	614	624
37	620	631	629	608	616	626
38	622	632	631	608	618	628
39	624	634	632	608	620	630
40	627	635	634	608	622	637
41	629	637	636	624	624	639
42	632	639	638	624	627	642
43	635	641	640	624	629	644
44	639	644	643	624	632	647
45	643	647	645	624	636	651
46	647	650	648	648	639	654
47	651	653	652	648	643	658
48	656	657	656	648	647	662
49	661	661	660	648	652	667
50	667	665	664	648	657	677
51	673	670	670	684	662	682
52	680	676	675	684	667	687
53	688	682	682	684	674	694
54	696	689	689	684	680	700
55	705	697	696	684	688	708

40: Prämienzuschlag: 2 ‰ bei Summen unter 1000 DM. Prämienermäßigung: 1 ‰ bei Summen von 25 000 – 49 999 DM; 2 ‰ bei Summen von 50 000 DM an.

41: Prämienzuschlag: 1 ‰ bei Summen von 3000—9999 DM; 2 ‰ bei Summen von 2000—2999 DM; 3 ‰ bei Summen von 1000—1999 DM. Prämienermäßigung: 1 ‰ bei Summen von 20000—49999 DM; 1,5 ‰ bei Summen von 50000 DM an. Bei Vers. o. U. (Tarif N III o) 2 ‰ jährl. Zuschlag.

43: Prämienzuschlag: ½ ‰ bei Summen von 5000—9999 DM; 1 ½ ‰ bei Summen unter 5000 DM. Prämienermäßigung: ½ ‰ bei Summen von 20000 DM an.

44: Prämienzuschlag: 1/2 ‰ bei Vers. m. U. von 5000—9999 DM; 2 1/2 ‰ bei Vers. m. U. von 2000—4999 DM; 4 ‰ bei Vers. m. U. unter 2000 DM. Bei Vers. o. U. 3 1/2 ‰, bei Summen unter 2000 DM 5 ‰ jährl. Zuschlag.

45 (III Z): Prämienzuschlag: 0,50 ‰ bei Summen von 6000—9999 DM; 1 ‰ bei Summen unter 6000 DM. Prämienermäßigung: 1 ‰ bei Summen von 20000 DM an; 1,50 ‰ bei Summen von 50000 DM an.

45 (III Zo): Prämienzuschlag: 0,50 ‰ bei Summen von 6000—9999 DM; 1 ‰ bei Summen unter 6000 DM. Prämienermäßigung: 1 ‰ bei 20000 DM Vers.-Se.

	46		47	48	49	50	
	Nürnberger		Pensions-verein	Prima	Raiffeisen- u. Volksbanken-Vers.	Rheinisch-Westfälische	Eintrittsalter
	6 r	6 b	VI (53)	G II	2131	G 3	
	583	655	638	640	623	656	20
	583	655	638	640	623	656	21
	583	655	638	640	623	656	22
	583	655	638	640	623	656	23
	583	655	638	640	623	656	24
	583	655	638	640	623	656	25
	584	656	638	640	623	656	26
	584	657	638	640	623	656	27
	585	658	638	640	623	656	28
	586	659	638	640	623	656	29
	588	661	638	640	623	656	30
	589	662	638	640	623	658	31
	591	664	639	641	624	658	32
	593	666	640	642	625	659	33
	595	668	640	643	625	660	34
	597	670	641	644	626	661	35
	599	672	643	645	628	662	36
	601	674	644	646	629	663	37
	604	677	645	647	630	666	38
	606	679	647	649	632	667	39
	609	682	648	651	633	669	40
	611	685	650	653	635	671	41
	614	688	653	655	637	674	42
	617	691	655	657	640	676	43
	621	695	657	660	642	678	44
	624	698	660	663	645	682	45
	628	702	663	666	648	685	46
	632	706	667	670	652	690	47
	636	711	671	674	656	694	48
	641	716	675	678	660	699	49
	642	722	680	683	665	704	50
	648	728	685	689	670	710	51
	654	734	691	695	676	717	52
	660	741	698	701	682	725	53
	668	749	705	708	689	733	54
	677	758	713	716	697	741	55

46 (6 r): Prämienzuschlag: bis Eintrittsalter 49 Jahre ½‰, ab Eintrittsalter 50 Jahre 1‰ bei Summen unter 10000 DM. Prämienermäßigung: bis Eintrittsalter 49 Jahre ½‰, ab Eintrittsalter 50 Jahre 1‰ bei Summen von 20000—49999 DM; 1½‰ bei Summen von 50000 DM an.

46 (6 b): Prämienzuschlag: 1/2‰ bei Summen unter 10000 DM. Prämienermäßigung: 1/2‰ bei Summen von 20000 bis 49999 DM; 1 1/2‰ bei Summen von 50000 DM an. Bei vorzeitigem Tode erhöht sich die Vers.-Leistung um 10%. Bei Tod durch Unfall doppelte Summe.

47: Prämienzuschlag: 1‰ bei Summen unter 10000 DM. Prämienermäßigung: 1‰ bei Summen von 20000 DM an. Bei Vers. o. U. von 10000—20000 DM 1‰ jährl. Zuschlag.

48: Prämienzuschlag: 1,20‰ bei Summen unter 5000 DM. Prämienermäßigung: 0,60‰ bei Summen von mehr als 10000 DM bis 20000 DM; 1,20‰ bei Summen von mehr als 20000 DM. Bei Vers. o. U. 2,50‰ jährl. Zuschlag.

49: Prämienzuschlag: 0,50‰ bei Summen von 5000—9999 DM; 1,50‰ bei Summen von 3000—4999 DM; 2,50‰ bei Summen unter 3000 DM. Prämienermäßigung: 0,50‰ bei Summen von 20000 DM an.

50: Prämienzuschlag: 0,60‰ bei Summen unter 10000 DM. Prämienermäßigung: 0,60‰ bei Summen von 20000 DM an. Die Prämien enthalten noch den Zuschlag für die Vers.-Steuer von 2%.

Eintrittsalter	51	52	53	54	55	56	57
	Schweizerische	Sparkassen-Versicherung	Universa	Vereinigte Leben	Victoria	Vita	Vohk
	270	III	5	31	D 4	IV	Dm m. U. Do o. U.
20	640	589	661	626	622	627	615
21	640	589	661	626	622	627	615
22	640	589	661	626	622	627	615
23	640	590	661	627	622	627	615
24	640	590	661	627	622	627	616
25	640	591	661	627	622	627	616
26	640	591	661	628	622	627	617
27	640	592	661	628	622	628	617
28	640	593	661	629	622	628	618
29	640	594	661	630	622	628	619
30	640	595	661	630	623	628	620
31	641	596	662	631	623	629	622
32	641	598	662	632	623	629	623
33	642	599	664	633	624	630	625
34	643	601	665	634	624	631	627
35	644	603	665	635	625	631	629
36	645	600	667	636	626	632	631
37	646	602	668	638	627	633	633
38	648	604	669	639	628	634	635
39	649	606	670	641	630	636	637
40	651	609	673	643	632	637	640
41	653	612	675	645	634	638	643
42	655	615	676	647	636	640	646
43	657	618	679	650	638	642	649
44	660	621	682	652	641	644	653
45	662	625	684	655	644	647	657
46	665	624	688	659	647	649	661
47	669	628	691	663	650	652	666
48	673	633	696	667	654	655	671
49	677	638	700	671	658	659	677
50	682	643	705	677	662	663	683
51	687	649	711	682	667	667	
52	693	655	717	689	673	672	
53	699	662	723	695	679	678	
54	706	668	730	703	686	684	
55	714	676	738	712	694	691	

51: Prämienzuschlag: 1‰ bei Summen von 5000—9999 DM; 2‰ bei Summen unter 5000 DM. Prämienermäßigung: 0,5‰ bei Summen von 20000—49999 DM; 1‰ bei Summen von 50000 DM an. Bei Tod durch Unfall doppelte Summe, Mehrleistung jedoch höchstens 25000 DM. Bei Tod nach langer Krankheit vor Vollendung des 65. Lebensjahres Zusatzleistung gemäß Seite 51, Ziffer 14.

52: Prämienzuschlag: 1‰ bei Summen von 5000 – 9999 DM; 2‰ bei Summen von 2000 – 4999 DM. Prämienermäßigung: ½‰ bei Summen von 20000 – 39999 DM; 1‰ bei Summen von 40000 DM an.

53: Bei Vers. o. U. 2,3‰ jährl. Zuschlag. Bei Tod durch Unfall doppelte Summe.

54: Prämienzuschlag: 1‰ bei Summen von 2000 – 4999 DM; 4‰ bei Summen unter 2000 DM. Bei Vers. o. U. von 5000 DM an 1‰ jährl. Zuschlag.

55: Prämienzuschlag: 1‰ bei Summen unter 10 000 DM. Prämienermäßigung: 1‰ bei Summen von 20 000 DM an. Bei Vers. o. U. 1‰, vom Eintrittsalter 51 an 2‰ jährl. Zuschlag.

56: Prämienzuschlag: 1‰ bei Summen von 6000—9999 DM; 1,5‰ bei Summen von 2000—5999 DM. Prämienermäßigung: 1‰ bei Summen von 25000 DM an.

57: Prämienzuschlag: 1½‰ bei Summen unter 10 000 DM. Prämienermäßigung: ½‰ bei Summen von 50 000 DM an. Bei Vers. o. U. (Tarif Do) 1‰ jährl. Zuschlag.

Dauer 15 Jahre **F 15 X.**

58 Volkshilfe FM m. U.	58 Volkshilfe FO o. U.	59 Volks-wohl-Bund E 3	60 Vorsorge 3	61 Winterthur 5	62 Witwen- und Waisenkasse F 3	63 Württemberg. Vers.verein L K	64 Öffentliche III	Eintrittsalter
685	701	631	629	621	623	636	589	20
685	701	631	629	621	623	636	589	21
685	701	631	629	621	623	636	589	22
685	701	631	629	621	623	636	590	23
685	701	631	629	621	623	636	590	24
685	701	631	629	621	623	636	591	25
685	701	631	629	621	623	636	591	26
685	701	631	629	621	623	636	592	27
685	701	631	630	621	623	636	593	28
685	701	631	630	621	623	636	594	29
685	701	631	630	621	623	636	595	30
685	701	632	631	622	623	637	596	31
689	705	632	631	622	624	637	598	32
689	705	633	632	623	625	638	599	33
689	705	634	633	624	626	639	601	34
689	705	635	634	625	627	640	603	35
693	710	636	635	626	628	641	600	36
693	710	637	636	627	629	642	602	37
697	710	639	637	629	630	643	604	38
697	714	640	639	630	632	645	606	39
701	714	642	641	632	634	647	609	40
701	718	644	642	634	636	649	612	41
705	718	646	645	636	638	651	615	42
705	722	648	647	638	640	653	618	43
710	727	651	649	641	643	655	621	44
714	731	653	652	643	645	658	625	45
718	731	657	655	646	649	661	624	46
722	736	660	659	650	652	665	628	47
727	740	664	662	654	656	669	633	48
731	750	668	667	658	660	673	638	49
736	754	673	671	663	665	678	643	50
745	759	678	676	668	670	683	649	51
750	769	684	682	674	676	689	655	52
759	774	690	689	680	683	695	662	53
769	784	698	696	687	690	702	668	54
779	794	705	703	695	698	710	676	55

58 FM m. U.: Prämienermäßigung: 1‰ bei Summen von 20000 DM an. Bei Tod durch Unfall doppelte Summe. Die Prämien enthalten noch den Zuschlag für die Vers.-Steuer von 2‰.

58 FO o. U.: Bei Tod durch Unfall doppelte Summe. Die Prämien enthalten noch den Zuschlag für die Vers.-Steuer von 2‰.

59: Prämienzuschlag: 1‰ bei Summen von 5000—9900 DM; 2‰ bei Summen von 2000—4900 DM. Prämienermäßigung: 1‰ bei Summen von 20000 DM an.

60: Prämienzuschlag: 1‰ bei Summen unter 10000 DM. Prämienermäßigung: 1‰ bei Summen von 20000 DM an. Bei Vers. o. U. vom Eintrittsalter 50 an 1‰ jährl. Zuschlag.

61: Prämienzuschlag: 0,5‰ bei Summen von 5000—9999 DM; 1‰ bei Summen von 3000—4999 DM; 4,— DM bei Summen unter 3000 DM. Prämienermäßigung: 0,5‰ bei Summen von 20000—49999 DM; 1‰ bei Summen von 50000 DM an.

62: Prämienzuschlag: 0,6‰ bei Summen von 5000 - 9999 DM; 1,2‰ bei Summen von 3000 - 4999 DM. Prämienermäßigung: 0,6‰ bei Summen von 20000 - 49999 DM; 1,2‰ bei Summen von 50000 DM an.

63: Prämienzuschlag: 1‰ bei Summen von 3000—9999 DM; 2‰ bei Summen von 2000—2999 DM. Prämienermäßigung: 1‰ bei Summen von 20000 DM an. Bei Vers. o. U. vom Eintrittsalter 46 an 2‰ jährl. Zuschlag. Bei Tod durch Unfall doppelte Summe.

64: Prämienzuschlag: 1‰ bei Summen von 5000 - 9999 DM; 2‰ bei Summen von 2000 - 4999 DM. Prämienermäßigung: ½‰ bei Summen von 20000 - 39999 DM; 1‰ bei Summen von 40000 DM an.

Dritter Teil

Rechnungsgrundlagen

Sterbetafel und Zinsfuß

zu den in der Prämienzusammenstellung angeführten Tarifen

Abkürzungen

Vereinstafel = Einfach abgestufte Vereinssterbetafel $\mathfrak{V}\,\frac{\text{vor } 76/05}{76/06}$ des Vereins Deutscher Lebensversicherungsgesellschaften.

Reichstafel 91/00 = Allgemeine Deutsche Sterbetafel für das Jahrzehnt 1891—1900.

Reichstafel 01/10 = Allgemeine Deutsche Sterbetafel für das Jahrzehnt 1901—1910.

Reichstafel 24/26 = Allgemeine Deutsche Sterbetafel für die Jahre 1924—1926.

1. **Aachener und Münchener**
Reichstafel 24/26, Männer. — Zinsfuß: 3 %.

2. **Agrippina**
Reichstafel 24/26, Männer. — Zinsfuß: 3 %.

3. **Albingia**
Reichstafel 24/26, Männer. — Zinsfuß: 3 %.

4. **Allgemeine Assekuranz**
Vereinstafel, einfach abgestuft. — Zinsfuß: 4 %, Angleichung an 3 % durch 3 ‰ Prämienzuschlag.

5. **Allgemeine Rentenanstalt**
Reichstafel 24/26, Männer. — Zinsfuß: 3 %.

6. **Allianz**
Reichstafel 24/26, Männer. — Zinsfuß: 3 %.

7. **Alte Leipziger**
Reichstafel 24/26, Männer. — Zinsfuß: 3 %.

8. **Alte Vaterländische**
Reichstafel 24/26, Männer. — Zinsfuß: 3 %.

9. **Alte Volksfürsorge**
Reichstafel 01/10, Männer. — Zinsfuß: 3½ %; Angleichungszuschlag ist in den Prämien enthalten.

10. **Basler**
Reichstafel 24/26, Männer. — Zinsfuß: 3 %.

11. **Bayer. Beamten-Vers.**
Reichstafel 24/26, Männer. — Zinsfuß: 3 %.

12. **Berlinische**
Einfach abgestufte modifizierte Vereinstafel für Vers. mit Untersuchung; Vereinstafel, einfach abgestuft, für Vers. ohne Untersuchung. — Zinsfuß: 3 %.

13. **Bonner**
Reichstafel 24/26, Männer. — Zinsfuß: 3 %.

14. **Braunschweigische**
Reichstafel 24/26, Männer. — Zinsfuß: 3½ %, Angleichung an 3 % durch 1,5 ‰ Prämienzuschlag.

15. **Concordia**
Modifizierte Reichstafel 24/26, Männer. — Zinsfuß: 3 %.

16. **Condor**
Reichstafel 24/26, Männer. — Zinsfuß: 3 %.

17. **Debeka**
Reichstafel 24/26, Männer. — Zinsfuß: 3 %.

18. **Der Anker**
Reichstafel 24/26, Männer. — Zinsfuß: 3 %.

19. **Deutsche Beamten, Berlin**
Reichstafel 24/26, Männer. — Zinsfuß: 4 %, Angleichung an 3 % durch 3 ‰ Prämienzuschlag.

20. **Deutsche Eisenbahn-Vers.-Kasse**
Reichstafel 24/26, Männer. — Zinsfuß: 3 %.

21. **Deutscher Herold**
Reichstafel 24/26, Männer. — Zinsfuß: 3 %.

22. **Deutscher Lloyd**
Reichstafel 24/26, Männer. — Zinsfuß: 3 %.

23. **Deutscher Ring**
Reichstafel 24/26, Männer. — Zinsfuß: 3 %.

24. Eos
Vereinstafel, einfach abgestuft. — Zinsfuß: 4%, Angleichung an 3% durch 3‰ Prämienzuschlag.
Für Tarif 1 S: Reichstafel 24/26, Männer. — Zinsfuß: 3%.

25. **Evangelische Familienfürsorge**
Reichstafel 24/26, Männer. — Zinsfuß: 3%.

26. **Friedrich Wilhelm**
Reichstafel 24/26, Männer. — Zinsfuß: 3%.

27. **Gerling-Konzern**
Reichstafel 24/26, Männer. — Zinsfuß: 3%.

28. **Gilde**
Reichstafel 24/26, Männer. — Zinsfuß: 3½%, Angleichung an 3% durch 1,5‰ Prämienzuschlag.

29. **Gisela**
Reichstafel 01/10, Gesamtbevölkerung. — Zinsfuß: 4%, Angleichung an 3% durch 3‰ Prämienzuschlag.

30. **Gladbacher**
Reichstafel 24/26, Männer. — Zinsfuß: 3%.

31. **Gothaer**
Sterbetafel GM 96//37 aus eigenen Erfahrungen. — Zinsfuß: 3%.

32. **Hamburg-Mannheimer**
Reichstafel 24/26, Männer. — Zinsfuß: 3%.

32a. **Hamburg-Mannheimer (Dt. Anwalt-Vers.)**
Reichstafel 24/26, Männer. — Zinsfuß: 3%.

33. **Hannoversche**
Reichstafel 24/26, Männer. — Zinsfuß: 3%.

34. **Isar**
Reichstafel 24/26, Männer. – Zinsfuß: 3%.

35. **Karlsruher**
Reichstafel 24/26, Männer. -- Zinsfuß: 3%.

36. **Kölnische**
Für die Tarife T und G: Reichstafel 24/26, Männer. — Zinsfuß: 3%.
Für Tarif F: Reichstafel 24/26, Männer. — Zinsfuß: 4%, Angleichung an 3% durch 3‰ Prämienzuschlag.

37. **Lebensvers. Merkur**
Reichstafel 24/26, Männer. – Zinsfuß: 3‰.

38. **Leipziger Verein-Barmenia**
Reichstafel 24/26, Männer. – Zinsfuß: 3%.

39. **Magdeburger Allgemeine**
Reichstafel 24/26, Männer. — Zinsfuß: 3%.

40. **Mannheimer**
Für die Tarife I D (54) und II D (54): Reichstafel 24/26, Männer. — Zinsfuß: 3%.
Für Tarif V D: Vereinstafel, einfach abgestuft. — Zinsfuß: 4%, Angleichung an 3% durch 3‰ Prämienzuschlag.

41. **Münchener Leben**
Reichstafel 24/26, Männer. — Zinsfuß: 3%.

42. **Münchener Verein**
Reichstafel 24/26, Männer. — Zinsfuß: 3%.

43. **National**
Reichstafel 24/26, Männer, ab Alter 34; ergänzt in den Altern 10—30 durch die einfach abgestufte Vereinstafel, in den Altern 31—33 durch besondere Werte. — Zinsfuß: 3%.

44. **Nord-Deutsche**
Vereinstafel, einfach abgestuft. — Zinsfuß: 3½ %, Angleichung an 3% durch 1,5‰ Prämienzuschlag.

45. **Nordstern**
Reichstafel 24/26, Männer. — Zinsfuß: 3½%, Angleichung an 3% durch 1,5‰ Prämienzuschlag.

46. **Nürnberger**
Für die r-Tarife: Reichstafel 24/26, Männer. — Zinsfuß bei Tarif 4r/85: 3%, bei den übrigen r-Tarifen: 3½ %, Angleichung an 3% durch 1,5‰ Prämienzuschlag. Für die b-Tarife: Reichstafel 91/00, Männer. — Zinsfuß: 3½ %, Angleichung an 3% durch 1,5‰ Prämienzuschlag.

47. **Pensionsverein**
Reichstafel 24/26, Männer. — Zinsfuß: 3%.

48. **Prima**
Reichstafel 01/10, Männer für Tarif G I;
Reichstafel 24/26, Männer für Tarif G II und G V. — Zinsfuß: 3%.

49. **Raiffeisen- u. Volksbanken-Vers.**
Reichstafel 24/26, Männer. — Zinsfuß: 3%.

50. **Rheinisch-Westfälische**
Reichstafel 24/26, Männer. — Zinsfuß: 3%.

51. **Schweizerische**
Reichstafel 24/26, Männer. — Zinsfuß: 3%.

52. **Sparkassen-Versicherung**
Reichstafel 24/26, Männer. — Zinsfuß: 3%.

53. **Universa**
Reichstafel 24/26, Männer. — Zinsfuß: 3%.

54. **Vereinigte Leben**
Tafel G M 24/26 M (der Formel von Gompertz-Makeham angepaßte Reichstafel 24/26, Männer). — Zinsfuß: 3%.

55. **Victoria**
Reichstafel 24/26, Männer. — Zinsfuß: 3½%, Angleichung an 3% durch 1,5‰ Prämienzuschlag.

56. **Vita**
Reichstafel 24/26, Gesamtbevölkerung. — Zinsfuß: 3½%, Angleichung an 3% durch 1,5‰ Prämienzuschlag.

57. **Vohk**
Vereinstafel, einfach abgestuft. — Zinsfuß: 4%, Angleichung an 3% durch 3‰ Prämienzuschlag.

58. **Volkshilfe**
Reichstafel 24/26, Männer. — Zinsfuß: 3%.

59. **Volkswohl-Bund**
Reichstafel 24/26, Männer. — Zinsfuß: 3%.

60. **Vorsorge**
Reichstafel 24/26, Männer. — Zinsfuß: 3%.

61. **Winterthur**
Reichstafel 24/26, Männer. — Zinsfuß: 3%.

62. **Witwen- und Waisenkasse**
Reichstafel 24/26, Männer. — Zinsfuß: 3%.

63. **Württembergischer Versicherungsverein**
Reichstafel 24/26, Männer. — Zinsfuß: 3%.

64. **Öffentliche**
Reichstafel 24/26, Männer. — Zinsfuß: 3%.

Anhang

zum Kahlo 1959

Versicherungsbestände Ende 1958 und 1957

der im ersten Teil angeführten

deutschen Großlebensversicherungs-Gesellschaften,

aufgeteilt nach Großleben, Kleinleben, Gruppen, Pensions- und Rentenversicherungen und Gesamtbestand unter Einrechnung der kapitalisierten Renten- und Pensionsversicherungen.

Name der Gesellschaft	Nr. der Ges.	Vers.-Summe der Kapitalversicherungen in Mill. DM Großleben zu Ende des Geschäftsjahres 1958	Großleben 1957	Kleinleben 1958	Kleinleben 1957	Gruppen 1958	Gruppen 1957
Aachener u. Münchener[1]) . .	1	348,0	309,9	8,5	8,8	19,7	18,3
Agrippina	2	361,0	314,2			12,8	12,2
Albingia	3	205,9	165,7	14,6	13,7	33,6	27,5
Allgem. Rentenanstalt	5	573,3	477,5	34,9	26,8	283,0	227,7
Allianz	6	4015,1	3546,9	1727,3	1561,9	1150,0	945,3
Alte Leipziger	7	735,9	661,7			162,0	139,0
Alte Vaterländische	8	3,9	0,9	60,3	58,4	1,5	1,4
Alte Volksfürsorge	9	579,5	499,7	1941,1	1717,4	1,4	1,4
Bayer. Beamtenvers.	11	554,3	424,2	275,2	263,3	2,0	2,0
Berlinische	12	834,8	745,8	50,1	46,5	65,5	70,4
Bonner	13	28,5	27,5	85,2	73,9	1,9	2,2
Braunschweigische	14	218,6	184,5	256,1	233,2	3,3	2,0
Concordia	15	1176,6	1086,4	47,0	38,0	252,0	190,3
Condor	16	8,8	3,4			0,2	0,3
Debeka	17	71,7	54,0	129,5	119,5	24,7	24,7
Deutsche Beamten	19	1118,3	1015,0			378,1	301,7
Dt. Eisenbahn	20			919,7	806,5	0,2	0,2
Dt. Herold	21	576,3	505,3	686,6	635,4	47,1	46,7
Dt. Lloyd	22	267,2	243,6	395,7	365,8	10,4	—
Dt. Ring	23	706,2	592,7	240,7	232,5	89,9	81,4
Eos	24	101,2	87,6	108,7	104,9	9,9	9,3
Ev. Familienfürsorge	25	10,1	5,2	41,0	36,5	13,5	14,4
Friedrich Wilhelm	26	815,8	734,0	31,2	31,8	5,7	5,8
Gerling-Konzern	27	1111,6	987,4			472,0	439,7
Gilde	28	102,0	87,6	31,4	30,5	0,2	0,2
Gisela	29	182,6	156,8	101,1	90,3	7,2	6,9
Gladbacher	30	140,7	118,8	7,3	6,9	5,9	5,1
Gothaer	31	1113,1	1001,5			65,0	62,2
Hamburg-Mannheimer . . .	32	1104,8	829,7	731,8	657,4	92,9	88,4
Hannoversche	33	360,0	329,6	1,7	1,5	4,0	3,8
Isar	34	223,3	200,6	38,4	35,4	180,5	168,4
Karlsruher	35	814,9	738,5	243,4	218,6	471,3	384,5
Kölnische	36	236,6	205,9	332,7	313,8	61,8	63,7

[1]) Ohne in Rückdeckung übernommene Vers.

Ende 1958 und 1957

Jahresrente der Pensions- u. Rentenvers. in Mill. DM zu Ende des Geschäftsjahres 1958	1957	Gesamtbestand (einschl. kapitalisierter Jahresrenten) in Mill. DM zu Ende des Geschäftsjahres 1958	1957	Die im Gesamtbestand enthaltenen Jahresrenten sind kapitalisiert mit dem Faktor	Nr. der Ges.
0,20	0,18	378,2	338,8	10 (1957: 10 bei lebenslänglichen, 5 bei abgekürzten Renten)	1
		373,8	326,4		2
0,11	0,03	255,1	207,2	10	3
2,85	2,74	919,7	759,4	10	5
12,64	11,82	7018,8	6172,3	10	6
31,30	26,13	1165,2	1030,5	im allgemeinen 12	7
		65,7	60,7		8
		2522,0	2218,5		9
0,60	0,57	837,5	695,2	10	11
0,50	0,46	955,4	867,3	10	12
		115,6	103,6		13
0,05	0,00	478,5	419,7	10	14
15,60	14,85	1670,6	1500,4	12½	15
12,70	11,34	189,3	164,6	13 bei laufenden Renten; bei Anwartschaften Barwert bei Rentenbeginn	16
		225,9	198,2		17
0,29	0,25	1500,1	1319,2	12½ (1957:10)	19
		919,9	806,7		20
0,19	0,18	1311,9	1189,3	10	21
		673,3	609,4		22
0,33	0,05	1040,7	907,3	12	23
0,03	0,02	220,2	202,0	10	24
		64,6	56,2		25
0,17	0,14	854,9	773,4	12½	26
23,56	22,01	1878,0	1702,3	12½	27
		133,6	118,3		28
0,02	0,02	291,1	254,2	10	29
0,03	—	154,2	130,8	10	30
0,72	0,52	1185,3	1068,9	10	31
17,97	14,25	2143,6	1745,0	im allgemeinen 12	32
1,30	1,28	378,8	347,8	10	33
0,26	0,23	444,7	406,8	10	34
53,8[1])	53,1[1])	1644,8[2])	1451,9[2])	12 bei lebenslänglichen, 6 bei abgekürzten Renten.	35
		631,1	583,4		36

[1]) Bereits kapitalisierter Wert der Jahresrenten.
[2]) Einschl. 61,4 (1957: 57,2) Mill. DM Vers.-Summe von Zusatzvers.

Versicherungsbestände

Name der Gesellschaft	Nr. der Ges.	Vers.-Summe der Kapitalversicherungen in Mill. DM zu Ende des Geschäftsjahres: Großleben 1958	Großleben 1957	Kleinleben 1958	Kleinleben 1957	Gruppen 1958	Gruppen 1957
Lebensvers. Merkur	37	1,7	1,1	10,6	10,0	0,3	0,3
Leipziger Verein-Barmenia . .	38	231,8	202,4	48,4	47,7	6,6	6,1
Magdeburger Allgemeine. . .	39	237,5	210,2	12,3	10,9	16,9	17,3
Mannheimer	40	254,2	221,7	3,5	2,8	33,2	31,3
Münchener Leben.	41	202,7	184,9	1,3	1,5	1,7	1,0
Münchener Verein	42	158,7	139,5	9,3	8,9	23,2	22,1
National.	43	180,5	150,2	3,7	2,7	17,5	17,4
Nord-Deutsche	44	88,5	79,9			4,1	4,2
Nordstern	45	701,8	640,3	20,1	18,1	76,9	62,2
Nürnberger	46	544,2	478,9	662,2	599,5	99,5	91,5
Pensionsverein	47	98,5	84,2	48,9	44,1		
Prima.	48	38,1	25,2	86,1	85,6		
Raiffeisen- u. Volksbanken-Vers.	49	547,4	481,2	10,8	11,0	10,1	8,9
Rheinisch-Westfälische . . .	50	99,0	90,3	24,3	23,3	11,9	9,7
Universa	53	43,7	30,4	113,9	94,0	0,4	—
Vereinigte Leben	54	1869,6	1621,9	20,6	21,6	524,1	460,8
Victoria	55	989,9	907,4	225,0	204,4	196,5	177,6
Vohk	57	16,2	13,9	3,4	3,1	0,6	0,6
Volkshilfe	58	211,3	176,9	840,2	772,4	8,1	7,2
Volkswohl-Bund	59	353,8	323,3	268,1	244,2	4,7	3,3
Vorsorge	60	25,4	16,2	949,0	894,2	31,2	30,4
Witwen- u. Waisenkasse . .	62	1282,7	1076,2	39,3	28,6	33,2	21,0
Württemberg. Vers.verein . .	63	92,7	78,7	318,0	278,2	4,1	3,6
Öffentliche.	64						
1. Hessen-Nassau		145,5	133,7	1,8	1,8	7,1	6,6
2. Rheinprovinz		455,9	401,1	35,6	18,4	45,7	39,1
3. Westfalen		270,9	244,4	0,8	0,8	35,0	32,8
4. Schleswig-Holstein		154,1	136,8	1,4	1,5	7,6¹)	7,6¹)
5. Hannover		279,8	253,5			9,0	5,3
6. Bayern		427,0	395,6	69,4	67,6	57,0¹)	53,6¹)
7. Oldenburg		61,0	55,1	0,1	0,1	0,6	0,5
8. Baden		135,3	124,3	0,5	0,5	17,0	14,0
9. Braunschweig		69,0	62,0			1,5	1,4
10. Sparkassen-Vers.		399,9	361,4	12,0	11,8	80,0	54,2
11. Berlin		21,6	19,5	10,4	9,8	0,2	0,2

¹) Einschl. Bausparversicherungen.

Ende 1958 und 1957

Jahresrente der Pensions- u. Rentenvers. in Mill. DM zu Ende des Geschäftsjahres 1958	1957	Gesamtbestand (einschl. kapitalisierter Jahresrenten) in Mill. DM 1958	1957	Die im Gesamtbestand enthaltenen Jahresrenten sind kapitalisiert mit dem Faktor	Nr. der Ges.
		12,6	11,4		37
0,02	0,02	287,1	256,5	12	38
0,19	0,17	268,6	240,1	10	39
0,20	0,16	292,9	257,3	im allgemeinen 10	40
		205,7	187,4		41
3,61	3,63	227,4	206,9	10	42
0,11	0,12	203,0	171,8	12	43
0,37	0,39	96,4	88,1	10	44
4,14	5,97	847,4	791,0	12 bei lebenslänglichen, 6 bei abgekürzten Renten	45
0,22	0,13	1308,0	1171,3	10	46
		147,4	128,3		47
		124,2	110,8		48
1,31	1,38	581,3	514,9	10	49
		135,2	123,3		50
		158,0	124,4		53
0,60	0,51	2420,3	2109,4	10	54
21,97	21,03	1675,2	1541,9	12	55
		20,2	17,6		57
0,35	0,34	1063,8	960,5	12	58
0,6[1])		627,2	570,8	12½ bei lebenslänglichen, 6 bei abgekürzten Renten	59
		1005,6	940,8		60
0,02	0,02	1355,4	1125,9	10	62
0,02		415,1	360,4	10	63
					64
1,39	1,32	168,3	155,3	10	
1,20	1,10	548,9	469,6	10	
0,77	0,71	314,4	285,1	10	
1,42	1,29	177,3	158,9	10	
1,37	1,19	302,5	270,7	10	
2,25	2,12	575,9	538,0	10	
0,46	0,42	66,2	60,0	10	
0,60	0,55	158,7	144,4	10	
0,64	0,60	76,9	69,4	10	
0,61	0,13	498,1	428,7	10	
0,00	0,00	32,2	29,5	10	

[1]) Bereits kapitalisierter Wert der Jahresrenten.

Kolibri 360 GmbH
Ferdinand-Jühlke-Straße 7
99095 Erfurt, Deutschland
produktsicherheit@kolibri360.de